Verwaltungsrecht AT 1

2017

Horst Wüstenbecker
Rechtsanwalt und Repetitor

Christian Sommer
Rechtsanwalt und Repetitor

ALPMANN UND SCHMIDT Juristische Lehrgänge Verlagsges. mbH & Co. KG
48143 Münster, Alter Fischmarkt 8, 48001 Postfach 1169, Telefon (0251) 98109-0
AS-Online: www.alpmann-schmidt.de

Zitiervorschlag: Wüstenbecker/Sommer, Verwaltungsrecht AT 1, Rn.

Wüstenbecker, Horst
Sommer, Christian
Verwaltungsrecht AT 1
17. Auflage 2017
ISBN: 978-3-86752-560-2

Verlag Alpmann und Schmidt Juristische Lehrgänge
Verlagsgesellschaft mbH & Co. KG, Münster

INHALTSVERZEICHNIS

LITERATURVERZEICHNIS

Bader/Ronellenfitsch(Hrsg.)	Beck-OK VwVfG Online-Kommentar, Stand: 01.07.2017
Detterbeck	Allgemeines Verwaltungsrecht mit Verwaltungs-prozessrecht 15. Aufl. 2017
Ehlers/Pünder (Hrsg.)	Allgemeines Verwaltungsrecht 15. Aufl. 2015
Erbguth	Allgemeines Verwaltungsrecht mit Verwaltungs-prozessrecht und Staatshaftungsrecht 8. Aufl. 2016
Eyermann	Verwaltungsgerichtsordnung 14. Aufl. 2014
Fehling/Kastner/Störmer	Verwaltungsrecht VwVfG – VwGO 4. Aufl. 2016
Gärditz (Hrsg.)	VwGO – Verwaltungsgerichtsordnung 1. Aufl. 2013
Huck/Müller	Verwaltungsverfahrensgesetz 2. Aufl. 2016
Hufen	Verwaltungsprozessrecht 10. Aufl. 2016
Ipsen	Allgemeines Verwaltungsrecht 10. Aufl. 2017
Knack/Henneke	Verwaltungsverfahrensgesetz (VwVfG) 10. Aufl. 2014
Kopp/Ramsauer	Verwaltungsverfahrensgesetz 18. Aufl. 2017
Kopp/Schenke	Verwaltungsgerichtsordnung 23. Aufl. 2017
Kugele	VwVfG 1. Aufl. 2014

Mann/Sennekamp/Uechtritz	Verwaltungsverfahrensgesetz 1. Aufl. 2014
Maurer/Waldhoff	Allgemeines Verwaltungsrecht 19. Aufl. 2017
Pautsch/Hoffmann (Hrsg.)	VwVfG 1. Aufl. 2016
Peine	Allgemeines Verwaltungsrecht 11. Aufl. 2015
Posser/Wolff	Beck-OK VwGO Online-Kommentar, Stand: 01.07.2017
Redeker/v.Oertzen	Verwaltungsgerichtsordnung 16. Aufl. 2014
Schoch/Schneider/Bier	Verwaltungsgerichtsordnung Loseblatt, Stand: Oktober 2016
Sodan/Ziekow	Verwaltungsgerichtsordnung 4. Aufl. 2014
Stelkens/Bonk/Sachs	Verwaltungsverfahrensgesetz 8. Aufl. 2014
Wolff/Bachof/Stober	Verwaltungsrecht I 12. Aufl. 2007
Wolff/Decker	Verwaltungsgerichtsordnung (VwGO) Verwaltungsverfahrensgesetz (VwVfG) 3. Aufl. 2012
Wysk	Verwaltungsgerichtsordnung 2. Aufl. 2016
Ziekow	Verwaltungsverfahrensgesetz 3. Aufl. 2013

1. Abschnitt: Grundbegriffe des Verwaltungsrechts

A. Verwaltung und Verwaltungsrecht

I. Verwaltungsrecht

1 Das **Verwaltungsrecht** ist neben dem Verfassungsrecht das wichtigste Teilgebiet des Öffentlichen Rechts. Es regelt die Rechtsgrundlagen für das öffentlich-rechtliche Handeln der Verwaltung und damit die Voraussetzungen für die **Rechtmäßigkeit von hoheitlichen Maßnahmen**.

- Hierbei umfasst das **Allgemeine Verwaltungsrecht** die Vorschriften, die – unabhängig von der betroffenen Sachmaterie – grundsätzlich für die gesamte Verwaltung maßgebend sind. Sie können das Allgemeine Verwaltungsrecht daher mit dem Allgemeinen Teil des BGB oder des StGB vergleichen.
- Es wird ergänzt durch das **Besondere Verwaltungsrecht** mit einer Vielzahl sachgebietsbezogener Normenkomplexe, die spezielle Voraussetzungen für die Tätigkeit der Verwaltung in bestimmten Bereichen aufstellen (z.B. Baurecht, Polizeirecht, Gewerberecht, Umweltrecht).

Verwaltungsrecht

Allgemeines Verwaltungsrecht	**Besonderes Verwaltungsrecht**
▪ Handlungsformen der Verwaltung	▪ Baurecht (BauGB, LBauO)
▪ Verwaltungsverfahren (VwVfG)	▪ Gewerberecht (GewO)
▪ allgemeine Rechtsgrundsätze	▪ Immissionsschutzrecht (BImSchG, LImSchG)
▪ Verwaltungsvollstreckung (VwVG)	▪ VersammlungsR
▪ Staatshaftung	u.v.m.

2 Zum Allgemeinen Verwaltungsrecht gehören vor allem die Vorschriften über die **Handlungsformen der Verwaltung** und das **Verwaltungsverfahren**, im weiteren Sinne auch die Vorschriften über die **Verwaltungsorganisation**. Überwiegend werden auch das (allgemeine) **Verwaltungsvollstreckungsrecht** und das **Staatshaftungsrecht** zum Allgemeinen Verwaltungsrecht gezählt.

3 Die wesentlichen Regelungen des Allgemeinen Verwaltungsrechts finden sich im **Verwaltungsverfahrensgesetz** (VwVfG) des Bundes bzw. des Landes. Ergänzend gelten allgemeine, aus Art. 20 Abs. 3 GG (Gesetzmäßigkeit der Verwaltung) abgeleitete **Rechtsgrundsätze**, z.B. der Grundsatz der Verhältnismäßigkeit. Das **Verwaltungsvollstreckungsrecht** findet sich für Bundesbehörden vor allem im Verwaltungsvollstreckungsgesetz des Bundes (VwVG) und für Landesbehörden im LVwVG und spezialgesetzlich teilweise im Polizei- und Ordnungsrecht. Das **Staatshaftungsrecht** ist nur teilweise kodifiziert. Im Vordergrund steht hierbei die Amtshaftung gemäß § 839 BGB, Art. 34 S. 1 GG. Hinzu treten eine Reihe gewohnheitsrechtlicher Anspruchsgrundlagen (dazu AS-Skript Verwaltungsrecht AT 2).

II. Verwaltung

4 Der Begriff **„Verwaltung"** taucht in einer Reihe von Gesetzen auf (z.B. in den Art. 83 ff. GG und in § 1 VwVfG). Definiert wird der Begriff aber weder im Grundgesetz noch in den einfachen Gesetzen.

5 Nach dem **Gewaltenteilungsprinzip** (Funktionentrennung) übt das Volk die Staatsgewalt durch besondere Organe der Gesetzgebung, der vollziehenden Gewalt und der Rechtsprechung aus (Art. 20 Abs. 2 S. 2 GG).[1] Die Verwaltung bezeichnet hierbei die **zweite (vollziehende) Gewalt**.

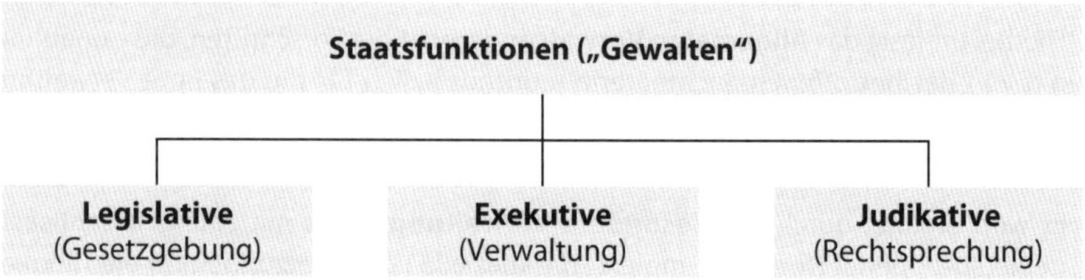

1. Definition des Begriffs Verwaltung

6 Zunächst ist versucht worden, den Begriff der Verwaltung **positiv** zu bestimmen. Die positiven Definitionsansätze greifen jedoch i.d.R. nur ein oder mehrere Merkmale der Verwaltungstätigkeit auf oder sind so abstrakt, dass sie praktisch kaum zu befriedigenden Ergebnissen führen.

Verwaltung ist danach z.B. der Vollzug der Gesetze, die Verwirklichung des gesetzgeberischen Willens, der Einsatz hoheitlicher Mittel sowie die Gestaltung und Gewährleistung des sozialen Zusammenlebens.[2] Die differenzierteste Definition findet sich bei Wolff:[3] Danach ist Verwaltung „die mannigfaltige, konditional oder nur zweckbestimmte, also insoweit fremdbestimmte, nur teilplanende, selbstbeteiligt entscheidend ausführende und gestaltende Wahrnehmung der Angelegenheiten von Gemeinwesen und ihrer Mitglieder als solcher durch die dafür bestellten Sachwalter des Gemeinwesens".

7 Deshalb wird der Begriff der Verwaltung heute überwiegend **negativ** bestimmt. Verwaltung ist die Staatstätigkeit, die weder Gesetzgebung noch Rechtsprechung ist (sog. **Subtraktionsmethode**).[4] Danach ist Verwaltung **nicht:**

- der Erlass allgemein verbindlicher Regeln (Gesetze),
- die Entscheidung von Rechtsstreitigkeiten und die Verhängung von Strafen.

Mit dieser Methode lässt sich Verwaltungstätigkeit zwar im Groben bestimmen, jedoch gibt es eine Vielzahl von **Überschneidungen**: Rechtsverordnungen (Gesetze im materiellen Sinne) werden nicht durch die Legislative, sondern aufgrund gesetzlicher Ermächtigung (Art. 80 GG) von der Exekutive erlassen. Ebenso werden Bußgelder nicht durch Gerichte, sondern durch Verwaltungsbehörden verhängt (§§ 56 ff. OWiG).

---

1 Vgl. dazu im Einzelnen AS-Skript Staatsorganisationsrecht (2017), Rn. 117 ff.

2 Vgl. die unterschiedlichen Ansätze bei Maurer/Waldhoff § 1 Rn. 5 ff.; Ehlers in: Ehlers/Pünder, § 1 Rn. 6 m.w.N.

3 Wolff/Bachof/Stober I § 2 Rn. 19.

4 Vgl. beispielhaft BVerwG, Urt. v. 25.06.2015 – BVerwG 7 C 2.14, RÜ 2015, 733, 735; grundlegend Otto Mayer, Verwaltungsrecht I, S. 7; Jellinek, Verwaltungsrecht, S. 5 f.; kritisch Ehlers in Ehlers/Pünder, § 1 Rn. 8 ff.

Deshalb werden in der neueren Lit. teilweise beide Methoden kombiniert und zunächst negativ die Rechtsetzung und Rechtsprechung ausgeschieden und sodann die Verwaltung positiv bestimmt als „die den Organen der vollziehenden Gewalt … übertragene eigenverantwortliche ständige Erledigung der Aufgaben des Gemeinwesens durch konkrete Maßnahmen in rechtlicher Bindung nach (mehr oder weniger spezifiziert) vorgegebener Zwecksetzung" **(Kombinationstheorie)**.[5] 8

2. Formale Unterscheidung

Allen Ansätzen ist gemein, dass sie Verwaltung letztlich **nicht definieren**, sondern lediglich beschreiben. Im Ergebnis kann öffentliche Verwaltung unter verschiedenen Aspekten betrachtet werden: 9

- **Verwaltung im materiellen Sinne** erfasst die typischen **Verwaltungstätigkeiten**, wie z.B. Erlass von Polizeiverfügungen, Erteilung von Genehmigungen, Gewährung von Sozialleistungen, Betrieb öffentlicher Einrichtungen u.v.m.
- **Verwaltung im organisatorischen Sinne** meint die **Einrichtungen**, die Verwaltungsaufgaben wahrnehmen, also die Verwaltungsträger und ihre Organe, z.B. das Land, die Gemeinde, die Bezirksregierung, die Stadtverwaltung.
- **Verwaltung im formellen Sinne** erfasst alle Tätigkeiten von **Verwaltungsorganen** und zwar unabhängig davon, ob es sich materiell um Verwaltungstätigkeit handelt, also z.B. auch den Erlass einer RechtsVO oder die Verhängung eines Bußgelds.

3. Materielle Unterscheidung

Verwaltungstätigkeit lässt sich aber auch nach materiellen Kriterien ordnen. So werden nach den **Aufgaben** und dem verfolgten **Zweck** vor allem folgende Arten der Verwaltung unterschieden: 10

- **Ordnungsverwaltung:** Abwehr von Gefahren für die öffentliche Sicherheit und Ordnung (z.B. Verbot einer Versammlung, Einweisung von Obdachlosen, Beseitigung von illegalen Bauten).
- **Leistungsverwaltung:** Erbringung von Leistungen, um die Lebensbedingungen der Bürger zu gewährleisten oder zu verbessern (z.B. Gewährung von Sozialhilfe, Subventionen, Betrieb öffentlicher Einrichtungen, wie Krankenhäuser, Kindergärten, Schulen).
- **Finanzverwaltung:** Beschaffung der für den Staat erforderlichen Geldmittel durch Erhebung von Steuern und sonstigen Abgaben (z.B. Erschließungsbeiträge, Verwaltungsgebühren etc.).
- **Fiskalverwaltung:** Beschaffung der Mittel, die für die Wahrnehmung der Verwaltungsaufgaben erforderlich sind (z.B. Kauf von Computern, Dienstfahrzeugen) und die Verwaltung des staatlichen Vermögens (z.B. Vermietung von Gebäuden, Verkauf von Grundstücken).

5 Vgl. z.B. Stern, Staatsrecht II, S. 738.

B. Verwaltungsträger

11 Träger der Verwaltung ist der **Staat**, also Bund und Länder. Das Grundgesetz unterscheidet deshalb Bundes- und Länderverwaltung (Art. 30, 83 ff. GG), wobei die Kommunen (Gemeinden und Landkreise) Teil der Landesverwaltung sind. Bund und Länder sind **juristische Personen des öffentlichen Rechts**. Als juristische Personen sind sie nicht handlungsfähig. Für sie handeln ihre **Organe**. Die Organe, die Verwaltungsaufgaben **gegenüber dem Bürger** wahrnehmen, nennt man **Behörden**.

Behörden des Bundes sind z.B. die Bundespolizeidirektionen, die Bundesfinanzdirektionen und die Hauptzollämter. Behörden des Landes sind z.B. die Finanzämter, die Polizeipräsidien, das Landeskriminalamt und die Bezirksregierungen.

I. Unmittelbare Staatsverwaltung

12 Bund und Länder können ihre Verwaltungsaufgaben entweder **durch eigene Organe** (Bundes- oder Landesbehörden) wahrnehmen oder **durch andere Verwaltungsträger** (und deren Organe). Werden Verwaltungsaufgaben von Bundes- oder Landesbehörden, also **eigenen Organen des Staates** wahrgenommen, spricht man von **unmittelbarer Staatsverwaltung**.

Unmittelbare Staatsverwaltung

	unmittelbare Bundesverwaltung		**unmittelbare Landesverwaltung**	
oberste Behörde	BMin der Finanzen	BMin für Wirtschaft	Innenministerium	
Oberbehörde		Bundeskartellamt		Landeskriminalamt
Mittel-Behörde	Bundesfinanzdirektion		Bezirksregierung	
untere Behörde	Hauptzollamt		Polizeipräsidium	

13 Die **unmittelbare staatliche Verwaltung** ist i.d.R. mehrinstanzlich gegliedert:

- **Oberste Behörden** sind z.B. die Bundes- bzw. Landesregierung, der Bundeskanzler bzw. Ministerpräsident und die einzelnen Ministerien. Sie haben eine Doppelfunktion; einerseits sind sie Verfassungsorgane mit staatsleitenden Funktionen, andererseits oberste Verwaltungsbehörden.[6]
- **Oberbehörden** unterstehen jeweils unmittelbar dem sachlich zuständigen Ministerium. Sie nehmen Verwaltungsaufgaben zentral für das ganze Bundes- bzw. Landes-

6 Vgl. einerseits BVerwG, Urt. v. 03.11.2011– BVerwG 7 C 3.11, RÜ 2012, 188, 190 f.; andererseits BVerwG, Urt. v. 02.08.2012 – BVerwG 7 C 7.12, DVBl. 2013, 34 zum Zugang zu amtlichen Informationen eines Ministeriums.

gebiet wahr. Oberbehörden haben i.d.R. keine nachgeordneten Behörden, sondern nur unselbstständige Außenstellen.

Beispiele: Bundesoberbehörden sind z.B. das Kraftfahrt-Bundesamt, das Bundeskartellamt und das Umweltbundesamt. Landesoberbehörden sind – je nach Landesrecht – z.B. das Landeskriminalamt, das Landesumweltamt u.a.

- **Mittelbehörden** sind ebenfalls der obersten Behörde unmittelbar nachgeordnet, aber anders als Oberbehörden i.d.R. nur für einen Teil des Bundes- bzw. Landesgebietes zuständig.

  Auf Bundesebene gibt es Mittelbehörden nur ausnahmsweise für bestimmte Sachbereiche (z.B. die Bundesfinanzdirektionen in der Zollverwaltung). Auf Landesebene sind – je nach Landesrecht – Mittelbehörden z.B. die Bezirksregierung, das Regierungspräsidium, die Regionaldirektionen u.a.

- **Untere Behörden** unterstehen der jeweiligen Mittelbehörde und sind räumlich beschränkt nur für einen bestimmten Teil des Verwaltungsgebiets zuständig.

  Auf Bundesebene ist dies nur selten der Fall (z.B. die Hauptzollämter und die Wasser- und Schifffahrtsämter). Auch auf Landesebene gibt es nur wenige unmittelbare untere Landesbehörden (z.B. Polizeipräsidien, Finanzämter). In der Regel werden die Aufgaben des Landes auf der unteren Ebene von den Kreisen und Gemeinden wahrgenommen. So handelt z.B. der Landrat häufig als untere staatliche Verwaltungsbehörde (vgl. z.B. Art. 37 Abs. 1 S. 2 BayLKrO, § 55 HKO, § 59 KrO NRW).

II. Mittelbare Staatsverwaltung

Bund und Länder müssen die Verwaltungsaufgaben nicht stets selbst wahrnehmen, sondern können andere **unterstaatliche Organisationen** einschalten. In diesem Fall werden rechtsfähige Körperschaften, Anstalten oder Stiftungen des öffentlichen Rechts für den Staat (Bund oder Land) tätig. Dann spricht man von **mittelbarer Staatsverwaltung**.[7] 14

Beispiele: Im Rahmen der Arbeitsverwaltung handelt der Bund durch die Bundesagentur für Arbeit als Körperschaft des öffentlichen Rechts (mittelbare Bundesverwaltung). Das Land überträgt die örtlichen Verwaltungsaufgaben den Gemeinden als öffentlich-rechtliche Körperschaften (mittelbare Landesverwaltung).

Körperschaften, Anstalten und Stiftungen des öffentlichen Rechts unterscheiden sich durch ihre organisatorische Struktur:

- **Körperschaften** sind durch staatlichen Hoheitsakt geschaffene **rechtsfähige Personenzusammenschlüsse**, die öffentliche Aufgaben wahrnehmen. Träger der Körperschaft sind die Mitglieder, die wesentlichen Einfluss auf die Willensbildung haben, wobei der Bestand der Körperschaft vom Wechsel der Mitglieder unabhängig ist. Die Mitgliedschaft wird teils freiwillig, teils gesetzlich begründet (Zwangskörperschaft).[8] 15

  Körperschaften des öffentlichen Rechts sind z.B. die Gemeinden, Landkreise, Universitäten, Rechtsanwaltskammern (§§ 60, 62 BRAO), Handwerkskammern (§ 90 HandwO) und die Industrie- und Handelskammern (§§ 2, 3 IHK-G). Auch Religionsgemeinschaften können gemäß Art. 140 GG i.V.m. Art. 137 Abs. 5 WRV den Status einer öffentlich-rechtlichen Körperschaft haben.[9]

  - Bei **Gebietskörperschaften** folgt die Mitgliedschaft aus dem Wohnsitz in einem bestimmten Gebiet (z.B. bei den Gemeinden und Kreisen).

---

7 Vgl. Maurer/Waldhoff § 23; Kemmler JA 2015, 328 ff.

8 Zur verfassungsrechtlichen Zulässigkeit solcher Pflichtmitgliedschaften vgl. BVerfG, Beschl. v. 12.07.2017 – 1 BvR 2222/12, RÜ 2017, 663 und AS-Skript Grundrechte (2017), Rn. 372 ff.

9 Vgl. dazu BVerfG, Beschl. v. 30.06.2015 – 2 BvR 1282/11, RÜ 2015, 615.

- Bei **Personalkörperschaften** ist der Beitritt oder eine bestimmte Eigenschaft einer Person Voraussetzung für die Mitgliedschaft (z.B. Universität, Rechtsanwaltskammer, Ärztekammer).
- Bei **Realkörperschaften** ergibt sich die Mitgliedschaft entweder aus dem Eigentum an einem Grundstück (z.B. Forstgenossenschaft) oder aus dem Betrieb eines wirtschaftlichen Unternehmens (so z.B. bei der Handwerkskammer und der Industrie- und Handelskammer).

  Zur Handwerkskammer gehören nach § 90 Abs. 2 HandwO insbes. die Inhaber eines Handwerksbetriebes, zur Industrie- und Handelskammer gehören die sonstigen Gewerbebetriebe, die im Bezirk der IHK eine Betriebsstätte unterhalten (§ 2 Abs. 1 IHK-G).

Keine Verwaltungsträger *sind dagegen die* ***Körperschaften des Privatrechts****, also z.B. die Aktiengesellschaft (AG) und die GmbH, und zwar auch dann, wenn die Kapitalanteile mehrheitlich oder vollständig im Eigentum des Staates stehen.*

Sofern der Staat an solchen Gesellschaften beteiligt ist (gemischt-wirtschaftliche Unternehmen), können sie zwar der Exekutive zugerechnet und damit an die Grundrechte gebunden werden (vgl. dazu AS-Skript Grundrechte [2017], Rn. 354 f.). Das ändert jedoch nichts daran, dass ihnen außerhalb einer etwaigen Beleihung (s.u. Rn. 34 ff.) keinerlei Hoheitsgewalt zusteht.

16 ■ **Anstalten** des öffentlichen Rechts sind organisatorisch **verselbstständigte Zusammenfassungen von Sachmitteln und Personal**, welche der Erfüllung einer öffentlichen Aufgabe dienen und die i.d.R. dem Bürger zur Benutzung zur Verfügung gestellt werden. Die **rechtsfähige** Anstalt ist auch rechtlich verselbstständigt und damit selbst Verwaltungsträger. Die **nichtrechtsfähige** Anstalt ist dagegen unselbstständiger Teil eines anderen Verwaltungsträgers.

Rechtsfähige Anstalten des öffentlichen Rechts sind z.B. die öffentlich-rechtlichen Rundfunkanstalten (z.B. BR, NDR und WDR) und die Sparkassen (vgl. z.B. Art. 3 BaySpkG, § 3 NSpG, § 1 Abs. 1 SpkG NRW). Als **nichtrechtsfähige** Anstalten sind z.B. Friedhöfe, Schwimmbäder („Badeanstalt") und ähnliche Einrichtungen der Gemeinde organisiert.

17 ■ **Stiftungen** sind rechtlich verselbstständigte **Vermögensmassen**, die einen bestimmten Zweck fördern sollen. Stiftungen gibt es im Privatrecht (§§ 80 ff. BGB) und im öffentlichen Recht. **Öffentlich-rechtliche** Stiftungen dienen der Erfüllung einer öffentlichen Aufgabe.

Beispiele: Stiftung Preußischer Kulturbesitz (zur Erhaltung und Pflege der Kulturgüter des ehemaligen Landes Preußen) und die Stiftung für Hochschulzulassung (als Zentralstelle für die Vergabe von Studienplätzen).[10]

Zur Unterscheidung: *Körperschaften haben Mitglieder, Anstalten haben Benutzer und Stiftungen haben Nutznießer (Destinatäre).*

III. Verwaltung durch private Rechtsträger

18 Der Staat kann öffentliche Aufgaben in gewissen Grenzen auch durch **Privatpersonen** oder **juristische Personen des Privatrechts** wahrnehmen. Die Privatisierung freiwilliger öffentlicher Aufgaben ist grundsätzlich zulässig, der Staat darf sich aber der ihm zugewiesenen Aufgaben nicht ohne Weiteres entledigen.

10 Vgl. OVG NRW DVBl. 2011, 303 zur Übertragung von Hoheitsbefugnissen auf die Stiftung für Hochschulzulassung.

Beispiel: Die vollständige Privatisierung eines traditionellen Weihnachtsmarktes ist wegen Verstoßes gegen Art. 28 Abs. 2 S. 1 GG unzulässig. Die Gemeinde muss sich Steuerungs- und Einwirkungsmöglichkeiten vorbehalten, um so Einfluss auf die Zulassung zu öffentlichen Einrichtungen zu behalten.[11]

Die größte praktische Bedeutung hat hierbei die Gründung oder Beteiligung eines Verwaltungsträgers an einer privaten Gesellschaft, in der Regel einer GmbH oder (selten) einer AG (sog. **Eigengesellschaften**). 19

So werden öffentliche Verkehrs- und Versorgungsbetriebe häufig in der Form einer GmbH geführt („Stadtwerke GmbH").

Diese Gesellschaften sind selbstständige **juristische Personen des Privatrechts**, der Einfluss des Verwaltungsträgers ist auf die Vertreter in den Organen der Gesellschaft (insbesondere in der Gesellschafterversammlung) beschränkt. 20

Vgl. die Vorschriften der Gemeindeordnung, wonach die Vertreter der Gemeinde in der Gesellschafterversammlung grundsätzlich weisungsgebunden sind (z.B. Art. 93 Abs. 2 S. 3 BayGO, § 104 Abs. 1 S. 3 GemO BW; § 113 Abs. 1 S. 2 GO NRW, § 88 Abs. 1 S. 6 GemO RP, § 98 Abs. 1 S. 6 SächsGemO).

Privatpersonen und (Eigen-)Gesellschaften handeln, auch wenn sie öffentliche Aufgaben erfüllen, grundsätzlich **privatrechtlich**. Sie sind **keine Verwaltungsträger**. Nur im Ausnahmefall können Private aufgrund einer **Beleihung** hoheitlich handeln (s.u. Rn. 34 ff.). Dient die Aufgabenerfüllung durch die private Gesellschaft unmittelbar öffentlichen Zwecken, spricht man vom **Verwaltungsprivatrecht** (dazu Rn. 84 ff.). 21

Verwaltungsträger	
Körperschaften	▪ durch Hoheitsakt geschaffene Personenzusammenschlüsse ▪ zur Erfüllung einer öffentlichen Aufgabe ▪ bei denen die Mitglieder wesentlichen Einfluss auf die Willensbildung haben ▪ deren Bestand vom Wechsel der Mitglieder unabhängig ist **Beispiele:** – Gebietskörperschaften: Gemeinden – Personalkörperschaften: Ärzte-, Rechtsanwaltskammern, Universitäten – Realkörperschaften: Handwerkskammer, Industrie- und Handelskammer
Anstalten	▪ organisatorisch (und rechtlich) verselbstständigte Zusammenfassung von Sachmitteln und Personal ▪ zur Erfüllung einer öffentlichen Aufgabe ▪ i.d.R. dem Bürger zur Benutzung zur Verfügung gestellt **Beispiele:** öffentlich-rechtliche Rundfunkanstalten, Sparkassen
Stiftungen	▪ rechtlich verselbstständigte Vermögensmasse ▪ zur Erfüllung einer öffentlichen Aufgabe **Beispiele:** Stiftung Preußischer Kulturbesitz, Stiftung Hochschulzulassung

11 Vgl. BVerwG, Urt. v. 27.05.2009 – BVerwG 8 C 10.08, RÜ 2009, 727; anders BVerfG, Urt. v. 18.01.2012 – 2 BvR 133/10, RÜ 2012, 178 (zulässige Privatisierung des Maßregelvollzugs); OVG Bln-Bbg, Beschl. v. 30.11.2010 – 1 S 107.10 (zulässige Privatisierung eines Wochenmarktes).

C. Behörden

I. Organe juristischer Personen

22 Verwaltungsträger sind **juristische Personen**, also Gebilde, die von der Rechtsordnung geschaffen worden sind. Sie sind **rechtsfähig** (Träger von Rechten und Pflichten), aber **nicht handlungsfähig**. Für juristische Personen handeln ihre **Organe**.

Ebenso bei den zivilrechtlichen Körperschaften: Die GmbH wird durch ihren Geschäftsführer vertreten (§§ 6, 35 GmbHG), die Aktiengesellschaft durch den Vorstand (§§ 76 ff. AktG).

23 **Organe** sind die Einrichtungen eines Verwaltungsträgers, die dessen Kompetenzen, Aufgaben und Funktionen wahrnehmen.[12] Tatsächlich handeln natürliche Personen (sog. **Organwalter**), deren Handeln dem Organ und damit dem Verwaltungsträger zugerechnet wird. Organe eines Verwaltungsträgers, die Verwaltungsaufgaben mit Außenwirkung gegenüber dem Bürger wahrnehmen, nennt man **Behörden**.

Beispiel: Organe der Gemeinde sind der Rat und der Bürgermeister. Während der Rat für die interne Willensbildung zuständig ist, nimmt der Bürgermeister die Aufgaben der Gemeindeverwaltung wahr. Daher ist der Bürgermeister die allgemeine Behörde der Gemeinde (bzw. nach Landesrecht der Magistrat bzw. die Gemeindeverwaltung).

II. Behördenbegriff

Der Behördenbegriff wird im Verwaltungsrecht mit unterschiedlicher Bedeutung verwendet:

24 ■ **Behörde im organisatorischen Sinne** ist jede Stelle, die durch Organisationsrecht gebildet, vom Wechsel ihrer Amtsinhaber (Organwalter) unabhängig und nach den einschlägigen Zuständigkeitsregelungen dazu berufen ist, im eigenen Namen für den Staat oder einen anderen Verwaltungsträger Verwaltungsaufgaben eigenständig wahrzunehmen.[13]

Beispiele: Der Bürgermeister, der Landrat, der Regierungspräsident, das Finanzamt, das Landesumweltamt (je nach Landesrecht).

25 ■ **Behörde im funktionellen Sinne** ist dagegen jedes Organ eines Verwaltungsträgers, das Aufgaben der öffentlichen Verwaltung wahrnimmt (vgl. § 1 Abs. 4 VwVfG).[14]

Neben den Behörden im organisatorischen Sinne können dies auch sonstige Staatsorgane sein, wenn sie ausnahmsweise verwaltend tätig werden, z.B. der Bundespräsident bei der Ernennung von Beamten (Art. 60 GG), der Bundestagspräsident im Rahmen der staatlichen Parteienfinanzierung (vgl. §§ 19 ff. ParteiG)[15] und Ministerien bei der Informationsgewährung nach dem IFG.[16]

Bei der Rechtsanwendung, z.B. im Rahmen des § 35 VwVfG und der §§ 61 Nr. 3, 78 VwGO, ist i.d.R. der weite, **funktionelle Behördenbegriff** zugrunde zu legen.[17] Der organisatorische Behördenbegriff hat praktisch nur Bedeutung im Rahmen des Verwaltungsorganisationsrechts als Bezeichnung für eine Verwaltungseinheit.

---

12 Maurer/Waldhoff § 21 Rn. 19.
13 Meissner in Schoch/Schneider/Bier VwGO § 78 Rn. 24.
14 Maurer/Waldhoff § 21 Rn. 32.
15 BVerwG NJW 2003, 1135; OVG Berlin NJW 2002, 2896.
16 BVerwG, Urt. v. 03.11.2011 – BVerwG 7 C 3.11, RÜ 2012, 188, 190.
17 Vgl. Meissner in Schoch/Schneider/Bier VwGO § 78 Rn. 24 m.w.N.

Beispiel: Die Staatsanwaltschaft ist als Organ der Rechtspflege der „Dritten Gewalt" und nicht der Verwaltung zugeordnet. Im Rahmen eines strafrechtlichen Ermittlungsverfahrens handelt der Generalbundesanwalt daher nicht als Behörde i.S.d. § 1 Abs. 1 IFG (Informationsfreiheitsgesetz). Die Strafrechtspflege unterfällt nicht dem Anwendungsbereich des IFG (wohl aber, soweit die Staatsanwaltschaft „klassische" Verwaltungstätigkeit im materiellen Sinne ausübt, s.o. Rn. 7).[18]

III. Behördeninterne Organisationseinheiten

Die Behörden sind **intern** i.d.R. in Abteilungen, Dezernate und Referate mit einzelnen 26
Sachbearbeitern untergliedert. Die kleinste Organisationseinheit ist das **Amt**. Das Amt hat nur **verwaltungsinterne Bedeutung**. Anders als die Behörde hat das Amt keine Außenzuständigkeit.

Beispiel: Hat das Bauamt eine Baugenehmigung erteilt, so ist nicht das Bauamt, sondern der „Bürgermeister" (die Gemeindeverwaltung) die erlassende Behörde. **Gegenbeispiel:** Das „Finanzamt" ist demgegenüber eine eigenständige Behörde (s.o. Rn. 13).

Amtswalter (Organwalter) ist schließlich die natürliche Person, die die jeweiligen Auf- 27
gaben des Amts tatsächlich wahrnimmt. Sein Handeln wird der Behörde und damit mittelbar dem Verwaltungsträger zugerechnet.

Beispiel: Beamter B erteilt dem E eine Baugenehmigung. Die Maßnahme wird dem Bürgermeister als Baugenehmigungsbehörde und damit der Gemeinde zugerechnet.

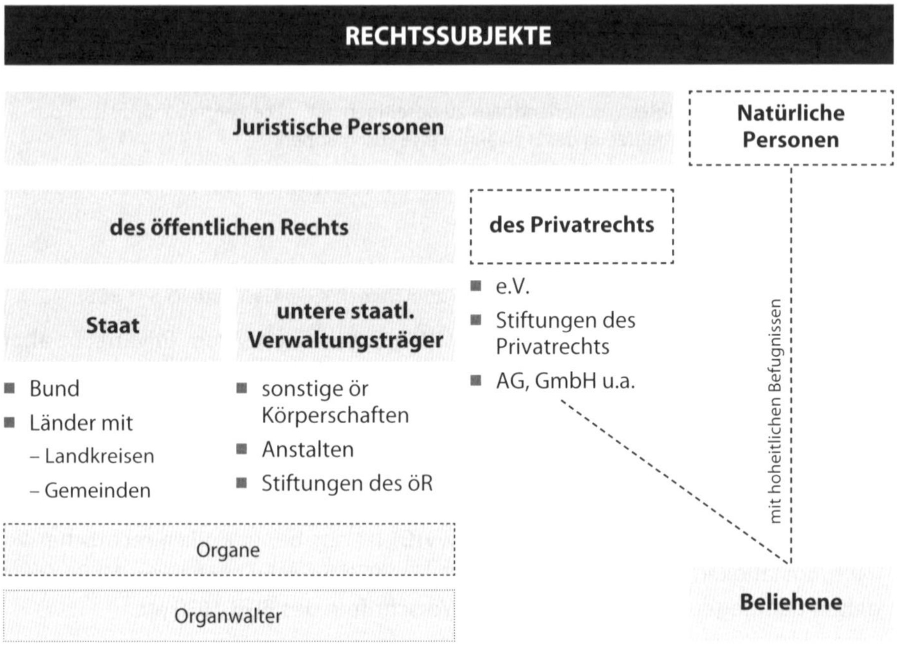

18 VGH Mannheim DVBl. 2017, 972, 973; zum presserechtlichen Informationsanspruch gegen die Staatsanwaltschaft vgl. demgegenüber VGH Mannheim, Beschl. v. 04.08.2017 – 1 S 1307/17.

2. Abschnitt: Abgrenzung Öffentliches Recht und Privatrecht

A. Bedeutung der Unterscheidung

28 Nach unserer Rechtsordnung gehört eine Rechtsnorm entweder zum Privatrecht oder zum Öffentlichen Recht (wobei das Strafrecht Teil des öffentlichen Rechts ist).

- Das **Privatrecht** regelt die Rechtsbeziehungen zwischen gleichgeordneten Personen. Da die Beteiligten rechtlich dieselben Befugnisse haben, können Rechte und Pflichten grundsätzlich nur durch **Vertrag** (z.B. durch Abschluss eines Kaufvertrages) oder durch **Gesetz** begründet werden.
- Zum **Öffentlichen Recht** gehören vor allem diejenigen Rechtsvorschriften, die sich auf die **hoheitliche Tätigkeit** des Staates beziehen (z.B. Erlass einer Ordnungsverfügung, Erteilung einer Baugenehmigung).

  Außerdem sind die Rechtssätze öffentlich-rechtlich, die die **Organisation** des Staates betreffen, also insbes. das Staatsorganisationsrecht und das Verwaltungsorganisationsrecht (z.B. die Frage, welche Staatsorgane bzw. Verwaltungsträger es gibt und durch wen sie vertreten werden).

B. Öffentlich-rechtliche und privatrechtliche Verwaltungstätigkeit

29 Soweit Verwaltungsträger Staatsgewalt ausüben (Art. 20 Abs. 2 S. 2 GG), können sie Rechte und Pflichten des Bürgers **einseitig öffentlich-rechtlich** (hoheitlich) begründen.

Beispiele: Die Bauaufsichtsbehörde erlässt an den Bauherrn B eine Verfügung, wonach B ein im Landschaftsschutzgebiet errichtetes Wochenendhaus zu beseitigen hat. – Die Polizeibehörde lässt das ordnungswidrig geparkte Kraftfahrzeug des H zwangsweise abschleppen.

30 Da die Verwaltungsträger als juristische Personen rechtsfähig sind, können sie zudem Träger **privater** Rechte und Pflichten sein.

Beispiele: Das Land L verkauft dem B ein im Eigentum des Landes stehendes Grundstück (§ 433 BGB). Die Gemeinde G verpachtet den Rathauskeller an P zum Betrieb einer Gaststätte (§ 581 BGB).

31 Daher ist es erforderlich, den Bereich des Öffentlichen Rechts vom Privatrecht **abzugrenzen**. Dies gilt vor allem in folgenden Fällen:

- Der **Rechtsweg** zu den Verwaltungsgerichten ist grundsätzlich bei öffentlich-rechtlichen Streitigkeiten eröffnet (§ 40 Abs. 1 S. 1 VwGO), für privatrechtliche Streitigkeiten steht der Rechtsweg zu den Zivilgerichten offen (§ 13 GVG).
- Das **Verwaltungsverfahrensgesetz** (VwVfG) ist nur bei öffentlich-rechtlicher Verwaltungstätigkeit anwendbar (§ 1 Abs. 1 VwVfG), für privatrechtliche Maßnahmen gelten demgegenüber die allgemeinen Vorschriften des BGB, HGB etc.
- Ein **Verwaltungsakt** (VA) setzt nach § 35 VwVfG eine Regelung auf dem Gebiet des öffentlichen Rechts voraus. Privatrechtliche Regelungen können nicht durch VA getroffen werden. Entsprechendes gilt für den **verwaltungsrechtlichen Vertrag** i.S.d. § 54 VwVfG.
- Die **Verwaltungsvollstreckung** nach dem Verwaltungsvollstreckungsgesetz (VwVG) dient i.d.R. nur der Durchsetzung öffentlich-rechtlicher Forderungen und Verpflichtungen (vgl. z.B. §§ 1, 6 VwVG).

- Bei öffentlich-rechtlichem Handeln richtet sich die **Haftung** des Staates nach § 839 BGB i.V.m. Art. 34 GG (Amtshaftung), während bei privatrechtlicher Tätigkeit die allgemeinen Regeln der §§ 823 ff. BGB gelten.

Hoheitsträger handelt

öffentlich-rechtlich	privatrechtlich
■ grds. Verwaltungsrechtsweg (§ 40 VwGO)	■ Zivilrechtsweg (§ 13 GVG)
■ VwVfG, VwVG, VwGO	■ BGB, ZPO
■ VA	■ privatrechtliche Willenserklärung
■ Amtshaftung (Art. 34 GG, § 839 BGB)	■ §§ 823 ff. BGB

Beachte: *In der Fallbearbeitung ist stets zwischen der Anwendung von* ***Bundesrecht*** *und* ***Landesrecht*** *zu unterscheiden. Grundsätzlich gilt für die Abgrenzung das* ***Behördenprinzip****: Handelt eine Bundesbehörde, so gilt z.B. das VwVfG des Bundes (§ 1 Abs. 1 Nr. 1 VwVfG), das VwVG des Bundes usw. Handelt eine Landesbehörde, gilt das LVwVfG und das LVwVG. Im Folgenden werden aus Vereinfachungsgründen, soweit nichts anderes vermerkt ist, stets die Vorschriften des Bundesrechts (VwVfG, VwVG, VwZG etc.) zitiert. Auf Abweichungen des Landesrechts wird hingewiesen.* 32

C. Kriterien für die Abgrenzung

I. Wahrnehmung von Verwaltungsaufgaben durch Privatpersonen

Werden Verwaltungsaufgaben durch natürliche oder juristische Personen des **Privatrechts** wahrgenommen, handeln diese grundsätzlich **privatrechtlich**.[19] Sind an dem streitigen Rechtsverhältnis ausschließlich Privatrechtssubjekte beteiligt, liegt grds. eine privatrechtliche Streitigkeit vor. Das gilt selbst dann, wenn das Handeln der Erfüllung öffentlicher Aufgaben dient.[20] 33

Beispiele: Die Vergabe öffentlicher Zuschüsse durch eine private Stiftung erfolgt privatrechtlich.[21] Die Wasserversorgung und die Stromlieferung durch die Stadtwerke GmbH beruht auf einem privatrechtlichen Vertrag.[22]

Etwas anderes gilt nur dann, wenn eine Privatperson mit hoheitlichen Handlungs- und Entscheidungsbefugnissen ausgestattet ist und damit als (selbstständiger) **Beliehener** oder als (unselbstständiger) **Verwaltungshelfer** tätig wird.[23] 34

---

19 BGH NJW 2000, 1042; BAG NJW 2000, 1438, 1439; vgl. aber § 44 Abs. 3 BHO.

20 BVerwG, Beschl. v. 17.11.2008 – 6 B 41.08, NVwZ-RR 2009, 308; OVG NRW, Beschl. v. 29.07.2010 – 8 E 52/10, DVBl. 2010, 1384 (nur LS).

21 BVerwG DVBl. 1990, 712.

22 Vgl. Huba/Burmeister JuS 1989, 218, 222.

23 Vgl. BGH VersR 2006, 698; OVG NRW NWVBl. 2005, 475; OLG Celle NVwZ-RR 2009, 863; zur Abgrenzung von Beliehenen, Verwaltungshelfern und reinen Privatpersonen VG Gießen LKRZ 2007, 473.

Fall 1: Feindliches Grün

F befuhr mit seinem Pkw die A-Straße in der Stadt S. Im Einmündungsbereich mit der B-Straße wurden Straßenbauarbeiten durchgeführt. Deshalb stand dort nur eine Fahrspur zur Verfügung. Die Bauarbeiten und die Verkehrsregelung wurde im Auftrag der Stadt S durch den privaten Bauunternehmer B vorgenommen. B hatte eine automatisch schaltende Lichtzeichenanlage aufgestellt, die für F „grün" anzeigte. F fuhr daher zügig in den Baustellenbereich ein, wo es zum Zusammenstoß mit dem Fahrzeug des X kam, für den die Ampel aus Richtung B-Straße aufgrund eines Bedienungsfehlers ebenfalls grünes Licht angezeigt hatte. F möchte wegen seiner Schäden die Stadt S in Anspruch nehmen. Diese verweist darauf, dass sie B ordnungsgemäß ausgewählt und überwacht habe und dieser die Anlage nach eigenem Ermessen bedarfsgerecht nach dem jeweiligen Verkehrsaufkommen steuern durfte. Eine behördliche Anordnung hierzu liege nicht vor. F müsse sich daher an B halten. Zu Recht?

35 F könnte gegen die Stadt S einen Anspruch aus **Amtshaftung** gemäß § 839 Abs. 1 S. 1 BGB i.V.m. Art. 34 S. 1 GG haben. Dann müsste **jemand in Ausübung eines ihm anvertrauten öffentlichen Amtes**, also **hoheitlich** gehandelt haben.

Bei hoheitlicher Tätigkeit verdrängt die Amtshaftung die allgemeinen deliktischen Haftungstatbestände der §§ 823 ff. BGB.[24]

36 Der zu dem Unfall führende Bedienungsfehler ist nicht von einem Bediensteten der Stadt S verursacht worden, sondern von B. Ein Amtshaftungsanspruch kommt daher nur in Betracht, wenn sich die Stadt das Verhalten des B als hoheitliches Handeln **zurechnen** lassen muss.

37 Handelt eine Privatperson, wird sie grundsätzlich nicht hoheitlich, sondern **privatrechtlich** tätig. Nur ausnahmsweise kann der Bürger **hoheitlich** handeln:

- im Fall der **Beleihung** und
- bei der Tätigkeit als **Verwaltungshelfer**.

38 I. **Beliehene** sind natürliche oder juristische Personen des Privatrechts, die **durch oder aufgrund Gesetzes** einzelne hoheitliche Verwaltungsaufgaben **im eigenen Namen** und in den **Handlungsformen des öffentlichen Rechts** wahrnehmen dürfen.[25] Dabei verfügen sie über **eigene Entscheidungsbefugnisse**.

Beispiele:

- Dem Sachverständigen des **Technischen Überwachungsvereins** (TÜV) ist die hoheitliche Untersuchung von Kraftfahrzeugen übertragen (§ 29 StVZO).[26]
- Dem **Notar** ist die Befugnis verliehen, öffentliche Beurkundungen und Beglaubigungen vorzunehmen (vgl. § 1 BNotO).
- Der **Luftfahrzeugführer** hat als Beliehener für die Aufrechterhaltung der Sicherheit und Ordnung an Bord des Luftfahrzeuges zu sorgen und darf während des Fluges polizeiliche Befugnisse ausüben(§ 12 LuftSiG).[27]

---

24 BGH, Urt. v. 18.02.2014 – VI ZR 383/12, RÜ 2014, 332; Maurer/Waldhoff § 26 Rn. 48.

25 BVerwG DVBl. 2006, 840, 841; BGH NJW 2003, 2451, 2452; HessVGH NJW 2016, 1338; Kemmler JA 2015, 328, 331 f.

26 Vgl. LG Stuttgart, Urt. v. 04.11.2008 – 15 O 12/08; Klement VerwArch 2010, 112 ff.

- Die Lizenznehmer im **Postdienst** (z.B. die Deutsche Post AG), sind mit dem Recht beliehen, Schriftstücke nach den Regeln des Prozess- und Verfahrensrechts förmlich zuzustellen (§ 33 Abs. 1 S. 2 PostG). Deshalb handelt es sich bei der Zustellungsurkunde (§ 182 Abs. 1 ZPO) um eine öffentliche Urkunde i.S.d. § 418 ZPO.

In diesen Fällen handelt die Privatperson aufgrund der Beleihung **hoheitlich**. Der Beliehene ist selbst **Behörde** i.S.d. § 1 Abs. 4 VwVfG[28] und kann Verwaltungsakte gemäß § 35 VwVfG erlassen. 39

Beispiel: Die Erteilung der Prüfplakette (§ 29 StVZO) ist ein Verwaltungsakt des TÜV-Sachverständigen als Beliehener.[29] Gegen die Versagung ist daher eine Verpflichtungsklage (§ 42 Abs. 1 Fall 2 VwGO) vor dem Verwaltungsgericht (§ 40 Abs. 1 S. 1 VwGO) statthaft.

Umstritten ist lediglich, ob der Beliehene selbst **Verwaltungsträger** ist oder nur Organ der beleihenden Körperschaft.[30] Bedeutung hat dies bei der Bestimmung des Klagegegners nach § 78 Abs. 1 VwGO. Ist der Beliehene selbst Verwaltungsträger, ist er der nach § 78 Abs. 1 Nr. 1 VwGO zu verklagende „Rechtsträger". Als Behörde ist er nach § 78 Abs. 1 Nr. 2 VwGO nur richtiger Beklagter bei entsprechender landesrechtlicher Regelung. **Haftungsrechtlich** ist dagegen unstreitig nicht der Beliehene selbst, sondern der ihn beleihende Verwaltungsträger nach Art. 34 S. 1 GG verantwortlich.[31]

Eine Beleihung setzt nach dem Grundsatz vom Vorbehalt des Gesetzes stets eine **gesetzliche Regelung** voraus,[32] die hier fehlt. Damit hat Bauunternehmer B nicht als Beliehener gehandelt. 40

Weitere Beispiele: Mangels gesetzlicher Regelung in der StVO ist es nicht möglich, einer Privatperson im Wege der Beleihung die Befugnis zu erteilen, über das Aufstellen von Verkehrszeichen zu entscheiden[33] oder den Straßenverkehr durch Private überwachen zu lassen.[34] Die Stadtwerke GmbH darf Abwassergebührenbescheide nur bei entsprechender gesetzlicher Ermächtigung erlassen (vgl. z.B. § 2 Abs. 3 S. 1 KAG BW).[35]

II. B könnte jedoch als **Verwaltungshelfer** hoheitlich gehandelt haben. Der Verwaltungshelfer handelt – anders als der Beliehene – nicht selbstständig, sondern nimmt **Hilfstätigkeiten** im Auftrag und nach Weisung der ihn betrauenden Behörde wahr. Sein Handeln wird unmittelbar der **Behörde zugerechnet**, für die er tätig wird; der Verwaltungshelfer selbst ist daher nicht Hoheitsträger.[36] 41

Als Verwaltungshelfer sind z.B. zu qualifizieren: Schülerlotsen,[37] der im Auftrag der Polizei eine Blutprobe entnehmende Arzt,[38] und das private Labor bei Durchführung von BSE-Schnelltests.[39]

Einer **gesetzlichen Grundlage** bedarf es für die Einschaltung eines Verwaltungshelfers nicht, da dieser ohne eigene Entscheidungsmacht tätig wird.[40]

---

27 Vgl. LG Berlin, Urt. v. 08.01.2009 – 23 O 86/07.

28 Ziekow VwVfG § 1 Rn. 34; Wolff JA 2006, 749, 750.

29 Kopp/Ramsauer VwVfG § 35 Rn. 66.

30 Vgl. Stelkens NVwZ 2004, 304, 305; Schmidt am Busch DÖV 2007, 533, 540 f.; Barthel/Lepczyk JA 2008, 436, 437.

31 BGHZ 122, 85, 88; 147, 169, 171 f.; BGH NVwZ-RR 2001, 147; BVerwG RÜ 2010, 738, 740.

32 BVerwG, Urt. v. 26.08.2010 – BVerwG 3 C 35.09, RÜ 2010, 738, 739, NVwZ 2011, 368, 370 ; Waldhoff JuS 2011, 191 f.; Kiefer NVwZ 2011, 1300, 1300 f. und unten Rn. 104.

33 VGH Mannheim, Urt. v. 16.12.2009 – 1 S 3263/08, RÜ 2010, 258, 260.

34 OLG Frankfurt NStZ-RR 2017, 188, 189;BayObLG NJW 1999, 2200; Hentschel NJW 1998, 649, 654.

35 BVerwG, Urt. v. 23.08.2011 – BVerwG 9 C 2.11, RÜ 2012, 47, 48; OVG LüneburgNdsVBl. 2012, 195; VGH Kassel NVwZ 2010, 1254, 1255; VGH BW DVBl. 2010, 196, 198.

36 OVG Lüneburg, Beschl. v. 13.01.2012 – 9 LA 9/11, NdsVBl. 2012, 195; Bader/Ronellenfitsch VwVfG § 1 Rn. 74.

37 Maurer/Waldhoff § 23 Rn. 66.

38 OLG München NJW 1979, 608.

39 BVerwG NVwZ-RR 2010, 801, 802; BGH BayVBl. 2006, 675, 676; NVwZ-RR 2007, 368, 369.

42 1. Allerdings hat die Rspr. ursprünglich Hilfspersonen nur dann als Verwaltungshelfer qualifiziert, wenn die Behörde aufgrund **öffentlichen Rechts** in einem solchen Ausmaß auf die Durchführung der Maßnahme Einfluss nehmen kann, dass der Bürger lediglich als „Werkzeug" der Behörde bei der Erledigung ihrer hoheitlichen Aufgabe tätig wird **(Werkzeugtheorie)**.[41]

Deshalb wurden Personen, die nur aufgrund privatrechtlicher Verträge Aufgaben für die Verwaltung wahrnehmen (z.B. Abschleppunternehmer), nicht als Verwaltungshelfer angesehen. Ihnen sei regelmäßig ein so weiter Entscheidungsspielraum eröffnet, dass sie nicht als „verlängerter Arm" der Behörde erscheinen. Mangels Zurechnung auf den Hoheitsträger könne der Geschädigte nur den unmittelbaren Schädiger in Anspruch nehmen.

Beispiel: Auf rechtmäßige Anordnung der Ordnungsbehörde wird der Pkw des E abgeschleppt. Der von der Behörde beauftragte Abschleppunternehmer U beschädigt das Fahrzeug beim Verladen. Mangels Zurechnung schied nach dieser Auffassung eine Haftung der Ordnungsbehörde aus. E konnte sich nur gemäß § 823 Abs. 1 BGB an U halten.[42]

43 2. Die Literatur hat hieran stets kritisiert, dass es dem Staat bei hoheitlicher Tätigkeit nicht möglich sein dürfe, sich seiner Haftung durch die Einschaltung von Privaten zu entziehen **(keine „Flucht ins Privatrecht")**. Andernfalls käme es zu dem unsachgemäßen Ergebnis, dass die öffentliche Hand umso weniger hafte, je weniger sie den Privaten kontrolliere und anweise. Für die Haftung komme es allein auf die **Funktion** des Handelnden, nicht auf seine interne Rechtsstellung an.[43]

44 3. Dieser Ansicht hat sich die Rspr. weitgehend angenähert, ohne die Werkzeugtheorie allerdings ganz aufzugeben.[44] Der BGH stellt nicht mehr auf das Innenverhältnis zwischen Staat und Beauftragtem ab, sondern misst dem **Außenverhältnis** zum Geschädigten entscheidende Bedeutung bei. Wesentlich für die „Ausübung eines öffentlichen Amtes" i.S.d. Art. 34 S. 1 GG sei der hoheitliche Charakter einer Maßnahme. Die Beauftragung auf privatrechtlicher Grundlage sei demgegenüber für die haftungsrechtliche Frage ohne Bedeutung.[45]

Deshalb qualifiziert die neuere Rspr. auch den **Abschleppunternehmer** als Verwaltungshelfer.[46] Dafür spricht, dass sich die rechtliche Beurteilung der Vollstreckungshandlung nicht deswegen ändern kann, weil ein privater Dritter sie auf Weisung eines Hoheitsträgers ausführt.[47] Jedenfalls im Bereich der Eingriffsverwaltung ist das Fehlverhalten eines privatrechtlich herangezogenen Unternehmers nach Amtshaftungsgrundsätzen zuzurechnen, sodass eine Haftung des Staates gemäß § 839 BGB, Art. 34 GG zu bejahen ist, wenn der Abschleppunternehmer das abgeschleppte Fahrzeug schuldhaft beschädigt.[48]

45 Abweichend von der früheren Rspr. kann daher grds. auch bei privatrechtlicher Beauftragung eine **Zurechnung** erfolgen. Dies gilt vor allem im Bereich der Ein-

---

40 VG Düsseldorf, Urt. v. 02.08.2007 – 11 K 6477/06; Kopp/Ramsauer VwVfG § 1 Rn. 65; abweichend VGH Kassel NVwZ 2010, 1254, 1255, wobei es sich jedoch materiell um einen Fall der Beleihung handelte.

41 BGH NJW 1993, 1258, 1259; NJW 1971, 2220, 2221; VersR 1973, 417, 418.

42 Vgl. OLG Nürnberg JR 1967, 61; offengelassen in BGH NJW 1978, 2502, 2503.

43 Notthoff NVwZ 1994, 771, 773; Stelkens JZ 2004, 656, 658; Papier/Shirvani in: MünchKomm BGB § 839 Rn. 138.

44 BGH, Urt. v. 18.02.2014 – VI ZR 383/12, RÜ 2014, 332, 333; BGH, Urt. v. 23.02.2006 – III ZR 164/05, NJW 2006, 1121, 1123; Petersen Jura 2006, 411, 412; Schlick NJW 2008, 127, 228.

45 BGH NJW 2005, 286, 287; Kiefer NVwZ 2011, 1300, 1302.

46 BGH, Urt. v. 18.02.2014 – VI ZR 383/12, RÜ 2014, 332, 333; BGH, Urt. v. 26.01.2006 – I ZR 83/03, NVwZ 2006, 964, 965.

47 Maurer/Waldhoff § 26 Rn. 14.

48 BGH, Urt. v. 18.02.2014 – VI ZR 383/12, RÜ 2014, 332, 333; ebenso OLG Koblenz DVBl. 2011, 60 (für den Abbruchunternehmer bei der Ersatzvornahme im Baurecht); Waldhoff JuS 2015, 92; Kopp/Ramsauer VwVfG § 1 Rn. 64.

griffsverwaltung. Allerdings ist für die Zurechnung grundsätzlich erforderlich, dass dem Unternehmer kein oder nur ein begrenzter Entscheidungsspielraum eingeräumt ist, der ihn zum bloßen **Erfüllungsgehilfen** der öffentlichen Hand macht.[49]

„Je stärker der hoheitliche Charakter der Aufgabe in den Vordergrund tritt, je enger die Verbindung zwischen den übertragenen Tätigkeiten und der von der Behörde zu erfüllenden hoheitlichen Aufgaben und je begrenzter der Entscheidungsspielraum des Unternehmers ist, desto näher liegt es, ihn als Beamten im haftungsrechtlichen Sinne anzusehen."[50]

Die Lit. hält diese Einschränkungen als „Relikte der alten Werkzeugtheorie" für **nicht sachgerecht**. Auch das Fehlverhalten selbstständiger Unternehmer müsse dem Staat nach Art. 34 S. 1 GG zugerechnet werden. Für den Bürger mache es keinen Unterschied, ob er durch eigene Mitarbeiter des Staates oder durch Mitarbeiter eines vom Staat eingeschalteten privaten Unternehmens geschädigt werde.[51] **46**

Gegen eine solche ausschließlich funktionsbezogene Betrachtung spricht jedoch, dass der Staat dann bei der Erfüllung öffentlich-rechtlicher Pflichten schlechter stünde als z.B. ein privater Bauherr, der für das Fehlverhalten des selbstständigen Bauunternehmers grundsätzlich nicht einzustehen hat.[52] Eine Zurechnung kann daher nur dann erfolgen, wenn der Unternehmer **keinen oder nur einen begrenzten Entscheidungsspielraum** hat.[53] **47**

a) Als Verwaltungshelfer wird man den Bauunternehmer daher z.B. im Fall des § 45 Abs. 2 StVO ansehen können, wenn die Behörde **verbindliche Anordnungen** zum Aufstellen von Verkehrszeichen getroffen hat. Dort hat der private Bauunternehmer keinen eigenen Entscheidungsspielraum, sondern hat die Anordnungen der Behörde zu „befolgen" (§ 45 Abs. 6 S. 2 StVO). Er ist lediglich Ausführungsorgan der anordnenden Behörde.[54] **48**

b) Vorliegend ist demgegenüber eine nach der Rspr. erforderliche Einengung des **Entscheidungsspielraums** des B nicht feststellbar. Die Ampel wurde bedarfsgerecht gesteuert. Eine behördliche Anordnung hierzu war nicht vorgegeben (vgl. auch § 45 Abs. 6 S. 2 StVO, wonach der Unternehmer die Lichtzeichenanlage „zu bedienen" hat, während die Anordnungen der Verkehrsbehörde „zu befolgen" sind). B wurde daher nicht als „Erfüllungsgehilfe" der Behörde tätig und kann deshalb auch nicht als deren Verwaltungshelfer angesehen werden. **49**

Auch die Rspr. hat bislang selbstständige Straßenbauunternehmer i.d.R. nicht als Verwaltungshelfer angesehen,[55] es sei denn, der Hoheitsträger hat weitgehende Weisungsbefugnisse.[56]

---

49 BGH NJW 2014, 3580, 3581 (Werkzeug oder Erfüllungsgehilfe); NJW 2006, 1121, 1123; NVwZ 2006, 966 ff.; OLG Hamm NJW 2001, 375, 376; Sandkühler JA 2001, 149, 151.

50 BGH, Urt. v. 18.02.2014 – VI ZR 383/12, RÜ 2014, 332, 333 mit Anm. Waldhoff JuS 2015, 92; BGH NJW 2014, 3580, 3581.

51 Vgl. Papier/Shirvani in MünchKomm BGB § 839 Rn. 138; Stelkens JZ 2004, 656, 659; Petersen Jura 2006, 411, 413; im Ergebnis auch OLG Celle NVwZ-RR 2009, 863, 864.

52 Stelkens JZ 2004, 656, 658 f., der zwischen Verwaltungshelfern in einem bestehenden Verwaltungsrechtsverhältnis und Verwaltungshelfern im allgemeinen Verkehr differenziert.

53 BGH NJW 2014, 3580, 3581; NJW 2006, 1121, 1123.

54 OLG Hamm, Urt. v. 29.07.2015 – 11 U 32/14 für das Aufstellen von Verkehrsschildern aufgrund strikter Anordnung der Straßenverkehrsbehörde im Zuge öffentlicher Bauarbeiten; Kümper JuS 2017, 833, 837.

55 BGHZ 48, 98, 103; 125, 19, 25; OLG München, Urt. v. 03.03.2005 – 1 U 4742/04; OLG Karlsruhe NJW-RR 2017, 986; zustimmend Kümper JuS 2017, 833, 837.

56 Vgl. AS-Skript Verwaltungsrecht AT 2 (2017), Rn. 681 ff.

Kein Verwaltungshelfer ist danach z.B. der Umzugsunternehmer beim Aufstellen mobiler Halteverbotsschilder.[57] Bejaht hat die Rspr. eine Haftung des Verwaltungsträgers dagegen beim Winterdienst durch einen privaten Unternehmer, der im Hinblick auf die ör Straßenverkehrssicherungspflicht keinen relevanten eigenen Entscheidungsspielraum hat.[58]

Mangels hoheitlichem Handeln scheidet ein Anspruch des F gegen die Stadt S gemäß § 839 Abs. 1 S. 1 BGB i.V.m. Art. 34 S. 1 GG aus. F muss sich unmittelbar nach §§ 823 ff. BGB an **Bauunternehmer B** halten.

Gegenbeispiel: Beschädigt der Abschleppunternehmer das Fahrzeug beim Abschleppen, so wird sein Verhalten als Verwaltungshelfer der Ordnungsbehörde zugerechnet (s.o.). Der Halter des Fahrzeuges hat daher Ansprüche gegen den Verwaltungsträger aus § 839 BGB, Art. 34 GG und analog § 280 Abs. 1 BGB aufgrund einer öffentlich-rechtlichen Verwahrung. Ansprüche gegen den Abschleppunternehmer scheiden deshalb aus.[59]

---

50 Die vorstehenden Grundsätze gelten auch, wenn der Staat in einer **privatrechtlichen Organisationsform** handelt (z.B. als GmbH). Bedeutung hat dies vor allem im Rahmen der Leistungsverwaltung.

Beispiele: Die Stadt errichtet für den Betrieb und die Bewirtschaftung der Stadthalle eine „Stadthallen GmbH". Die Versorgung mit Wasser und Strom erfolgt durch die „Stadtwerke GmbH".

51 Private Gesellschaften können – auch wenn sämtliche Anteile der öffentlichen Hand gehören – mangels Hoheitsgewalt grundsätzlich **nicht öffentlich-rechtlich** handeln, sondern nur privatrechtliche Verträge schließen.[60] Sind an dem streitigen Rechtsverhältnis ausschließlich Privatrechtssubjekte beteiligt, scheidet eine Zuordnung zum öffentlichen Recht i.d.R. aus.[61]

52 Anders ist dies nur, wenn der privatrechtlich organisierte Leistungsträger **Beliehener** ist. Das kommt jedoch auf dem Gebiet der Leistungsverwaltung i.d.R. nicht vor, weil die Leistung in privatrechtlicher Form erbracht werden kann und eine Beleihung daher unnötig ist. Eine Besonderheit gilt im **Subventionsrecht**: Nach § 44 Abs. 3 BHO (Bundeshaushaltsordnung) können juristische Personen des Privatrechts (z.B. Banken) mit der Befugnis beliehen werden, „Verwaltungsaufgaben auf dem Gebiet der Zuwendungen im eigenen Namen und in den Handlungsformen des öffentlichen Rechts wahrzunehmen" (z.B. Bewilligungsbescheide für Subventionen zu erlassen).[62]

Weiteres Beispiel: Die Entlassung eines Schülers von einer privaten Ersatzschule erfolgt auf privatrechtlicher Grundlage. Die Beleihung der Ersatzschule mit Hoheitsbefugnissen beschränkt sich darauf, mit gleicher Wirkung wie öffentliche Schulen Zeugnisse zu erteilen und unter bestimmten Voraussetzungen Prüfungen abzunehmen. Alle übrigen Maßnahmen behalten ihren privatrechtlichen Charakter.[63]

---

57 OLG Karlsruhe NJW-RR 2017, 986, 987; anders OLG Hamm, Urt. v. 29.07.2015 – 11 U 32/14 bei strikter Anordnung der Straßenverkehrsbehörde (s.o. Rn. 48); dazu Kümper JuS 2017, 833, 837; vgl. auch BVerwG, Urt. v. 06.04.2016 – BVerwG 3 C 10.15, RÜ 2016, 535, 538.

58 BGH NJW 2014, 3580, 3581; ebenso OLG Celle NVwZ-RR 2009, 863 OLG Nürnberg NVwZ-RR 2010, 955.

59 BGH, Urt. v. 18.02.2014 – VI ZR 383/12, RÜ 2014, 332 ff., NJW-Spezial 2014, 266.

60 BVerwG DVBl. 1990, 712, 713; OVG NRW NW 1998, 1579, 1580; BayVGH NVwZ 1998, 1099, 1100.

61 BVerwG NJW 2006, 2568; BGH NJW 2003, 2451, 2452; OLG Rostock NJW 2006, 2563; abweichend OVG NRW NWVBl. 2006, 295 bei öffentlich-rechtlicher Anspruchsgrundlage.

62 Vgl. BremStGH NVwZ 2003, 81; Stelkens NVwZ 2004, 304 ff.; Wolfers/Kaufmann DVBl. 2002, 507 ff.; zur Rechtslage bei Fehlen eines Bewilligungsbescheides im sog. Bankenverfahren vgl. ThürOVG RÜ 2011, 254 ff.

63 OVG NRW NJW 1998, 1579, 1580; vgl. auch HessVGH, Beschl. v. 24.07.2013 – 9 E 1558/13 NVwZ-RR 2014, 117.

II. Handeln des Staates in öffentlich-rechtlichen Formen

Handelt ein **Verwaltungsträger** (z.B. das Land oder die Gemeinde), kann er kraft seiner Hoheitsgewalt öffentlich-rechtlich (hoheitlich) tätig werden, er kann aber als juristische Person – wie jeder Bürger – auch privatrechtlich handeln (s.o. Rn. 29 f.). 53

1. Abgrenzungskriterien

Da häufig nicht ohne Weiteres ersichtlich ist, ob die Verwaltung privatrechtlich oder öffentlich-rechtlich handelt, ist es erforderlich, **Abgrenzungskriterien** zu entwickeln.

a) Eindeutige Zuordnung

Unproblematisch sind die Fälle, in denen eine **eindeutige Zuordnung** erfolgen kann.

- **Eindeutig öffentlich-rechtlich** ist vor allem die Wahrnehmung von Aufgaben im Rahmen der **Eingriffsverwaltung** (vornehmlich im Polizei- und Ordnungsrecht). Hier braucht i.d.R. nicht im Detail auf die Abgrenzungsfrage eingegangen zu werden, da es sich um klassische Anwendungsfälle hoheitlicher Tätigkeit handelt. 54

  Beispiele: Auflösung einer Versammlung, Erlass einer Beseitigungsverfügung, Erteilung einer Baugenehmigung, Versagung einer Gewerbeerlaubnis o.Ä.

  Dasselbe gilt in den Fällen, in denen die Verwaltung **eindeutig hoheitlich** handelt (insbes. durch Erlass einer Verfügung, eines Bescheides etc.). Hier ist die Maßnahme auch dann **öffentlich-rechtlich** zu beurteilen, wenn sie inhaltlich eine privatrechtliche Rechtsbeziehung betrifft. Wenn der Staat eindeutig hoheitlich handelt, muss er sich an dieser Handlungsform festhalten lassen (s.u. Rn. 195). Das gilt unabhängig davon, ob ein öffentlich-rechtliches Handeln überhaupt zulässig war, was im Rahmen privatrechtlicher Beziehungen grundsätzlich nicht der Fall ist. Auch eine rechtswidrige Ausübung öffentlicher Gewalt bleibt öffentlich-rechtlich.

  Beispiel: Die Gemeinde G hat den Ratskeller als Gaststätte an P verpachtet. Als es Streitigkeiten gibt, verlangt G durch Verwaltungsakt von P Räumung der Gaststätte und droht für den Fall der Nichtbefolgung den Einsatz von Verwaltungszwang an. Die Maßnahmen der G sind allein der Form wegen öffentlich-rechtlich zu beurteilen, obwohl zwischen G und P ein privatrechtliches Pachtverhältnis besteht.[64]

- Eindeutig privatrechtlich ist demgegenüber die **Fiskalverwaltung**, die stets in privatrechtlichen Formen erfolgt. 55

  Dazu zählen z.B. alle privatrechtlichen Geschäfte, die der **Bedarfsdeckung** dienen (z.B. Anschaffung von Computern und Dienstfahrzeugen, Einstellung von Angestellten des öffentlichen Dienstes aufgrund privatrechtlicher Arbeitsverträge), die **erwerbswirtschaftliche Betätigung** der öffentlichen Hand (z.B. Beteiligung an privaten Unternehmen) und die **Verwaltung des Staatsvermögens** (z.B. Verkauf oder Verpachtung von Grundstücken).

  Die **privatrechtliche Rechtsnatur** folgt daraus, dass diese Tätigkeiten keine hoheitlichen Befugnisse voraussetzen und sich durch nichts von entsprechenden Geschäften eines Bürgers unterscheiden.[65]

---

64 Vgl. BVerwG NVwZ 1985, 264; OVG NRW NJW 2011, 2379; VG Berlin NJW 2002, 1063; Kopp/Schenke VwGO § 40 Rn. 6.
65 Vgl. GmS OGB NJW 1986, 2359.

56 ■ Probleme bei der Abgrenzung zwischen Privatrecht und Öffentlichem Recht bereiten vor allem Fälle im Bereich der **Leistungsverwaltung**. Hier besitzt die Verwaltung ein **Wahlrecht**, ob sie öffentlich-rechtlich oder privatrechtlich tätig wird.[66]

Gegenstand der Leistungsverwaltung ist neben der Gewährung finanzieller Zuwendungen (z.B. Subventionen) vor allem die Erbringung von Leistungen der Daseinsvorsorge, z.B. Müllabfuhr, Abwasserbeseitigung, der Betrieb öffentlicher Einrichtungen (insbes. Krankenhäuser und Kultureinrichtungen wie Theater und Museen). Den Gemeinden steht es z.B. frei, die Benutzung ihrer öffentlichen Einrichtungen öffentlich-rechtlich oder privatrechtlich auszugestalten.[67]

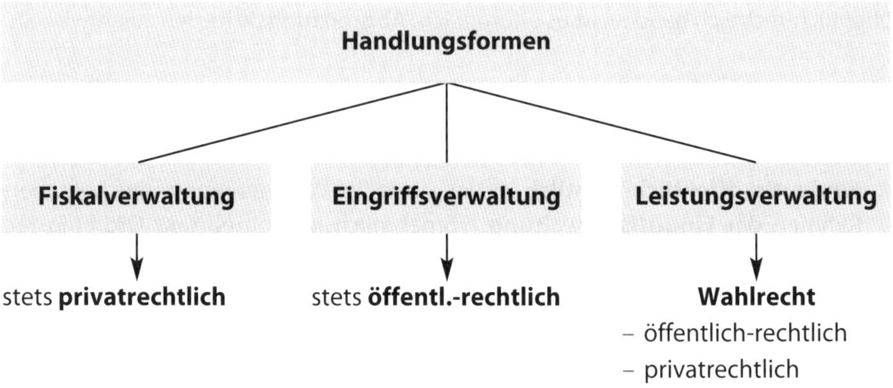

Dass in diesen Fällen eine **öffentliche Aufgabe** erfüllt wird, reicht allein für die Annahme öffentlichen Rechts nicht aus.[68] Denn öffentliche Aufgaben können öffentlich-rechtlich oder privatrechtlich wahrgenommen werden. Eine eindeutige Zuordnung ist im Leistungsbereich praktisch nur möglich, wenn die **Handlungsform gesetzlich** festgelegt ist.

Vgl. z.B. § 44 Abs. 3 BHO (Bundeshaushaltsordnung): „Juristischen Personen des privaten Rechts kann … die Befugnis verliehen werden, Verwaltungsaufgaben auf dem Gebiet der Zuwendungen im eigenen Namen und **in den Handlungsformen des öffentlichen Rechts** wahrzunehmen …"

b) Indizien

Lässt sich eine eindeutige Zuordnung nicht vornehmen, können sich für die Abgrenzung zwischen Öffentlichem Recht und Privatrecht **Indizien** ergeben.

57 ■ Unproblematisch sind die Fälle, in denen sich aus den von der Verwaltung verwendeten **Begriffen** ohne Weiteres auf die gewählte **Handlungsform** schließen lässt. Die Begriffe Satzung, Bescheid, Gebühr oder Zwangsmittel sind ohne Weiteres öffentlich-rechtlich zu qualifizieren. Demgegenüber spricht das Vorliegen eines Vertrages (außer in den Fällen der §§ 54 ff. VwVfG), die Zahlung eines Entgelts oder die Regelung durch Allgemeine Geschäftsbedingungen für privatrechtliche Tätigkeit.

Beispiele: Die Behörde erlässt eine „Verfügung" mit Rechtsbehelfsbelehrung, erhebt eine Gebühr oder droht Zwangsmittel an. Hier liegt stets eine öffentlich-rechtliche Maßnahme vor. Privatrechtlich ist dagegen die Aufforderung zur Zahlung eines „Nutzungsentgelts".

66 BayVerfGH NVwZ 1998, 727, 728; OVG NRW NJW 1991, 61, 62; VGH Mannheim DVBl. 2010, 1583.

67 BayVerfGH NVwZ 1998, 727, 728; Ehlers Jura 2012, 692, 695.

68 BVerwG DVBl. 1990, 712, 713; OVG NRW NJW 1991, 61, 62 m.w.N.

- Neben der Bezeichnung ist der **Sachzusammenhang** ein wichtiges Indiz für die Zuordnung: Steht eine Maßnahme mit einem anderen Verwaltungshandeln, das ohne Weiteres als öffentlich-rechtlich einzuordnen ist, in engem Zusammenhang, ist auch die zu beurteilende Tätigkeit als öffentlich-rechtlich zu qualifizieren. 58

Beispiele: K wendet sich gegen Geruchsimmissionen, die von einer gemeindlichen Kläranlage ausgehen. Der Betrieb der Anlage steht im Sachzusammenhang mit der gemeindlichen Kanalisation als Teil der öffentlichen Daseinsvorsorge. Da deren Rechtsnatur grundsätzlich öffentlich-rechtlich ist (Indizien: Vorliegen einer Satzung, Anschluss- und Benutzungszwang, Erhebung von Gebühren), ist auch die Streitigkeit um die – an sich neutralen – Immissionen öffentlich-rechtlich.[69] Dasselbe gilt für Geräuschimmissionen durch den **Betrieb öffentlicher Einrichtungen** der Gemeinde (z.B. Sport- und Spielplätze).[70]

Ehrbeeinträchtigende Äußerungen eines Hoheitsträgers sind privatrechtlich, wenn sie im Sachzusammenhang mit fiskalischen Rechtsbeziehungen stehen (z.B. im Rahmen der Abwicklung eines Kaufvertrages), dagegen öffentlich-rechtlich, wenn sie im Zusammenhang mit der Erfüllung öffentlicher Aufgaben erfolgen oder auf vorhandene bzw. vermeintliche öffentlich-rechtliche Befugnisse gestützt werden.[71]

Umstritten ist die Einordnung von Streitigkeiten im Zusammenhang mit dem **Hausrecht** bei Verwaltungsgebäuden (z.B. Erteilung eines Hausverbots): Nach früher h.M. ist ein Hausverbot öffentlich-rechtlich, wenn ein Sachzusammenhang mit hoheitlicher Tätigkeit besteht, privatrechtlich, wenn fiskalische Zwecke verfolgt werden (Akzessorietät des Hausrechts).[72] Heute wird das Hausverbot dagegen überwiegend generell als **öffentlich-rechtlich** qualifiziert, da es der Sicherung des öffentlich-rechtlichen Nutzungszwecks des Gebäudes dient.[73] Dafür spricht, dass das Hausrecht an Dienstgebäuden nicht aus §§ 903, 1004 BGB folgt, sondern aus der öffentlich-rechtlichen Sachherrschaft bzw. der behördlichen Ordnungsgewalt.[74] Das Hausverbot berührt daher nicht die eigentliche Verwaltungstätigkeit, sondern dient der öffentlich-rechtlichen Störungsabwehr. **Beachte:** Auf die Streitfrage kommt es nicht an, wenn das Hausverbot eindeutig öffentlich-rechtlich durch Verwaltungsakt ergeht.[75]

2. Die Abgrenzungstheorien

In der Literatur spielen bei der Unterscheidung zwischen öffentlichem Recht und Privatrecht die **Abgrenzungstheorien** eine große Rolle. In der Praxis und auch in der Klausur ist ihre **Bedeutung** dagegen **eher gering**. Entweder ergibt sich zweifelsfrei, dass der konkrete Fall nach dem PolG, der GewO, dem VersammlungsG o.Ä. zu beurteilen ist, sodass ein kurzer Hinweis genügt, dass das maßgebliche Gesetz dem öffentlichen Recht angehört. Oder die Zuordnung kann zwanglos aufgrund der oben aufgezeigten Kriterien oder Indizien vorgenommen werden. Lediglich in den wenigen Fällen, in denen zweifelhaft ist, ob die **streitentscheidende Norm** dem öffentlichen oder privaten Recht angehört, ist auf die nachfolgenden Theorien zurückzugreifen, deren jeweils isolierte Anwendung aber gerade in Grenzfällen auch nicht weiterhilft. 59

69 BGH NJW 1986, 2309, 2310.

70 Vgl. OVG NRW NVwZ 2005, 967 (Straßenleuchten); BVerwG NVwZ 1991, 885 (Sportplatz); HessVGH RÜ 2011, 810, 811 (Kinderspielplatz); VGH BW RÜ 2014, 603 (Bolzplatz); BVerwG NVwZ 1997, 390, 391 (Glockengeläut).

71 OVG Bln-Bbg NVwZ-RR 2015, 437; HessVGH NVwZ-RR 2012, 781; AS-Skript Verwaltungsrecht AT 2 (2017), Rn. 554 ff.

72 OVG NRW NJW 1998, 1425; VGH Mannheim NJW 1994, 2500, 2501; VG Minden NVwZ-RR 1999, 334.

73 OVG Hamburg NJW 2014, 1196, 1197; OVG Bremen NordÖR 2013, 264; OVG NRW NJW 2011, 2379; VG Berlin NVwZ-RR 2010, 783, 784; Ehlers Jura 2008, 183, 193; Günther DVBl. 2015, 1147, 1156; Kopp/Schenke VwGO § 40 Rn. 22.

74 Zur Herleitung des Hausrechts vgl. VGH Mannheim, Beschl. v. 17.05.2017 – 1 S 893/17; OVG NRW, Urt. v. 05.05.2017 – 15 A 3048/15, RÜ 2017, 670, 671; Klenke NWVBl. 2006, 84 ff.; Stelkens Jura 2010, 363 ff.; Günther DVBl. 2015, 1147 ff.

75 LSG NRW, Beschl. v. 04.03.2014 – L 19 AS 2157/13 B; VG Berlin NJW 2002, 1063 (Hausverbot im Bundestag).

Fall 2: Unstimmigkeiten bei der Sportförderung

Das Sportförderungsgesetz des Landes L bestimmt in § 11: „Zum Bau von Sportanlagen können den Sportvereinen auf Antrag Grundstücke aus dem Grundvermögen der Gemeinden übertragen werden. Der Erwerb erfolgt für den Sportverein kostenlos. Der Gemeinde wird die Hälfte des Grundstückswertes aus Landesmitteln erstattet."

Der in der Stadt S ansässige V-Verein stellte bei der Stadt einen Antrag auf Übertragung eines im Eigentum der Gemeinde stehenden und im Bebauungsplan als Sportanlage ausgewiesenen Grundstücks. Der Rat der Stadt beschloss, diesem Antrag zu entsprechen, was dem V-Verein durch ein Schreiben des Bürgermeisters vom 17.07. 2017 mitgeteilt wurde. Das Schreiben trug die Unterschrift des Bürgermeisters sowie seines Stellvertreters und schloss mit folgendem Satz: „Das Grundstück steht Ihnen nunmehr zur Verfügung. Wir bitten um Mitteilung, wann die Auflassung erfolgen soll." Als die Stadt S vom Land Erstattung der Hälfte des Grundstückswertes verlangte, erkannte das Land den von der Stadt geltend gemachten Wert nicht an. Daraufhin verweigerte die Stadt die Auflassung. Hat der V-Verein gegen die Stadt S einen Anspruch auf Auflassung des Grundstücks, wenn rechtlich keine Bedenken gegen die Sportförderung bestehen?

60 A. Ein **privatrechtlicher Vertrag** zwischen dem V-Verein und der Stadt S scheidet als Anspruchsgrundlage schon deshalb aus, weil dieser auf die unentgeltliche Zuwendung eines Grundstücks gerichtet ist und daher sowohl nach § 311 b Abs. 1 BGB als auch nach § 518 BGB formbedürftig wäre. Die danach erforderliche notarielle Form ist nicht gewahrt.

61 B. Ein Anspruch könnte sich jedoch aus dem Schreiben der Stadt S vom 17.07.2017 ergeben. Dabei könnte es sich – gestützt auf das SportförderungsG – um einen **Verwaltungsakt** handeln, der als Rechtsfolge einen Anspruch des V-Vereins gegen die Stadt S auf Auflassung des Grundstücks begründet.

I. Das setzt voraus, dass das Schreiben der Stadt S begrifflich gemäß § 35 S. 1 VwVfG als **Verwaltungsakt** (VA) zu qualifizieren ist.

1. Um einen VA handelt es sich nur, wenn eine Maßnahme **auf dem Gebiet des öffentlichen Rechts** ergangen ist.

62 a) Unproblematisch ist dies dann, wenn die Behörde **eindeutig** in der Form eines VA handelt. Dann liegt stets eine öffentlich-rechtliche Maßnahme vor, auch wenn die beabsichtigte Regelung eine privatrechtliche Rechtsbeziehung betrifft (vgl. oben Rn. 54).

Beispiele: Bezeichnung des Schreibens als „Verfügung", Androhung von Zwangsmitteln, Beifügung einer Rechtsbehelfsbelehrung.

Das Schreiben der Stadt ist indes neutral gehalten, ohne eindeutig auf öffentlich-rechtliche Gestaltungsmittel Bezug zu nehmen. Es liegt damit **kein eindeutig öffentlich-rechtliches Handeln** vor. Dies spricht jedoch nicht zwingend gegen das Vorliegen eines VA. Vielmehr kommt es darauf an, ob die Maßnahme **inhaltlich** als VA zu qualifizieren ist.

b) Da Grundlage des Schreibens das SportförderungsG ist, kommt es für die **Rechtsnatur** des Schreibens darauf an, ob das Gesetz zum Bereich des öffentlichen Rechts oder des Privatrechts gehört.

aa) Für die meisten Gesetze ist ihre Zuordnung **allgemein anerkannt**. In diesen Fällen ist die Zuordnung daher nicht besonders zu begründen. **63**

BGB, HGB und Aktiengesetz gehören zum Privatrecht; BauGB, GewO und AufenthG sind öffentliches Recht. Das Beamtenrecht (BBG, LBG, BeamtStG) ist öffentliches Recht, das Recht der Angestellten des öffentlichen Dienstes dagegen Privatrecht. Im StVG sind die §§ 1–6 e sowie die §§ 24 ff. öffentliches Recht, die §§ 7–18 über die Haftung im Straßenverkehr dagegen Privatrecht.

Beim SportförderungsG des Landes L handelt es sich um ein Gesetz, für das keine allgemein anerkannte Zuordnung gilt.

bb) Die Zuordnung ist daher anhand der **allgemeinen Kriterien** für die Abgrenzung des öffentlichen Rechts vom Privatrecht vorzunehmen. Mangels sonstiger Anhaltspunkte (Indizien, Sachzusammenhang u.Ä.) kann dabei auf die für die Abgrenzung entwickelten Theorien abgestellt werden. Die Zahl und Vielschichtigkeit dieser **Theorien** ist unüberschaubar, jedoch sind drei Hauptrichtungen erkennbar: **64**

- die **Subordinationstheorie**,
- die **Interessentheorie** und
- die (modifizierte) **Subjektstheorie**.

Beachte: *In Klausuren werden die Abgrenzungstheorien häufig nicht nur viel zu umfangreich dargestellt, sondern auch noch falsch angeknüpft: Mit den Theorien lässt sich nur eine Norm dem öffentlichen Recht oder dem Privatrecht zuordnen. Es genügt deshalb nicht, eine oder mehrere Theorien ohne Normanknüpfung wiederzugeben und allgemein auf das Verhältnis zwischen den Beteiligten anzuwenden!* **65**

(1) Die in der Rspr. nach wie vor herrschende **Subordinationstheorie** nimmt ein öffentlich-rechtliches Rechtsverhältnis an, wenn zwischen den Beteiligten ein **Über-** und **Unterordnungsverhältnis** besteht, das sich daraus ergibt, dass ein mit hoheitlicher Gewalt ausgestatteter Träger öffentlicher Verwaltung daran beteiligt ist. Ist die Beziehung dagegen durch **Gleichordnung** geprägt, so liegt Privatrecht vor.[76] **66**

Vgl. auch die der Subordinationstheorie ähnliche **Subjektionstheorie**, wonach eine öffentlich-rechtliche Maßnahme vorliegt, wenn die öffentliche Hand einseitig in den Rechtskreis des Einzelnen eingreift.[77]

Zutreffend ist, dass bei vielen öffentlich-rechtlichen Rechtsverhältnissen ein Über- und Unterordnungsverhältnis besteht (z.B. im Polizei- und Ordnungsrecht, Steuerrecht). Solche Verhältnisse gibt es jedoch auch im Privatrecht (Verhältnis zwischen Eltern und Kindern, Direktionsbe-

76 Vgl. GmS OGB NJW 1986, 2359; BGH NJW 1988, 1264 f.; BSG NJW 1990, 342, 343 m.w.N.
77 Vgl. Thiel/Garcia-Scholz JA 2001, 957, 958.

fugnis des Arbeitgebers gegenüber dem Arbeitnehmer). Andererseits gibt es auch im öffentlichen Recht Rechtsverhältnisse, in denen die Beteiligten eine gleichrangige Rechtsstellung besitzen (z.B. die Vertragsparteien beim verwaltungsrechtlichen Vertrag, §§ 54 ff. VwVfG). Gerade in Fällen wie dem vorliegenden, in denen die öffentliche Hand Leistungen gegenüber dem Bürger erbringt, ist das Kriterium der Subordination nicht brauchbar, da gerade nicht feststeht, ob ein Fall der Über-/ Unterordnung oder der Gleichordnung besteht.[78]

67 (2) Die **Interessentheorie**, die auf den römischen Juristen Ulpian (170–228) zurückgeht, stellt auf die zugrunde liegenden Rechtsnormen ab und ordnet diejenigen, die überwiegend dem öffentlichen Interesse dienen, dem öffentlichen Recht (ius publicum) zu und die im Individualinteresse stehenden Rechtssätze dem Privatrecht (ius privatum).[79] Zwar ist nicht zu bezweifeln, dass öffentlich-rechtliche Vorschriften dem Interesse der Allgemeinheit dienen. Jedoch bezwecken viele von ihnen auch den Schutz Einzelner (z.B. die nachbarschützenden Vorschriften im Baurecht). Umgekehrt dienen zahlreiche privatrechtliche Vorschriften auch dem öffentlichen Interesse (z.B. die Unterhaltspflicht der Eltern gegenüber den Kindern, die Wettbewerbsregeln des UWG).

Vorliegend dient die Vergabe von Grundstücken zum Bau von Sportanlagen allein dem Allgemeininteresse, sodass es sich nach der Interessentheorie bei dem SportförderungsG um ein öffentlich-rechtliches Gesetz handelt.

68 (3) In der Lit. herrschend ist heute die modifizierte (neuere) **Subjektstheorie** (auch Sonderrechtstheorie genannt), die darauf abstellt, wer aus dem zu qualifizierenden Rechtssatz berechtigt oder verpflichtet wird, d.h. welchem Rechtssubjekt die Rechte oder Pflichten aus der Rechtsnorm zugeordnet sind. Da ein Träger hoheitlicher Gewalt aber auch aus privatrechtlichen Vorschriften berechtigt oder verpflichtet sein kann (z.B. aus einem Kaufvertrag oder aus §§ 823 ff. BGB), werden nach dieser Theorie nur diejenigen Rechtsnormen zum öffentlichen Recht gezählt, **aus denen ein Hoheitsträger als solcher**, d.h. gerade in seiner Eigenschaft als Hoheitsträger, berechtigt oder verpflichtet wird.[80]

Im Unterschied zur älteren (formellen) Subjektstheorie spricht man auch von der materiellen Subjektstheorie.[81] „Entscheidend ist dabei, ob der Sachverhalt Rechtssätzen unterworfen ist, die für jedermann gelten, oder einem Sonderrecht des Staates oder sonstiger Träger öffentlicher Aufgaben, das sich zumindest auf einer Seite nur an Hoheitsträger wendet."[82]

---

78 Zur Kritik an der Subordinationstheorie vgl. Renck JuS 1999, 361, 364; Leisner JZ 2006, 869, 873 f. m.w.N.

79 Vgl. BVerfGE 58, 300, 344; BVerwGE 13, 47, 49; 15, 296, 299; 19, 308, 312.

80 GmS OGB NJW 1990, 1527; BVerwG NJW 2006, 2568; OVG NRW NJW 1991, 61; Maurer/Waldhoff § 3 Rn. 13; Ehlers in Ehlers/Pünder § 3 Rn. 28; grundlegend Wolff AöR 76 (1950), S. 205 ff., der darauf abstellt, ob „ausschließlich" ein Hoheitsträger Normadressat war.

81 Ehlers in Ehlers/Pünder § 3 Rn. 28; Leisner JZ 2006, 869, 871 m.w.N.

82 BVerwG NVwZ-RR 2010, 682, 683; NJW 2007, 2275, 2276.

§ 823 BGB und § 7 StVG sind daher privatrechtliche Normen, weil Gläubiger und Schuldner auch Privatleute sein können. Privatrechtlich sind aber auch solche Vorschriften, die zwar lediglich den Staat berechtigen oder verpflichten, aber nicht „als solchen", also nicht in seiner Funktion als Hoheitsträger. Das ist z.B. der Fall, wenn das Recht fiskalisch ausgestaltet ist, wie z.B. das Erbrecht des Fiskus (§ 1936 BGB).[83] **Öffentlich-rechtlich** ist dagegen z.B. § 3 StVG, der nur einen Hoheitsträger zur Entziehung der Fahrerlaubnis berechtigt, ebenso § 5 ParteiG, der gerade einen Hoheitsträger zur Gleichbehandlung von Parteien verpflichtet.

Beispiel: Die Streitigkeit zwischen einer politischen Partei und einer Sparkasse (als Anstalt des öffentlichen Rechts) um die Eröffnung eines Girokontos ist im Hinblick auf § 5 ParteiG öffentlich-rechtlich, auch wenn das spätere Leistungsverhältnis privatrechtlich ausgestaltet ist.[84] Dass daneben ggf. auch ein zivilrechtlicher Anspruch gemäß § 826 BGB („mittelbarer" Kontrahierungszwang) in Betracht kommt, ändert nichts an der Einordnung der Streitigkeit (auch) als öffentlich-rechtlich.

Der Subjektstheorie wird vorgeworfen, dass sie zu einem **Zirkelschluss** führe, wenn der Begriff „öffentlich-rechtlich" mit „Träger hoheitlicher Gewalt" verknüpft werde. Denn die Ausübung hoheitlicher Gewalt hänge ja gerade von der Einordnung als öffentlich-rechtlich ab.[85] Probleme hat die Subjektstheorie vor allem in Fällen, in denen sowohl öffentlich-rechtliche als auch zivilrechtliche Normen Anwendung finden. **69**

Beispiel: Die wirtschaftliche Betätigung von Gemeinden richtet sich nach den Vorschriften des UWG und GWB, aber auch nach den Vorschriften der Gemeindeordnung (GO). Nach h.M. sind Streitigkeiten über die Zulässigkeit der Betätigung (das „Ob") nach der GO öffentlich-rechtlich, die Art der Tätigkeit (das „Wie") ist dagegen privatrechtlich zu beurteilen.[86]

Wendet man die Subjektstheorie auf das SportförderungsG an, so ergibt sich, dass aus den Rechtsnormen dieses Gesetzes notwendigerweise eine Gemeinde oder das Land, also Träger öffentlicher Verwaltung berechtigt oder verpflichtet sind. Privatpersonen sind nicht berechtigt, nach diesem Gesetz Grundstücke an Sportvereine zu vergeben und vom Land Erstattung der Hälfte der Kosten zu verlangen. Nach der Subjektstheorie handelt es sich also um ein **öffentlich-rechtliches Gesetz**.[87]

(4) Zusammenfassend lässt sich feststellen, dass alle Theorien nicht ohne Einschränkungen angewendet werden können. Da die verschiedenen Theorien aber nicht in einem Ausschließlichkeitsverhältnis zueinander stehen, sondern dieselbe Sache nur von verschiedenen Seiten aus betrachten, ist es sinnvoll, in Zweifelsfällen die **Theorien nebeneinander** zu prüfen.[88] **70**

83 Vgl. HessVGH, Urt. v. 27.03.2014 – 8 A 1251/12, ZEV 2014, 330.

84 VGH Mannheim NVwZ-RR 2017, 215; OVG Bln-Bbg, Urt. v. 13.10.2016 – OVG 3 B 3.16; OVG NRW NWVBl. 2004, 479; OVG Berlin NJW 2004, 3585; a.A. OVG Bremen NVwZ-RR 2011, 503: Zivilrechtsweg; vgl. allgemein BVerfG NVwZ 2014, 1572.

85 Leisner JZ 2006, 869, 871; Erichsen Jura 1982, 537, 540; Überblick bei Maurer/Waldhoff § 3 Rn. 15 m.w.N.

86 BVerwG DVBl. 1996, 152, 153; OVG NRW NVwZ 2008, 1031, 1033.

87 Eingehend zu den Abgrenzungstheorien vgl. Maurer/Waldhoff § 3 Rn. 10 ff.; Ehlers in Ehlers/Pünder § 3 Rn. 14 ff.

88 Vgl. z.B. BVerwG NJW 2007, 2275, 2276; DVBl. 2005, 516, 517; BGH NVwZ 2004, 253 f.; a.A. Leisner JZ 2006, 869, 872.

Beispiel: „Dabei kommt es regelmäßig darauf an, ob die Beteiligten zueinander in einem hoheitlichen Verhältnis der Über- und Unterordnung stehen und sich der Träger hoheitlicher Gewalt der besonderen Rechtssätze des öffentlichen Rechts bedient (...). Eine öffentlich-rechtliche Streitigkeit kann aber auch auf einem Gleichordnungsverhältnis beruhen. Gleichordnungsverhältnisse sind öffentlich-rechtlich, wenn die das Rechtsverhältnis beherrschenden Rechtsnormen nicht für jedermann gelten, sondern Sonderrecht des Staates oder sonstiger Träger öffentlicher Aufgaben sind, das sich zumindest auf einer Seite nur an Hoheitsträger wendet."[89]

Im vorliegenden Fall kann man daher, ohne dass dem die Subordinationstheorie entgegenstünde, das SportförderungsG sowohl nach der Interessentheorie als auch nach der materiellen Subjektstheorie als **öffentlich-rechtliches Gesetz** qualifizieren.

71 2. Da das Schreiben der Stadt somit eine **öffentlich-rechtliche Maßnahme** darstellt, kommt es für den Begriff des VA nach § 35 S. 1 VwVfG weiterhin darauf an, ob eine **Regelung** eines **Einzelfalls** mit **Außenwirkung** getroffen wurde.

a) Eine **Regelung** liegt vor, wenn die Maßnahme unmittelbar auf die Herbeiführung einer Rechtsfolge gerichtet ist. Nach dem Schreiben soll dem Verein ein Grundstück übertragen werden, d.h. es wird ihm ein Anspruch eingeräumt. Damit wird eine Rechtsfolge gesetzt.

b) Die Zuwendung eines bestimmten Grundstücks an einen bestimmten Verein betrifft auch einen **Einzelfall**.

c) Die Regelung hat nicht nur verwaltungsinterne Bedeutung, sondern betrifft das Verhältnis zwischen der Stadt S und dem Verein V und hat damit auch **Außenwirkung**.

Somit ist das Schreiben der Stadtverwaltung als (begünstigender) **Verwaltungsakt** (VA) zu qualifizieren, der dem V-Verein gegenüber der Stadt S einen Anspruch auf Auflassung des Grundstück einräumt.

72 II. Dieser VA könnte wegen Verstoßes gegen eine zwingende Formvorschrift **nichtig** sein (§ 44 Abs. 1 VwVfG). Eine notarielle Beurkundung ist analog § 311 b BGB auch dann erforderlich, wenn sich jemand im Rahmen eines **öffentlich-rechtlichen Vertrages** zur Übertragung oder zum Erwerb eines Grundstücks verpflichtet.[90] Dasselbe gilt für einseitige öffentlich-rechtliche Rechtsgeschäfte, mit denen eine derartige Pflicht begründet werden soll.[91] § 311 b BGB setzt jedoch immer eine **rechtsgeschäftliche Verpflichtung** voraus und ist daher nicht anwendbar, wenn die Veräußerungs- bzw. Erwerbsverpflichtung **aufgrund Gesetzes** entsteht. Dies gilt unabhängig davon, ob die gesetzliche Vorschrift die Verpflichtung originär begründet oder ob sie aufgrund eines sonstigen selbstständigen Rechtsgrundes – wie hier des Verwaltungsaktes der Stadt – entsteht.[92] Das Schreiben der Stadt war daher nicht formbedürftig.

Weiteres Beispiel: § 311 b BGB ist nicht anwendbar, wenn sich ein Anspruch auf Übertragung eines Grundstücks aufgrund des Gleichbehandlungsgrundsatzes aus Art. 3 Abs. 1 GG ergibt.[93]

---

89 BVerwG, Beschl. v. 26.05.2010 – 6 A 5/09, NVwZ-RR 2010, 682, 683; BVerwG NJW 2007, 2275, 2276.

90 Palandt/Grüneberg BGB § 311 b Rn. 15.

91 VG Münster, Beschl. v. 19.01.2009 – 1 L 673/08.

92 Vgl. Palandt/Grüneberg BGB § 311 b Rn. 17; Staudinger/Schumacher BGB § 311 b Rn. 45.

Da sonstige Wirksamkeitsbedenken nicht bestehen, insbesondere die Differenzen zwischen der Stadt S und dem Land L die Wirksamkeit des VA nicht berühren, steht dem V-Verein gegen die Stadt S aufgrund des als VA zu qualifizierenden Schreibens vom 17.07.2017 ein **Anspruch auf Auflassung des Grundstücks** zu.

D. Im Zweifel: Öffentliches Recht

Führen auch die Abgrenzungstheorien zu keinem greifbaren Ergebnis, ist im Zweifel von der Anwendung **öffentlichen Rechts** auszugehen. Geht es um die Erfüllung öffentlicher Aufgaben, so besteht die **Vermutung**, dass der Verwaltungsträger seine Aufgaben auch mit den ihm zugewiesenen besonderen Befugnissen des öffentlichen Rechts erfüllen will, solange der Wille, in privatrechtlicher Handlungsform tätig zu werden, nicht erkennbar in Erscheinung tritt.[94] 73

Beispiel: Die Benutzung einer öffentlichen Einrichtung, die nicht ausdrücklich privatrechtlich geregelt ist, ist im Zweifel öffentlich-rechtlich.[95]

Hinweis: *In der Klausur hat die Zweifelsregelung kaum Bedeutung. Insbesondere dürfen Sie die Zweifelsregelung nicht verwenden, um Probleme bei der Einordnung einer Norm über die unterschiedlichen Abgrenzungstheorien zu umgehen!*

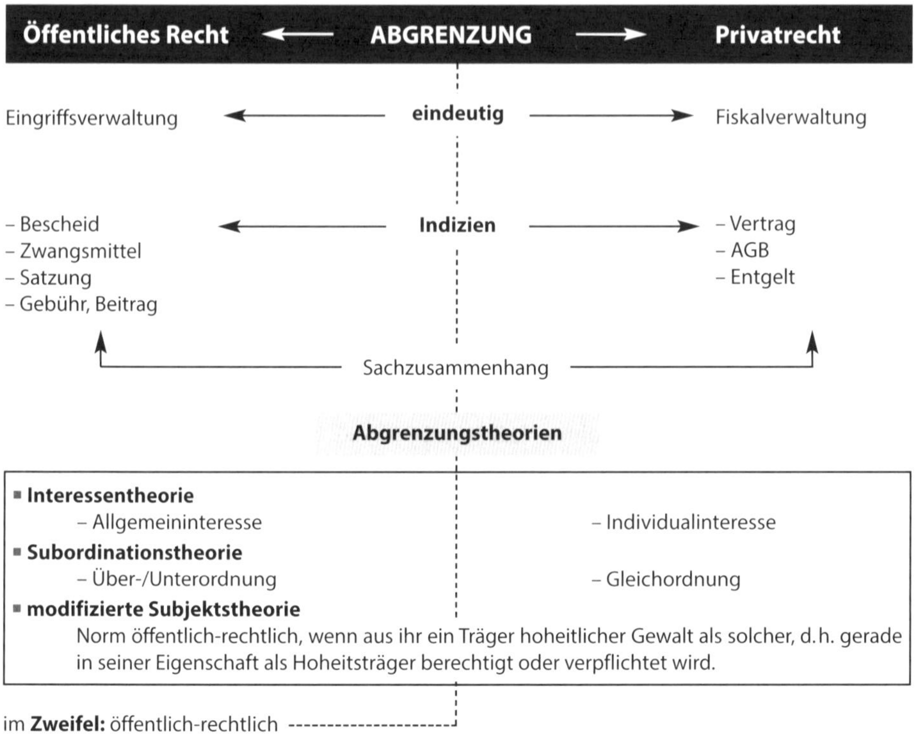

93 Staudinger/Schumacher BGB § 311 b Rn. 47.

94 Erichsen Jura 1980, 103, 106; Renck JuS 1999, 361, 363.

95 Vgl. VGH Mannheim DÖV 1978, 569, 570; Dietlein Jura 2002, 445, 451; einschränkend Ehlers Jura 2012, 692, 695.

3. Abschnitt: Gesetzmäßigkeit der Verwaltung

A. Vorrang und Vorbehalt des Gesetzes

I. Die Bindung der Verwaltung an Gesetz und Recht

74 Gemäß Art. 20 Abs. 3 GG ist die vollziehende Gewalt, d.h. die Verwaltung „an Gesetz und Recht gebunden" **(Gesetzmäßigkeit der Verwaltung)**. Dieses Prinzip wird durch zwei Grundsätze konkretisiert:

- Nach dem Grundsatz vom **Vorrang des Gesetzes** darf keine Tätigkeit der Verwaltung gegen Rechtsnormen verstoßen („kein Handeln **gegen** Gesetz").
- Nach dem Grundsatz vom **Vorbehalt des Gesetzes** ist eine Maßnahme der Verwaltung nur rechtmäßig, wenn das Handeln in einer Rechtsnorm gestattet ist („kein Handeln **ohne** Gesetz").

II. Der Grundsatz vom Vorrang des Gesetzes

1. Die Normenhierarchie

Der Grundsatz vom Vorrang des Gesetzes begründet eine **Rangordnung** innerhalb der verschiedenen Rechtsnormen:

75 ■ Das **Verfassungsrecht** bildet die höchste Stufe der innerstaatlichen Normenhierarchie und kann nur mit qualifizierter Mehrheit geändert werden (Art. 79 Abs. 2 GG), wobei einige Regelungen einer Änderung ausdrücklich entzogen sind (Art. 79 Abs. 3 GG, sog. Ewigkeitsgarantie).

Allerdings kann EU-Recht entgegenstehendes nationales Recht (auch entgegenstehendes Verfassungsrecht) verdrängen (Anwendungsvorrang, kein Geltungsvorrang). Die deutschen Rechtssätze bleiben zwar wirksam, werden aber durch das Unionsrecht überlagert.[96] Etwas anderes gilt für evident kompetenzwidrige Akte der Union („ultra vires") und für Maßnahmen, die in den unantastbaren Kerngehalt der Verfassungsidentität des Grundgesetzes eingreifen (Identitätskontrolle, vgl. Art. 23 Abs. 1 S. 2 GG, Art. 79 Abs. 3 GG).[97]

76 ■ Das **formelle Gesetz** ist der Willensakt der Gesetzgebungsorgane, das nur im förmlichen Gesetzgebungsverfahren (z.B. Art. 76 ff. GG bzw. LVerf) zustande kommen kann **(Parlamentsgesetz)**. Es steht unterhalb der Verfassung, aber über anderen, untergesetzlichen Rechtsnormen (wie Rechtsverordnungen und Satzungen).

Eine Sonderstellung haben die allgemeinen Regeln des Völkerrechts. Sie sind unmittelbar Bestandteil des Bundesrechts und gehen den einfachen Gesetzen vor (Art. 25 GG). Sie stehen daher im Range unter der Verfassung, aber über dem Gesetzesrecht (Zwischenrang).[98]

77 ■ Die **Rechtsverordnung** ist eine allgemeine Regelung, die von einer Regierungs- oder Verwaltungsbehörde aufgrund einer gesetzlichen Ermächtigung erlassen wird (vgl. Art. 80 GG).

---

96 Vgl. AS-Skript Europarecht (2017), Rn. 376 ff.

97 Vgl. BVerfG, Urt. v. 21.06.2016 – 2 BvR 2728/13, RÜ 2016, 518, 522 f.

98 Jarass/Pieroth GG Art. 25 GG Rn. 14.

Beispiele: Die StVO wurde durch das Bundesministerium für Verkehr aufgrund der Ermächtigung in § 6 Abs. 1 StVG erlassen, die 4. BImSchV durch die Bundesregierung gemäß § 4 Abs. 1 S. 3 BImSchG.

- Die **Satzung** ist eine allgemeine Regelung, die von einem unterstaatlichen Verwaltungsträger kraft der ihm vom Staat verliehenen Satzungsautonomie zur Regelung seiner eigenen Angelegenheiten getroffen wird. 78

Beispiele: Bebauungspläne (§ 10 BauGB), Satzungen der Gemeinden über Kommunalabgaben, Benutzungssatzungen für öffentliche Einrichtungen.

Beachte: *Die Satzung unterscheidet sich von der RechtsVO dadurch, dass sie auf einer* ***eigenen*** *Rechtsetzungsbefugnis des Satzungsgebers (z.B. bei den Gemeinden die Satzungsautonomie als Ausfluss des Selbstverwaltungsrechts gemäß Art. 28 Abs. 2 S. 1 GG) beruht, während die Rechtsetzungsbefugnis des Verordnungsgebers lediglich vom Gesetzgeber „abgeleitet" ist. Deshalb müssen z.B. Satzungsermächtigungen, anders als die gesetzliche Ermächtigung zum Erlass einer RechtsVO (Art. 80 Abs. 1 S. 2 GG), nicht nach Inhalt, Zweck und Ausmaß bestimmt sein. Es gilt nur der allgemeine rechtsstaatliche Bestimmtheitsgrundsatz (Art. 20 Abs. 3 GG).*[99] 79

Normenpyramide

Formelle Gesetze müssen im Einklang mit dem Grundgesetz stehen. **Rechtsverordnungen** und **Satzungen** müssen mit dem höherrangigen einfachen Gesetzesrecht sowie mit dem Grundgesetz vereinbar sein. **Verwaltungsakte**, öffentlich-rechtliche Verträge und Realakte dürfen nicht gegen Satzungen, Rechtsverordnungen, formelle Gesetze und die Verfassung verstoßen. 80

Eine entsprechende Hierarchie gibt es sowohl auf Bundesebene als auch auf Landesebene, gemäß Art. 31 GG gehen die Bundesvorschriften dem Landesrecht vor. Dabei wird innerhalb des Bundesrechts nicht differenziert. Auch einfaches Bundesrecht bricht Landesrecht, selbst Landesverfassungsrecht muss zurücktreten. **Beispiel:** Eine RechtsVO des Bundes ist höherrangig gegenüber der Landesverfassung.[100]

Die **Rechtsfolgen** eines Verstoßes gegen das Vorrangprinzip sind unterschiedlich: 81

- **Gesetze** sind grundsätzlich **nichtig**, wenn sie gegen das Grundgesetz verstoßen;

  allerdings kann sich das BVerfG darauf beschränken, lediglich die Unvereinbarkeit mit dem Grundgesetz festzustellen (arg. e §§ 31 Abs. 2 S. 3, 79 Abs. 1 BVerfGG) und die Fortgeltung für einen Übergangszeitraum anordnen;[101]

---

99 BVerwG DVBl. 2006, 781, 782; BVerwG, Urt. v. 21.06.2017 – BVerwG 6 C 3.16, Rn. 28.
100 BVerfG NJW 1998, 1296, 1298.
101 Vgl. Peuker DVBl. 2015, 1233, 1234.

- rechtswidrige **Rechtsverordnungen** sind gleichfalls grundsätzlich **nichtig**;
- rechtswidrige **Satzungen** sind i.d.R. ebenfalls **nichtig** (Ausnahmen gelten z.B. nach §§ 214, 215 BauGB);
- rechtswidrige **Verwaltungsakte** sind dagegen i.d.R. **nicht nichtig**, sondern nur **anfechtbar** (vgl. §§ 43, 44 VwVfG);
- rechtswidrige **Verwaltungsverträge** sind **grundsätzlich wirksam** und nur in den Fällen des § 59 VwVfG nichtig.

2. Geltungsbereich des Grundsatzes vom Vorrang des Gesetzes

82 Der Grundsatz vom **Vorrang des Gesetzes** gilt für **jede Verwaltungstätigkeit**, sei sie öffentlich-rechtlich oder privatrechtlich, belastend oder begünstigend.[102]

Fall 3: Nachzahlung auf privatrechtlichen Kaufpreis

Mit notariellem Vertrag vom 26.10.2011 verkaufte die Bundesrepublik Deutschland (B) der Stadt S ein Grundstück, das mit zwei nicht sanierten, von der Stadt für Teile der Stadtverwaltung genutzten Gebäuden bebaut war. Obwohl der Verkehrswert des Grundstücks 1,6 Mio. € betrug, wurde der Kaufpreis in § 4 des Vertrages mit lediglich 400.000 € festgelegt. Grundlage für die Verbilligung war ein Erlass des Bundesministeriums der Finanzen nach § 63 Abs. 3 Bundeshaushaltsordnung (BHO), nach dem bundeseigene Grundstücke für unmittelbare Verwaltungszwecke (z.B. Verwaltungsgebäude) an Länder, Landkreise und Gemeinden unter bestimmten Voraussetzungen um bis zu 75% unter dem Verkehrswert veräußert werden durften. In § 5 des Vertrages verpflichtete sich die Stadt S, die Gebäude zu sanieren und mindestens 10 Jahre lang als Verwaltungsgebäude zu nutzen. Für den Fall, dass S dieser Verpflichtung nicht nachkommen sollte, vereinbarten die Parteien einen Anspruch der B auf Nachzahlung des bei der Kaufpreisbildung vorgenommenen „Verbilligungsabschlags" i.H.v. 1,2 Mio €. Seit Ende 2014 werden die baulich unverändert gebliebenen Gebäude von S nicht mehr für die Unterbringung von Ämtern der Stadtverwaltung, sondern als Lagerräume genutzt. Nachdem B die S mehrfach erfolglos zur Erfüllung der Zweckbindung aufgefordert hat, verlangt sie im Juni 2017 Nachzahlung auf den Kaufpreis i.H.v. 1,2 Mio. €. S wendet ein, dass die Zweckbindung unverhältnismäßig sei. Im Übrigen handele es sich bei dem Verbilligungsabschlag um eine Subvention, sodass etwaige Ansprüche nach dem Rechtsgedanken der §§ 49 Abs. 3 S. 2, 48 Abs. 4 VwVfG innerhalb eines Jahres ab Kenntnis von der zweckwidrigen Nutzung hätten geltend gemacht werden müssen. Wie ist die Rechtslage?

§ 63 Abs. 3 BHO lautet: „Vermögensgegenstände dürfen nur zu ihrem vollen Wert veräußert werden. Ausnahmen können im Haushaltsplan zugelassen werden. Ist der Wert gering oder besteht ein dringendes Bundesinteresse, so kann das Bundesministerium für Finanzen Ausnahmen zulassen."

A. Materielle Rechtslage

Ein Anspruch der B gegen S auf Nachzahlung könnte sich aus **§ 433 Abs. 2 BGB i.V.m. § 5 des Vertrages** vom 26.10.2011 ergeben.

102 Maurer/Waldhoff § 6 Rn. 2.

I. Die Parteien haben einen **formwirksamen Kaufvertrag** (§§ 433, 311 b BGB) mit einer entsprechenden Nachzahlungsvereinbarung geschlossen. **83**

II. Die Nachzahlungsvereinbarung könnte gemäß § 134 BGB unwirksam sein, wenn sie gegen den **Grundsatz der Verhältnismäßigkeit** als gesetzliches Verbot verstößt.

1. Dann müsste dieser Grundsatz überhaupt **anwendbar** sein. Die Parteien haben einen **privatrechtlichen Kaufvertrag** geschlossen. Die Angemessenheit der Leistung und Gegenleistung eines privatrechtlichen Vertrages beurteilt sich – sofern nicht Spezialvorschriften (wie z.B. §§ 315 ff. BGB) eingreifen – grundsätzlich allein nach § 138 BGB (Sittenwidrigkeit, Wucher). Der Grundsatz der Verhältnismäßigkeit greift demgegenüber primär bei **hoheitlichen Maßnahmen** ein.

Die dogmatische Herleitung des Grundsatzes der Verhältnismäßigkeit im Einzelnen ist umstritten. Als Grundlagen werden genannt das Rechtsstaatsprinzip (Art. 20 Abs. 3 GG), die Abwehrfunktion der Grundrechte oder das Willkürverbot (Art. 3 Abs. 1 GG).[103]

2. Etwas anderes gilt jedoch im Anwendungsbereich des sog. **Verwaltungsprivatrechts**. Wenn ein **84**

- **Träger öffentlicher Verwaltung**
- in **privatrechtlichen Formen** tätig wird
- und dabei **unmittelbar eine öffentliche Aufgabe** erfüllt,

kann er sich durch die „Flucht ins Privatrecht" den Bindungen des öffentlichen Rechts nicht vollständig entziehen.[104]

a) **Voraussetzungen** **85**

aa) Es muss ein **Träger öffentlicher Verwaltung** handeln, entweder selbst als **öffentlich-rechtliche Körperschaft**, Anstalt oder Stiftung oder über eine von ihm **beherrschte juristische Person des Privatrechts**.

Die Bindungen des Verwaltungsprivatrechts gelten daher z.B. auch gegenüber der Stadtwerke GmbH oder einer Wohnungsbaugesellschaft der Gemeinde.

bb) Der Verwaltungsträger muss in **privatrechtlichen Formen** handeln, was vor allem bei Verwendung privatrechtlicher Vertragsformen der Fall ist wie dem hier vorliegenden Kaufvertrag.

cc) Entscheidende Voraussetzung ist, dass **unmittelbar eine öffentliche Aufgabe** erfüllt wird. Durch die Veräußerung des Grundstücks sollte sichergestellt werden, dass die Stadt über eine angemessene Ausstattung an Verwaltungsgebäuden verfügte. Damit wurden nicht nur fiskalische Zwecke, sondern öffentliche Aufgaben erfüllt (vgl. § 63 Abs. 3 S. 3 BHO: „dringendes Bundesinteresse"), sodass ein Fall verwaltungsprivatrechtlichen Handelns vorliegt.

Gegenbeispiel: Nicht ausreichend ist, dass das Handeln mittelbar öffentlichen Zwecken dient, z.B. der Verkauf eines Grundstücks aus fiskalischen Gründen.

---

103 Vgl. im Einzelnen unten Rn. 513 ff.

104 BGH, Urt. v. 06.11.2009 – V ZR 63/09, RÜ 2010, 115, 116; NJW 2003, 2451, 2452; BerlVerfGH NVwZ 2000, 794, 797; Maurer/Waldhoff § 3 Rn. 26; kritisch zum traditionellen Verständnis des Verwaltungsprivatrechts Ehlers DVBl. 1983, 422, 424.

86 b) **Rechtsfolge**

In diesen Fällen gilt zwar grundsätzlich **Privatrecht**. Da der Hoheitsträger aber unmittelbar öffentliche Aufgaben erfüllt, wird das Privatrecht **von öffentlich-rechtlichen Bindungen überlagert**.

87 aa) Im Verwaltungsprivatrecht gelten deshalb die **Grundrechte** nicht nur mittelbar, sondern **unmittelbar**.[105]

(1) Im Privatrecht wird eine unmittelbare Geltung der Grundrechte (sog. **Drittwirkung**) von der h.M. zwar grundsätzlich abgelehnt.[106] Die Grundrechte können ihre Wirkung hier **nur mittelbar** über Generalklauseln oder unbestimmte Rechtsbegriffe des Zivilrechts erlangen. Teilweise wird dies auch bei privatem Handeln des Staates angenommen, da es nicht unter Einsatz hoheitlicher Mittel erfolge und daher nicht als vollziehende Gewalt i.S.d. Art. 1 Abs. 3 GG anzusehen sei.[107] Nach zutreffender Gegenansicht ist der **Staat** dagegen **immer an die Grundrechte gebunden**. Auch bei privatrechtlicher Tätigkeit handelt der Staat nicht als grundrechtsgeschützte Privatperson, sondern als Sachwalter der Allgemeinheit. Deshalb gelten die Grundrechte unabhängig davon, ob der Staat durch Behörden oder durch ein von ihm beherrschtes Unternehmen in Privatrechtsform handelt.[108]

Staatliches Handeln ist daher in jedem Fall grundrechtsgebunden. Das gilt nicht nur im Verwaltungsprivatrecht, sondern **auch bei fiskalischer** oder erwerbswirtschaftlicher Tätigkeit der Verwaltung.[109]

(2) Auf Grundrechte kann sich allerdings **nur der Bürger** berufen. **Verwaltungsträger** – wie hier die Stadt S – sind generell, auch im fiskalischen Bereich **nicht grundrechtsfähig**. Da sie an die Grundrechte gebunden sind (Art. 1 Abs. 3 GG), können sie als Verpflichtete nicht zugleich Berechtigte der Grundrechte sein (Konfusionsargument).[110]

88 bb) Neben den Grundrechten gelten im Verwaltungsprivatrecht auch die **Zuständigkeitsvorschriften** des öffentlichen Rechts.[111] Nur die nach dem Verwaltungsrecht zuständige Behörde darf in privatrechtlichen Formen öffentliche Aufgaben wahrnehmen.

89 cc) Außerdem besteht im Verwaltungsprivatrecht eine Bindung der Verwaltung an den **Grundsatz der Verhältnismäßigkeit**.[112] Dieser begründet, soweit er – wie hier – im Privatrecht anwendbar ist, ein gesetzliches Verbot i.S.d. § 134 BGB.[113]

---

105 BGH NJW 2003, 888, 890; BerlVerfGH NVwZ 2000, 794, 797; Maurer/Waldhoff § 3 Rn. 29; Detterbeck Rn. 900.

106 Jarass/Pieroth GG Art. 1 Rn. 35; näher dazu AS-Skript Grundrechte (2017), Rn. 688 ff.

107 Vgl. BVerwGE 39, 238, 239; BGHZ 36, 91, 96; BGH NJW 1977, 628, 629; offen gelassen von BGH NJW 2006, 1054, 1055.

108 Grundlegend BVerfG, Urt. v. 22.02.2011 – 1 BvR 699/06, RÜ 2011, 243, 244 (Grundrechtsbindung der Fraport AG).

109 BVerfG, Beschl. v. 19.07.2016 – 2 BvR 470/08, RÜ 2016, 726, 727; Sachs/Höfling GG Art. 1 Rn. 102 f.; Herdegen in Maunz/Dürig GG Art. 1 Abs. 3 Rn. 95; Maurer/Waldhoff § 3 Rn. 29; Waldhoff JuS 2017, 286, 287.

110 Vgl. AS-Skript Grundrechte (2017), Rn. 59.

111 BVerfGE 12, 205, 244; Maurer/Waldhoff § 3 Rn. 26; Ehlers DVBl. 1983, 422, 424.

112 BGH, Urt. v. 06.11.2009 – V ZR 63/09, RÜ 2010, 115, 116; BGH NJW 2003, 888, 889; NJW 2003, 2451, 2453.

113 Vgl. BGHZ 153, 93, 98.

Der Grundsatz der Verhältnismäßigkeit ist bei Verträgen nur gewahrt, wenn die Vertragsgestaltung **zur Erreichung eines legitimen Zwecks geeignet, erforderlich und angemessen** ist (s.u. Rn. 513 ff.). 90

(1) Die Nachzahlungsverpflichtung ist **geeignet**, den **legitimen öffentlichen Zweck** der Subvention zu fördern, eine langfristige Nutzung der Verwaltungsgebäude sicherzustellen.

(2) Sie ist auch **erforderlich**, da der Behörde zur Erreichung des Zwecks **kein anderes gleich wirksames, aber weniger belastendes Mittel** zur Verfügung steht.

(3) **Angemessen** ist die Vertragsgestaltung, wenn bei wirtschaftlicher Betrachtung die Gegenleistung des Vertragspartners der Behörde **nicht außer Verhältnis** zu der Bedeutung und dem Wert der von der Behörde zu erbringenden Leistung steht und der Vertrag auch im Übrigen zu keiner **unzumutbaren Belastung** für den Vertragspartner führt. 91

Mit der Nachzahlungspflicht sollte dem Umstand Rechnung getragen werden, dass B das Grundstück zu einem ganz erheblich unter dem Verkehrswert liegenden Kaufpreis veräußerte. Erst dadurch wurde der verbilligte Verkauf überhaupt möglich. Die Klausel sieht lediglich vor, dass S bei einem Verstoß gegen den Subventionszweck den ihr gewährten Vorteil wieder verliert. Damit steht S nicht schlechter, als wenn sie das Grundstück von vornherein zum vollen Verkehrswert erworben hätte. Die Bindungsfrist von 10 Jahren stellt auch **keine unzumutbare Belastung** dar, sodass die Vertragsgestaltung insgesamt angemessen ist.[114]

Die **Nachzahlungsvereinbarung** verstößt nicht gegen den Grundsatz der Verhältnismäßigkeit und ist damit **wirksam**.

III. Die **Voraussetzungen** für die Nachzahlungspflicht liegen vor. S hat das Grundstück entgegen § 5 des Kaufvertrages nicht 10 Jahre lang zweckentsprechend genutzt.

IV. Im öffentlichen Recht kann eine Subventionsbewilligung bei Zweckverfehlung (§ 49 Abs. 3 S. 1 Nr. 1 VwVfG) grundsätzlich **nur innerhalb eines Jahres** ab Kenntnis der den Widerruf rechtfertigenden Tatsachen aufgehoben werden (§§ 49 Abs. 3 S. 2, 48 Abs. 4 S. 1 VwVfG). Fraglich ist, ob diese Vorschriften **bei privatrechtlichen Ansprüchen** überhaupt **anwendbar** sind. 92

1. § 1 Abs. 1 VwVfG beschränkt den Anwendungsbereich des VwVfG auf die **öffentlich-rechtliche Verwaltungstätigkeit** der Behörden. Ob und inwieweit das VwVfG auch im Bereich des Verwaltungsprivatrechts gilt, ist bislang noch nicht abschließend geklärt. Überwiegend wird angenommen, dass die Vorschriften des VwVfG nur heranzuziehen sind, wenn und soweit sie **Ausdruck eines allgemeinen Rechtsgedankens** sind.[115] 93

So gilt z.B. das Verbot sachwidriger Koppelung von Leistungen der Verwaltung mit Gegenleistungen des Bürgers nicht nur für öffentlich-rechtliche Verträge (§ 56 Abs. 1 S. 2 VwVfG), sondern auch für privatrechtliche Verträge.[116]

---

114 BGH, Urt. v. 06.09.2009 – V ZR 63/09, RÜ 2010, 115, 116 ff.

115 BGH RÜ 2010, 115, 119; WM 2006, 2101, 2103; NJW 2003, 2451, 2453; ähnlich Berg JZ 2005, 1039, 104.

94 2. Die Anwendung des VwVfG scheidet jedenfalls bei **Fristregelungen** aus, da das Privatrecht hier mit den verjährungsrechtlichen Vorschriften (§§ 194 ff. BGB) und dem Rechtsinstitut der Verwirkung (§ 242 BGB) gleichwertige Regelungen bereitstellt, die ebenfalls unter Berücksichtigung des Zeitmoments einen angemessenen Ausgleich sicherstellen. Ein Bedürfnis für einen Rückgriff auf § 48 Abs. 4 VwVfG besteht daher bei privatrechtlichen Subventionen nicht.[117]

95 V. Für die **Verjährung** gilt bei Grundstücksgeschäften die zehnjährige Frist des § 196 BGB. Der Nachzahlungsanspruch ergänzt die ursprüngliche Gegenleistung für die Übereignung des Grundstücks. Diese Frist ist noch nicht abgelaufen.

Die Bundesrepublik B hat daher gegen die Stadt S nach § 5 des Vertrages vom 26.10.2011 einen Anspruch auf Nachzahlung i.H.v. 1,2 Mio €.

B. **Prozessuale Durchsetzung des Anspruchs**

96 Da im Bereich des Verwaltungsprivatrechts die Beziehungen zwischen den Parteien grundsätzlich privatrechtlich geregelt sind, ist für Streitigkeiten nach § 13 GVG der **Zivilrechtsweg** gegeben. Allein die öffentlich-rechtlichen Bindungen ändern nach h.M. nicht die Rechtsnatur der Streitigkeit.[118]

Nach in der Lit. vertretener Gegenansicht gehört der Streit über Anwendung und Auslegung einer das Privatrecht überlagernden öffentlich-rechtlichen Norm dagegen nach § 40 Abs. 1 S. 1 VwGO vor die Verwaltungsgerichte.[119] Dagegen spricht jedoch, dass das streitige Rechtsverhältnis grundsätzlich dem Zivilrecht angehört und durch die öffentlich-rechtlichen Bindungen lediglich modifiziert wird.

B kann somit **Leistungsklage** auf Zahlung von 1,2 Mio € vor dem Zivilgericht erheben, und zwar gemäß §§ 71 Abs. 1, 23 Nr. 1 GVG vor dem Landgericht.

Grundschema: Verwaltungsprivatrecht

I. Voraussetzungen

- Handeln eines Verwaltungsträgers (auch als GmbH oder AG)
- in privatrechtlicher Form
- unmittelbar zur Erfüllung einer öffentlichen Aufgabe

II. Rechtsfolgen

- unmittelbare Geltung der Grundrechte
- Zuständigkeitsvorschriften des öffentlichen Rechts
- Grundsatz der Verhältnismäßigkeit
- VwVfG gilt grds. nicht analog, nur bei allgemeinem Rechtsgedanken
- Zivilrechtsweg (§ 13 GVG)

---

116 BGH NJW 1985, 3013, 3014; NJW 1992, 171, 173; BerlVerfGH NVWZ 2000, 794, 797; Breuer NVwZ 2017, 112, 116.

117 BGH, Urt. v. 06.09.2009 – V ZR 63/09, RÜ 2010, 115, 119.

118 BGH NVwZ 2013, 96; BVerwG NJW 2007, 2275, 2276; OVG NRW NVwZ-RR 2016, 282, 283; OVG NRW, Beschl. v. 29.07.2010 – 8 E 52/10, DVBl. 2010, 1384 (nur LS); Druschel JA 2008, 514, 517 f.

119 Ehlers in Ehlers/Pünder § 3 Rn. 96 m.w.N.

III. Der Vorbehalt des Gesetzes

Nach dem Grundsatz vom Vorbehalt des Gesetzes ist eine Maßnahme der Verwaltung nur rechtmäßig, wenn das Handeln in einer Rechtsnorm gestattet ist **(„kein Handeln ohne Gesetz")**. Dieser Grundsatz wird überwiegend aus dem **Rechtsstaats- und Demokratieprinzip** (Art. 20 Abs. 1 und 3 GG) hergeleitet, teilweise wird auf Verfassungsgewohnheitsrecht oder unmittelbar auf die Grundrechte abgestellt. 97

Deswegen spricht man zum Teil auch vom „demokratischen Gesetzesvorbehalt" und vom „grundrechtlichen Gesetzesvorbehalt". Praktische Auswirkungen hat diese Unterscheidung jedoch nicht.[120]

1. Anwendungsbereich

Der **Anwendungsbereich** des Grundsatzes vom Vorbehalt des Gesetzes ist nicht eindeutig und abschließend geklärt.

a) Kein Totalvorbehalt

Früher wurde teilweise angenommen, jede Tätigkeit des Staates, sei sie belastend oder begünstigend, bedürfe einer gesetzlichen Grundlage **(Lehre vom Totalvorbehalt)**.[121] Nach heute ganz h.M. gilt das Prinzip vom Vorbehalt des Gesetzes indes **nicht für jede Verwaltungsmaßnahme**. Insbesondere im Rahmen der Leistungsverwaltung kann der Staat ggf. auch ohne besondere Ermächtigung handeln.[122] Eine Ausnahme gilt für Sozialleistungen, die nur erbracht werden dürfen, soweit ein Gesetz es vorschreibt oder zulässt (§ 31 SGB I). 98

b) Gesetzesvorbehalt bei belastenden Maßnahmen

Allgemein anerkannt ist, dass der Vorbehalt des Gesetzes für **Belastungen** des Bürgers gilt, vor allem bei Eingriffen in Freiheit und Eigentum. **Eingriffe in Grundrechte** dürfen nur **durch oder aufgrund eines Gesetzes** erfolgen (vgl. z.B. Art. 2 Abs. 2 S. 3, Art. 8 Abs. 2, Art. 12 Abs. 1 S. 2 GG, Art. 14 Abs. 1 S. 2 GG). 99

Etwas anderes gilt nur im Bereich der verfassungsunmittelbaren Schranken aus Art. 9 Abs. 2 GG, Art. 13 Abs. 7 Hs. 1 GG, bei denen es keiner weiteren Konkretisierung bedarf. Vgl. auch Art. 70 Abs. 1 BayVerf: „Die für alle verbindlichen Gebote und Verbote bedürfen der Gesetzesform." Ähnlich Art. 58 BWVerf; Art. 59 Abs. 1 BerlVerf; Art. 2 Abs. 2 HessVerf, Art. 2 S. 1 SaarlVerf.

Das gilt unabhängig vom Ausmaß der Belastung. Auch die Aufrundung von Abgaben zum Nachteil des Bürgers bedarf einer gesetzlichen Ermächtigung, selbst wenn es nur um Cent-Beträge geht.[123]

Dasselbe gilt für die an sich vorbehaltlos gewährleisteten Grundrechte, die nur **verfassungsimmanenten Schranken** unterliegen (z.B. Art. 4 Abs. 1, Art. 5 Abs. 3 GG).[124] Die immanenten Schranken zu konkretisieren ist Aufgabe des Gesetzgebers. 100

„Grundrechtseingriffe … bedürfen danach unabhängig von den guten oder sogar zwingenden sachlichen Gründen, die für sie sprechen mögen, einer eigenen gesetzlichen Grundlage, die die Eingriffsvoraussetzungen in hinreichend bestimmter Weise normiert."[125]

---

120 Zur Herleitung und Terminologie allgemein Erichsen Jura 1995, 550, 552; Detterbeck Jura 2002, 235, 236.

121 Achterberg § 17 Rn. 29; ders. DÖV 1973, 295, 297; Rupp, Grundlagen der Verwaltungsrechtslehre, S. 113 ff.

122 BVerfGE 40, 237, 248; BVerwGE 48, 305, 308; Maurer/Waldhoff § 6 Rn. 11; Erichsen Jura 1995, 550, 553.

123 BVerwG, Urt. v. 04.08.2010 – BVerwG 9 C 6.09, RÜ 2011, 126, 129; NVwZ 2011, 41, 47 f.

124 Vgl. Voßkuhle JuS 2007, 118; näher unten Rn. 102.

„Der Gesetzgeber muss daher bei wertenden grundrechtsrelevanten Entscheidungen regeln, wer diese zu treffen hat und wie das Verfahren ausgestaltet ist.“[126]

c) Gesetzesvorbehalt bei wesentlichen Maßnahmen

101 Darüber hinaus gilt nach h.M. das Prinzip vom Vorbehalt des Gesetzes für alle Entscheidungen, die für das Zusammenleben im Staate wesentlich sind (**Wesentlichkeitstheorie**). Wichtige Entscheidungen müssen nach dem Demokratie- und Rechtsstaatsprinzip vom **Gesetzgeber selbst** getroffen und dürfen nicht vollständig der Verwaltung überlassen werden.[127]

aa) Grundrechtsrelevante Maßnahmen

102 Wesentlich in diesem Sinne sind vor allem solche Entscheidungen, die den Grundrechtsbereich in nennenswertem Umfang tangieren. Der Vorbehalt des Gesetzes gilt daher für alle **grundrechtsrelevanten Maßnahmen**. Dabei ist die Grundrechtsrelevanz einer Maßnahme nicht auf belastende Maßnahmen beschränkt (dazu bereits oben Rn. 99); vielmehr können auch solche Maßnahmen grundrechtsrelevant sein, die für die Grundrechtsverwirklichung allgemein von Bedeutung sind.

„Was wesentlich ist, ergibt sich aus den tragenden Prinzipien des Grundgesetzes, insbesondere aus den dort verbürgten Grundrechten.“[128] „Danach bedeutet wesentlich im grundrechtsrelevanten Bereich in der Regel wesentlich für die Verwirklichung der Grundrechte.“[129]

Beispiele:

- **Pressesubventionen** können zur Abhängigkeit der Presse vom staatlichen Einfluss führen und die grundrechtlich gewährleistete Pressefreiheit gefährden (Art. 5 Abs. 1 S. 2 GG). Daher dürfen Pressesubventionen, soweit sie überhaupt zulässig sind, nur aufgrund eines Gesetzes gewährt werden.[130]
- Im Hinblick auf die Wissenschaftsfreiheit (Art. 5 Abs. 3 S. 1 GG) muss der Gesetzgeber die wesentlichen Entscheidungen zur **Akkreditierung von Studiengängen** selbst treffen.[131]
- Die Festlegung einer – einheitlichen – **Mindestgröße** (z.B. bei Polizeibeamten) bedarf dagegen nach h.M. keiner gesetzlichen Regelung, sondern kann durch verwaltungsinternen Erlass erfolgen, weil damit lediglich die bereits in Art. 33 Abs. 2 GG vorgesehene Zugangsschranke der (körperlichen) Eignung konkretisiert wird. Unterschiedliche Mindestgrößen für Männer und Frauen aus Gründen der Frauenförderung sind dagegen mit Blick auf Art. 3 Abs. 2 GG dem Gesetzgeber vorbehalten.[132]
- Durch eine **Rechtschreibreform** wird grundsätzlich nicht in die Grundrechte des Bürgers eingegriffen, da er weder durch staatliche Anordnung noch faktisch gezwungen wird, sich privat an die neuen Schreibregeln zu halten. Grundrechtsrelevant ist die Rechtschreibreform aber gegenüber Schülern (Art. 2 Abs. 1 GG) und Eltern (Art. 6 Abs. 2 S. 1 GG).[133]

---

125 BVerfG NJW 2006, 2093, 2094 (Jugendvollzug).

126 BVerfG NVwZ 2016, 675, 678 (Akkreditierung von Studiengängen).

127 BVerfG NVwZ 2016, 675, 678; NVwZ 2015, 1370, 1371; BVerwG, Urt. v. 16.10.2013 – BVerwG 8 CN 1.12, RÜ 2014, 115, 119; VG Düsseldorf NVwZ 2017, 1396, 1397; Tegethoff JA 2005, 794, 795; Krieger Jura 2006, 769, 770.

128 BVerfG NVwZ 2016, 675, 678; ebenso BVerwG, Urt. v. 21.06.2017 – BVerwG 6 C 3.16.

129 BVerfG NJW 1998, 2515, 2520; ebenso OVG Berlin-Brandenburg, Urt. v. 14.03.2012 – OVG 6 B 19/11, RÜ 2012, 798, 800; kritisch Hölscheidt JA 2001, 409, 412: „Wesentlich ist, was das BVerfG dafür hält.“

130 BVerfGE 80, 124, 131; OVG Berlin NJW 1975, 1938; VG Berlin NJW 1996, 410.

131 BVerfG NVwZ 2016, 675, 678; dazu Hufen JuS 2016, 855 ff.

132 Vgl. OVG NRW, Urt. v. 21.09.2017 – 6 A 916/16; HessVGH, Beschl. v. 25.08.2016 – 1 B 976/16; VG Gelsenkirchen, Urt. v. 14.03.2016 – 1 K 3788/14; VG Berlin, Urt. v. 01.06.2017 – 5 K 219.16; VG Düsseldorf NVwZ 2017, 1397, 1397; a.A. VG Schleswig, Urt. v. 16.03.2016 – 11 A 308/15: stets durch Gesetz.

133 Gärditz NJW 2005, 3531, 3532 m.w.N.; offen gelassen von BVerfG NJW 1998, 2515, 2520 f.

bb) Besondere Bedeutung für das Gemeinwohl

Die Wesentlichkeit einer Entscheidung kann sich außerdem aus der **Bedeutung für das Gemeinwohl** ergeben. Entscheidungen, die weitreichende Bedeutung für die Allgemeinheit haben, bedürfen der **parlamentarischen Legitimation**.[134] 103

Beispiele: Die Grundsatzentscheidung für oder gegen die friedliche Nutzung der Kernenergie[135] sowie für die Errichtung und den Betrieb gentechnischer Anlagen[136] bedarf wegen der aus Art. 2 Abs. 2 S. 1 GG abzuleitenden Schutzpflicht des Staates einer gesetzlichen Grundlage.

Dasselbe gilt für grundlegende organisatorische Entscheidungen (organisationsrechtlicher oder **institutioneller Gesetzesvorbehalt**). 104

Zum Teil ist dies in den Landesverfassungen ausdrücklich geregelt (vgl. z.B. Art. 77 Abs. 1 S. 1 Verf Bay, Art. 56 Abs. 2 Verf Nds, Art. 112 S. 1 Verf SL, Art. 90 S. 2 Verf Thür, Art. 77 S. 1 LVerf NRW: „Die Organisation der allgemeinen Landesverwaltung und die Regelung der Zuständigkeiten erfolgt durch Gesetz.").

Deshalb bedarf die Übertragung von hoheitlichen Befugnissen auf Privatpersonen einer gesetzlichen Grundlage, da die **Beleihung** eine bedeutsame Abweichung von dem verfassungsrechtlichen Prinzip der Einheit der Staatsorganisation darstellt.[137] Für die Einschaltung eines Verwaltungshelfers bedarf die Verwaltung dagegen keiner gesetzlichen Grundlage, weil Verwaltungshelfer ohne eigene Entscheidungsmacht nur als verlängerter Arm der Behörde tätig werden (s.o. Rn. 41).[138]

2. Rechtsfolge

Greift der Grundsatz vom Vorbehalt des Gesetzes ein, bedarf das Handeln der Exekutive einer **Ermächtigungsgrundlage** in Form einer Rechtsnorm (Gesetz, RechtsVO oder Satzung). Fehlt es an einer gesetzlichen Grundlage, ist das Handeln der Verwaltung ebenso rechtswidrig, wie wenn es gegen eine vorhandene Rechtsnorm verstößt. 105

a) Dies gilt unproblematisch in den Fällen, in denen die Verwaltung **unmittelbar** in den Grundrechtsbestand eingreift, und zwar unabhängig davon, ob der Eingriff durch Verwaltungsakt oder durch schlichtes Verwaltungshandeln geschieht.[139] 106

Beispiel: Weitergabe personenbezogener Daten wegen des damit verbundenen Eingriffs in das Recht auf informationelle Selbstbestimmung als Ausprägung des Allgemeinen Persönlichkeitsrechts, Art. 2 Abs. 1, Art. 1 Abs. 1 GG.

b) Grundrechte schützen aber nicht nur vor unmittelbaren, sondern grundsätzlich auch vor **mittelbaren Eingriffen** (z.B. durch Veränderung der Rahmenbedingungen für die Grundrechtsausübung), wenn auch nicht in gleicher Intensität (weiter oder moderner Eingriffsbegriff).[140] Deshalb ist heute anerkannt, dass der Grundsatz vom Vorbehalt des Gesetzes auch für mittelbare Eingriffe durch staatliches Handeln gilt. 107

Beispiele: Für die Videoüberwachung einer friedlichen Versammlung ist nach h.M. trotz nur mittelbaren Eingriffs eine gesetzliche Ermächtigungsgrundlage erforderlich, selbst wenn keine Aufzeichnung der Aufnahmen stattfindet.[141]

---

134 BVerfGE 49, 89, 126; 95, 267, 307; VerfGH NRW NJW 1999, 1243, 1245; Hölscheidt JA 2001, 409, 412 f.

135 BVerfGE 49, 89, 126 – Kalkar.

136 HessVGH NVwZ 1990, 276, 277; vgl. nunmehr das Gentechnikgesetz (Sartorius I 270).

137 BGH NJW 2003, 2451, 2452; BremStGH NVwZ 2003, 81; Bader/Ronellenfitsch VwVfG § 1 Rn. 73.

138 VG Düsseldorf, Urt. v. 02.08.2007 – 11 K 6477/06; Kopp/Ramsauer VwVfG § 1 Rn. 65.

139 BVerwG NJW 2006, 1303, 1304; NJW 2005, 2330, 2331; OVG Lüneburg NJW 1992, 192, 193 m.w.N.

140 BVerfG RÜ 2009, 800, 802; NJW 2002, 2626, 2629; OVG NRW NVwZ 2001, 824, 825; Voßkuhle JuS 2007, 118, 119.

141 OVG RP, Urt. v. 05.02.2015 – 7 A 10683/14, NVwZ-RR 2015, 570; VerfGH Berlin, Urt. v. 11.04.2014 – 129/13, RÜ 2014, 453; vgl. auch BVerwG, Urt. v. 22.10.2014 – BVerwG 6 C 7.13, RÜ 2015, 183 (automatische Kennzeichenerfassung).

Allerdings ist **nicht jede mittelbare Beeinträchtigung** zugleich als **Grundrechtseingriff** zu qualifizieren und erfordert deshalb auch nicht stets einer besonderen Ermächtigungsgrundlage. Entscheidend ist, ob dem Staat die nachteiligen Wirkungen **zurechenbar** sind.

108 **aa)** Die früher überwiegend vertretene Ansicht stellte darauf ab, dass bei mittelbaren Beeinträchtigungen der Vorbehalt des Gesetzes **i.d.R. nicht realisierbar** sei, da ihre Grundrechtsrelevanz und damit „Wesentlichkeit" nicht vorhersehbar sei, sondern sich erst im Einzelfall konkretisiere.[142] Deshalb sollte der Vorbehalt des Gesetzes nur eingreifen, wenn die Grundrechtsbeeinträchtigung **bezweckt** oder zumindest vorhersehbar war (z.B. weil das staatliche Handeln mit spezifischen grundrechtlichen Risiken verbunden ist) oder wenn die Auswirkungen des staatlichen Handelns **besonders schwerwiegend** waren (**Intention** und **Intensität**).[143]

109 **bb)** Nach der Gegenansicht ist die Beurteilung mittelbarer Beeinträchtigungen in erster Linie eine Frage der richtigen Interpretation des Schutzbereichs und nicht des Eingriffs **(Lehre vom funktionalen Schutzbereich)**.[144] Bestimmte staatliche Maßnahmen, die ein Grundrecht nur mittelbar beeinträchtigen, greifen danach gar nicht in den Schutzbereich des betroffenen Grundrechts ein, weil das Grundrecht „davor" nicht schützt. Dann bedarf es hierfür auch keiner besonderen Ermächtigungsgrundlage.

Beispiele: Art. 12 GG schützt nicht vor der Verbreitung zutreffender und sachlich gehaltener Produktinformationen, auch wenn sich die Inhalte auf den Wettbewerb nachteilig auswirken.[145] Art. 4 GG schützt nicht davor, dass sich staatliche Organe mit sog. Jugendsekten öffentlich kritisch auseinandersetzen.[146]

Liegt dagegen ein grundrechtsrelevanter (mittelbarer) Eingriff vor, wird die Schrankensystematik der Grundrechte und damit der **Vorbehalt des Gesetzes** unabhängig von den Modalitäten der Beeinträchtigung ausgelöst.

Beispiele: Art. 4 Abs. 1 GG schützt gegen diffamierende, diskriminierende oder verfälschende Darstellungen einer religiösen oder weltanschaulichen Gemeinschaft.[147] Der Gewährleistungsbereich des Art. 12 GG wird beeinträchtigt, wenn sich eine staatliche Information im Nachhinein als unrichtig erweist und dennoch weiter verbreitet oder nicht korrigiert wird.[148]

110 Diesem Ansatz folgt auch die Rspr.[149], die allerdings bei mittelbaren Beeinträchtigungen **geringere Anforderungen** an die Regelungsdichte der den Eingriff rechtfertigenden Norm stellt.

So soll bei staatlicher Informationstätigkeit und ehrbeeinträchtigenden Äußerungen grds. keine dezidierte Ermächtigungsgrundlage erforderlich sein, sondern der Sachzusammenhang mit der Aufgabe der handelnden Stelle ausreichen.[150]

---

142 BVerfG NJW 1989, 3269, 3270; ebenso BVerfG NJW 1991, 1770, 1771; DVBl. 1989, 997, 998.

143 BVerwG DVBl. 1996, 807; NJW 1992, 2496, 2499; NJW 1991, 1770, 1771; OVG NRW NVwZ 2001, 824, 825; NJW 1995, 1629, 1630; Schoch DVBl. 1991, 667, 670; Lege DVBl. 1999, 569, 571.

144 Schulte DVBl. 1988, 512, 516 f.; Schenke JuS 1989, 557, 558; Gusy JZ 1989, 1003, 1005; Schoch DVBl. 1991, 667 ff.; Kemmler JA 2005, 908, 911.

145 BVerfG NJW 2002, 2621, 2622; Schink DVBl. 2011, 253, 255; Becker/Sievers NVwZ 2016, 1456, 1458.

146 BVerfG NJW 2002, 2626, 2627.

147 BVerfG NJW 2002, 2626, 2627; BayVGH NVwZ 2003, 998.

148 BVerfG NJW 2002, 2621, 2624.

149 BVerfG NJW 2002, 2621, 2622; NJW 2002, 2626, 2627; BVerwG, Urt. v. 19.02.2015 – BVerwG 1 C 13.14, RÜ 2015, 391, 395; kritisch Murswiek NVwZ 2003, 1 ff.; Bethge Jura 2003, 327, 332; Gurlit DVBl. 2003, 1119, 1124; Hellmann NVwZ 2005, 163 ff.

150 BVerfG NJW 2011, 511, 512; NJW 2002, 2621, 2622; NJW 2002, 2626, 2627; ebenso BVerwG NJW 2006, 1303, 1304; OVG NRW NWVBl. 2006, 32; näher AS-Skript Verwaltungsrecht AT 2 (2017), Rn. 540 ff.

Fall 4: Schulärger

A, B und C besuchen die 8. Klasse am X-Gymnasium im Bundesland N. A, der den Unterricht durch Einsatz von Knallfröschen gestört hat, wird durch Beschluss der Klassenkonferenz für eine Woche vom Unterricht ausgeschlossen. B und C werden aufgrund schlechter Leistungen (5 bzw. 4x mangelhaft) am Ende des Schuljahres in ordnungsgemäßer Anwendung des § 49 der Allgemeinen Schulordnung (ASchO) nicht versetzt. Da B die 8. Klasse schon einmal wiederholt hat, wird er auf Beschluss der zuständigen Lehrerkonferenz gemäß der Regelung in § 50 ASchO von der Schule entlassen. A, B und C fragen nach der Rechtmäßigkeit der Maßnahmen. A verweist zutreffend darauf, dass der Ausschluss vom Unterricht weder im Schulgesetz noch in der ASchO geregelt ist.

§ 26 Schulgesetz (SchulG) des Landes N lautet:

(1) Die Rechtsbeziehungen im Schulverhältnis, insbesondere die Rechte und Pflichten der Schülerinnen und Schüler, regelt eine Allgemeine Schulordnung, die vom Kultusministerium durch Rechtsverordnung erlassen wird.

(2) Die Allgemeine Schulordnung regelt insbesondere die Voraussetzungen für Versetzungen, den Schulwechsel, die Entlassung, Verweisung und den Ausschluss von der Schule …

Auszug aus der Allgemeinen Schulordnung (ASchO) des Landes N:

§ 49: Eine Schülerin oder ein Schüler wird nicht versetzt, wenn die Leistungen in mehr als einem der Fächer Deutsch, Mathematik und Englisch mangelhaft oder in mehr als zwei der übrigen Fächer nicht ausreichend sind.

§ 50: Das Schulverhältnis endet, wenn Schülerinnen oder Schüler zweimal aufeinanderfolgend nicht versetzt worden sind.

A. Rechtmäßigkeit des Ausschlusses des A vom Unterricht 111

Der **Ausschluss vom Unterricht** könnte bereits deswegen rechtswidrig sein, weil diese Maßnahme **gesetzlich nicht geregelt** ist. Das Erfordernis einer gesetzlichen Ermächtigungsgrundlage könnte sich aus dem Grundsatz vom **Vorbehalt des Gesetzes** ergeben, der aus dem Demokratie- und Rechtsstaatsprinzip, insbesondere aus der Gesetzesbindung der Verwaltung (Art. 20 Abs. 3 GG) folgt.

I. **Schulstrafen**, d.h. Disziplinarmaßnahmen in der Schule bedeuten für den Betroffenen eine Belastung, die zumindest in seine allgemeine Handlungsfreiheit i.S.d. Art. 2 Abs. 1 GG eingreift (bei schweren Strafen, z.B. dem Verweis von der Schule liegt sogar ein Eingriff in Art. 12 Abs. 1 GG „Ausbildungsstätte" vor). Da es sich bei dem Unterrichtsausschluss des A um eine belastende, in Grundrechte eingreifende Maßnahme handelt, ist eine **gesetzliche Grundlage erforderlich.**[151] 112

Weiteres Beispiel: Das Nachsitzen in der Schule greift in Art. 2 Abs. 1 GG ein und bedarf daher einer gesetzlichen Ermächtigung, allerdings reicht die erzieherische Generalklausel aus.[152]

II. Etwas anderes könnte sich allerdings daraus ergeben, dass zwischen Schule und Schüler ein **Sonderrechtsverhältnis** besteht, aus dem sich besonders enge Rechte und Pflichten und damit auch weitgehende Regelungsbefugnisse der Schule ergeben. 113

151 Vgl. OVG NRW NVwZ-RR 2015, 34; allgemein Müller-Terpitz/Wesemann NWVBl. 2008, 439, 440.

152 VGH Mannheim NVwZ 1984, 808; Faßbender/Herbrich DVBl. 2016, 216, 216.

114 Früher wurde diese Sonderbeziehung als **„besonderes Gewaltverhältnis"** bezeichnet, innerhalb dessen die Grundrechte nicht uneingeschränkt gelten sollten und die Verwaltung daher Regelungen auch ohne gesetzliche Grundlage vornehmen durfte. Diese Betrachtungsweise ist jedoch überholt und wird heute nicht mehr vertreten.[153] Vielmehr besteht Einigkeit, dass die Grundrechte **auch in Sonderrechtsverhältnissen** gelten und nur durch oder aufgrund Gesetzes eingeschränkt werden dürfen.[154] Somit bedarf die Verhängung von Ordnungsmaßnahmen grundsätzlich einer normativen Regelung. Da eine solche hier nicht vorhanden ist, ist die Maßnahme gegenüber A an sich **rechtswidrig**.

115 III. Ausnahmsweise ist dem Gesetzgeber jedoch für die Schaffung der erforderlichen Regelung ein **Übergangszeitraum** einzuräumen, während dessen solche Maßnahmen ausnahmsweise ohne die notwendige gesetzliche Grundlage getroffen werden können. Denn sonst würde eine **Funktionsunfähigkeit** staatlicher Einrichtungen eintreten, die der verfassungsmäßigen Ordnung noch ferner stünde als die vorübergehende Hinnahme materiell rechtfertigungsfähiger, gesetzlich aber nicht ausreichend legitimierter Eingriffe (sog. **Chaosgedanke**).[155]

Beispiel: Die Dauerobservation von hochgradig rückfallgefährdeten Sexual- und Gewaltstraftätern bedarf als schwerwiegender Grundrechtseingriff einer ausdrücklichen, detaillierten Ermächtigungsgrundlage.[156] In einer Übergangszeit kann auf die polizeiliche Generalklausel zurückgegriffen werden.[157]

Für die Dauer der Übergangsfrist gelten keine allgemeingültigen Maßstäbe, entscheidend sind die Umstände des Einzelfalls. Sofern das BVerfG dem Gesetzgeber keine Frist zur Neuregelung auferlegt, soll die Übergangsfrist bis zum Ende der Legislaturperiode oder jedenfalls so lange gelten, wie der Gesetzgeber eine Neuregelung nicht ungebührlich verzögert hat.[158]

116 Allerdings dürfen während der Übergangszeit Maßnahmen nur insoweit getroffen werden, als dies für die Sicherung der Verwaltung **unerlässlich** ist. Im Hinblick auf den Grundsatz der **Verhältnismäßigkeit** ist stets zu prüfen, ob sich die Funktionsfähigkeit nicht durch schonendere Maßnahmen sicherstellen lässt.[159]

Der (zeitweise) Ausschluss vom Unterricht stellt eine schwerwiegende Maßnahme dar. Zur Ahndung der Unterrichtsstörung war es **nicht zwingend erforderlich**, A vom Unterricht auszuschließen. Beim erstmaligen Verstoß hätte es genügt, zunächst einen Tadel oder einen schriftlichen Verweis auszusprechen.[160]

Der **Ausschluss des A vom Unterricht** ist daher **rechtswidrig**.

---

153 Vgl. grundlegend BVerfGE 33, 1, 9 f. (Strafgefangenenentscheidung).

154 Vgl. BVerfG NJW 2006, 2093, 2094 (Jugendstrafvollzug); BVerfG RÜ 2015, 319 (Kopftuchverbot für Lehrerinnen); BVerwG DVBl. 1995, 1243 (Laufbahnprüfungen im Beamtenrecht); BVerfGE 41, 251, 259 ff. (Schulausschluss); BVerfGE 58, 257, 264 (Schulentlassung); BVerwGE 56, 155 (Nichtversetzung); Maurer/Waldhoff § 6 Rn. 24 ff.

155 BVerfG NJW 2006, 2093, 2097; BVerwG NVwZ-RR 2017, 693; NVwZ 2009, 472, 473; OVG NRW DVBl. 1993, 1321, 1323; VG Berlin NVwZ 2001, 948, 950.

156 OVG NRW, Urt. v. 06.07.2013 – 5 A 607/11, RÜ 2013, 655, 659; OVG Saarland, Urt. v. 06.09.2013 – 3 A 13/13.

157 OVG NRW, Urt. v. 06.07.2013 – 5 A 607/11, RÜ 2013, 655, 659; OVG Saarland, Urt. v. 06.09.2013 – 3 A 13/13; in diesem Sinne auch BVerfG KommJur 2013, 73; BVerwG, Beschl. v. 13.01.2014 – BVerwG 6 B 59.13; kritisch Achenbach/Farahat JuS 2017, 676, 680.

158 BVerfG NJW 1980, 35, 37; vgl. auch BVerfG NJW 1982, 921 m.w.N.

159 BVerfGE 41, 251, 267; 58, 257, 281; 76, 171, 189; 77, 125, 129; BVerfG NJW 1980, 35, 38; NJW 2006, 2093, 2097.

160 Vgl. auch VG Hannover NVwZ-RR 2004, 852 zum Unterrichtsausschluss wegen Beteiligung an einer Schlägerei; ebenso VG München, Beschl. v. 27.07.2015 – M S 15.2569.

B. Rechtmäßigkeit der Schulentlassung des B

Auch hierbei handelt es sich um eine wesentliche Entscheidung, die Grundrechte des B berührt und daher einer **gesetzlichen Ermächtigungsgrundlage** bedarf. 117

Problematisch ist dabei nur, ob der Schulbesuch von Art. 12 Abs. 1 GG („Ausbildungsstätte") oder von Art. 2 Abs. 1 GG erfasst wird. Die h.M. hält jedenfalls bei weiterführenden Schulen Art. 12 GG für einschlägig, da hier der Ausschluss zur Folge hat, dass bestimmte Berufe mangels entsprechendem Schulabschluss nicht mehr ergriffen werden können.[161]

Rechtsgrundlage für die Entlassung ist § 50 ASchO i.V.m. § 26 SchulG. Fraglich ist jedoch, ob die Regelung in einer RechtsVO den Anforderungen des Demokratie- und Rechtsstaatsprinzips in Gestalt des Grundsatzes vom Vorbehalt des Gesetzes genügt.

I. Greift der Grundsatz vom Vorbehalt des Gesetzes ein, heißt das zunächst nur, dass für die Maßnahme eine **gesetzliche Grundlage** vorhanden sein muss. Dabei reicht grundsätzlich jedes Gesetz im materiellen Sinne aus, also auch eine untergesetzliche Norm (RechtsVO, Satzung), die ihrerseits auf eine wirksame gesetzliche Grundlage zurückzuführen ist. 118

II. Die **Wesentlichkeitstheorie** liefert aber nicht nur Kriterien dafür, ob der Gesetzgeber überhaupt tätig werden muss, sondern nach ihr richtet sich auch, **in welchem Umfang** der Gesetzgeber eine Materie durch ein formelles Gesetz regeln muss und die Entscheidung nicht auf die Exekutive übertragen darf. Das **„Wesentliche vom Wesentlichen"** muss der Gesetzgeber selbst regeln (sog. **Parlamentsvorbehalt**). Die dem Parlamentsvorbehalt unterfallenden Fragen darf der Gesetzgeber nicht, auch nicht in an sich einwandfreier Form (vgl. Art. 80 Abs. 1 S. 2 GG) auf den Verordnungs- oder Satzungsgeber übertragen.[162] 119

1. Ob eine Maßnahme so wesentlich ist, dass sie in einem **Parlamentsgesetz** selbst geregelt werden muss, d.h. der Umfang des parlamentarischen Regelungsvorbehalts, bestimmt sich vor allem nach der **Intensität** der individuellen Betroffenheit und der **Bedeutung** der Regelung für die Allgemeinheit. Je stärker der Einzelne oder die Allgemeinheit betroffen wird, umso detaillierter und bestimmter muss die gesetzliche Regelung sein.[163] 120

2. Beim zwangsweisen Ausschluss von der Schule handelt es sich um eine für den weiteren Berufs- und Lebensweg des Schülers überaus **einschneidende Maßnahme**. In der Regel wird dem Schüler dadurch der Zugang zu dem erstrebten Beruf abgeschnitten oder doch zumindest erheblich erschwert und damit die Chance für eine freie Wahl des Berufs geschmälert. Im Hinblick auf Art. 12 Abs. 1 GG ist es deshalb nach dem Grundsatz vom Vorbehalt des Gesetzes in Form des Parlamentsvorbehalts erforderlich, dass der Gesetzgeber die **grundlegenden Bestimmungen** über die zwangsweise Schulentlassung (insbes. Voraussetzungen, Zuständigkeit und Verfahren) selbst regelt.[164] 121

---

161 BVerfGE 58, 257, 273; OVG NRW NJW 1976, 725, 726 m.w.N.

162 BVerfGE 58, 257, 274; 89, 209, 224; 90, 359, 362; BVerfG NVwZ 2008, 547, 548 f.; BVerwG, Urt. v. 16.10.2013 – BVerwG 8 CN 1.12, RÜ 2014, 115, 119; BVerwG, Urt. v. 21.06.2017 – BVerwG 6 C 3.16, Rn. 28; Hölscheidt JA 2001, 409, 412.

163 BVerwG, Urt. v. 21.06.2017 – BVerwG 6 C 3.16, Rn. 28; BVerwG, Urt. v. 16.10.2013 – BVerwG 8 CN 1.12, RÜ 2014, 115, 119; NVwZ 2014, 527, 529; Maurer/Waldhoff § 6 Rn. 14; Voßkuhle JuS 2007, 118, 119.

164 BVerfGE 58, 257, 275; BVerwG DVBl. 1998, 969, 970.

122 3. § 26 SchulG enthält indes lediglich eine **pauschale Ermächtigung** an die Exekutive zum Erlass einer RechtsVO, ohne die Regelungsmaterie näher festzulegen.[165] Damit genügt die Vorschrift nicht den Voraussetzungen des Parlamentsvorbehalts, sodass eine ausreichende gesetzliche Ermächtigungsgrundlage für die Entlassung von der Schule nicht vorliegt. Das hat grundsätzlich zur Folge, dass die Maßnahme **rechtswidrig** ist.

Gegenbeispiel: Für die Umsetzung der **Rechtschreibreform** im Schulbereich sind nach Auffassung des BVerfG die allgemeinen Lernzielbestimmungen der Landesschulgesetze ausreichend. Eine besondere gesetzliche Grundlage ist nicht erforderlich. Die Änderungen, die die Rechtschreibreform bewirkt, sind im Umfang verhältnismäßig gering und damit weder wesentlich für das Erziehungsrecht der Eltern (Art. 6 Abs. 2 GG) noch für die Entfaltung der Persönlichkeit der Schüler (Art. 2 Abs. 1 GG).[166] Die Fachgerichte hatten diese Frage höchst unterschiedlich entschieden.[167]

123 III. Ebenso wie im Fall, dass die erforderliche gesetzliche Grundlage gänzlich fehlt (s.o. Rn. 115), kann auch eine Regelung, die dem Parlamentsvorbehalt nicht entspricht, **für eine Übergangszeit fortgelten**, um eine sonst eintretende **Funktionsunfähigkeit** staatlicher Einrichtungen zu vermeiden. Schulen müssen zur Erfüllung ihrer Aufgaben und zum Schutz der anderen Schüler grundsätzlich auch in der Zeit bis zur Regelung durch den Gesetzgeber über Mittel verfügen, Schüler, die zur Mitarbeit ungeeignet sind, aus dem Schulverhältnis zu entlassen. Daher ist der in § 50 ASchO geregelte Ausschluss eines Schülers für einen funktionsfähigen Schulbetrieb im Gymnasium unerlässlich, damit eine Klasse nicht beliebig oft wiederholt werden kann.[168]

§ 50 ASchO ist somit i.V.m. § 26 SchulG im vorliegenden Fall trotz Verfassungswidrigkeit ausnahmsweise für eine Übergangszeit weiterhin anzuwenden. Da sonstige Bedenken nicht bestehen, ist die **Schulentlassung rechtmäßig**.

124 **C. Rechtmäßigkeit der Nichtversetzung des C**

Rechtsgrundlage für die Nichtversetzung ist § 49 ASchO i.V.m. § 26 SchulG. Diese Vorschriften sind jedoch nicht ausreichend, wenn in Anwendung der Wesentlichkeitstheorie auch hier der **parlamentarische Gesetzgeber selbst** die Voraussetzungen für die Nichtversetzung hätte regeln müssen.

125 I. Bei der Nichtversetzung handelt es sich um eine **grundrechtsrelevante Maßnahme**, die dem Vorbehalt des Gesetzes unterfällt. Zwar wird Art. 12 Abs. 1 GG nicht berührt, da eine Nichtversetzung allein die Lebens- und Berufschancen nicht maßgeblich beeinträchtigt. Jedoch wird zumindest in die freie Entfaltung der Persönlichkeit und damit in Art. 2 Abs. 1 GG eingegriffen.[169]

126 II. Die Nichtversetzung eines Schülers ist aber eine erheblich **weniger einschneidende** Maßnahme als die Entlassung aus dem Schulverhältnis. Der Gesetzgeber wäre überfordert, müsste er die Voraussetzungen der Versetzung in allen Einzel-

165 Vgl. auch OVG Lüneburg, Beschl. v. 31.03.2011 – 2 LA 343/10 zu Normierungsdefiziten im Prüfungsrecht.

166 So BVerfG NJW 1998, 2515, 2520; BVerwG NJW 1999, 3503, 3504; a.A. Kopke NJW 2005, 3538, 3539; abweichend OVG Lüneburg NVwZ-RR 2002, 191; NJW 2005, 3590.

167 Vgl. die Nachweise bei Gärditz NJW 2005, 3531, 3531 Fn 5.

168 BVerfGE 58, 257, 282; zu den Voraussetzungen eines Schulausschlusses als Ordnungsmaßnahme vgl. VGH Mannheim, NJW 2004, 89 (Schulausschluss nach Angriff gegen Lehrerin).

169 BVerfGE 58, 257, 274; BVerwGE 56, 155, 158.

heiten selbst regeln. Aufgrund der Vielgestaltigkeit der Materie und der erforderlichen Flexibilität im Einzelfall fällt diese Frage daher nicht unter den sog. Parlamentsvorbehalt, sondern kann vom Gesetzgeber auf den Verordnungsgeber delegiert werden.[170]

Ebenso ist der Gesetzgeber nicht verpflichtet, die Voraussetzungen für die Entziehung des Doktorgrades selbst festzulegen oder inhaltlich vorzuzeichnen. Er darf diese Aufgabe ungeachtet der Grundrechtsrelevanz den Satzungen der Hochschulen überlassen.[171]

III. Die gesetzliche VO-Ermächtigung muss jedoch den Anforderungen entsprechen, die sich aus der **Bestimmtheitstrias** des Art. 80 Abs. 1 S. 2 GG bzw. entsprechender LVerf ergeben. Deren Anforderungen richten sich insbesondere nach dem jeweiligen **Regelungsgegenstandes** sowie der **Intensität der Maßnahme**. Der Begriff der Versetzung hat aufgrund langjähriger Anwendung eine konkrete Ausformung erfahren, die auf dem Leistungsprinzip beruht und von dem Erreichen des jeweiligen Ausbildungszieles abhängig ist. Die Regelung in § 26 SchulG ist daher hinreichend bestimmt.[172] **127**

Weiteres Beispiel: Die tierschutzrechtliche Generalklausel in § 16a Abs. 1 S. 1 TierSchG reicht als Ermächtigungsgrundlage für ein Tötungsverbot für sog. Eintagsküken aus, deren Tötung ist aber tierschutzrechtlich nicht unzulässig.[173]

Damit ist § 26 SchulG eine wirksame Ermächtigungsgrundlage für die Regelung in der ASchO. Da sonstige Bedenken an der Rechtmäßigkeit der Verordnung nicht bestehen, bildet diese die **wirksame Ermächtigungsgrundlage** für die Nichtversetzung. Die Nichtversetzung des C ist von § 49 ASchO gedeckt und damit rechtmäßig. **128**

Grundschema: Vorbehalt des Gesetzes

I. Herleitung

Rechtsstaats- und Demokratieprinzip (Art. 20 Abs. 1 u. Abs. 3 GG), Grundrechte

II. Anwendungsbereich

- Kein Totalvorbehalt
- Belastende Maßnahmen
- Wesentliche Entscheidungen

III. Rechtsfolgen

- Wirksame gesetzliche Grundlage erforderlich
  - Untergesetzliche Normen (RechtsVO, Satzung) grds. ausreichend
  - Ausnahme: Parlamentsvorbehalt
- Fehlt eine ausreichende gesetzliche Grundlage, ist das Verwaltungshandeln ebenso rechtswidrig, wie wenn es gegen eine Rechtsnorm verstößt.
- ggf. Ausnahme für Übergangszeit („Chaosgedanke")

170 BVerfGE 58, 257, 274; BVerwG DVBl. 1998, 969; allgemein Hölscheidt JA 2001, 409, 412 f.

171 BVerwG, Urt. v. 21.06.2017 – BVerwG 6 C 3.16, Rn. 27 ff.

172 Vgl. BVerfGE 58, 257, 275.

173 OVG NRW, Urt. v. 20.05.2016 – 20 A 488/15, RÜ 2016, 530, 532; anders VG Minden, Urt. v. 30.01.2015 – 2 K 80/14, RÜ 2015, 254, 256: besondere Ermächtigungsgrundlage erforderlich; vgl. auch OLG Hamm NStZ 2016, 488 f.

IV. Folgen der Gesetzesbindung der Verwaltung

1. Normprüfungskompetenz

129 Aus der Bindung der Verwaltung an Gesetz und Recht (Art. 20 Abs. 3 GG) folgt die Befugnis und die Pflicht, die Gültigkeit einer anzuwendenden Rechtsnorm zu überprüfen (sog. **Normprüfungskompetenz**).[174] Denn nur wenn die zugrunde liegende Norm wirksam ist, kann das darauf gestützte Verwaltungshandeln rechtmäßig sein. Da der Beamte für die Rechtmäßigkeit seiner dienstlichen Handlungen die volle persönliche Verantwortung trägt (§ 63 Abs. 1 BBG, § 36 Abs. 1 BeamtStG), muss er Bedenken gegen die Wirksamkeit eines Gesetzes gegenüber seinen Vorgesetzten geltend machen (sog. Remonstrationspflicht, vgl. § 63 Abs. 2 BBG, § 36 Abs. 2 BeamtStG).

Problematisch ist lediglich der **Prüfungsumfang**. Während teilweise eine unbeschränkte Prüfung gefordert wird, verlangt die h.M. lediglich eine summarische Prüfung, die sich auf offenkundige und leicht erkennbare Mängel beschränkt.[175]

2. Normverwerfungskompetenz

130 Umstritten ist dagegen, ob die Verwaltung auch die Kompetenz hat, eine (vermeintlich) unwirksame Norm nicht anzuwenden (sog. **Normverwerfungskompetenz**).

Beispiel: Das Bauamt kommt bei der Bearbeitung eines Baugenehmigungsantrages zu dem Ergebnis, dass das Bauvorhaben zwar gegen die Festsetzungen des Bebauungsplanes verstößt, hält den Bebauungsplan aber für unwirksam. In diesem Fall wäre das Bauvorhaben nach § 34 BauGB zu beurteilen und danach zulässig. Darf die Baugenehmigung erteilt werden, obwohl der Bebauungsplan formell noch in Kraft ist?

131 Teilweise wird aus der Rechtsbindung der Exekutive (Art. 20 Abs. 3 GG) auf eine generelle **Prüfungs- und Verwerfungskompetenz** der Verwaltung geschlossen.[176] Dafür spricht, dass rechtswidrige Normen eo ipso unwirksam sind und daher keine Rechtswirkung entfalten. Nach h.M. hat die Verwaltung dagegen zwar eine **Prüfungskompetenz**, aber nicht die Befugnis, sich bei Einzelfallentscheidungen über (vermeintlich) nichtige Rechtsnormen hinwegzusetzen **(keine Verwerfungskompetenz)**. Auch wenn die Verwaltung **an Gesetz und Recht gebunden** ist (Art. 20 Abs. 3 GG), obliegt die Verwerfung (unter-)gesetzlicher Normen nach dem Gewaltenteilungsprinzip den Gerichten. Behörden bleiben daher verpflichtet, Rechtsvorschriften zu beachten, solange diese nicht durch den Normgeber aufgehoben oder vom Gericht (z.B. im Verfahren der abstrakten oder konkreten Normenkontrolle) **für nichtig erklärt** worden sind. Hält die Verwaltung eine Rechtsnorm für nichtig, muss sie das Verfahren aussetzen und eine gerichtliche Entscheidung nach Art. 93 Abs. 1 Nr. 2 GG oder nach § 47 Abs. 1 VwGO abwarten.[177]

Etwas anderes kann allenfalls dann gelten, wenn die Unwirksamkeit offensichtlich ist, etwa weil sie bereits in einem anderen Verfahren gerichtlich inzident festgestellt wurde.[178]

---

174 OVG Lüneburg NVwZ 2000, 1061, 1062; Battis/Krautzberger/Löhr BauGB § 10 Rn. 10; Gril JuS 2000, 1080, 1084.

175 Vgl. Engel NVwZ 2000, 1258; Gril JuS 2000, 1080, 1081 m.w.N.

176 OVG Lüneburg DVBl. 2000, 212, 213; VGH Kassel NVwZ 1990, 885 f.; Diedrich BauR 2000, 819, 825 ff.; Rabe ZfBR 2003, 329 ff.; Jarass/Pieroth GG Art. 20 Rn. 40 für untergesetzliche Normen.

177 Vgl. OVG NRW NuR 2006, 191, 192; VG Gera ThürVBl. 2008, 276; Pietzcker DVBl. 1986, 806, 808; Baumeister/Ruthig JZ 1999, 117, 118; Gril JuS 2000, 1080, 1084; Engel NVwZ 2000, 1258, 1260; in der Tendenz auch BVerwG NVwZ 2001, 1035, 1037; BGH NVwZ 2004, 1143, 1144.

178 So OVG Koblenz, Beschl. v. 14.05.2013 – 8 A 10043/13, NVwZ-RR 2013, 747, 748; Stüer, Bau- und Fachplanungsrecht, Rn. 1946; Schröer NZBau 2007, 630, 631.

B. Verwaltungsvorschriften

I. Unterscheidung zwischen Außenrecht und Innenrecht

„Gesetz" i.S.d. Art. 20 Abs. 3 GG und damit Rechtmäßigkeitsmaßstab hoheitlicher Maßnahmen sind neben dem Grundgesetz die formellen Gesetze, Rechtsverordnungen und Satzungen **(Außenrecht)**. Hiervon zu unterscheiden sind die bloß internen Regeln, die von einer staatlichen Stelle an nachgeordnete Behörden oder Amtswalter gerichtet werden (Verwaltungsvorschriften, Richtlinien oder Erlasse, sog. **Innenrecht**). 132

Beispiel: Verwaltungsvorschriften zur Konkretisierung unbestimmter Rechtsbegriffe (z.B. Ungeeignetheit) oder Leitlinien für die Ermessensausübung, Richtlinien zur Vergabe von Subventionen.

Verwaltungsvorschriften betreffen vor allem die Art und Weise des Verwaltungshandeln. Durch sie soll gewährleistet werden, dass die Verwaltung **einheitlich handelt**, z.B. durch Vorgabe einer bestimmten Gesetzesauslegung und –anwendung.

Die Befugnis der vorgesetzte Dienststelle zum Erlass von (intrasubjektiven) Verwaltungsvorschriften ergibt sich aus ihrer Organisationsgewalt. Verwaltungsvorschriften zwischen verschiedenen Verwaltungsträgern (intersubjektive Verwaltungsvorschriften) bedürfen dagegen wegen der verfassungsrechtlichen Kompetenzordnung grds. einer besonderen Ermächtigungsgrundlage (z.B. Art. 84 Abs. 2, 85 Abs. 2 GG).[179]

II. Rechtliche Bedeutung von Verwaltungsvorschriften

1. Keine unmittelbare Außenwirkung

Anders als Rechtsnormen, die sich ihrem Inhalt nach an den Bürger richten, haben Verwaltungsvorschriften grundsätzlich **nur verwaltungsinterne Bedeutung**, d.h. im Verhältnis der vorgesetzten Behörde zu der nachgeordneten, konkret entscheidenden Behörde. 133

Gegenüber dem einzelnen Beamten ergibt sich eine unmittelbare Bindungswirkung an Verwaltungsvorschriften aus der Weisungsgebundenheit (vgl. § 35 S. 2 BeamtStG, § 62 Abs. 1 S. 2 BBG).

Verwaltungsvorschriften sind danach nur **Innenrecht**, sie haben grundsätzlich **keine unmittelbare Außenwirkung** gegenüber dem Bürger und sind deshalb **keine Gesetze i.S.d. Art. 20 Abs. 3 GG**.[180] Ein Verstoß gegen Verwaltungsvorschriften führt daher allein **nicht zur Rechtswidrigkeit** der Maßnahme. 134

Beispiel: Der bloße Verstoß gegen Subventionsrichtlinien der Verwaltung macht einen Bewilligungsbescheid nicht rechtswidrig i.S.d. § 48 VwVfG, wenn sonst kein Gesetzesverstoß vorliegt.[181]

Eine Mindermeinung will dagegen generell eine (begrenzte) **Außenwirkung** bei Verwaltungsvorschriften anerkennen. Entscheidend sei das normative Verhalten des Gesetzgebers. Verwaltungsvorschriften stünden selbstständig neben Rechtsverordnungen und seien Ausdruck eines **eigenständigen Normsetzungsrechts** der Exekutive. Die Außenwirkung sei bereichsspezifisch unter Einbeziehung des gesetzlichen Umfelds zu bestimmen und z.B. dort zu bejahen, wo der Gesetzgeber die Regelung durch Verwaltungsvorschriften ausdrücklich vorsehe oder offene Normen eine derartige Konkretisierung erforderlich machen.[182] 135

---

179 Erichsen/Klüsche Jura 2000, 540, 541; Remmert Jura 2004, 728, 729; Voßkuhle/Kaufhold JuS 2016, 314, 314.

180 BVerfG DVBl. 2009, 1237, 1239; BVerwG NVwZ 2006, 1184, 1188; DVBl. 2005, 766, 767; OVG NRW, Beschl. v. 09.03.2011 – 1 A 2526/09; Schwarz JZ 2004, 79, 80; Voßkuhle/Kaufhold JuS 2016, 314, 315.

181 BVerwG, Urt. v. 23.04.2003 – BVerwG 3 C 25.02, NVwZ 2003, 1384.

In Ausnahmefällen hat auch das BVerwG Verwaltungsvorschriften einen quasi-normativen Charakter zugesprochen.[183]

136 Gegen eine unmittelbare Außenwirkung von Verwaltungsvorschriften spricht jedoch, dass die Exekutive **kein originäres Rechtsetzungsrecht** hat. Abstrakt-generelle Regelungen darf die Verwaltung nur durch RechtsVO aufgrund gesetzlicher Verordnungsermächtigung treffen (arg. e. Art. 80 GG). Auf die Rechtsbeziehungen zwischen Behörde und Bürger haben interne Richtlinien somit **unmittelbar keinen Einfluss**, sodass deren Nichtbeachtung keinen Verstoß gegen den Grundsatz vom Vorrang des Gesetzes darstellt und deshalb auch nicht automatisch zur Rechtswidrigkeit der davon abweichenden behördlichen Maßnahme führt.

2. Mittelbare Außenwirkung von Verwaltungsvorschriften

137 Gleichwohl können Verwaltungsvorschriften **mittelbar** auch gegenüber dem Bürger **rechtserheblich** werden, da sich die Behörden bei der Wahrnehmung ihrer Aufgaben an die Verwaltungsvorschriften halten, wodurch die Entscheidung gegenüber dem Bürger maßgeblich beeinflusst wird. Wie man diese **faktische Außenwirkung** rechtlich adäquat erfasst, ist äußerst umstritten.[184] Dabei wird üblicherweise zwischen verschiedenen Arten der Verwaltungsvorschriften unterschieden.

a) Organisations- und Verfahrensvorschriften

138 **Organisationsvorschriften** regeln die behördeninterne Zuständigkeit und die Art und Weise der Aufgabenerledigung. Überwiegend wird hier eine bindende Wirkung gegenüber dem Bürger bejaht, wenn die Verwaltungsvorschriften eine **Regelungslücke** im Gesetz ausfüllen. Wenn es der Gesetzgeber der Verwaltung überlasse, ein bewusst unvollständiges Gesetz zu ergänzen, so entfalten die Zuständigkeits- und Verfahrensvorschriften aus sich selbst heraus Außenwirkung. Etwas anderes gelte nur im grundrechtsrelevanten Bereich.[185] Die Gegenansicht lehnt auch in diesem Bereich eine Bindungswirkung von Verwaltungsvorschriften ab. Die Verwaltung sei bereits durch das zugrunde liegende Gesetz gebunden, auch wenn dieses unvollständig sei.[186]

b) Norminterpretierende Verwaltungsvorschriften

139 **Norminterpretierende Verwaltungsvorschriften**, durch die eine **einheitliche Auslegung** einer Gesetzesvorschrift sichergestellt werden soll, haben nach ganz h.M. für das Rechtsverhältnis Verwaltung – Bürger grundsätzlich **keine Bedeutung**, weil hierfür allein das Gesetz maßgebend bleibt. Im Streitfall muss das Gericht über die richtige Auslegung des Gesetzes entscheiden.[187]

---

182 Vgl. Schmidt-Assmann in FS Vogel (2000), 477, 491 ff.; ausführlich Leisner JZ 2002, 219 ff.; Wahl in FG BVerfG (2003), 571 ff.; differenzierend Remmert Jura 2004, 728, 732 ff.; Reimer Jura 2014, 678, 680 ff.

183 BVerwG DVBl. 2005, 766, 767 (Pauschalierung von Sozialhilfe); BVerwG NVwZ 2004, 1003, 1004 (Verwaltungsvorschriften zur truppenärztlichen Versorgung nach § 69 Abs. 2 BBesG).

184 Ehlers in Ehlers/Pünder § 2 Rn. 70 ff.; Maurer/Waldhoff § 24 Rn. 7 ff.; Erichsen/Klüsche Jura 2000, 540, 543 ff. m.w.N.

185 BVerfGE 40, 237, 254; ebenso im Ergebnis BVerwGE 94, 335, 339.

186 Erichsen/Klüsche Jura 2000, 540, 543; Voßkuhle/Kaufhold JuS 2016, 314, 315: Bindung lediglich des Adressaten innerhalb der Verwaltung.

187 BVerfG NVwZ 1994, 475, 476; BVerwG ZfBR 2010, 160, 161; NVwZ-RR 2010, 926, 928 f.; OVG NRW, Beschl. v. 09.03.2011 – 1 A 2526/09; Erichsen/Klüsche Jura 2000, 540, 546 f.; Remmert Jura 2004, 728, 731; Voßkuhle/Kaufhold JuS 2016, 314, 315.

„Verwaltungsvorschriften sind Gegenstand und nicht Maßstab gerichtlicher Kontrolle. Die Gerichte sind … an Verwaltungsvorschriften grundsätzlich nicht gebunden. Sie dürfen ihren Entscheidungen vielmehr nur materielles Recht, zu dem Verwaltungsvorschriften nicht gehören, zugrunde legen und sind lediglich befugt, sich einer Gesetzesauslegung, die in einer Verwaltungsvorschrift vertreten wird, aus eigener Überzeugung anzuschließen."[188]

Beispiel: Die Verwaltungsvorschriften zum BAföG (BAföGVwV) bestimmten, das Kraftfahrzeuge i.d.R. als Haushaltsgegenstände i.S.d. § 27 Abs. 2 Nr. 4 BAföG anzusehen seien. Zum nach § 27 Abs. 1 BAföG anzurechnenden Vermögen gehörten sie nur, wenn sie als Luxusgegenstände einzustufen waren. Die Verwaltungsgerichte sind an die BAföGVwV als norminterpretierende Verwaltungsvorschrift nicht gebunden. Das BVerwG geht vielmehr davon aus, dass ein Kraftfahrzeug unabhängig von seinem Wert kein Haushaltsgegenstand i.S.d. § 27 Abs. 2 Nr. 4 BAföG und daher als Vermögen zu berücksichtigen ist.[189]

c) Normkonkretisierende Verwaltungsvorschriften

Von den norminterpretierenden Verwaltungsvorschriften sind die **normkonkretisierenden** Verwaltungsvorschriften zu unterscheiden, die vor allem im **Umweltrecht** bei unbestimmten Gesetzesbegriffen eine große Bedeutung erlangt haben. 140

So wird z.B. in zahlreichen Vorschriften an den Begriff der „schädlichen Umwelteinwirkungen" angeknüpft (z.B. §§ 3 Abs. 1, 5, 17 BImSchG). Ob Umwelteinwirkungen „schädlich" sind, ist grundsätzlich anhand der Umstände des jeweiligen Einzelfalls zu entscheiden. Zur Verwaltungsvereinfachung regeln die Technischen Anleitungen (z.B. TA Luft und TA Lärm) bestimmte **Grenzwerte**. Als Verwaltungsvorschriften i.S.d. § 48 BImSchG enthalten sie an sich nur verwaltungsinterne Beurteilungsmaßstäbe für die behördlicherseits durchzuführenden Kontrollen.

Während die Verbindlichkeit derartiger Verwaltungsvorschriften früher vor allem damit begründet wurde, es handele sich um **antezipierte Sachverständigengutachten,**[190] spricht man heute überwiegend von **normkonkretisierenden Verwaltungsvorschriften**, denen eine auch im Verhältnis zum Bürger zu beachtende normative Bindungswirkung zukomme.[191]

Die Immissionsgrenzwerte der TA legen normkonkretisierend „innerhalb einer Bandbreite unter Umständen denkbarer Entscheidungen trennscharf fest, welche Umwelteinwirkungen dem Einzelnen noch zuzumuten sind, welches verbleibende Risiko er mithin zu tragen hat; dabei handelt es sich nach Abwägung und Wertung letztlich um eine politische Willensentscheidung."[192]

Begründen lässt sich die Bindungswirkung damit, dass der Gesetzgeber der Verwaltung in diesen Bereichen einen **Beurteilungsspielraum** eingeräumt hat. Die gesetzliche Regelung zielt darauf ab, dass ein **unbestimmter Rechtsbegriff** (z.B. schädliche Umwelteinwirkung) aufgrund von fachlichen Feststellungen, Bewertungen und Prognosen **verbindlich von der Verwaltung konkretisiert** werden soll.[193] Auch in der Lit. wird – mit unterschiedlichen Begründungen – überwiegend von einer **unmittelbaren Außenwirkung** normkonkretisierender Verwaltungsvorschriften ausgegangen.[194] 141

188 BVerwG DVBl. 1999, 399, 400.

189 BVerwG, Urt. v. 30.06.2010 – BVerwG 5 C 3.09, NVwZ-RR 2010, 926, 928.

190 Vgl. z.B. BVerwGE 55, 250, 256.

191 BVerwG NVwZ 2008, 76; NVwZ 2000, 440; DVBl. 1999, 399, 400; BayVGH ZfBR 2011, 47, 49; Seibel BauR 2004, 1245, 1249; Voßkuhle/Kaufhold JuS 2016, 314, 316.

192 OVG Lüneburg DVBl. 1985, 1322, 1323.

193 Ausführlich Seibel BauR 2004, 1245, 1249.

194 Vgl. z.B. Jarass JuS 1999, 105, 109; Otting DVBl. 2001, 1792, 1793 m.w.N.

Eine derartige Normkonkretisierung wird in st.Rspr. insbesondere bejaht für die nach § 48 BImSchG von der Bundesregierung nach Anhörung der beteiligten Kreise (§ 51 BImSchG) mit Zustimmung des Bundesrates erlassenen TA Luft und TA Lärm[195] sowie für bestimmte atomrechtliche Verwaltungsvorschriften.[196] Auch im Sozialhilferecht hat das BVerwG bestimmten Verwaltungsvorschriften „anspruchskonkretisierende Wirkung" zuerkannt.[197]

Nach Auffassung des EuGH genügen normkonkretisierende Verwaltungsvorschriften mangels Rechtsnormcharakter nicht den Anforderungen an eine innerstaatliche Umsetzung des EU-Rechts.[198] Auf der Grundlage des § 48 a BImSchG wurde deshalb die 22. BImSchV erlassen, die Grenzwerte für bestimmte Luftverunreinigungen enthielt und den Anforderungen des EU-Rechts genügte (jetzt 39. BImSchV).

142 Die **Gegenansicht** verweist darauf, dass die Verwaltung nach dem Grundgesetz keine Kompetenz habe, unmittelbares Außenrecht durch Verwaltungsvorschriften zu setzen. Die Verwaltung benötige eine solche Kompetenz auch nicht, weil anstelle von Verwaltungsvorschriften genauso gut Rechtsverordnungen erlassen werden könnten (s.o.).[199]

Es sei wenig sinnvoll, bestimmte Verwaltungsvorschriften formell und materiell so zu behandeln wie eine Rechtsnorm, aber gleichwohl als Verwaltungsvorschrift zu bezeichnen und rechtsdogmatisch den Verwaltungsvorschriften zuzuordnen. Die Verwaltungsvorschrift mit unmittelbarer Rechtswirkung nach außen sei ein Widerspruch in sich. In Wirklichkeit handele es sich um eine Rechtsverordnung oder Satzung.[200]

d) Ermessensrichtlinien

143 Im Ermessensbereich darf die Verwaltung nach Zweckmäßigkeitsgesichtspunkten entscheiden und damit **eigene Maßstäbe** setzen, um eine möglichst einheitliche, ausgewogene und gleichmäßige Verwaltungspraxis zu gewährleisten. Hier kann sich eine **mittelbare Außenwirkung** über den Gleichbehandlungsgrundsatz des Art. 3 Abs. 1 GG ergeben (dazu nachfolgend Fall 5).

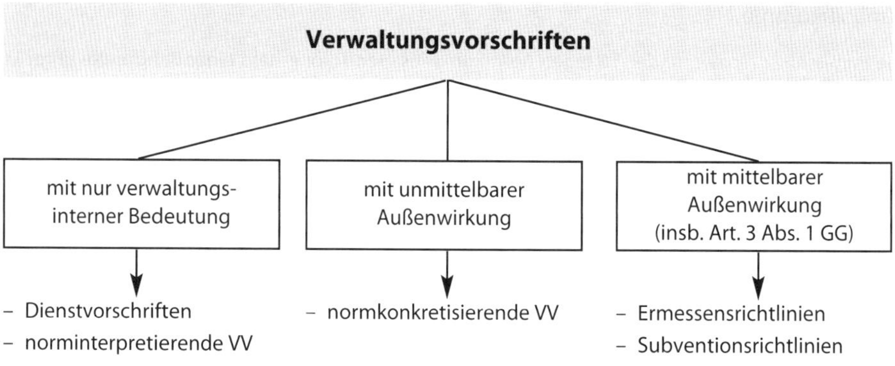

195 BVerwGE 107, 338, 341; OVG Lüneburg DVBl. 1985, 1322, 1323; Seibel BauR 2004, 1245, 1249 m.w.N.; ebenso OVG Schleswig-Holstein, Urt. v. 26.05.2009 – 1 LB 38/08 zur TA Abfall.

196 BVerwGE 72, 300, 320 f.

197 BVerwG, Urt. v. 25.11.2004 – 5 CN 1.03, DVBl. 2005, 766, 767.

198 EuGH DVBl. 1991, 863 und 869 zur TA Luft; zustimmend Otting DVBl. 2001, 1792, 1793; Erichsen/Klüsche Jura 2000, 540, 548; Jarass JuS 1999, 105, 112; allgemein Voßkuhle/Kaufhold JuS 2016, 314, 316.

199 Vgl. mit unterschiedlichen Begründungen Wolf DÖV 1992, 849, 852 ff.; Erichsen/Klüsche Jura 2000, 540, 548; Maurer JZ 2005, 895, 896; Detterbeck Rn. 882.

200 Instruktiv Maurer JZ 2005, 895, 896.

III. Verwaltungsvorschriften im gesetzlich geregelten Bereich

Fall 5: Rechtswidrigkeit – ja oder nein?

K erhielt auf seinen Antrag eine naturschutzrechtliche Genehmigung für die Aufbringung von Bodenaushub auf seinem Grundstück. Für die Genehmigung wurde eine Gebühr in Höhe von 1.000 EUR erhoben. Nachdem K den Betrag gezahlt hat, stellt die Behörde fest, dass die Gebühr zu niedrig festgesetzt worden ist. K erhält darauf einen neuen Gebührenbescheid, diesmal in Höhe von 3.000 EUR. Zur Begründung beruft sich die Behörde darauf, dass nach dem Gebührenverzeichnis zum Landesgebührengesetz für Auffüllungen eine Gebühr im Rahmen von 100 bis 5.000 EUR erhoben werden kann. Nach einer Verwaltungsvorschrift des zuständigen Ministeriums soll die Staffelung innerhalb dieses Gebührenrahmens grds. nach der aufgebrachten Erdmenge erfolgen. Entsprechend dem Antrag des K ergebe sich daher eine Gebühr von 3.000 EUR. Die ursprüngliche Berechnung habe fälschlicherweise nicht die Erdmenge, sondern nur die Grundstücksfläche berücksichtigt. K hält die Erhöhung für rechtswidrig, da die Staffelung lediglich in einer Verwaltungsvorschrift vorgesehen ist.

Gebührenbescheide sind **Verwaltungsakte** i.S.d. § 35 VwVfG (s.u. Rn. 180 ff.). Verwaltungsakte können von der Behörde nach ihrem Erlass grundsätzlich nur unter den Voraussetzungen der §§ 48, 49 VwVfG aufgehoben bzw. geändert werden. Nach § 48 Abs. 1 VwVfG kann ein **rechtswidriger** Verwaltungsakt (VA), auch nachdem er unanfechtbar geworden ist, ganz oder teilweise mit Wirkung für die Zukunft oder für die Vergangenheit zurückgenommen werden (dazu näher AS-Skript Verwaltungsrecht AT 2). **144**

I. Eine Rücknahme nach § 48 VwVfG setzt voraus, dass der aufgehobene Gebührenbescheid **rechtswidrig** gewesen ist.

1. Aufgrund des Grundsatzes vom **Vorrang des Gesetzes** ist das der Fall, wenn er gegen vorrangige gesetzliche Regelungen verstößt. **145**

   Nach dem Landesgebührengesetz i.V.m. dem Gebührenverzeichnis kann für die Auffüllungsgenehmigung eine Gebühr von 100 bis 5.000 EUR erhoben werden. Die zunächst festgesetzte Gebühr von 1.000 EUR hält sich in diesem Rahmen, sodass die **gesetzlichen Vorgaben eingehalten** sind. Die ursprüngliche Gebührenfestsetzung verstieß daher nicht gegen gesetzliche Vorschriften.

2. Jedoch stand die Festsetzung im Widerspruch zu der **Verwaltungsvorschrift**, die eine Bemessung der Gebühr nach der aufgebrachten Erdmenge vorsieht.

   a) Verwaltungsvorschriften sind indes bloßes **Innenrecht**, sie haben **keine unmittelbare Außenwirkung** gegenüber dem Bürger und sind deshalb keine Gesetze i.S.d. Art. 20 Abs. 3 GG. Ein Verstoß gegen Verwaltungsvorschriften führt daher für sich **allein nicht zur Rechtswidrigkeit** der Maßnahme. **146**

   b) Die Richtlinien regeln allerdings, wie die Rahmengebühr gestaffelt werden soll. Durch solche **Ermessensrichtlinien** soll eine einheitliche Ermessensausübung sichergestellt werden. Die Behörde wird sich aufgrund der verwaltungsinternen Verbindlichkeit bei der Entscheidung gegenüber dem Bürger auch vom Inhalt der Verwaltungsvorschriften leiten lassen. **147**

Wie man diese **faktische Außenwirkung** bei Ermessensrichtlinien rechtlich erfasst, ist umstritten.

148 aa) Teilweise wird die Außenwirkung von Ermessensrichtlinien damit begründet, dass sie gegenüber dem Bürger Rechtswirkungen hervorbringen „sollen" (finaler Aspekt). Wo der Grundsatz vom Vorbehalt des Gesetzes nicht eingreife, habe die Exekutive eine **originäre Regelungsbefugnis**. Wegen der verwaltungsinternen Verbindlichkeit der Ermessensrichtlinien sei auch im Verhältnis zum Bürger die Rechtmäßigkeit der Ermessensausübung **unmittelbar** an dem durch Auslegung zu ermittelnden Inhalt der Verwaltungsvorschriften zu messen.[201]

149 bb) Eine solche Begründung widerspricht indes dem fehlenden Rechtsnormcharakter von Verwaltungsvorschriften. Außenrechtssätze darf die Verwaltung nach Art. 80 GG nur in Form von Rechtsverordnungen auf der Grundlage einer gesetzlichen Ermächtigung erlassen. Deswegen erkennt die h.M. Ermessensrichtlinien Außenwirkung nur **mittelbar über den Gleichbehandlungsgrundsatz** des Art. 3 Abs. 1 GG zu. Durch den Erlass der Verwaltungsvorschriften legt sich die Verwaltung auf eine Verwaltungspraxis fest, die dem Inhalt der Verwaltungsvorschriften entspricht. Von dieser in der Verwaltungsvorschriften niedergelegten Verwaltungspraxis darf nur aus sachlichem Grund abgewichen werden. Verwaltungsvorschriften in Form von Ermessensrichtlinien bewirken also über **Art. 3 Abs. 1 GG** eine **Selbstbindung der Verwaltung**, die eine sachlich nicht gerechtfertigte Abweichung von den Richtlinien verbietet.[202]

150 c) Aufgrund der nur **mittelbaren Außenwirkung** der Ermessensrichtlinien kann sich die Rechtswidrigkeit des Bescheides zwar nicht allein aus der Nichtbeachtung der internen Richtlinien ergeben. Die Entscheidung ist aber wegen **Verstoßes gegen Art. 3 Abs. 1 GG** dann (außen-) rechtswidrig, wenn die Abweichung von den Richtlinien **sachlich nicht gerechtfertigt** war.

Beispiel: Weicht die Behörde ohne sachlichen Grund zugunsten eines einzelnen Subventionsbewerbers von ansonsten angewendeten Subventionsrichtlinien ab, ohne ihre Praxis insgesamt zu ändern, so ist ihre Entscheidung wegen Verletzung des Gleichbehandlungsgebots (Art. 3 Abs. 1 GG) rechtswidrig.[203]

151 aa) Eine Berücksichtigung der Richtlinien über den Gleichbehandlungsgrundsatz setzt zunächst voraus, dass die Verwaltungspraxis ihrerseits **rechtmäßig** ist, da Art. 3 Abs. 1 GG **keinen Anspruch auf Gleichbehandlung im Unrecht** gewährt.[204]

Denn eine durch rechtswidrige Verwaltungsübung erzeugte Pflicht der Verwaltung zu weiterem rechtswidrigem Handeln würde dem Vorrang des Gesetzes zuwiderlaufen.[205]

---

201 Vgl. insbes. Leisner JZ 2002, 219, 227; Erbguth DVBl. 1989, 473, 480 ff.; Beckmann DVBl. 1987, 611, 616; Ossenbühl AöR 92, 16 ff.; ähnlich schon Wolff/Bachof I (9. Aufl.) § 24 c 2: Lehre von den Ersatznormen.

202 BVerwG, Urt. v. 25.04.2012 – BVerwG 8 C 18.11 NVwZ 2012, 1262, 1265; NVwZ 2006, 1184, 1188; BayVGH BayVBl. 2009, 539, 540; Maurer/Waldhoff § 24 Rn. 27; Remmert Jura 2004, 728, 730; Voßkuhle/Kaufhold JuS 2016, 314, 315.

203 BVerwG, Urt. v. 23.04.2003 – 3 C 25.02, NVwZ 2003, 1384; allgemein Reimer Jura 2014, 678, 686.

204 BVerfG NVwZ 1994, 475, 476; BVerwG NVwZ 2005, 1525, 1526; Bader/Ronellenfitsch VwVfG § 40 Rn. 69; Remmert Jura 2004, 728, 730; Müller-Franken JuS 2005, 723, 725; Voßkuhle/Kaufhold JuS 2016, 314, 316.

Die Richtlinien müssen insbes. auf **sachlichen Gründen** beruhen und dürfen selbst **nicht willkürlich** sein.[206] Das ist hier zu bejahen, da es sachgerecht ist, die Höhe der Gebühr an dem wirtschaftlichen Vorteil des Genehmigungsinhabers auszurichten. **152**

Beispiele: Die Gewährung eines staatlichen Zuschusses verstößt gegen Art. 3 Abs. 1 und Art. 6 Abs. 1 GG, wenn sie bei ledigen und verheirateten Bewerbern eine einheitliche Einkommensgrenze zugrunde legt.[207] Der Auftrag des Grundgesetzes an den Staat, die tatsächliche Durchsetzung der Gleichberechtigung zu fördern (Art. 3 Abs. 2 S. 2 GG), rechtfertigt es dagegen, Frauen bei der Förderung von Betriebsgründungen im Handwerk günstigere Bedingungen einzuräumen als Männern.[208]

Im Übrigen müssen Ermessensrichtlinien mit Rücksicht auf Sinn und Zweck des gesetzlich eingeräumten Ermessens stets den Besonderheiten des Einzelfalles Rechnung tragen und damit **Abweichungen im Einzelfall** zulassen. Sie dürfen also ein gewisses **„Restermessen"** der Behörde nicht vollständig ausschließen.[209] Nach der Richtlinie „soll" die Gebühr grundsätzlich nach der Auffüllmenge bemessen werden. Sollvorschriften enthalten nur eine Vorgabe für den Regelfall, lassen aber Abweichungen im Einzelfall zu, sodass von der Rechtmäßigkeit der durch die Richtlinie bestimmten Verwaltungspraxis auszugehen ist. **153**

bb) Die **mittelbare Außenwirkung** von Ermessensrichtlinien über Art. 3 Abs. 1 GG kann sich dabei nicht nur zugunsten, sondern **auch zulasten des Bürgers** auswirken.[210] Die Verwaltung ist wegen der objektiv-rechtlichen Wirkung des Gleichbehandlungsgebotes des Art. 3 Abs. 1 GG gehalten, die von ihr durch interne Richtlinien gesetzten Schranken der Ermessensausübung einzuhalten und darf von ihnen nicht ohne rechtfertigenden Grund zugunsten des Betroffenen abweichen.[211] Danach durfte die Behörde hier nicht ohne Grund von der Staffelung in der Verwaltungsvorschrift abweichen. Eine unbeabsichtigte oder irrtümliche Nichtbeachtung kann nie einen die Abweichung rechtfertigenden Grund darstellen, da die Behörde sich insoweit gar keine Gedanken gemacht hat.[212] **154**

Damit ist die „verwaltungsinterne" Nichtbeachtung einer Verwaltungsvorschrift ein Verstoß gegen Art. 3 Abs. 1 GG und führt zur **Rechtswidrigkeit** des darauf beruhenden VA. Der ursprüngliche Gebührenbescheid war daher ermessensfehlerhaft, weil er die über Art. 3 Abs. 1 GG zu berücksichtigende Staffelung in den Verwaltungsvorschriften nicht beachtet hat. Als **rechtswidriger VA** unterliegt er der Rücknahme nach § 48 Abs. 1 VwVfG.

---

205 BVerwGE 34, 278, 282 f.; VG Karlsruhe Urt. v. 15.07.2008 – 11 K 922/08, NVwZ-RR 2009, 69 (nur LS).

206 OVG NRW NWVBl. 2009, 320, 321; Knack/Henneke VwVfG § 40 Rn. 71.

207 BVerwG, Urt. v. 21.08.2003 – 3 C 49.02, NVwZ 2004, 350.

208 BVerwG DVBl. 2003, 139 gegen OVG NRW NWVBl. 2002, 239; ausführlich Müller-Franken JuS 2005, 723, 727 ff.

209 BVerwG NVwZ 2015, 1764, 1766; OVG NRW NWVBl. 2009, 231, 232; BayVGH NJOZ 2012, 1374, 1376.

210 BVerwG NVwZ 2003, 1384; VGH Mannheim, Urt. v. 19.03.2009 – 10 S 1578/08, RÜ 2009, 453, 455; VG Karlsruhe, Urt. v. 20.07.2017 – 3 K 105/16.

211 BVerwG, Urt. v. 23.04.2003 – 3 C 25.02, NVwZ 2003, 1384; VGH Mannheim NVwZ 1999, 547.

212 VGH Mannheim NVwZ 1999, 547.

Weiteres Beispiel: Versagt eine Behörde in Anwendung der einschlägigen Richtlinien unter bestimmten Voraussetzungen regelmäßig die Gewährung einer Zuwendung, verletzt sie das Gleichbehandlungsgebot in seiner objektiv-rechtlichen Funktion, wenn sie sich **im Einzelfall** über diese Praxis hinwegsetzt und trotz Fehlens der nach den Richtlinien geforderten Voraussetzungen die Leistung gewährt. In einem solchen Fall ist die Entscheidung wegen Verstoßes gegen Art. 3 Abs. 1 GG rechtswidrig.[213] Etwas anderes gilt dann, wenn die Behörde **generell** von den Förderrichtlinien abweicht und diese deshalb ihre ermessenslenkende Wirkung verlieren.[214]

In diesem Fall macht also nicht der Verstoß gegen die Subventionsrichtlinie den Bewilligungsbescheid rechtswidrig (weil keine Rechtsnorm), sondern die Abweichung von der Verwaltungspraxis, die einen Verstoß gegen Art. 3 Abs. 1 GG begründet.

155 II. Die Rücknahme wird durch § 48 Abs. 2–4 VwVfG eingeschränkt, wenn es sich bei dem ursprünglichen Gebührenbescheid um einen den K begünstigenden VA gehandelt hat. **Begünstigend** ist nach § 48 Abs. 1 S. 2 VwVfG ein VA, der einen **rechtlich erheblichen Vorteil** begründet oder bestätigt hat. Ein Gebührenbescheid ist indes ein ausschließlich belastender VA.[215]

Nach der Gegenansicht soll die ursprüngliche Festsetzung zugleich die begünstigende Regelung enthalten, dass nur der festgesetzte Betrag und keine weitergehende Belastung auferlegt wird. Die Erhöhung des ursprünglichen Betrages hat dann zugleich die Wirkung der Aufhebung dieser Begünstigung.[216] Das kann indes nur angenommen werden, wenn in der ursprünglichen Belastung zugleich ein (zumindest konkludenter) Verzicht auf weitergehende Ansprüche zu sehen ist, wovon im Regelfall nicht auszugehen ist.[217]

Da die Änderung der Gebührenhöhe auch im Übrigen nicht zu beanstanden ist, ist der **neue Gebührenbescheid rechtmäßig**.

IV. Verwaltungsvorschriften im gesetzlich nicht normierten Bereich

156 Soweit eine Regelung dem Vorbehalt des Gesetzes unterliegt, darf die Verwaltung ohne Gesetz nicht handeln, kann also insbes. ihre Maßnahmen auch nicht auf eine Verwaltungsvorschrift stützen.[218] Das bedeutet im Einzelnen:

- Für **belastende Maßnahmen** und **wesentliche Entscheidungen** sind Verwaltungsvorschriften keine ausreichende Rechtsgrundlage.
- Im Anwendungsbereich vom Vorbehalt des Gesetzes können Verwaltungsvorschriften ausnahmsweise für eine **Übergangszeit** ausreichen, soweit dies zur Aufrechterhaltung der Funktionsfähigkeit staatlicher Einrichtungen erforderlich ist **(Chaosgedanke)**.[219]
- Problematisch ist das Verhältnis zwischen Verwaltungsvorschriften und Vorbehalt des Gesetzes im Bereich der **Leistungsgewährung**.

---

213 BVerwG NVwZ 2003, 1384; VGH Mannheim, Urt. v. 19.03.2009 – 10 S 1578/08, RÜ 2009, 453, 455; VG Karlsruhe, Urt. v. 20.07.2017 – 3 K 105/16.

214 BVerwG NVwZ 2012, 1262.

215 BVerwG DVBl. 2000, 490, 491; OVG NRW NWVBl. 2009, 101, 102; VGH Mannheim NVwZ 1999, 547, 548; Kopp/Ramsauer VwVfG § 48 Rn. 69; Stelkens/Bonk/Sachs VwVfG § 48 Rn. 123 u. 132.

216 Maurer/Waldhoff § 11 Rn. 13; Ruffert in Ehlers/Pünder § 21 Rn. 53; Ehlers/Kallerhoff Jura 2009, 823, 827.

217 Vgl. AS-Skript Verwaltungsrecht AT 2 (2017), Rn. 83.

218 BVerwG, Urt. v. 19.02.2009 – 2 C 18.07, NWVBl. 2009, 300, 302.

219 BVerwG NVwZ 2014, 305, 307; NVwZ-RR 2014, 235, 237 f.; näher oben Rn. 115.

Fall 6: Divergenz

Das Bundesministerium für Ernährung und Landwirtschaft gewährt für die langfristige Verpachtung von Ackerland an die Grundstückseigentümer Verpachtungsprämien. Die dafür erforderlichen Mittel sind im Haushaltsplan ausgewiesen. Die Einzelheiten der Vergabe sind in Richtlinien geregelt. Ziffer IV der Richtlinien lautet: „Eine Prämie wird nur gewährt, wenn die verpachtete Fläche mindestens 5 ha beträgt."

E hat eine Fläche von 4,5 ha an P verpachtet und macht nunmehr einen Anspruch auf die Prämie geltend, da das Ministerium in der Vergangenheit abweichend von der Richtlinie schon wiederholt für 4,5 ha eine Prämie gewährt hat. Das Ministerium verweist darauf, dass für eine Erweiterung der Förderung nicht genügend Haushaltsmittel vorhanden sind. Steht E ein Anspruch auf die Prämie zu?

I. Ein Anspruch des E wäre von vornherein ausgeschlossen, wenn die Gewährung der Prämie dem **Vorbehalt des Gesetzes** unterfallen würde. Wäre eine gesetzliche Regelung erforderlich, würde die Prämiengewährung ohne tragfähige Rechtsgrundlage erfolgen und wäre mangels gesetzlicher Regelung gemäß Art. 20 Abs. 3 GG unzulässig. **157**

1. Bei der Prämiengewährung handelt es sich weder um eine Belastung noch um eine wesentliche Entscheidung, die nach dem Prinzip vom Vorbehalt des Gesetzes zwingend eine **Ermächtigungsgrundlage** erfordern würde. **158**

   Anders bei grundrechtsrelevanten Subventionen (z.B. an Presseunternehmen), die stets einer gesetzlichen Regelung bedürfen (s.o. Rn. 102) sowie für Sozialleistungen wegen § 31 SGB I.

2. Ob dem Grundsatz vom Vorbehalt des Gesetzes noch ein weitergehender Anwendungsbereich zukommt, ist umstritten. **159**

   a) Teilweise wird angenommen, jede Tätigkeit des Staates bedürfe einer gesetzlichen Grundlage **(Lehre vom Totalvorbehalt)**. Grundrechte seien nicht nur Abwehrrechte gegen belastende Maßnahmen, sondern gewährten auch Teilhaberechte an staatlichen Leistungen. Die Frage, wer unter welchen Voraussetzungen eine Leistung erhalten soll, sei für das Verhältnis zwischen Staat und Bürger von erheblicher Bedeutung. Im Übrigen sei eine genaue Trennung zwischen leistender und eingreifender Verwaltung nicht immer möglich. Deshalb müssten auch die Voraussetzungen der Gewährung staatlicher Leistungen klar und verbindlich durch Gesetze geregelt werden.[220]

   b) Nach h.M. gilt der Grundsatz vom Vorbehalt des Gesetzes dagegen **nicht für jede Verwaltungsmaßnahme**. Wegen der Vielfalt der Verwaltungstätigkeit dürfte es kaum möglich sein, für jedes Handeln eine ausreichende Rechtsnorm als Ermächtigungsgrundlage zu schaffen. Auch bei der Gewährung von Leistungen ohne ausdrückliche gesetzliche Regelung sei die Verwaltung rechtlich an die Verfassung gebunden, insbes. sind willkürliche Leistungen bereits durch Art. 3 Abs. 1 GG ausgeschlossen. Für die Leistungsverwaltung in Form der Vergabe öffentlicher Finanzmittel (Subventionen) gelten danach folgende Grundsätze: **160**

---

220 Rupp, Grundlagen der Verwaltungsrechtslehre, S. 113 ff.; Achterberg DÖV 1973, 295, 297.

161 aa) Die Entscheidung, **ob überhaupt** zu bestimmten Zwecken staatliche Mittel gewährt werden – das **„Ob"** der Leistungsgewährung –, bedarf zumindest einer haushaltsrechtlichen Regelung, d.h. Bereitstellung der Mittel im Rahmen des durch das Haushaltsgesetz verabschiedeten Haushaltsplans.[221] Fehlt es an dieser für die grundsätzliche Bereitstellung der Mittel erforderlichen Rechtsgrundlage, kann die Mittelgewährung auch nicht über Art. 3 Abs. 1 GG gerechtfertigt werden, weil der Gleichheitssatz kein Recht auf eine rechtswidrige, weil **nicht legitimierte Förderung** gewährt (kein Anspruch auf Gleichbehandlung im Unrecht).[222] Demgegenüber brauchen die Voraussetzungen, unter denen die Leistungen gewährt werden – das **„Wie"** der Leistungsgewährung –, im Einzelnen nicht gesetzlich geregelt zu sein, eine Konkretisierung durch Verwaltungsvorschriften reicht aus.[223]

Damit der Haushaltsplan die vom Vorbehalt des Gesetzes geforderte gesetzliche Grundlage der Subventionsgewährung bietet, muss er hinreichend bestimmt sein. Das ist nur der Fall, wenn der Haushaltsansatz zumindest den Zweck der Subvention festlegt.[224]

162 Etwas anderes gilt allerdings für **wesentliche Entscheidungen**: Wird durch die Subvention in Grundrechte eingegriffen, reicht die Bereitstellung im Haushaltsplan nicht als Rechtsgrundlage aus; vielmehr ist eine konkrete gesetzliche Ermächtigung für die Gewährung der Subvention erforderlich.[225]

Dies gilt z.B. für Pressesubventionen wegen Art. 5 Abs. 1 S. 2 GG,[226] für die Förderung von Vereinen zur Sektenbekämpfung wegen Art. 4 Abs. 1 GG[227] und für Subventionen, die gezielt die Berufsausübung einschränken sollen wegen Art. 12 Abs. 1 GG.[228] Ebenso ist für staatliche Zuwendungen an Jugendorganisationen der Parteien eine gesetzliche Grundlage erforderlich, da hierdurch die politische Willensbildung und die Chancengleichheit der Parteien beeinflusst wird (Art. 21 Abs. 1 GG).[229]

163 bb) In der Lit. wird die Bereitstellung im Haushaltsplan zum Teil nicht als ausreichend erachtet. Die haushaltsrechtliche Ausweisung bilde zwar die **Legitimation im Innenverhältnis** zwischen Parlament und Regierung. Für die Rechtsstellung des Bürgers im Außenverhältnis enthalte das Haushaltsgesetz jedoch keine Regelung, es könne daher den Anforderungen des Gesetzesvorbehaltes nicht genügen.[230] Für die h.M. spricht demgegenüber die Flexibilität der Leistungsverwaltung. Die Ausweisung im Haushaltsplan schafft eine **ausreichende Legitimation**, sodass das Prinzip vom Vorbehalt des Gesetzes nicht verletzt ist. Die Gewährung der Prämien ist daher **grundsätzlich zulässig**. Dadurch ist jedoch noch nichts darüber ausgesagt, worauf E seinen Anspruch stützen kann.

---

221 BVerwGE 48, 305, 308; OVG NRW DVBl. 1990, 161; Bleckmann DVBl. 2004, 333, 338; Kahl/Hilbert Jura 2011, 948, 953 f.

222 BVerwG DVBl. 2003, 139, 140; DVBl. 1998, 142; OVG NRW NWVBl. 2002, 239, 240; Bleckmann DVBl. 2004, 333, 338.

223 BVerwG DVBl. 2003, 139, 140; BayVGH BayVBl. 2009, 539, 540; OVG NRW NWVBl. 2002, 239, 240; ThürOVG ThürVBl. 2002, 232, 234; Bleckmann DVBl. 2004, 333, 338; kritisch Korte Jura 2017, 656, 657.

224 Bleckmann DVBl. 2004, 333, 338.

225 BVerwGE 90, 112, 126; VG Berlin DVBl. 1999, 1601; Erichsen/Klüsche Jura 2000, 540, 542.

226 BVerfGE 80, 124, 131; VG Berlin NJW 1996, 401; OVG Frankfurt/Oder LKV 2006, 39, 40 f. und oben Rn. 102.

227 BVerwG NJW 1992, 2496, 2499.

228 BVerwGE 75, 109, 114; Müller-Franken JuS 2005, 723, 726; weiter Korte Jura 2017, 656, 658.

229 OVG Berlin-Brandenburg, Urt. v. 14.03.2012 – OVG 6 B 19/11, RÜ 2012, 798, 800 ff.; dazu Merten NVwZ 2012, 1228 ff.

230 Oldiges NJW 1984, 1927, 1929; Arnim DVBl. 1987, 1241, 1246; Maurer/Waldhoff § 6 Rn. 21; Erichsen/Klüsche Jura 2000, 540, 542 m.w.N.; differenzierend Detterbeck Jura 2002, 235, 239.

II. Die Ausweisung der Mittel im **Haushaltsplan** begründet für sich keinen Anspruch des E, da durch den Haushaltsplan Ansprüche oder Verbindlichkeiten weder begründet noch aufgehoben werden können (vgl. § 3 Abs. 2 BHO). Der Haushaltsplan stellt lediglich eine Legitimationsgrundlage für Ausgaben der Exekutive dar. 164

Zwar erfolgt die Feststellung des Haushaltsplans durch Gesetz (vgl. Art. 110 GG), doch ändert das nichts daran, dass er keine Rechtswirkungen außerhalb des Organbereichs von Parlament und Regierung entfaltet. Aus ihm kann deshalb kein Anspruch auf die Gewährung einer Subvention hergeleitet werden.[231]

III. Die **Richtlinien** können für E ebenfalls **nicht unmittelbar Anspruchsgrundlage** sein, da sie als bloße Verwaltungsvorschriften keine Rechtsnormen sind. Zwar sind sie auch dazu bestimmt, Maßstäbe für die Verteilung der Förderungsmittel zu setzen. Insoweit konkretisieren sie als lediglich interne Regelung jedoch nur das Ermessen der für die Vergabe zuständigen Stelle.[232] 165

IV. Wird eine Leistung von der Verwaltung ohne ausdrückliche gesetzliche Grundlage erbracht, kann sich ein Anspruch des Bürgers nur aus dem Grundsatz der **Selbstbindung** der Verwaltung ergeben. Anspruchsgrundlage ist in diesem Fall **Art. 3 Abs. 1 GG i.V.m. der Verwaltungspraxis**. Der Bürger kann seinen Anspruch zwar nicht unmittelbar auf die Verwaltungsvorschriften als solche stützen. Wenn Verwaltungsvorschriften die Vergabe einer Leistung regeln, entsteht aber durch die Selbstbindung der Verwaltung ein grundrechtlicher **Teilhabeanspruch** aus Art. 3 Abs. 1 GG.[233] 166

Ein **originärer** Leistungsanspruch aus Grundrechten (ohne ein entsprechendes Vorverhalten der Behörde) besteht dagegen i.d.R. nicht, da die Subventionierung für die Grundrechtsausübung nicht unerlässlich ist. **Beispiel:** Aus der grundgesetzlich verbürgten Kunstfreiheit (Art. 5 Abs. 3 GG) ergibt sich kein unmittelbarer Anspruch auf Subventionierung eines Theaters.[234]

1. Durch den Erlass der Verwaltungsvorschriften legt sich die Verwaltung auf eine Verwaltungspraxis fest, die dem Inhalt der Verwaltungsvorschriften entspricht. Die Verwaltungsvorschriften geben daher die **Verwaltungspraxis** wieder. 167

   Damit löst sich auch der in der Lit. viel diskutierte „erste Fall". Da es hier noch an einer konkreten Verwaltungspraxis fehlt, wird den Verwaltungsvorschriften die Funktion einer antizipierten Verwaltungspraxis zuerkannt. Eine unzulässige Abweichung von den Verwaltungsvorschriften stellt danach einen Verstoß gegen Art. 3 Abs. 1 GG im Hinblick auf die künftig zu entscheidenden Fälle dar.[235] **Zur Abgrenzung:** Ein Anspruch auf Gleichbehandlung setzt stets voraus, dass die begehrte Leistung einem anderen tatsächlich erbracht wird bzw. erbracht werden soll. Fehlt es daran (z.B. weil die Verwaltungsvorschriften diesen Fall gar nicht regeln), kann sich aus Art. 3 Abs. 1 GG **kein originärer Leistungsanspruch** ergeben.[236]

   a) Der Gleichheitssatz begründet dann zugunsten eines jeden Bewerbers einen **Anspruch** darauf, nach dem in den Verwaltungsvorschriften enthaltenen Verteilungsprogramm behandelt zu werden.[237] 168

---

231 BVerfGE 38, 121, 126; BVerwG DVBl. 1998, 142; OVG NRW NWVBl. 2002, 239, 240; Müller-Franken JuS 2005, 723, 727; allgemein zur Rechtsnatur des Haushaltsplans Bleckmann DVBl. 2004, 333 ff.

232 Vgl. BVerwG NVwZ 2006, 1184, 1188; NVwZ 2004, 350, 351; OVG Berlin-Brandenburg, Urt. v. 14.03.2012 – OVG 6 B 19/11, RÜ 2012, 798, 799; OVG NRW NJOZ 2009, 2700; Müller-Franken JuS 2005, 723, 727.

233 OVG NRW NJOZ 2009, 2700; VG Karlsruhe, Urt. v. 20.07.2017 – 3 K 105/16; Voßkuhle/Kaufhold JuS 2016, 314, 315.

234 VGH Mannheim, Beschl. v. 15.10.2003 – 9 S 1858/03, NJW 2004, 624.

235 BVerwG NVwZ-RR 1996, 47, 48; Maurer/Waldhoff § 24 Rn. 28; Voßkuhle/Kaufhold JuS 2016, 314, 315.

236 SächsOVG, Beschl. v. 26.11.2013 – 4 B 426/13.

237 BVerwG BeckRS 2011, 54062; BVerwG NVwZ 2004, 350, 351; Korte Jura 2017, 656, 658.

169 b) Das Förderprogramm kann jedoch aus sachlichen, willkürfreien Gründen **geändert** werden. Ein Vertrauen in den Fortbestand von Subventionsrichtlinien ist grundsätzlich nicht schutzwürdig. Selbst eine langjährige Gewährung einer Subvention begründet kein schutzwürdiges Vertrauen auf eine Weitergewährung der Zuwendung. Ein Anspruch auf eine Anschlussförderung lässt sich auch nicht aus Art. 14 Abs. 1 GG herleiten, da es sich lediglich um eine nicht vom Eigentumsgrundrecht geschützte Erwartung oder Chance handelt.[238]

Beispiel: Ein Subventionsempfänger muss damit rechnen, dass bei Änderungen der allgemeinen Rahmenbedingungen (z.B. Verschlechterung der Haushaltslage) Subventionen gekürzt oder ganz eingestellt werden können.[239] Auch die jahrzehntelange Bewilligung einer Zuwendung verpflichtet den Subventionsgeber grundsätzlich nicht, die Förderung in Zukunft fortzusetzen. Etwas anderes gilt nur, wenn die Behörde einen besonderen Vertrauenstatbestand geschaffen hat, der über die langjährige Subventionierung hinausgeht.[240]

Danach hätte E **keinen Anspruch**, da nach dem Förderprogramm eine Prämie erst ab einer Mindestfläche von 5 ha vorgesehen ist.

170 2. Nach dem Sachverhalt ist jedoch **wiederholt** auch schon für 4,5 ha eine Prämie gewährt worden. Stimmt die tatsächliche Verwaltungspraxis mit der in den Richtlinien vorgesehenen nicht überein, wird also nicht lediglich in Einzelfällen **abgewichen**, ist fraglich, ob für den Gleichbehandlungsgrundsatz auf die tatsächliche Verwaltungspraxis oder auf die Richtlinien abzustellen ist.

Klausurhinweis: *Die Folgen einer Divergenz von Verwaltungspraxis und Verwaltungsvorschriften sind in der Fallbearbeitung nur bei entsprechenden konkreten Anhaltspunkten im Sachverhalt zu erörtern. Fehlt es daran, ist ohne Weiteres davon auszugehen, dass Verwaltungsvorschriften und Verwaltungspraxis identisch sind (Verwaltungsvorschriften als Indiz der Praxis).*[241]

171 a) Da Verwaltungsvorschriften nur mittelbar Außenwirkung über Art. 3 Abs. 1 GG erlangen, sind sie nicht wie Rechtsnormen aus sich selbst heraus anzuwenden und auszulegen. Entscheidend ist vielmehr die sich aus der Verwaltungspraxis ergebende Selbstbindung der Verwaltung. Dafür ist grundsätzlich die **tatsächliche Verwaltungspraxis** maßgebend.[242]

Allerdings verlangt die Rspr., dass die Abweichung vom Urheber der Verwaltungsvorschrift gebilligt oder zumindest geduldet werden muss.[243] „Weichen untere Behörden in Einzelfällen ohne rechtfertigenden Grund von einer Richtlinie ab, könnte eine stillschweigende Aufgabe oder Änderung der Verwaltungspraxis nur angenommen werden, wenn dies von der für die Richtlinie verantwortlichen Stelle … in ihren Willen aufgenommen worden wäre."[244]

172 b) Fraglich ist, ob dies auch umgekehrt gilt, wenn der **Bürger** gerade auf den abweichenden Inhalt der Verwaltungsvorschriften **vertraut** hat.

---

238 Vgl. BVerwG NVwZ 2006, 1184, 1191; VGH Mannheim NJW 2004, 624; OVG Magdeburg NVwZ-RR 2004, 465, 466; Erichsen/Klüsche Jura 2000, 540, 546; Schwarz JZ 2004, 79, 81; Waldhoff JuS 2007, 176, 178.

239 BVerwG NVwZ 2006, 1184, 1188 ff.; OVG Berlin JZ 2005, 672, 676; OVG NRW NWVBl. 2010, 150.

240 OVG NRW NWVBl. 2010, 150; VGH Mannheim NJW 2004, 624, 625; anders OVG Berlin DVBl. 2003, 1333, 1337 bei Zusage einer Anschlussförderung; dagegen Pietzcker DVBl. 2003, 1339, 1341; Schwarz JZ 2004, 79, 84; gegen eine Zusicherung auch OVG Berlin JZ 2005, 672, 673 bestätigt durch BVerwG NVwZ 2006, 1184 ff.

241 Vgl. BVerwG DVBl. 1981, 1149.

242 BVerwG NVwZ 2015, 1764, 1766; NVwZ 2012, 1262, 1265; OVG NRW NJOZ 2009, 2700, 205; OVG Magdeburg NVwZ-RR 2012, 497; OVG Saarlouis NVwZ-RR 2012, 749; Voßkuhle/Kaufhold JuS 2016, 314, 316.

243 OVG NRW, Beschl. v. 29.05.2017 – 4 A 516/15, RÜ2, 2017, 211, 212; VGH Mannheim, Urt. v. 19.03.2009 – 10 S 1578/08, RÜ 2009, 453, 456.

244 BVerwG NVwZ 2003, 1376.

Beispiel: Der Bürger, dem die tatsächliche Verwaltungspraxis unbekannt war, ist von der Behörde durch Hinweis auf die Verwaltungsvorschriften z.B. zu finanziellen Dispositionen veranlasst worden.

Teilweise wird angenommen, der Bürger habe im Hinblick auf den im Rechtsstaatsprinzip verankerten **Vertrauensschutzgedanken** einen Anspruch darauf, dass Verwaltungsvorschriften entsprechend ihrem Inhalt umgesetzt werden.[245] Dagegen spricht jedoch, dass sich die Verwaltungsvorschrift nicht an den Bürger, sondern an die Verwaltung richtet. In der Regel wird es aufgrund der entgegenstehenden Verwaltungspraxis an einem schutzwürdigen Vertrauen fehlen, sodass der Bürger sich nicht auf die Verwaltungsvorschriften berufen kann. **173**

Nur dann, wenn der Bürger aufgrund **besonderer Umstände** auf die Verwaltungsvorschriften vertrauen durfte, erscheint es im Hinblick auf Art. 3 Abs. 1 GG i.V.m. dem Rechtsstaatsprinzip (Vertrauensschutz) vertretbar, dem Bürger einen Anspruch auf Anwendung der Verwaltungsvorschriften entsprechend ihrem Inhalt zu geben. Das Vertrauen des Bürgers bezieht sich dann jedoch weniger auf die Verwaltungsvorschriften, als vielmehr auf Äußerungen und sonstiges Verhalten der Behörde.[246] **174**

Ein Anspruch aus Gründen des Vertrauensschutzes kann z.B. zu bejahen sein, wenn die Verwaltungsvorschrift praktisch wie eine **Zusicherung** (§ 38 VwVfG) gewertet werden kann.[247] „In der Rspr. des BVerwG ist anerkannt, dass eine die Subventionspraxis steuernde Verwaltungsvorschrift über die ihr zunächst innewohnende interne Bindung hinaus sowohl vermittels des Gleichheitssatzes (Art. 3 Abs. 1 GG) als auch des im Rechtsstaatsprinzip verankerten Gebots des Vertrauensschutzes (Art. 20 und Art. 28 GG) eine Außenwirkung im Verhältnis der Verwaltung zum Bürger zu begründen vermag."[248] Allerdings begründet allein die Veröffentlichung von Verwaltungsvorschriften noch keinen besonderen Vertrauenstatbestand, da dies nur ein Hinweis darauf ist, dass derartige Verwaltungsvorschriften ergangen sind, ohne dass daraus auf eine entsprechende Verwaltungspraxis geschlossen werden kann.[249] Ebenso ist dem Staat, im Rahmen seiner Freiheit, Subventionen zu gewähren, aber auch wieder einzustellen, ein weites Gestaltungsermessen eingeräumt.[250]

c) Da hier das Ministerium als Urheber selbst von den Verwaltungsvorschriften abweicht, kommt es nicht auf die fiktive, nach den Richtlinien zu bemessende Verwaltungspraxis an, sondern auf die **tatsächliche Prämiengewährung**. Von dieser Verwaltungspraxis darf die Behörde nach Art. 3 Abs. 1 GG nur aus sachlich gerechtfertigtem Grund abweichen. Die Situation des E ist nach dem Sachverhalt mit den früher entschiedenen Fällen vergleichbar. Deshalb kann E aus Art. 3 Abs. 1 GG i.V.m. dem Grundsatz der Selbstbindung der Verwaltung auch für die Verpachtung der Fläche von nur 4,5 ha eine Prämie verlangen. **175**

Etwas anderes gilt, wenn die Behörde die in den Richtlinien festgelegte Verwaltungspraxis nicht ändert, sondern nur **im Einzelfall** ohne sachlichen Grund von den Subventionsrichtlinien abweichen will. In einem solchen Fall verstößt die Gewährung gegen Art. 3 Abs. 1 GG und ist deshalb rechtswidrig.[251] Ein Anspruch auf Gleichbehandlung (im Unrecht) besteht dann nicht.

245 In diesem Sinne OVG NRW OVGE 31, 107, 109; Bull Rn. 311; Wallerath § 3 Rn. 40.

246 Vgl. Erichsen/Klüsche Jura 2000, 540, 546; Bock JA 2000, 390, 393; Maurer/Waldhoff § 24 Rn. 30.

247 Vgl. dazu einerseits OVG Berlin DVBl. 2003, 1333; andererseits OVG Berlin JZ 2005, 672.

248 OVG Berlin JZ 2005, 672, 676 unter Hinweis auf BVerwGE 104, 220, 221.

249 BVerfG DVBl. 1989, 94; BVerwG DVBl. 1982, 195, 197; VGH Mannheim NVwZ-RR 1989, 245.

250 BVerwG NVwZ 2006, 1184, 1190.

251 BVerwG NVwZ 2003, 1384; OVG Magdeburg NVwZ-RR 2012, 497; s.o. Rn. 154.

176 3. Dem Anspruch könnte allerdings noch entgegenstehen, dass **nicht genügend Haushaltsmittel** vorhanden sind. Zwar dürfen Leistungen nur erbracht werden, wenn hierfür eine Legitimation durch Ausweisung im Haushaltsplan vorhanden ist (s.o. Rn. 161). Dies gilt jedoch nur für solche Leistungen, auf die **kein Anspruch** besteht. **Bestehende Ansprüche** muss die Verwaltung dagegen auch dann erfüllen, wenn hierfür keine Mittel mehr vorhanden sind (keine **„Einrede der leeren Kasse"**).[252] Der Haushaltsplan ist bloßes Innenrecht. Durch ihn werden Ansprüche oder Verbindlichkeiten von Bürgern weder begründet noch aufgehoben (§ 3 Abs. 2 HGrG, § 3 Abs. 2 BHO/LHO).

E hat daher einen **Anspruch auf Gewährung einer Subvention.**

V. Anwendung und Auslegung von Verwaltungsvorschriften

177 Verwaltungsvorschriften unterliegen anders als (Außen-)Rechtsnormen nicht der Auslegung und Anwendung durch die Gerichte. Vielmehr beschränkt sich die gerichtliche Prüfung auf die **Rechtmäßigkeit der Verwaltungspraxis**, für die die Verwaltungsvorschriften lediglich als Indiz heranzuziehen sind.[253]

178 Das **Gericht prüft** daher nur,

- ob eine Regelung durch Verwaltungsvorschriften **überhaupt zulässig** ist (also nicht, wenn der Grundsatz vom Vorbehalt des Gesetzes eingreift),[254]
- ob die Verwaltungsvorschriften und die darauf beruhende Verwaltungspraxis mit **höherrangigem Recht vereinbar** sind (Grundsatz vom Vorrang des Gesetzes),

179
- ob bei der Anwendung der Verwaltungsvorschriften im Einzelfall der **Gleichheitssatz (Art. 3 Abs. 1 GG) verletzt** worden ist. Das ist insbes. der Fall, wenn
  - die Behörde **Reichweite und Anwendbarkeit** der Verwaltungsvorschriften verkannt hat,
  - die Grundlagen für die Verwaltungsvorschriften und die darauf beruhende Verwaltungspraxis **willkürlich** ermittelt worden sind, insbes. wenn die Verwaltungsvorschriften mit der gesetzlichen Zweckbestimmung in Widerspruch stehen,[255]
  - die Behörde **ohne sachlichen Grund** von den Verwaltungsvorschriften **abgewichen** ist,
  - die Verwaltungsvorschriften pauschal angewendet worden sind, obwohl aufgrund der **Besonderheiten des Einzelfalls** eine Abweichung von der Verwaltungspraxis angezeigt war.[256]

---

252 BVerwG, Beschl. v. 19.08.2008 – BVerwG 3 B 11.08, RÜ 2008, 807, 809; NVwZ 2004, 350, 352.

253 BVerwG, Beschl. v. 11.11.2008 – BVerwG 7 B 38.08; OVG NRW, Beschl. v. 29.05.2017 – 4 A 516/15, RÜ2 2017, 211, 212; BFH NVwZ 2004, 382, 383; Hill NVwZ 1989, 401, 409.

254 BayVGH BayVBl. 2009, 539, 540.

255 BayVGH BayVBl. 2009, 539, 540.

256 BVerwG NVwZ 2015, 1764, 1766; OVG NRW NVwZ-RR 2017, 680; BayVGH NJOZ 2012, 1374, 1376 und oben Rn. 152.

Gesetzmäßigkeit der Verwaltung (Art. 20 Abs. 3 GG)

Vorrang des Gesetzes

- kein Handeln **gegen** das Gesetz
- **Anwendungsbereich:**
  - **jede Verwaltungstätigkeit**, ob öffentlich-rechtlich oder privatrechtlich
  - **Folge:** auch bei fiskalischem Handeln des Staates unmittelbare Grundrechtsgeltung (str.)

Sonderfall: Verwaltungsprivatrecht

- Handeln eines Trägers öffentlicher Verwaltung (auch als GmbH, AG)
- in privatrechtlichen Formen
- unmittelbar zur Erfüllung einer öffentlichen Aufgabe

↓

Rechtsfolgen:

- unmittelbare Geltung der Grundrechte
- Zuständigkeitsvorschriften nach öffentlichem Recht
- Verhältnismäßigkeitsgrundsatz
- Zivilrechtsweg, § 13 GVG

Vorbehalt des Gesetzes

- kein Handeln **ohne** Gesetz
- **Anwendungsbereich:** nach h.M. kein „Totalvorbehalt", sondern nur bei
  - **belastenden Maßnahmen** (VAe, Realakte)
  - **wesentlichen Entscheidungen**, insbes. grundrechtsrelevanten Maßnahmen

    Beispiele: Pressesubventionen, gentechnische Anlagen, Nutzung der Atomenergie, str. bzgl. Rechtschreibreform
  - **Leistungsgewährung** nur bzgl. generellem „Ob" der Leistung
- **Rechtsfolge:**
  - wirksame Rechtsgrundlage (Ermächtigung) erforderlich
    - grds. untergesetzliche Normen (RechtsVO, Satzung) ausreichend
    - nach Wesentlichkeitstheorie muss Gesetzgeber das „Wesentliche vom Wesentlichen" selbst durch formelles Gesetz regeln (sog. **Parlamentsvorbehalt**)
  - bei Fehlen einer (ausreichenden) Rechtsgrundlage:
    - Verwaltungshandeln **rechtswidrig**, wie wenn es gegen eine vorhandene Rechtsnorm verstößt
    - **Ausnahme:** für Übergangszeit Fortgeltung des bisherigen Rechts, um Funktionsunfähigkeit staatlicher Einrichtungen zu vermeiden

Verwaltungsvorschriften (VV)

- **Organisationsvorschriften:** Bindung bei bewusster Gesetzeslücke (str.)
- **norminterpretierende VV:** nur verwaltungsinterne Wirkung, keine Rechtsnormen
- **normkonkretisierende VV** (z.B. nach § 48 BImSchG) haben aufgrund Beurteilungsspielraums der Behörde Außenwirkung gegenüber dem Bürger (a.A. antizipierte Sachverständigengutachten)
- **Ermessenrichtlinien:** mittelbare Außenwirkung über Art. 3 Abs. 1 GG; Abweichung von den VV nur zulässig aus sachlichem Grund **(Selbstbindung der Verwaltung)**

4. Abschnitt: Der Verwaltungsakt

A. Arten des Verwaltungshandelns

180 Handelt die Verwaltung öffentlich-rechtlich (hoheitlich), ist wichtigste Handlungsform der **Verwaltungsakt** (VA). Nach § 35 S. 1 VwVfG ist Verwaltungsakt „jede Verfügung, Entscheidung oder andere hoheitliche Maßnahme, die eine Behörde zur Regelung eines Einzelfalls auf dem Gebiet des öffentlichen Rechts trifft und die auf unmittelbare Rechtswirkung nach außen gerichtet ist" (ebenso § 118 AO für das Abgabenrecht und § 31 SGB X für das Sozialrecht).

Beispiele: Platzverweis durch die Polizei, baurechtliche Beseitigungsverfügung, Erteilung einer Baugenehmigung, Entziehung einer Fahrerlaubnis o.Ä.

181 **Andere Arten des Verwaltungshandelns** sind vor allem

- **Willenserklärungen**, insbesondere wenn die Behörde nicht öffentlich-rechtlich, sondern privatrechtlich handelt,
- **öffentlich-rechtliche Verträge** (§§ 54 ff. VwVfG), wenn die Behörde nicht einseitig handelt, sondern eine verwaltungsrechtliche Vereinbarung mit dem Bürger trifft,
- **schlichtes Verwaltungshandeln** und **Realakte**, wenn keine Regelung erfolgt, also unmittelbar keine Rechtsfolgen herbeigeführt werden,
- **Rechtsnormen** (RechtsVO und Satzung), wenn es nicht um einen Einzelfall, sondern um allgemeine Regelungen geht,
- **Verwaltungsvorschriften** und **Weisungen**, wenn die Maßnahme keine Außenwirkung hat, sondern nur verwaltungsintern wirkt.

Diese Aufzählung ist nicht abschließend. Daneben gibt es öffentlich-rechtliche Willenserklärungen (z.B. die öffentlich-rechtliche Aufrechnung), Beschlüsse (z.B. des Gemeinderates) und sonstige Maßnahmen sui generis, z.B. den Flächennutzungsplan nach § 5 BauGB, der anders als der Bebauungsplan (Satzung nach § 10 Abs. 1 BauGB) mangels Außenwirkung keine Rechtsnorm, aber andererseits auch keine bloße Verwaltungsvorschrift darstellt, da ihm Rechtswirkungen im Außenverhältnis zukommen (vgl. z.B. § 35 Abs. 3 S. 1 Nr. 1 u. S. 3 BauGB).[257]

B. Bedeutung des Verwaltungsakts

I. Funktionen des VA

182
- **Verfahrensrechtlich** ist der VA das wichtigste Mittel der Verwaltung, um ein Verwaltungsverfahren zum Abschluss zu bringen (§ 9 VwVfG). Beim Erlass eines VA sind deshalb besondere Verfahrensvorschriften zu beachten (z.B. die Anhörung nach § 28 VwVfG und die Begründung nach § 39 VwVfG).
- **Materiellrechtlich** konkretisiert der VA die im Gesetz zunächst nur abstrakt-generell geregelten Rechtsbeziehungen zwischen Verwaltung und Bürger. Die durch den VA getroffene Regelung wird von der gesetzlichen Rechtsfolge verselbstständigt, d.h. der VA führt selbst eine **Rechtsfolge** herbei und hat damit Regelungswirkung.[258]

---

257 Vgl. BVerwG NVwZ 2007, 1081, 1082; Schenke NVwZ 2007, 134, 140 ff.

258 Voßkuhle/Kaufhold JuS 2011, 34; vgl. oben Fall 2 (Rn. 62 ff.): Anspruchsbegründung durch VA.

- **Prozessrechtlich** eröffnet der VA spezifische Rechtsschutzmöglichkeiten wie das Widerspruchsverfahren (§ 68 VwGO), die Anfechtungs- und Verpflichtungsklage (§ 42 Abs. 1 VwGO) sowie vorläufigen Rechtsschutz durch aufschiebende Wirkung der gegen den VA erhobenen Rechtsbehelfe (§ 80 Abs. 1 VwGO).
- **Vollstreckungsrechtlich** ist ein VA, der ein Gebot oder Verbot enthält, Vollstreckungstitel nach dem Verwaltungsvollstreckungsgesetz (vgl. § 6 Abs. 1 VwVG des Bundes). Die Behörde kann den VA ohne gerichtliche Hilfe durchsetzen.

II. Rechtswirkungen des VA

Gesetze, RechtsVOen und Satzungen sind i.d.R. **unwirksam**, wenn sie gegen höherran- **183**
giges Recht verstoßen (s.o. Rn. 81). Dagegen wird der VA mit der Bekanntgabe wirksam (§§ 43 Abs. 1, 41 VwVfG) und bleibt wirksam, wenn er nicht erfolgreich angefochten wird. Daher ist der VA **trotz Rechtswidrigkeit grundsätzlich wirksam**. Nur der nichtige VA ist unwirksam (§ 43 Abs. 3 VwVfG). Nichtig ist ein VA nur unter den Voraussetzungen des § 44 Abs. 1 u. Abs. 2 VwVfG. Ist der VA **unanfechtbar** (bestandskräftig) geworden (also nach Ablauf der Widerspruchs- oder Klagefrist, vgl. §§ 70, 74, 58 Abs. 2 VwGO oder durch rechtskräftige Entscheidung des Gerichts), ist er, auch wenn er rechtswidrig ist, von allen Beteiligten zu beachten und kann erforderlichenfalls zwangsweise im Wege der Verwaltungsvollstreckung durchgesetzt werden.

III. Verwaltungsprozessuale Konsequenzen

Anders als im Zivilrecht und im Strafrecht sind die meisten Klausuren im Öffentlichen **184**
Recht unmittelbar mit einer **prozessualen Fragestellung** verbunden (Fallfrage: „Hat die Klage Aussicht auf Erfolg?" oder „Wie wird das Verwaltungsgericht entscheiden?"). Die **Zulässigkeit** einer verwaltungsgerichtlichen Klage hängt im Wesentlichen davon ab, gegen welche Art von Verwaltungshandeln sie sich richtet.

Klagearten im Verwaltungsprozess

Anfechtungsklage	**Verpflichtungsklage**	**Fortsetzungsfeststell.klage**	**Leistungsklage**	**Feststell.-klage**	**Normenkontrolle**
↓	↓	↓	↓	↓	↓
Aufhebung eines belastenden VA	Erlass eines begünstigenden VA	Feststellung der Rechtswidrigkeit eines erledigten VA	Abwehr/Vornahme sonstigen Verwaltungshandelns	Bestehen/Nichtbestehen eines Rechtsverhältnisses, Nichtigkeit eines VA	Gültigkeit einer untergesetzlichen Rechtsnorm

- Die **Anfechtungsklage** gemäß § 42 Abs. 1 Fall 1 VwGO ist gerichtet auf die Aufhebung eines (belastenden) Verwaltungsaktes durch das Gericht.

  Beispiele: Klage gegen die Entziehung der Fahrerlaubnis, gegen eine baurechtliche Beseitigungsverfügung, gegen eine gewerberechtliche Untersagungsverfügung usw.

- Die in § 42 Abs. 1 Fall 2 VwGO geregelte **Verpflichtungsklage** ist ein Spezialfall der Leistungsklage, gerichtet auf den Erlass eines (begünstigenden) Verwaltungsaktes.

  Beispiele: Klage auf Erteilung einer Gewerbeerlaubnis, einer Baugenehmigung etc.

- Gegenstand der **Fortsetzungsfeststellungsklage** (§ 113 Abs. 1 S. 4 VwGO) ist die Feststellung der Rechtswidrigkeit eines erledigten Verwaltungsaktes.

  Beispiele: K wendet sich Anfang Juni gegen das Verbot einer Versammlung am 01.05. K, der sich um die Zulassung zum Oktoberfest beworben hat, klagt gegen die Ablehnung im November.

- Die (allgemeine) **Leistungsklage**, die in der VwGO nicht ausdrücklich geregelt, aber mehrfach erwähnt (vgl. §§ 43 Abs. 2, 111, 113 Abs. 4 VwGO) und gewohnheitsrechtlich anerkannt ist, hat ein Verwaltungshandeln zum Gegenstand, das **nicht im Erlass oder in der Aufhebung eines Verwaltungsaktes** besteht. Begehrt werden kann mit ihr also entweder eine (sonstige) Begünstigung oder die Abwehr belastenden Verwaltungshandelns, das keinen Verwaltungsakt darstellt (also insbes. Realakte).

  Beispiele: Klage auf Geldzahlung, Klage auf Unterlassung störenden Lärms durch eine öffentliche Einrichtung (z.B. eines gemeindlichen Sportplatzes), Widerruf ehrbeeinträchtigender Äußerungen.

- Die (allgemeine) **Feststellungsklage** (§ 43 Abs. 1 VwGO) ist vor allem auf Feststellung des Bestehens oder Nichtbestehens eines Rechtsverhältnisses gerichtet.

  Beispiele: Klage auf Feststellung, dass der Betroffene nicht Mitglied der Handwerkskammer ist, Klage auf Feststellung der Nichtigkeit eines Verwaltungsakts (§ 43 Abs. 1 Alt. 2 VwGO).

- Das **Normenkontrollverfahren** hat die Feststellung der (Un-)Wirksamkeit einer der in § 47 Abs. 1 VwGO aufgeführten Rechtsnormen zum Gegenstand.

  Beispiel: Antrag auf Feststellung der Unwirksamkeit eines Bebauungsplans (§ 47 Abs. 1 Nr. 1 BauGB).

IV. Fallaufbau

Die Frage danach, ob eine bestimmte Verwaltungsmaßnahme einen VA darstellt, kann im Fallaufbau an verschiedenen Stellen auftauchen:

185 - **Prozessualer Aufbau:** Ist die Fallfrage auf die Erfolgsaussichten einer Klage gerichtet, ist der VA-Charakter im Rahmen der Prüfung der **Klageart** festzustellen: Anfechtungs- und Verpflichtungsklagen sind nur statthaft, wenn Streitgegenstand ein VA ist (§ 42 Abs. 1 VwGO).

  Regelmäßig sind die Merkmale „Maßnahme einer Behörde auf dem Gebiet des öffentlichen Rechts" bereits beim Rechtsweg zu prüfen, da der Verwaltungsrechtsweg nach § 40 Abs. 1 S. 1 VwGO nur bei Vorliegen einer öffentlich-rechtlichen Streitigkeit eröffnet ist. Das Schwergewicht bei der Prüfung der Klageart liegt daher bei der Frage, ob eine „Regelung mit Außenwirkung" und ein „Einzelfall" vorliegen.

186 - **Materieller Aufbau:** Ist allgemein die Rechtmäßigkeit einer Maßnahme zu prüfen, stellt sich die Frage, ob die Maßnahme einen VA darstellt, logisch vorrangig vor der eigentlichen Rechtmäßigkeitsprüfung. Denn die Rechtmäßigkeitsvoraussetzungen einer Maßnahme hängen von ihrer Rechtsnatur ab.

  Für einen VA gelten z.B. die besonderen formellen Anforderungen in §§ 28, 37, 39 VwVfG.

  ***Hinweis:** Die Rechtsnatur der Maßnahme braucht nur dann im Einzelnen geprüft zu werden, wenn Zweifel bestehen. Liegt eindeutig eine „Verfügung" vor, z.B. nach dem PolG, ist unmittelbar auf die Rechtmäßigkeit der Maßnahme einzugehen.*

C. Die Merkmale des VA im Einzelnen

Fasst man die **Legaldefinition** des § 35 VwVfG sprachlich etwas knapper und lässt die doppelt aufgeführten Gesichtspunkte weg, sind folgende Merkmale für den VA konstitutiv: **187**

Verwaltungsakt
▪ **hoheitliche Maßnahme**
▪ einer **Behörde**
▪ auf dem Gebiet des **öffentlichen Rechts**
▪ zur **Regelung**
▪ eines **Einzelfalls**
▪ mit **Außenwirkung**

I. Hoheitliche Maßnahme

Maßnahme (Verfügung, Entscheidung) i.S.d. VA-Begriffs ist **jede Handlung**, die einen **Erklärungsgehalt** hat. So stellt z.B. die erhobene Hand eines Verkehrspolizisten ein konkludentes Haltegebot dar. Eine Maßnahme liegt auch vor, wenn ein Bescheid elektronisch erzeugt und als Datei gespeichert wird (**elektronischer VA**, vgl. §§ 3 a Abs. 2, 37 Abs. 4 VwVfG). Bereits die **Datei** ist dann der für den Rechtsverkehr maßgebende Akt (s.u. Rn. 460). Neuerdings kann ein VA unter bestimmten Voraussetzungen auch **vollständig durch automatische Einrichtungen** erlassen werden (sog. **E-VA**, § 35a VwVfG). **188**

Der seit dem 01.01.2017 geltende § 35a VwVfG stellt klar, dass Verwaltungsakte auch vollständig ohne menschliches Zutun erlassen werden können. Da es technischen Einrichtungen (z.B. EDV) an der Willensfähigkeit mangelt, war zweifelhaft, ob solche Einrichtungen überhaupt Verwaltungsakte erstellen können.[259] Um rechtsstaatliche Anforderungen sicherzustellen, sieht § 35a VwVfG zwei Einschränkungen vor: 1. muss der Erlass eines E-VA durch Gesetz zugelassen sein, bedarf also einer besonderen Ermächtigung und 2. darf weder ein Ermessen noch ein Beurteilungsspielraum bestehen, d.h. der E-VA kommt nur bei gebundenen Entscheidungen in Betracht.

Klausurhinweis: *Dem Merkmal* ***„Maßnahme“*** *kommt i.d.R. keine eigenständige Bedeutung zu und es braucht daher nicht gesondert behandelt zu werden, weil später ohnehin noch geprüft werden muss, ob eine „Regelung“ vorliegt. Es kann aber zweckmäßig sein, durch Konkretisierung der „Maßnahme“ klarzustellen, welcher Vorgang überhaupt auf seine VA-Qualität untersucht wird.* **189**

Umstritten ist, ob der Zusatz **„hoheitlich“** neben dem Merkmal „auf dem Gebiet des öffentlichen Rechts“ (dazu Rn. 193 ff.) eine selbstständige Bedeutung hat. Teilweise wird angenommen, dass beide Merkmale inhaltsgleich sind.[260] Die Gegenauffassung verweist zutreffend darauf, dass „hoheitlich“ ein **einseitiges** Gebrauchmachen von den Befugnissen des öffentlichen Rechts erfordere. Durch den Zusatz wird daher das Merkmal der Einseitigkeit der Maßnahme als Gegensatz zur vertraglichen Regelung (vgl. §§ 54 ff. VwVfG) betont.[261] **190**

---

259 Vgl. Schmitz/Prell NVwZ 2016, 1273, 1275 f.; Braun Binder DÖV 2016, 891, 893; Bull DVBl. 2017, 409, 411.

260 Maurer/Waldhoff § 9 Rn. 12; Emmerich-Fritsche NVwZ 2006, 762, 763.

II. Behörde

191 **Behörde** ist jede Stelle, die Aufgaben der öffentlichen Verwaltung wahrnimmt, § 1 Abs. 4 VwVfG (verfahrensrechtlicher Behördenbegriff).[262] Das VwVfG geht daher von einem **funktionalen** Behördenbegriff aus. Entscheidend ist allein, ob im Außenverhältnis Verwaltungsaufgaben wahrgenommen werden.

Beispiele: Der Bürgermeister (Gemeindeverwaltung), der Landrat, die Bezirksregierung, das Landeskriminalamt, das Landesumweltamt (je nach Landesrecht).

Beachte: *Behörde ist nicht der Verwaltungsträger (also z.B. nicht die Gemeinde als Körperschaft), sondern das* ***Organ*** *des Verwaltungsträgers, das Aufgaben der öffentlichen Verwaltung wahrnimmt (z.B. der Bürgermeister).*[263] ***Die Körperschaft ist keine Behörde, sondern hat Behörden!***

192 **Nicht als behördliche Maßnahmen** i.S.d. § 35 VwVfG sind anzusehen:

- Maßnahmen, die einem Träger hoheitlicher Gewalt überhaupt **nicht zugerechnet** werden können,

  Beispiele: Anordnungen einer Privatperson (z.B. nicht autorisierte Aufstellung eines Verkehrszeichens durch ein Umzugsunternehmen).[264] – Der Beliehene ist dagegen selbst Behörde i.S.d. § 1 Abs. 4 VwVfG, das Verhalten eines Verwaltungshelfers wird der beauftragenden Behörde zugerechnet (s.o. Rn. 38 ff.).

- Akte der **gesetzgebenden Gewalt** und der **Rechtsprechung**.

  Etwas anderes gilt jedoch, wenn Organe dieser Staatsgewalten ausnahmsweise Verwaltungstätigkeit ausüben (z.B. der Präsident des Bundestages bei der Ausübung des Hausrechts gemäß Art. 40 Abs. 2 S. 1 GG und bei Entscheidungen im Rahmen der Parteienfinanzierung, z.B. §§ 19 a Abs. 1, 31 a Abs. 1 ParteiG).[265]

III. Auf dem Gebiet des öffentlichen Rechts

1. Abgrenzung zum Privatrecht

193 Die Maßnahme muss **auf dem Gebiet des öffentlichen Rechts** getroffen werden. Ob dies der Fall ist, richtet sich nach den allgemeinen für die Abgrenzung des öffentlichen Rechts vom Privatrecht entwickelten Kriterien (s.o. Rn. 54 ff.).

Keine VAe sind daher die **privatrechtlichen** Maßnahmen der Verwaltungsbehörden (z.B. Kauf von Büromaterial, Vergabe von Bauaufträgen). Auch **verwaltungsprivatrechtliche** Maßnahmen (s.o. Fall 3) gehören dem Privatrecht an und dürfen deshalb nicht durch VA getroffen werden.

Das Merkmal „auf dem Gebiet des öffentlichen Rechts“ ist im Übrigen unstreitig zu weit gefasst. Keine VAe sind Maßnahmen der Regierung auf dem Gebiete des **Verfassungsrechts** und des **Völkerrechts** (Regierungsakte) sowie Maßnahmen prozessualer Natur (Prozesshandlungen), z.B. Erhebung einer Klage oder Widerklage.

---

261 Kahl Jura 2001, 505, 507; Stelkens/Bonk/Sachs VwVfG § 35 Rn. 104 m.w.N.

262 Vgl. BVerwG, Urt. v. 03.11.2011 – BVerwG 7 C 3.11, RÜ 2012, 188, 190.

263 Vgl. oben Rn. 23.

264 VGH Mannheim, Urt. v. 16.12.2009 – 1 S 3263/08, RÜ 2010, 258, 261.

265 Vgl. OVG Bln-Bbg ZUM 2017, 604, 606; VG Berlin NJW 2002, 1063 (Hausverbot des Bundestagspräsidenten); VG Berlin NJW 2001, 1367; OVG Berlin NJW 2002, 2896; BVerwG NJW 2003, 1135 (Entscheidungen des Bundestagspräsidenten im Rahmen der Parteienfinanzierung).

194 Entscheidend ist allein, ob die Maßnahme **kraft öffentlichen Rechts** ergeht, d.h. ob die Behörde die Befugnis zum Handeln aus öffentlich-rechtlichen Vorschriften herleitet. Irrelevant ist dagegen, ob die Wirkung (die Rechtsfolge) der Maßnahme auf dem Gebiet des öffentlichen oder des privaten Rechts eintritt. Das ist wichtig für die **privatrechtsgestaltenden VAe**.[266]

Beispiel: Das gemeindliche Vorkaufsrecht wird gemäß § 28 Abs. 2 S. 1 BauGB durch VA ausgeübt. Mit der Ausübung kommt ein privatrechtlicher Kaufvertrag zwischen der Gemeinde und dem Verkäufer zustande (§ 28 Abs. 2 S. 2 BauGB, § 464 Abs. 2 BGB).

2. Formeller VA

195 Eine materielle Abgrenzung ist nach h.M. nicht erforderlich, wenn die Behörde **eindeutig in der Form eines VA** gehandelt hat **(formeller VA)**. In diesem Fall liegt auch dann ein VA vor, wenn inhaltlich eine privatrechtliche Regelung getroffen wird. Die eindeutig als VA erlassene Maßnahme ist daher ohne Rücksicht auf ihren Inhalt als VA anzusehen und kann mit der Anfechtungsklage angefochten werden.[267]

Beispiele: Kündigung eines privatrechtlichen Vertrags durch Bescheid oder Verfügung;[268] Erlass eines Widerspruchsbescheides (§ 73 VwGO) bei einer privatrechtlichen Maßnahme.[269]

196 Nach der Gegenansicht erfolgt die Abgrenzung stets nach **materiellen Gesichtspunkten**.[270] Andere differenzieren zwischen dem verfahrensrechtlichen und dem prozessualen VA-Begriff. Der formelle VA sei zwar VA i.S.d. §§ 42, 113 VwGO, aber nicht i.S.d. § 35 VwVfG.[271] Für die h.M. spricht, dass bei der Frage, ob ein VA vorliegt oder nicht, im Hinblick auf die Effektivität des Rechtsschutzes (Art. 19 Abs. 4 GG) grundsätzlich auf den **objektiven Empfängerhorizont** abzustellen ist (Rechtsgedanke der §§ 133, 157 BGB).

197 Erforderlich ist aber in jedem Fall, dass es sich um eine **behördliche Maßnahme** handelt, also eine Maßnahme, die einer Behörde zugerechnet werden kann.

Beispiel: Erlass von Gebührenbescheiden durch eine GmbH, deren Tätigwerden die Stadt veranlasst hat.[272] **Gegenbeispiel:** Die Befehle des Hauptmanns von Köpenick ergingen zwar in der Form eines VA, mangels Zurechnung auf einen öffentlichen Hoheitsträger konnten sie aber dennoch nicht als VAe angesehen werden (Scheinverwaltungsakte).[273]

198 ***Beachte:*** *Die Prüfung der* ***Rechtsnatur*** *der Maßnahme ist streng zu unterscheiden von der Prüfung der* ***Rechtmäßigkeit*** *des behördlichen Handelns. Die Frage, wie die Behörde hätte handeln müssen, ist keine Frage der Rechtsnatur der Maßnahme sondern ihrer Rechtmäßigkeit. Trifft die Behörde eine Maßnahme in der Form des VA, die sie in dieser Handlungsform nicht hätte treffen dürfen, führt dies allein schon zur Rechtswidrigkeit der Maßnahme, ändert aber nichts daran, dass es sich formal um einen VA handelt.*[274]

---

266 Vgl. z.B. BVerwG NVwZ 2004, 1365, 1366; zum Begriff ausführlich Tschentscher DVBl. 2003, 1424 ff.

267 BVerwG DVBl. 2009, 1520; VGH BW VBlBW 2017, 197; VGH BW, Beschl. v. 10.07.2007 – 9 S 1253/17; OVG Koblenz NJW 2003, 3793; OVG Schleswig NJW 2000, 1059 f.; Kopp/Ramsauer VwVfG § 35 Rn. 72; Schoch Jura 2012, 26, 30; Waldhoff JuS 2017, 805, 806; abweichend Voßkuhle/Kaufhold JuS 2011, 34, 36: äußere Form nur Indiz für VA.

268 BVerwG NVwZ 1985, 246.

269 BVerwG NVwZ 1988, 51; OVG Magdeburg DVBl. 2000, 383; a.A. BayVGH NVwZ 1990, 775, 777.

270 Kopp/Schenke VwGO Anh § 42 Rn. 5 und 48; Schenke NVwZ 1990, 1009, 1015; Heyle NVwZ 2008, 390, 391.

271 Stelkens/Bonk/Sachs VwVfG § 35 Rn. 15 ff.

272 BVerwG, Urt. v. 23.08.2011 – BVerwG 9 C 2.11, RÜ 2012, 47, 48; dazu Waldhoff JuS 2012, 479.

273 Vgl. BVerwG, Beschl. v. 16.04.2003 – 9 B 81/02, NVwZ 2003, 995, 996.

274 BVerwG, Urt. v. 23.08.2011 – BVerwG 9 C 2.11, RÜ 2012, 47, 49.

IV. Das Merkmal der Regelung

1. Herbeiführung einer Rechtsfolge

199 Eine Regelung i.S.d. § 35 S. 1 VwVfG liegt vor, wenn die Maßnahme ihrem Ausspruch nach **unmittelbar auf die Herbeiführung einer Rechtsfolge gerichtet** ist. Die Rechtsfolge besteht beim VA typischerweise in der Begründung, Änderung, Aufhebung oder verbindlichen Feststellung von Rechten und Pflichten.[275]

Beispiele: Verbot einer Versammlung, Platzverweis, Ernennung oder Entlassung eines Beamten, Erteilung oder Versagung einer Erlaubnis oder Genehmigung (z.B. einer gewerberechtlichen Erlaubnis oder einer Baugenehmigung).

200 Im Merkmal „Regelung" steckt der Anspruch auf Verbindlichkeit. Materiell geht es beim Merkmal der Regelung um die **Abgrenzung zwischen VA und schlichtem Verwaltungshandeln**, prozessual um den Anwendungsbereich der Anfechtungs- und Verpflichtungsklage einerseits und der (allgemeinen) Leistungsklage andererseits.

Fall 7: Ausgerechnet – Aufgerechnet

Unternehmer U hat im Jahre 2015 vom Land L angeblich 10.000 € Subventionen zuviel erhalten. Als er nun die Zahlung der ihm für das Jahr 2017 durch Bescheid vom 20.12.2016 bewilligten Subvention in Höhe von 40.000 € begehrt, erklärt die zuständige Behörde mit Schreiben vom 25.04.2017 die Aufrechnung mit dem vermeintlichen Rückerstattungsanspruch. Weiter heißt es in dem Schreiben: „Ihr Anspruch für das Jahr 2015 beträgt daher nur noch 30.000 €." U überlegt, ob es ratsam ist, gegen das nicht mit einer Rechtsbehelfsbelehrung versehene Schreiben vorzugehen.

201 U müsste gegen das Schreiben gemäß § 68 Abs. 1 VwGO **Widerspruch** oder (bei landesrechtlicher Ausnahme nach § 68 Abs. 1 S. 2 VwGO) unmittelbar **Anfechtungsklage** (§ 42 Abs. 1 Fall 1 VwGO) erheben, wenn es sich bei dem Schreiben vom 25.04.2017 um einen VA i.S.d. § 35 VwVfG handelt. Denn ein VA kann bestandskräftig werden, sodass U die Aufrechnung selbst dann gegen sich gelten lassen müsste, wenn die Voraussetzungen für eine Aufrechnung materiell nicht vorlagen.

202 I. Bei der Aufrechnungserklärung handelt es sich um die **Maßnahme einer Behörde**.

II. Diese Maßnahme müsste **auf dem Gebiet des öffentlichen Rechts** ergangen sein. Die Aufrechnung stützt sich auf einen Erstattungsanspruch des Landes L gegen U. Dieser teilt als actus contrarius die Rechtsnatur der Gewährung, die hier öffentlich-rechtlich durch VA (Bewilligungsbescheid) erfolgte. Damit handelt es sich auch bei der Aufrechnung um eine **öffentlich-rechtliche Maßnahme**.

Dass es eine Aufrechnung analog §§ 387 ff. BGB auch im öffentlichen Recht gibt, ist heute allgemein anerkannt.[276] Es kann daher mit einer öffentlich-rechtlichen Forderung gegen eine andere öffentlich-rechtliche Forderung, aber auch mit einer privatrechtlichen Forderung gegen eine öffentlich-rechtliche Forderung aufgerechnet werden. Der abweichende Rechtsweg hat keine materiellen, sondern nur prozessuale Auswirkungen.[277]

---

275 BVerwG, Urt. v. 24.11.2011 – BVerwG 7 C 12.10, NJW 2012, 792.

276 Stelkens/Bonk/Sachs VwVfG § 35 Rn. 138; Waldhoff JuS 2015, 959; ausführlich Ehlers NVwZ 1983, 446 ff.

277 Zu den verwaltungsprozessualen Problemen einer Prozessaufrechnung mit „rechtswegfremden" Forderungen vgl. AS-Skript Verwaltungsgerichtliche Assessorklausur (2016), Rn. 278 ff.

III. Für die VA-Qualität ist weiterhin Voraussetzung, dass die behördliche Maßnahme eine **Regelung** enthält. Eine Regelung liegt vor, wenn die Maßnahme ihrem Ausspruch nach **unmittelbar auf die Herbeiführung einer Rechtsfolge gerichtet ist**.[278] Hier könnte eine rechtsgestaltende oder eine feststellende Regelung erfolgt sein. 203

1. Ein **gestaltender Rechtsfolgenausspruch** könnte das „Erlöschen der Forderungen" sein (§ 389 BGB analog). Sinn der Aufrechnung ist jedoch lediglich, den Erfüllungsvorgang zu vereinfachen, nicht aber eine **verbindliche Entscheidung** der Behörde über den Eintritt der Erfüllungswirkung herbeizuführen. Bei der Aufrechnung handelt es sich vielmehr um die **Ausübung eines schuldrechtlichen Gestaltungsrechtes** in Form einer **einseitigen Willenserklärung**. Die Erklärung erfolgt nicht zur hoheitlichen Regelung von Rechtsfolgen; sie ergeht vielmehr auf einer gleichgeordneten rechtlichen Ebene. Die Aufrechnungserklärung ist daher **keine hoheitliche Maßnahme**, die unmittelbar auf die Herbeiführung einer Rechtsfolge gerichtet ist, sondern eine **verwaltungsrechtliche Willenserklärung**.[279] 204

   Gleiches gilt für die Ausübung eines **Zurückbehaltungsrechtes**, z.B. an einem Pkw durch die Polizei wegen der Abschleppkosten.[280] Auch hier wird keine regelnde Entscheidung über den Herausgabeanspruch des Bürgers getroffen, sondern die Herausgabe nur tatsächlich verweigert.[281]

2. Aus denselben Gründen hat auch der **feststellende** Ausspruch („Ihr Anspruch beträgt ...") keine Regelungswirkung, da hiermit keine eigenständige Rechtsfolge gesetzt, sondern lediglich auf die Wirkungen des § 389 BGB (analog) **hingewiesen** werden soll.[282] 205

Mangels VA-Charakter kann U keinen Widerspruch (§ 68 Abs. 1 S. 1 VwGO) und keine Anfechtungsklage (§ 42 Abs. 1 Fall 1 VwGO) erheben und braucht dies auch nicht zu tun. Die Aufrechnung ist vielmehr – ebenso wie im Privatrecht – **nur wirksam**, wenn dem Land ein (fälliger) Erstattungsanspruch zusteht. Ist dies der Fall, dann ist der Subventionsanspruch des U für 2017 aufgrund der Aufrechnung in entsprechender Höhe erloschen (§ 389 BGB analog). Besteht dagegen kein Erstattungsanspruch des Landes, geht die Aufrechnung ins Leere und bleibt wirkungslos. U kann dann seinen Anspruch auf Auszahlung der bereits bewilligten Subvention erforderlichenfalls mit der **allgemeinen Leistungsklage** durchsetzen.[283] 206

Etwas anderes gilt, wenn die Behörde die Aufrechnung ausdrücklich unter Berufung auf ihre hoheitlichen Befugnisse **in Form eines VA** erklärt.[284] Dann liegt jedenfalls ein (formeller) VA vor (s.o. Rn. 195). Zulässig ist die **Aufrechnung durch VA** nur, wenn hierfür eine besondere **Ermächtigungsgrundlage** besteht. Dies wird z.B. für Sozialleistungen bejaht. „Wenn die Behörde über die Auszahlung einer Sozialleistung durch VA entscheiden darf, umschließt diese Entscheidungsbefugnis das Recht, auf gleichem Wege das Erlöschen des Anspruchs durch Aufrechnung mit einer Gegenforderung zu bewirken."[285] 207

---

278 BVerwG, Urt. v. 21.06.2017 – BVerwG 6 C 3.16, Rn. 12; Kopp/Ramsauer VwVfG § 35 Rn. 89.

279 BVerwG, Urt. v. 25.11.2008 – BVerwG 3 C 13.08, RÜ 2009, 189 f.; VGH Mannheim, Urt. v. 29.06.2017 – 2 S 1750/15; Maurer/Waldhoff § 9 Rn. 10; Bader/Ronellenfitsch VwVfG § 35 Rn. 142; Kahl Jura 2001, 505, 510; Waldhoff JuS 2015, 959.

280 Vgl. BGH NVwZ 2006, 964; OVG NRW DÖV 1983, 1023.

281 Allgemein zur verwaltungsrechtlichen Willenserklärung Kluth NVwZ 1990, 608 ff.

282 BFH NVwZ 1987, 1118.

283 Anders im Abgabenrecht, wo zunächst Verpflichtungsklage auf Erlass eines Abrechnungsbescheides zu erheben ist, vgl. VGH Mannheim, Urt. v. 29.06.2017 – 2 S 1750/15.

284 BFH NVwZ 1987, 1118; a.A. Stelkens/Bonk/Sachs VwVfG § 35 Rn. 138.

285 BSG NJW 1997, 3397 zu § 51 Abs. 1 SGB I; ebenso OVG NRW NJW 1997, 3391 zu § 25 a BSHG (jetzt § 26 Abs. 2–4 SGB XII).

2. Nicht regelndes Verwaltungshandeln

208 Durch den VA werden **unmittelbar Rechtsfolgen begründet**. Keine Verwaltungsakte sind daher Realakte und sonstiges schlichtes Verwaltungshandeln mit lediglich tatsächlichen Auswirkungen.[286]

Keine VAe sind z.B. bloße Auskünfte, Empfehlungen, Warnungen, Meinungsäußerungen, die Herausgabe einer Sache, Auszahlung von Geld, Erteilung von Unterricht.

a) Hinweis und feststellender VA

209 Kein VA ist der bloße **Hinweis** auf die ohnehin bestehende Rechtslage, soweit keine selbstständigen Rechtsfolgen begründet werden.[287]

Beispiel: Die Mitteilung über den Punktestand im Fahreignungsregister ist mangels Regelung kein VA.[288] Denn die Eintragung selbst löst noch keine Rechtsfolgen für den Verkehrsteilnehmer aus, sondern ist lediglich Grundlage für spätere Maßnahmen nach § 4 Abs. 5 StVG.

210 Davon zu unterscheiden ist der **feststellende VA**, mit dem die verbindliche Klärung oder Durchsetzung der gesetzlichen Rechtslage bezweckt ist.[289] Die „Regelung" setzt nämlich nicht voraus, dass eine Rechtsfolge herbeigeführt werden soll, die von der gesetzlichen Rechtslage abweicht oder allein nach den gesetzlichen Regelungen noch nicht gegeben ist. Auch **gesetzeswiederholende** oder **gesetzeskonkretisierende Maßnahmen** können regelnden Charakter aufweisen.

„Für einen feststellenden VA ist kennzeichnend, dass er sich mit seinem verfügenden Teil darauf beschränkt, das Ergebnis eines behördlichen Subsumtionsvorgangs festzuschreiben; einer Festsetzung von Ge- und Verboten in der jeweiligen behördlichen Maßnahme bedarf es jedenfalls nicht, wenn die Rechtsfolgen im Gesetz geregelt und dadurch gleichsam vor die Klammer gezogen worden sind."[290]

211 Ob eine solche (feststellende) Rechtsfolge herbeigeführt werden soll oder lediglich ein Hinweis auf die Rechtslage erfolgt, ist bei mangelnder Eindeutigkeit im Wege der **Auslegung** analog § 133 BGB zu ermitteln.[291] Entscheidendes Kriterium ist, ob sich die von der Behörde getroffene Aussage auf ein **klärungsbedürftiges Rechtsverhältnis** bezieht, da dann auch aus objektiver Sicht ein Regelungsbedürfnis besteht.[292]

Indizien dafür liegen vor, wenn die Behörde aus Sicht eines verständigen objektiven Dritten den Eindruck vermittelt, dass sie den Vorgang abschließend ermittelt, das Vorliegen von Tatbestandsmerkmalen der einschlägigen Vorschriften geprüft und daraufhin eine Entscheidung getroffen hat.[293] Die bloße Mitteilung einer Rechtsansicht ist dagegen kein (feststellender) VA.[294]

Beispiele: Die von der Ausländerbehörde getroffene Feststellung, dass ein Aufenthaltstitel kraft Gesetzes erloschen ist (§ 51 AufenthG), ist ein feststellender VA, wenn wegen aufgetretener Zweifel ein regelungsbedürftiger Sachverhalt vorliegt.[295] Besteht zwischen Einwohner und Meldebehörde Streit über das Vorhandensein einer Hauptwohnung, ist hierüber durch feststellenden VA zu entscheiden.[296]

---

286 Vgl. SächsOVG NVwZ-RR 2016, 571: Die Mahnung ist kein VA, sondern bloßer Realakt.

287 BVerwG, Urt. v. 21.06.2017 – BVerwG 6 C 3.16, Rn. 12; OVG Lüneburg NordÖR 2017, 112.

288 BVerwG NJW 2007, 1299, 1300.

289 BVerwG NVwZ 2004, 349, 350; NVwZ 2003, 864, 865; OVG NRW NVwZ-RR 2003, 124, 125; Kahl Jura 2001, 505, 510; Holznagel/Schulz NWVBl. 2003, 400, 402; Broscheit DVBl. 2014, 342, 343.

290 BVerwG, Urt. v. 20.11.2003 – 3 C 29.02, NVwZ 2004, 349, 350.

291 BVerwG, Urt. v. 21.06.2017 – BVerwG 6 C 3.16, Rn. 14; VGH BW, Urt. v. 10.07.2017 – 9 S 1253/17.

292 BVerwG NVwZ 2010, 133, 134; OVG NRW NWVBl. 2004, 74; Kahl Jura 2001, 505, 510.

293 HessVGH, Urt. v. 06.05.2015 – 6 A 1514/14, RÜ 2015, 665, 667.

294 BSG, Entsch. v. 29.01.2003 – B 11 AL 47 02 R, JA 2004, 441, 442; OVG NRW NWVBl. 1996, 356, 357.

295 VGH Mannheim. Urt. v. 09.11.2015 – 11 S 714/15.

b) Wiederholende Verfügung und Zweitbescheid

Keinen Regelungscharakter hat die bloße **Wiederholung** eines bereits erlassenen VA ohne erneute Sachentscheidung. Die sog. wiederholende Verfügung ist daher kein VA. 212

Beispiel: Ein mündlicher VA ist schriftlich oder elektronisch zu bestätigen, wenn hieran ein berechtigtes Interesse besteht und der Betroffene dies unverzüglich verlangt (§ 37 Abs. 2 S. 2 VwVfG). Die Bestätigung ist kein VA, sondern eine schlichthoheitliche Maßnahme. Sie enthält keine eigenständige Regelung, sondern wiederholt nur den Inhalt des mündlich erlassenen VA.[297]

Die Wiederholung eines VA ist abzugrenzen vom sog. **Zweitbescheid**. Während die bloße Wiederholung keine erneute Sachentscheidung enthält (Folge: kein VA mangels Regelung), handelt es sich bei einem Zweitbescheid um einen **neuen VA**, da hier eine erneute Sachentscheidung nach erneuter Sachprüfung erfolgt.[298] 213

Beispiel: Nach Bestandskraft der Ordnungsverfügung macht der Betroffene geltend, die Voraussetzungen des VA seien im Nachhinein entfallen. Die Behörde überprüft den VA, kommt jedoch zu dem Ergebnis, dass der VA weiterhin – aus anderen Gründen – gerechtfertigt ist. Der Betroffene kann den Zweitbescheid selbstständig anfechten. Es wird eine neue Anfechtungsfrist (§§ 70, 74 VwGO) in Gang gesetzt.

Die **Abgrenzung** hat auch hier analog § 133 BGB durch **Auslegung** zu erfolgen. 214

Beispiel: Indiz für das Vorliegen eines Zweitbescheides ist die Auseinandersetzung mit rechtlichen oder tatsächlichen Gesichtspunkten.[299] Für das Vorliegen einer bloß wiederholenden Verfügung spricht dagegen, wenn die Behörde lediglich auf die Begründung des (Erst-)Bescheides hinweist.

3. Finaler Aspekt

Keine Verwaltungsakte sind zudem alle Maßnahmen, mit denen Rechtsfolgen **nicht bezweckt** sind. Dass durch eine Verwaltungsmaßnahme objektiv kausal eine Rechtsbeeinträchtigung oder Rechtsverletzung eintreten kann, reicht allein zur Annahme eines VA nicht aus. Vielmehr müssen gerade diese Folgen bezweckt sein. Es ist deshalb zu unterscheiden zwischen der unmittelbaren Rechtsfolge kraft **finaler Regelung** und den bloß tatsächlichen (faktischen) Auswirkungen einer Maßnahme. 215

Beispiel: Fertigen Polizeibeamte Videoaufnahmen von dem Versammlungsteilnehmer G und werden diese Aufnahmen dauerhaft gespeichert, liegt darin zweifellos ein Eingriff in die Rechte des G, jedoch wird die Videoaufnahme dadurch nicht zu einem VA.

a) Konkludente Regelung

Ausnahmsweise kann in einem schlichten Verwaltungshandeln zugleich eine **konkludente Regelung** liegen. Umstritten ist dies vor allem bei polizeilichen Standardmaßnahmen und Zwangsmaßnahmen, insbes. in der Verwaltungsvollstreckung.

- Zahlreiche **Standardmaßnahmen** enthalten unmittelbar Verhaltensgebote und damit Regelungen, sodass sie eigenständige VAe darstellen, z.B. die Vorladung und der Platzverweis.[300] 216

296 OVG Bremen, Beschl. v. 01.12.2003 – 1 A 351/03.
297 Kopp/Ramsauer VwVfG § 37 Rn. 23; Knack/Henneke VwVfG § 37 Rn. 50.
298 Vgl. VGH Mannheim NVwZ-RR 2009, 357, 358; Waldhoff JuS 2009, 749, 750; Voßkuhle/Kaufhold JuS 2011, 34, 35.
299 Seiler JuS 2001, 263, 267.
300 Zur Abgrenzung VG Hamburg, Beschl. v. 25.09.2009 – 10 W 1218/09; Stelkens/Bonk/Sachs VwVfG § 35 Rn. 96.

217 ■ Ebenso regeln die **Androhung** und die **Festsetzung** von Zwangsmitteln (vgl. §§ 13, 14 VwVG) die Art und Weise der Verwaltungsvollstreckung und sind daher selbstständige VAe.[301]

218 ■ Andere Maßnahmen beinhalten dagegen in erster Linie eine reale Eigenhandlung der Behörde (z.B. die Durchsuchung einer Person oder einer Wohnung). Auch die Anwendung von **Zwangsmitteln** erfolgt durch Realakt (z.B. die Anwendung unmittelbaren Zwangs). Gleichwohl stellt die Rspr. zum Teil darauf ab, dass in der realen Durchführung zugleich die Pflicht zur Duldung gerade des angewendeten Zwangs konkretisiert werde. Dieses **konkludente Duldungsgebot** stelle einen selbstständigen VA dar.[302]

Beispiele: Auflösung einer Versammlung durch Wegtragen der Demonstrationsteilnehmer, Anwendung unmittelbaren Zwangs durch Einsatz von Wasserwerfern, Betreten einer Wohnung zum Zwecke der Durchsuchung.

219 Die Gegenansicht verweist zutreffend darauf, dass es einer solchen Konstruktion nicht bedarf, da die VwGO auch gegen **schlichtes Verwaltungshandeln** ausreichenden Rechtsschutz eröffnet (z.B. im Wege der allgemeinen Leistungsklage oder Feststellungsklage). Wenn die Polizei z.B. unter Zwangseinsatz eine Versammlung auflöst, dann regelt sie nichts, sondern wendet physische Gewalt an. Es handelt sich daher um bloße Realakte.[303]

Die Rspr. des BVerwG ist vor allem historisch begründet. Vor Inkrafttreten der VwGO (1960) wurde Verwaltungsrechtsschutz nur bei Verwaltungsakten gewährt. Deswegen war die Rspr. bemüht, in schlichtes Verwaltungshandeln einen VA hinein zu interpretieren, um den Rechtsweg zu eröffnen. Für eine solche extensive Handhabung des VA-Begriffs besteht seit Inkrafttreten der VwGO kein Bedürfnis mehr.[304]

220 Klageart gegen die Anwendung von Zwangsmitteln ist daher **nicht die Anfechtungsklage** (§ 42 Abs. 2 Fall 1 VwGO) – bzw. bei Erledigung die Fortsetzungsfeststellungsklage (§ 113 Abs. 1 S. 4 VwGO) –, sondern die **allgemeine Leistungsklage** (zur Abwehr oder Verhinderung der Maßnahme) bzw. die **allgemeine Feststellungsklage** (§ 43 Abs. 1 VwGO), um die Rechtswidrigkeit der Maßnahme festzustellen.

Etwas anderes gilt auf Bundesebene für den Sofortvollzug (§ 6 Abs. 2 VwVG), da hiergegen nach § 18 Abs. 2 VwVG die Rechtsmittel zulässig sind, die gegen Verwaltungsakte allgemein gegeben sind (Widerspruch, Anfechtungsklage, Fortsetzungsfeststellungsklage), der Sofortvollzug also zumindest wie ein VA behandelt wird (ebenso § 46 Abs. 7 S. 4 ThürVwZVG, ähnlich Art. 38 Abs. 2 BayVwZVG für das abgekürzte Verfahren nach Art. 35 BayVwZVG).[305]

---

301 BVerwG NVwZ 1997, 381, 382 (Festsetzung); OVG Lüneburg, Beschl. v. 02.02.2015 – 4 LA 245/13, RÜ 2015, 457, 460 (Androhung); Stelkens/Bonk/Sachs VwVfG § 35 Rn. 165; Bader/Ronellenfitsch VwVfG § 35 Rn. 129; vgl. auch VGH Mannheim, Beschl. v. 04.07.2017 – 2 S 1258/17 (Androhung einer Wassersperre als VA).

302 BVerwGE 26, 161, 164; OVG NRW NVwZ-RR 1994, 549, 550; Rasch DVBl. 1992, 207, 210; Götz JuS 1985, 869, 870; Koenig JA-Übbl. 1993, 10, 11; Guckelberger Jura 2015, 926, 934 für die Ingewahrsamnahme.

303 VGH Mannheim NVwZ 2001, 574 (behördliches Betretungsrecht); Bader/Ronellenfitsch VwVfG § 35 Rn. 127; Stelkens/Bonk/Sachs VwVfG § 35 Rn. 94 u. 95; Beckmann NVwZ 2011, 842, 843; Voßkuhle/Wischmeyer JuS 2016, 698, 700.

304 Stelkens/Bonk/Sachs VwVfG § 35 Rn. 93 ff.; Sodan/Ziekow VwGO § 42 Rn. 100; Fehling JA 1997, 482, 483 m.w.N.

305 OVG NRW NVwZ-RR 1994, 549, 550; Horn Jura 2004, 597, 600; Engelhardt/App/Schlatmann VwVG § 18 Rn. 7; Sadler VwVG § 18 Rn. 10 u. 12: kein VA, aber wie ein VA zu behandeln; a.A. Stelkens/Bonk/Sachs VwVfG § 42a Rn. 26: § 18 Abs. 2 VwVG und die entsprechenden landesrechtlichen Vorschriften dürften durch § 195 Abs. 2 VwGO aufgehoben worden sein.

b) Vorgeschaltete Regelung

Die Abgrenzung zwischen VA und schlichtem Verwaltungshandeln spielt in der Praxis eine große Rolle bei **Informationsansprüchen**. Die Erteilung einer Auskunft stellt grundsätzlich **schlichtes Verwaltungshandeln** ohne Regelungswirkung dar.[306] Allerdings kann der Auskunft eine **regelnde Entscheidung** darüber vorgeschaltet sein, „ob" die Behörde die Auskunft erteilt bzw. ob der Betroffene einen Anspruch auf die Auskunft hat. Ob dies der Fall ist, richtet sich nach den unterschiedlichen Voraussetzungen und Rechtsfolgen der jeweiligen Rechtsgrundlage, aus der sich **Informationsansprüche** ergeben können.[307] 221

Informationsansprüche
■ **§§ 25, 79 VwVfG** im Verwaltungsverfahren bzw. Widerspruchsverfahren
■ **Datenschutzrecht** (EU-DSGVO, BDSG, LDSG u.a.)
■ **LPresseG** (nicht gegenüber Bundesbehörden)
■ **Informationsgesetze** (UIG, VIG, IFG u.a.)
■ **Grundrechte** (z.B. Art. 5 Abs. 1 GG): i.d.R. (–), nur ausnahmsweise (+)
■ **Art. 10 Abs. 1 S. 2 EMRK** (–)
■ **Art. 11 Abs. 1 S. 2 EU-CRCh** (–)
■ **Anspruch auf ermessensfehlerfreie Entscheidung** bei berechtigtem Interesse

- Im Rahmen eines **Verwaltungsverfahrens** bestehen **Informationsansprüche** nach §§ 25 Abs. 1 S. 2, 25 Abs. 2 S. 2, 71 c VwVfG bzw. auf **Akteneinsicht** nach § 29 VwVfG. 222

Anspruchsberechtigt sind jedoch nur die Verfahrensbeteiligten i.S.d. § 13 VwVfG. Außenstehende Dritte haben nach dem VwVfG keine Auskunftsansprüche.[308] Ausschlussgründe sind nach § 29 Abs. 2 VwVfG u.a. öffentliche und private Geheimhaltungsinteressen.

Beachte: Die Vorschriften des VwVfG gelten nur während des Verwaltungsverfahrens, also nicht mehr nachdem der Verwaltungsakt erlassen und das Verwaltungsverfahren abgeschlossen ist (§ 9 VwVfG). Im Widerspruchsverfahren gelten die §§ 25, 29 VwVfG über § 79 VwVfG, im gerichtlichen Verfahren richtet sich die Akteneinsicht nach § 100 VwGO.

- Im **Datenschutzrecht** bestehen Auskunftsansprüche nach § 19 BDSG bzw. LDSG (künftig Art. 15 EU-DSGVO, § 34 BDSG 2018). 223

Die EU-DSGVO (Datenschutz-Grundverordnung, Sartorius 246) und das BDSG n.F. treten am 25.05. 2018 in Kraft. Die EU-DSGVO gilt unmittelbar in den Mitgliedstaaten (Art. 288 Abs. 2 AEUV, Art. 99 Abs. 2 EU-DSGVO) und bedarf daher keines nationalen Umsetzungsaktes. Ihr kommt gegenüber dem nationalen Recht Anwendungsvorrang zu.[309]

In der EU-DSGVO finden sich die grundlegenden Regelungen über die Rechtmäßigkeit der Datenerhebung und -verarbeitung, aber auch die Rechte der Betroffenen, z.B. das Auskunftsrecht (Art. 15 EU-DSGVO), das Recht auf Berichtigung (Art. 16-EU-DSGVO), das Recht auf Löschung (Art. 17 EU-DSGVO „Recht auf Vergessenwerden") und das Widerspruchsrecht (Art. 21 EU-DSGVO).

---

306 VG Darmstadt, Urt. v. 23.04.2013 – 4 K 922/11, NVwZ 2013, 1300, 1301; VG Köln NWVBl. 2010, 155; Kopp/Ramsauer VwVfG § 35 Rn. 88 ff.; Kahl Jura 2001, 505, 509; Mühlbauer DVBl. 2009, 354, 356; Ehlers/Vorbeck Jura 2014, 34, 38.

307 Ausführlich Ehlers/Vorbeck Jura 2013, 1124 ff. u. Jura 2014, 34 ff.

308 Kopp/Ramsauer VwVfG § 25 Rn. 15; § 29 Rn. 21; Sittard/Ulbrich JA 2008, 205, 206.

309 Zum Anwendungsvorrang des EU-Rechts vgl. AS-Skript Europarecht (2017), Rn. 376 ff.

Das BDSG 2018 setzt lediglich Regelungsaufträge der EU-DSGVO um und füllt Öffnungsklauseln aus, die den Mitgliedstaaten einen eigenständigen Gestaltungsspielraum einräumen.[310] Ab dem 25.05.2018 gibt es im Datenschutzrecht in Deutschland mithin drei Regelungsbereiche: die EU-DS-GVO, das neue BDSG und das bereichsspezifische Datenschutzrecht (z.B. in den §§ 21 ff. BPolG und den Landespolizeigesetzen).

224 ■ **Pressevertreter** haben nach dem LPresseG gegenüber Behörden grds. Anspruch auf Auskünfte, die der Erfüllung ihrer öffentlichen Aufgaben dienen.[311]

Anspruchsberechtigt sind Autoren, Redakteure und freie Mitarbeiter sowie Herausgeber und Verleger.[312] Zu den verpflichteten „Behörden" gehören auch Eigengesellschaften der öffentlichen Hand, nicht jedoch öffentlich-rechtliche Rundfunkanstalten.[313] Auskunftsverweigerungsgründe bestehen vor allem, wenn schutzwürdige öffentliche oder private Interessen entgegenstehen.[314]

225 ■ Allgemeine Auskunftsansprüche ergeben sich aus den **Informationsgesetzen** (§ 3 Abs. 1 UIG,[315] § 2 Abs. 1 VIG,[316] § 1 Abs. 1 IFG[317] bzw. entsprechendem Landesrecht).

Die Struktur der Informationsgesetze ist weitgehend identisch: Danach hat jeder unabhängig von einem laufenden Verwaltungsverfahren ohne besondere Voraussetzungen Anspruch auf (bestimmte) behördliche Informationen.[318] Die Behörde kann auf Antrag (mündlich oder schriftlich) Auskunft erteilen, Akteneinsicht gewähren oder Informationen in sonstiger Weise zur Verfügung stellen. Ausschlussgründe sind insbes. vorgesehen zum Schutz von öffentlichen und privaten Belangen und zum Schutz des behördlichen Entscheidungsprozesses (vgl. z.B. §§ 3–6 IFG, §§ 8, 9 UIG, § 3 VIG). Diese Ausschlussgründe werden von der Rspr. im Hinblick auf die bezweckte Transparenz eng ausgelegt und stehen dem Informationsanspruch i.d.R. nicht entgegen, wenn aufgrund einer **Abwägung** davon auszugehen ist, dass das Informationsinteresse im Einzelfall die gegenläufigen schutzwürdigen Belange überwiegt.[319]

Struktur der Informationsansprüche

I. Anwendbarkeit des Gesetzes

1. Verwaltungstätigkeit von **Bundesbehörden** (bei Landesgesetz Landesbehörden)
2. Kein Spezialgesetz

II. Anspruchsvoraussetzungen

1. **Anspruchsberechtigung** (i.d.R. jeder, teilweise nur natürliche Personen)
2. **Anspruchsverpflichtung** (Behörden, auch Eigengesellschaften, auch Bundeskanzleramt, Ministerien, Bundestagsverwaltung, nicht parlamentar. Tätigkeit)
3. **Anspruchsgegenstand** (je nach Gesetz: Umweltinformationen, § 2 Abs. 3 UIG; Verbraucherinformationen, §§ 1, 2 VIG; amtliche Informationen, § 2 Nr. 1 IFG)

---

310 Vgl. ausführlich Greve NVwZ 2017, 737 ff.

311 § 4 PrG BW, Art. 4 BayPrG, § 4 BlnPrG, § 5 BbgPrG, § 4 BremPG, § 4 HmbPrG, § 3 HessPrG, § 4 LPrG M-V, § 4 NPresseG, § 4 PresseG NRW, § 6 LMG RP, § 5 SMG, § 4 SächsPrG, § 4 PrG LSA, § 4 LPresseG SH, § 4 ThürPrG.

312 VGH BW DVBl. 2017, 1113; Köhler NJW 2005, 2337, 2338; Schnabel NVwZ 2012, 854, 855; Partsch NJW 2013, 2858, 2858.

313 OVG NRW, Urt. v. 09.02.2012 – 5 A 166/10, RÜ 2012, 452, 454 (anders zum IFG); Schnabel NVwZ 2012, 854, 855.

314 Vgl. z.B. BVerwG NJW 2015, 807; OVG NRW, Beschl. v. 03.05.2017 – 15 B 457/17.

315 Umweltinformationsgesetz (Sartorius I 294); dazu Wegener NVwZ 2015, 609 ff.

316 Verbraucherinformationsgesetz (Sartorius E 862a); dazu Schoch NVwZ 2012, 1497 ff.

317 Informationsfreiheitsgesetz (Sartorius I 113); dazu Schoch NVwZ 2013, 1033 ff.; NVwZ 2017, 97 ff., zur Rechtslage in Bayern BayVGH KommJur 2017, 143 (Auskunftsanspruch nach Art. 36 BayDSG); dazu Waldhoff JuS 2017, 903, 904.

318 Vgl. VGH Mannheim NVwZ 2017, 981 f.; Schoch NVwZ 2013, 1033, 1033; Ehlers/Vorbeck Jura 2013, 1124, 1132 ff.

319 Vgl. z.B. BVerwG, Urt. v. 25.06.2015 – BVerwG 7 C 2.14, RÜ 2015, 733, 738; BVerwG NJW 2017, 1258; OVG NRW, Urt. v. 06.05. 2015 – 8 A 1943/13, RÜ 2015, 453, 456; Schoch NVwZ 2017, 97, 100 ff.

III. Ausschlusstatbestände

1. Schutz öffentlicher Belange (§ 8 UIG, § 3 S. 1 Nr. 1 VIG, §§ 3, 4 IFG)

z.B. internationale Beziehungen, öffentliche Sicherheit, Schutz laufender Verfahren, Geheimnisschutz, vertrauliche Informationen, Beratungen von Behörden

2. Schutz privater Belange (§ 9 UIG, § 3 S. 1 Nr. 2 VIG, §§ 5, 6 IFG)

z.B. personenbezogene Daten, Betriebs- und Geschäftsgeheimnisse, geistiges Eigentum

3. i.d.R. **Abwägung** zwischen Informationsinteresse und Geheimhaltungsinteresse

- **Grundrechte** verleihen grundsätzlich keinen allgemeinen Informationsanspruch.[320] 226
Nur ausnahmsweise kann sich ein verfassungsunmittelbarer Anspruch ergeben, wenn dies für eine effektive Grundrechtsausübung **unerlässlich** ist.[321]

Beispiel: Die Pressegesetze als Landesgesetze gewähren nach h.M. aus kompetenzrechtlichen Gründen keine Ansprüche gegen Bundesbehörden.[322] Da es ein Presseauskunftsgesetz des Bundes nicht gibt, besteht gegen Bundesbehörden ausnahmsweise ein verfassungsunmittelbarer Anspruch aus Art. 5 Abs. 1 S. 2 GG, soweit die Information unerlässlich ist, damit die Presse ihre grundrechtlich garantierte Funktion erfüllen kann („Minimalstandard").[323] Der Anspruch entspricht im Wesentlichen dem der Landespressegesetze, sodass Pressevertreter gegen Bundesbehörden nach Art. 5 Abs. 1 S. 2 GG i.d.R. einen Auskunftsanspruch haben, soweit schutzwürdige Interessen privater oder öffentlicher Stellen der Auskunft nicht entgegenstehen (Abwägung, s.o.).[324]

Einen **allgemeinen grundrechtlichen Informationsanspruch** gibt es dagegen **nicht**. 227
Vor allem aus der Informationsfreiheit (Art. 5 Abs. 1 S. 1 Alt. 2 GG lässt sich ein solcher Anspruch nicht herleiten, da Informationsquellen in staatlicher Verfügungsgewalt grundsätzlich nicht „allgemein zugänglich" sind.[325] Auch das **Recht auf informationelle Selbstbestimmung** (Art. 2 Abs. 1 i.V.m. Art. 1 Abs. 1 GG) gibt dem Einzelnen ebenfalls **keinen generellen Auskunftsanspruch**, insbes. dann nicht, wenn ein Geheimhaltungsinteresse besteht.[326]

Allerdings kann in diesen Fällen ein Anspruch auf ermessensfehlerfreie Entscheidung über das Auskunftsbegehren bestehen, soweit keine abschließende gesetzliche Regelung besteht.[327]

- **Art. 10 Abs. 1 S. 2 EMRK** gewährleistet zwar die Informationsfreiheit und untersagt 228
es, eine Person am Empfang von Informationen zu hindern. Die Vorschrift begründet jedoch grundsätzlich keinen Informationsanspruch gegen den Staat.[328]

320 OVG NRW NWVBl. 2014, 234; Schnabel NVwZ 2012, 854, 855; Ehlers/Vorbeck Jura 2013, 1124, 1131 f.

321 BVerfG NJW 2006, 1116, 1117; BVerwG NVwZ 2003, 1114; Sittard/Ulbrich JA 2008, 205, 206.

322 BVerwG NVwZ 2016, 1020, 1021; NVwZ 2015, 1388, 1389; NVwZ 2013, 1006, 1007 ff.; VGH Mannheim DVBl. 2017, 972, 975; Blome NVwZ 2016, 1211, 1212 f.; a.A. OVG NRW NWVBl. 2014, 232, 234; Sachs/Jasper NWVBl. 2013, 389, 390.

323 BVerfG, Beschl. v. 27.07.2015 – 1 BvR 1452/13, RÜ 2016, 42, 43 f.; BVerwG NVwZ 2015, 1388, 1390; NVwZ 2016, 945, 946; grundlegend BVerwG, Urt. v. 20.02.2013 – BVerwG 6 A 2.12, RÜ 2013, 450, 452; a.A. Blome NVwZ 2016, 1211, 1214 ff.

324 BVerwG NVwZ 2016, 1020, 1021 (Art. 38 Abs. 1 S. 2 GG); OVG Bln-Bbg NVwZ 2017, 890 (Auslandseinsätze der Bundeswehr gegen IS); OVG Bln-Bbg, Beschl. v. 03.08.2017 – 6 S 9.17 (Böhmermann); vgl. aber OVG Bln-Bbg ZUM 2017, 604: kein presserechtlicher Auskunftsanspruch gegen den Bundestag in Parlamentsangelegenheiten und OVG Bln-Bbg NVwZ 2016, 950: keine Auskunftspflicht des Bundespräsidenten über die Prüfung auszufertigender Gesetze.

325 BVerwG NJW 2013, 2538, 2539; NVwZ 2011, 1072, 1073; OVG Bln-Bbg NVwZ-RR 2012, 107, 108; BayVGH NJW 2014, 1687, 1688; BayVBl 2017, 482, 483; VGH BW DVBl. 2017, 972, 975; Blome NVwZ 2016, 1211, 1214; a.A. Wegener NVwZ 2015, 609, 610; vgl. aber Art. 21 Abs. 4 BbgVerf und Art. 53 Verf SH; ausführlich Wirtz/Brink NVwZ 2015, 1166 ff.

326 BVerwG AfP 2010, 410, 412; NVwZ 1992, 451, 453.

327 BVerwG, Urt. v. 15.06.2016 – BVerwG 6 A 7.14, RÜ 2016, 661, 665 und unten Rn. 230.

328 BVerwG NVwZ 2013, 1006, 1010; OVG NRW, Urt. v. 13.03.2013 – 5 A 1293/11, RÜ 2013, 325, 330; BayVGH NJW 2014, 1687, 1688; a.A. Partsch NJW 2013, 2858, 2860; offen gelassen von BVerwG NVwZ 2016, 1020, 1023; VGH Mannheim DVBl. 2017, 972, 977 unter Hinweis auf EGMR, Urt. v. 08.11.2016 – 18030/11.

229 ■ Auch die Informationsfreiheit nach **Art. 11 Abs. 1 S. 2 EU-GRCh** begründet keinen eigenständigen Informationsanspruch.[329]

Ohnehin bindet die GRCh primär nur die Organe der Europäischen Union (vgl. Art. 51 Abs. 1 S. 1 Hs. 1 GRCh), die Mitgliedstaaten und ihre Institutionen nur, sofern sie Unionsrecht durchführen (Art. 51 Abs. 1 S. 1 Hs. 2 GRCh).[330] Zu Dokumenten der Organe, Einrichtungen und sonstigen Stellen der Europäischen Union besteht ein Zugangsrecht nach Art. 42 GRCh. Einschränkungen sind nach Art. 52 Abs. 2 GRCh aufgrund des Vorbehalts in Art.15 Abs.3 UAbs.1 u. 2 AEUV möglich.[331]

230 ■ Besteht keine bzw. keine abschließende gesetzliche Regelung, steht die Auskunftserteilung im **Ermessen** der Behörde. Kann der Betroffene ein **berechtigtes Interesse** geltend machen, hat er einen **Anspruch auf fehlerfreie Ermessensausübung.**[332]

Beispiel: Nach § 22 S. 1 BNDG i.V.m. § 15 Abs. 3 BVerfSchG besteht gegen den Bundesnachrichtendienst (BND) kein Auskunftsanspruch auf die Herkunft und die Weitergabe von Daten. Gleichwohl besteht aus dem Recht auf informationelle Selbstbestimmung (Art. 2 Abs. 1 i.V.m. Art. 1 Abs. 1 GG) ein Anspruch auf ermessensfehlerfreie Entscheidung, der sich gerade auch auf diese Informationen erstrecken kann.[333]

Im Rahmen des Ermessens hat eine Abwägung zwischen dem Informationsinteresse des Betroffenen und dem Geheimhaltungsinteresse des Staates bzw. Dritter zu erfolgen.[334] Durch die Informationsfreiheitsgesetze hat dieser ungeschriebene Anspruch auf ermessensfehlerfreie Entscheidung allerdings an Bedeutung verloren.[335]

Fall 8: Die Auskunft

K ist Eigentümer eines in der Nähe einer ehemaligen Abfalldeponie gelegenen Wohngrundstücks. Auf seinem Grundstück richtete er Anfang 2017 einen Hausbrunnen ein. Aufgrund der öffentlichen Diskussion über Altlasten befürchtet K eine Verunreinigung seines Brunnens durch Abflüsse aus der ehemaligen Deponie. K hat erfahren, dass der Bundesbehörde B ein Gutachten über Wasseranalysen im Umfeld des Deponiegeländes vorliegt. Er beantragt deshalb, ihm Einsicht in das Gutachten zu gewähren. Die Behörde verweist pauschal darauf, dass eine Gefährdung des Hausbrunnens aufgrund der Untersuchungsergebnisse offensichtlich auszuschließen sei, für eine Überlassung der Unterlagen fehle es daher an einem berechtigten Interesse. K ist mit dieser Auskunft nicht zufrieden und überlegt, ob er – ggf. nach einem Vorverfahren – vor dem Verwaltungsgericht mit Erfolg klagen kann.

A. Zulässigkeit einer Klage vor dem Verwaltungsgericht

231 I. Der **Verwaltungsrechtsweg** ist für Streitigkeiten über Umweltinformationen aufgrund der aufdrängenden Spezialzuweisung des § 6 Abs. 1 UIG eröffnet.

---

329 Jarass, GRCh, Art. 11 Rn. 24; Streinz in: Streinz, EUV/AEUV, Art. 11 GRCh Rn. 11; a.A. Calliess in: Calliess/Ruffert, AEUV/EUV, Art. 11 GRCh Rn. 14 m.w.N.

330 Vgl. dazu AS-Skript Europarecht (2017), Rn. 589 ff.

331 Vgl. EuGH, Urt. v. 18.07.2017 – C-213/15 P zum Zugang der Öffentlichkeit zu Dokumenten des Europäischen Parlaments, des Rates und der Kommission; vgl. in einem Sonderfall auch EuGH NVwZ 2017, 1276 mit Anm. Ehrmann.

332 BVerwG DVBl. 2004, 442; OVG NRW DVBl. 1999, 1053, 1054; Ehlers/Vorbeck Jura 2013, 1124, 1131.

333 BVerwG, Urt. v. 15.06.2016 – BVerwG 6 A 7.14, RÜ 2016, 661, 665 (zu § 7 S. 1 BNDG a.F.)

334 Vgl. BVerwG, Urt. v. 15.06.2016 – BVerwG 6 A 7.14, RÜ 2016, 661, 665: kein Anspruch gegen den BND über Herkunft und Weitergabe von Daten; BVerwG DVBl. 2004, 442, 443: kein Anspruch auf Preisgabe eines Behördeninformanten; BVerwG JZ 2004, 460, 461: Vertraulichkeit gegenüber Informanten bei Korruptionsbekämpfung.

335 Vgl. Sittard/Ulbrich JA 2008, 205, 206.

Für Streitigkeiten nach dem Landes-UIG bzw. dem IFG gilt die Generalklausel des § 40 Abs. 1 S. 1 VwGO, allerdings kann für Streitigkeiten nach dem Landes-UIG auch gegen private informationspflichtige Stellen der Verwaltungsrechtsweg vorgesehen werden (§ 6 Abs. 5 UIG).

II. Der **Klageart** nach handelt es sich um eine **Verpflichtungsklage** (§ 42 Abs. 1 Fall 2 VwGO), wenn K den Erlass eines Verwaltungsaktes i.S.d. § 35 VwVfG begehrt.

1. Die begehrte Auskunft ist die **Maßnahme einer Behörde**, deren Erlass sich nach den **öffentlich-rechtlichen Vorschriften** des UIG richtet (bei Landesbehörden nach entsprechendem Landes-UIG). 232

2. Die Auskunft müsste eine **Regelung** enthalten. Hierfür ist erforderlich, dass sie unmittelbar auf die Herbeiführung einer Rechtsfolge gerichtet ist. 233

a) Die Auskunft selbst stellt als Erteilung einer Information lediglich **schlichtes Verwaltungshandeln** ohne Regelungswirkung dar.

b) Teilweise wird die Auffassung vertreten, die **Ablehnung** einer beantragten Amtshandlung sei stets ein VA, unabhängig davon, ob deren Vornahme ein VA oder ein schlichtes Verwaltungshandeln wäre. Die Regelung i.S.v. § 35 S. 1 VwVfG liege in der hoheitlichen Verneinung des geltend gemachten Anspruchs.[336] Dagegen spricht jedoch, dass die Ablehnung einer Maßnahme als Kehrseite zur Vornahme der Handlung deren Rechtsnatur teilt. Ist die Vornahme kein VA, kann es auch nicht deren Ablehnung sein.[337] 234

Etwas anderes gilt natürlich auch hier, wenn die Behörde die Leistung eindeutig durch VA abgelehnt hat (s.o. Rn. 195).[338]

c) Eine Regelung ist in diesen Fällen vielmehr nur dann anzunehmen, wenn **vor Erteilung der Auskunft** eine **regelnde Entscheidung** darüber ergeht, „ob" die Behörde die Auskunft erteilt bzw. ob der Antragsteller einen Anspruch auf die Auskunft hat. 235

aa) Für die Annahme einer Regelung ist dabei allerdings noch nicht ausreichend, dass vor Erlass der Maßnahme **überhaupt** eine Entscheidung zu treffen ist. Denn das ist praktisch bei jeder behördlichen Maßnahme der Fall. Auch ein schlichtes Verwaltungshandeln darf nicht vorgenommen werden, ohne dass zuvor entschieden wird, ob es zulässig ist.

bb) Die Annahme einer **regelnden Entscheidung** ist aber dann gerechtfertigt, 236

- wenn die Leistung nur abstrakt im Gesetz vorgesehen ist und deshalb eine **Subsumtion** durch die Behörde im Einzelfall erfolgen muss oder
- wenn die Leistung im **Ermessen** der Behörde steht. Denn dann bedarf es einer Abwägung und der Feststellung des Abwägungsergebnisses, **ob** die begehrte Leistung erbracht werden soll oder nicht.[339]

336 Meyer/Borgs VwVfG § 35 Rn. 38; Lässig JuS 1990, 459, 462; Erichsen Jura 1993, 180, 182.

337 VG Freiburg, Beschl. v. 04.09.2014 – 4 K 1748/14; Stelkens/Bonk/Sachs VwVfG § 35 Rn. 99.

338 OVG NRW NJW 1995, 3003, 3004.

339 BVerwGE 31, 301, 306 ff.; OVG NRW DVBl. 1999, 1053, 1054; Stelkens/Bonk/Sachs VwVfG § 35 Rn. 100 ff.; Zilkens JuS 2001, 368, 369; Kahl Jura 2001, 505, 509; jeweils m.w.N.

237 (1) Die Annahme einer Regelung ist unproblematisch in den Fällen, in denen die Erteilung von Auskünften im **Ermessen** der Behörde steht. Hier liegt der rechtliche Schwerpunkt nicht in der tatsächlichen Erteilung der Auskunft, sondern in der hierdurch zum Ausdruck gebrachten **Ermessensentscheidung** der Behörde. Die Erteilung der Auskunft ist ebenso wie ihre Versagung das Ergebnis der **Abwägung der widerstreitenden Interessen**. In diesen Fällen ist daher eine Regelung i.S.d. VA-Begriffs zu treffen.[340]

Nach der Gegenansicht kann es für das Vorliegen eines VA nicht auf die Unterscheidung zwischen gebundenen Entscheidungen und Ermessensentscheidungen ankommen. Ein VA liege nur vor, wenn das (Nicht-)Bestehen des Anspruchs verbindlich festgestellt werden soll.[341]

238 (2) Bei **gebundenen** Auskunftsansprüchen (z.B. § 3 UIG, § 2 VIG, § 1 IFG) spricht gegen eine Regelung und damit gegen das Vorliegen eines VA, dass das „Ob" der Auskunftserteilung hier gesetzlich zwingend vorgesehen ist und keiner behördlichen Entscheidung mehr bedarf.[342]

Deshalb verneint die Rspr. einen vorgeschalteten VA z.B. beim presserechtlichen Auskunftsanspruch. Der Anspruch nach LPresseG ist daher nicht mit der Verpflichtungsklage, sondern mit der allgemeinen Leistungsklage durchzusetzen.[343]

239 Für einen VA spricht jedoch, dass die Behörde aufgrund einer **Subsumtion** z.B. feststellen muss, ob Versagungsgründe (z.B. §§ 8, 9 UIG, § 3 VIG, §§ 4 ff. IFG) vorliegen. Hierbei ist in der Regel eine **Abwägungsentscheidung** zwischen den gegenläufigen Interessen zu treffen (s.o. Rn. 225). Der **rechtliche Schwerpunkt** liegt daher nicht in der Erteilung oder Versagung der Auskunft, sondern in der hierdurch zum Ausdruck gebrachten Entscheidung der Behörde. Der Auskunftserteilung ist daher auch in diesen Fällen eine **regelnde Entscheidung** durch VA vorgeschaltet.[344]

Vom Vorliegen eines VA geht auch § 6 Abs. 2 UIG („Widerspruchsverfahren") aus, in diesem Sinne auch § 9 Abs. 4 S. 1 IFG („Widerspruch und Verpflichtungsklage") und § 5 Abs. 4 u. 5 VIG.[345] Die Vorschriften wirken indes nicht konstitutiv und fingieren auch nicht das Vorliegen eines VA,[346] sodass Sie in der Klausur – wie im Fall dargestellt – unter die einzelnen Merkmale des VA-Begriffs subsumieren müssen.

240 3. Die Erteilung der Information betrifft einen **Einzelfall** und hat auch **Außenwirkung**. Somit erstrebt K eine Entscheidung durch VA. Die Verpflichtungsklage ist statthaft.

---

340 Vgl. z.B. BVerwG, Urt. v. 15.06.2016 – BVerwG 6 A 7.14, RÜ 2016, 661, 663.

341 Kahl Jura 2001, 505, 509; vgl. auch Stelkens/Bonk/Sachs VwVfG § 35 Rn. 99 u. 100.

342 VG Köln NWVBl. 2010, 155; Gurlit DVBl. 2003, 1119, 1132; ebenso im Ergebnis BVerwG DVBl. 1997, 438, das ohne nähere Begründung eine allgemeine Leistungsklage annimmt.

343 BVerwG, Beschl. v. 03.05.2016 – BVerwG 7 C 7.15; BVerwG NVwZ 2013, 1006, 1007; Köhler NJW 2005, 2337, 2341; Schnabel NVwZ 2012, 854, 856; Partsch NJW 2013, 2858, 2861.

344 BVerwG NVwZ 2017, 485, 486; BVerwG, Beschl. v. 03.05.2016 – BVerwG 7 C 7.15 (IFG); OVG NRW, Urt. v. 06.05.2015 – 8 A 1943/13, RÜ 2015, 453, 454 (IFG); VGH Mannheim DVBl. 2017, 972 (IFG); SächsOVG, Urt. v. 06.12.2016 – 4 A 342/14 (UIG); Stelkens/Bonk/Sachs VwVfG § 29 Rn. 28; Kopp/Ramsauer VwVfG § 29 Rn. 74 (IFG), Rn. 82 (UIG bei Ablehnung) u. Rn. 87 (VIG); Schnabel NVwZ 2012, 854, 856; Schoch NJW 2013, 1033, 1039; Ehlers/Vorbeck Jura 2014, 34, 39.

345 Vgl. Kugelmann NJW 2005, 3609, 3613; Schoch NVwZ 2012, 1497, 1500 f.

346 Vgl. HessVGH, Urt. v. 11.03.2015 – 6 A 329/14 und Anm. in RÜ 2015, 453, 454.

Prozessuale Konsequenz: Stützt der Kläger seinen Informationsanspruch auf mehrere Anspruchsgrundlagen (z.B. neben § 3 Abs. 1 UIG auch auf Art. 5 Abs. 1 S. 1 GG und Art. 10 Abs. 1 S. 2 EMRK liegt i.d.R. nur eine **Anspruchsgrundlagenkonkurrenz** vor und damit eine einheitliche Verpflichtungsklage.[347] Macht der Kläger dagegen neben einem auf das UIG bzw. IFG gestützten Informationsanspruch auch einen presserechtlichen Auskunftsanspruch (LPresseG bzw. Art. 5 Abs. 1 S. 2 GG) geltend, liegt nicht nur eine Anspruchskonkurrenz, sondern eine Mehrheit von **Streitgegenständen** vor, da die Anspruchsgrundlagen erkennbar unterschiedlich ausgestaltet sind. Es liegt daher eine Klagehäufung (§ 44 VwGO) von Leistungsklage (bzgl. LPresseG) und Verpflichtungsklage (bzgl. UIG bzw. IFG) vor.[348] **241**

III. Die gemäß § 42 Abs. 2 VwGO erforderliche **Klagebefugnis** ergibt sich daraus, dass K geltend machen kann, nach § 3 Abs. 1 UIG einen Anspruch auf die begehrte Information zu haben und dieser Anspruch nicht von vornherein und nach jeder Betrachtungsweise ausgeschlossen ist.[349] **242**

IV. Vor Klageerhebung muss K gemäß § 68 Abs. 2 i.V.m. Abs. 1 S. 1 VwGO ein **Vorverfahren** durchführen und gemäß § 74 Abs. 2 i.V.m. Abs. 1 S. 1 VwGO eine **Klagefrist** von einem Monat nach Zustellung des Widerspruchsbescheids einhalten. **243**

Beachte: *Die Frage, ob ein VA vorliegt, wirkt sich daher auch bei der Frage aus, ob ein Vorverfahren erforderlich ist und eine Klagefrist gewahrt werden muss.*

B. Begründetheit der Klage **244**

Die Verpflichtungsklage ist gemäß § 113 Abs. 5 S. 1 VwGO begründet, soweit die Ablehnung des Verwaltungsakts rechtswidrig, der Kläger dadurch in seinen Rechten verletzt und die Sache spruchreif ist. Das ist dann der Fall, wenn K einen **Anspruch** auf die begehrte Information hat.[350]

I. **Anspruchsgrundlage** ist § 3 Abs. 1 UIG. Bei dem Gutachten über Wasseranalysen handelt es sich um eine **Umweltinformation** i.S.d. § 2 Abs. 3 Nr. 1 UIG. Nach § 3 Abs. 1 UIG besteht der Anspruch auf freien Zugang zu Umweltinformationen, ohne dass ein rechtliches Interesse dargelegt werden muss. Ob der Betroffene mit der Information etwas anfangen kann oder wozu er sie verwendet, ist daher unerheblich. Eines besonderen Interesses bedarf es dazu nicht (ebenso § 1 Abs. 1 IFG). **Anspruchsberechtigt** ist jede Person, also auch K. **Anspruchsverpflichtet** ist gem. § 2 Nr. 1 UIG die Bundesbehörde B. **Ablehnungsgründe** nach §§ 8, 9 UIG sind nicht ersichtlich. **245**

II. **Rechtsfolge:** Der Zugang kann durch Auskunftserteilung, Gewährung von Akteneinsicht oder in sonstiger Weise eröffnet werden (§ 3 Abs. 2 S. 1 UIG). Wird eine bestimmte Art des Informationszugangs beantragt, so darf dieser nur aus gewichtigen Gründen auf andere Art eröffnet werden (§ 3 Abs. 2 S. 2 UIG). Gründe, die der beantragten Einsichtnahme entgegenstehen könnten, sind nicht ersichtlich.[351] **246**

K steht daher der geltend gemachte Anspruch auf Einsicht in das Gutachten zu, sodass die Verpflichtungsklage Erfolg haben wird.

---

347 VGH Mannheim, Urt. v. 16.05.2017 – 10 S 1478/16 (insoweit in DVBl. 2017, 972 nicht abgedruckt); VG Berlin, Urt. v. 27.06.2016 – 2 K 534/15.

348 BVerwG, Beschl. v. 03.05.2016 – BVerwG 7 C 7.15; a.A. VGH Mannheim DVBl. 2017, 972, 975.

349 Zu dieser Negativformel vgl. AS-Skript VwGO (2017), Rn. 454.

350 Zum Prüfungsumfang bei der Verpflichtungsklage vgl. AS-Skript VwGO (2017), Rn. 194 ff.

351 Vergleichbare Regelungen enthalten § 6 Abs. 1 VIG und § 1 Abs. 2 IFG.

4. Vorbereitende Maßnahmen und vorläufiger VA

247 Regelung i.S.d. VA-Begriffs ist grundsätzlich nur die **endgültige Regelung**. Maßnahmen, die einen VA bloß vorbereiten, enthalten keine Regelung i.S.d. § 35 S. 1 VwVfG und sind selbst keine VAe.

Beispiel: Die Aufforderung der Fahrerlaubnisbehörde bei Bedenken gegen die Kraftfahreignung ein ärztliches Gutachten vorzulegen (§ 46 Abs. 3 FeV i.V.m. §§ 12 ff. FeV) ist als bloß vorbereitende Maßnahme für die etwaige Entziehung der Fahrerlaubnis (§ 3 Abs. 1 StVG) kein selbstständiger VA.[352] Die Aufforderung ist nicht eigenständig vollstreckbar. Die Behörde hat nur die Möglichkeit, im Fall der Nichtvorlage des Gutachtens von der Ungeeignetheit des Verkehrsteilnehmers auszugehen und deswegen die Fahrerlaubnis zu entziehen (§ 11 Abs. 8 FeV). Die Entziehung der Fahrerlaubnis ist dann allerdings nur rechtmäßig, wenn die Anforderung des Gutachtens ihrerseits rechtmäßig gewesen ist.[353]

248 Entsprechendes gilt für bloße **Verfahrenshandlungen**, die ebenfalls keine unmittelbaren Rechtsfolgen begründen.[354] In der Regel haben sie nur behördeninterne Bedeutung, sodass es außerdem an der für den VA erforderlichen Außenwirkung fehlt. Überdies schließt § 44 a VwGO die isolierte Anfechtung von Verfahrenshandlungen i.d.R. aus.

Etwas anderes gilt nur, wenn die Verfahrenshandlung vollstreckt werden kann oder gegen einen Nichtbeteiligten ergeht (§ 44 a S. 2 VwGO) oder bereits einen Grundrechtseingriff darstellt. Dieser kann dann durch Leistungsklage abgewehrt werden.[355] **Beachte:** Kleidet die Behörde allerdings eine vorbereitende Verfahrenshandlung ihrer äußeren Form nach in die Gestalt eines Verwaltungsakts, so handelt es sich um einen anfechtbaren (formellen) VA.[356]

249 Besonderheiten gelten jedoch für den sog. **vorläufigen VA**. Bei einem vorläufigen VA wird eine (vorläufige) Regelung unter dem Vorbehalt einer späteren endgültigen Entscheidung der Behörde gestellt (deshalb auch VA mit vorläufiger Regelung).

Fall 9: Unter Vorbehalt

K betreibt ein Milchwerk und beliefert verschiedene Schweinemästereien mit Milcherzeugnissen. Er beantragte bei der zuständigen Behörde eine staatliche Beihilfe für die Verwendung von Magermilch und Magermilchpulver zu Futterzwecken i.H.v. insgesamt 50.000 EUR. Die Behörde erließ am 22.04. einen Bescheid folgenden Inhalts: „Auf Ihren Antrag werden Ihnen vorläufig 35.000 EUR bewilligt. Der Betrag wird vorläufig ausgezahlt unter dem ausdrücklichen Vorbehalt des Ergebnisses der bei Ihnen noch durchzuführenden Betriebsprüfung." Als sich ein halbes Jahr später anlässlich der Betriebsprüfung herausstellt, dass K gegen die der Bewilligung zugrundeliegenden Richtlinien verstoßen hat, lehnt die Behörde den Antrag des K endgültig ab. K möchte erreichen, dass er die ihm unter Vorbehalt bewilligten Beihilfen behalten darf. Wie ist die Rechtslage? Von der Zulässigkeit der Beihilfe ist auszugehen.

---

352 BayVGH, Beschl. v. 22.05.2017 – 11 ZB 17.637; OVG Schleswig, Beschl. v. 11.04.2014 – 2 MB 11/14; Hentschel/König/Dauer FeV § 46 Rn. 15; Beckmann NVwZ 2011, 842, 843; ebenso BVerwG, Urt. v. 26.04.2012 – BVerwG 2 C 17.10, RÜ 2012, 735, 737 zur Anordnung einer ärztlichen Untersuchung eines Beamten.

353 BVerwG NJW 2005, 3440, 3441; BayVGH NJW 2017, 2695, 2696; OVG Koblenz NJW 2017, 186; OVG Magdeburg NJW 2012, 2604; VGH Mannheim NJW 2011, 3257; Hentschel FeV § 11 Rn. 24; ebenso BVerwG NVwZ 2013, 1619, 1620; NVwZ 2014, 530, 531 zur Anordnung einer ärztlichen Untersuchung eines Beamten; dazu Hufen JuS 2014, 569 ff.

354 Vgl. BVerwG DVBl. 1990, 1232, 1233; BayVGH, Beschl. v. 22.05.2017 – 11 ZB 17.637; Kahl Jura 2001, 505, 509.

355 Von VGH BW, Urt. v. 22.07.2014 – 4 S 1209/13, RÜ 2014, 735, 737 bejaht für die Untersuchungsanordnung eines Beamten; ebenso OVG Saarland NVwZ-RR 2013, 477; OVG NRW NVwZ-RR 2013, 198; vgl. auch OVG Lüneburg, Beschl. v. 31.07.2017 – 5 ME 93/17.

356 VGH Mannheim, Beschl. v. 10.07.2017 – 9 S 1253/17 (Anhörungsschreiben als Schein-VA) und oben Rn. 195.

I. Der **Anspruch des K** könnte sich aus dem Bescheid vom 22.04. ergeben. Dies hängt vom Inhalt der Regelung ab. Erfolgt eine Bewilligung unter Vorbehalt, stellt sich zunächst die Frage, welche **Rechtsqualität** eine derartige Bewilligung hat. Trifft die Behörde eine **„vorläufige" Regelung**, kann dies rechtlich in unterschiedlicher Weise qualifiziert werden: **250**

1. Eine **Zusicherung** i.S.d. § 38 Abs. 1 VwVfG liegt in diesen Fällen regelmäßig nicht vor, da über die endgültige Bewilligung noch nicht entschieden ist. **251**

   Nur wenn sich die Behörde ausnahmsweise schon jetzt dahingehend festlegt, später werde eine Bewilligung erfolgen, kann eine Zusicherung in Betracht kommen (s.u. Rn. 614).

2. Auch ein **Teil-** oder **Vorbescheid** scheidet i.d.R. aus, da der Vorbehalt gerade zum Ausdruck bringen soll, dass keine verbindliche Teilregelung getroffen wird, sondern die Gesamtregelung erst später, hier nach der Betriebsprüfung, erfolgt. **252**

   Gegenbeispiel: Durch den bauordnungsrechtlichen Vorbescheid kann nach der LBauO über einzelne Fragen des Bauvorhabens vorab entschieden werden. Im industriellen Großanlagenbau ist es üblich, die Genehmigung schrittweise zu erteilen (vgl. z.B. §§ 8, 9 BImSchG).

3. Es kann sich um die Bewilligung einer **Abschlagszahlung** auf erst zukünftig zu bewilligende Beträge handeln. Dagegen spricht jedoch, dass Abschlagszahlungen typischerweise auf **dem Grunde nach bereits feststehende Ansprüche** erbracht werden, bei denen lediglich die Höhe der endgültig zu zahlenden Summe noch offensteht. Hier soll später jedoch eine Entscheidung auch noch über den **Anspruchsgrund** ergehen.[357] **253**

4. Es könnte eine **auflösende Bedingung** (§ 36 Abs. 2 Nr. 2 VwVfG) vorliegen, wenn die endgültige Bewilligung von dem Eintritt eines ungewissen **zukünftigen Ereignisses** abhängen soll. Hier sollte K aber den vorläufig bewilligten Zuschuss auch dann nicht behalten dürfen, wenn bereits gegenwärtig die Voraussetzungen für die Bewilligung nicht vorlagen. Die endgültige Regelung ist also **nicht von einem zukünftigen**, sondern von einem **gegenwärtigen** bzw. vergangenen Ereignis abhängig, das bislang nur noch nicht überprüft werden konnte.[358] **254**

5. Schließlich kommt eine Bewilligung unter dem **Vorbehalt** des **Widerrufs** i.S.v. § 36 Abs. 2 Nr. 3 VwVfG in Betracht. Eine Bewilligung mit Widerrufsvorbehalt stellt aber im jetzigen Zeitpunkt eine **endgültige** Regelung dar. Sie kann lediglich unter den gesetzlichen Voraussetzungen des § 49 Abs. 2 Nr. 1 VwVfG wieder beseitigt werden. Darauf zielte aber der erkennbar gewordene Wille der Behörde nicht ab. Diese wollte sich vielmehr die **Gesamtentscheidung für die Zukunft** vorbehalten. **255**

6. Da die durch das VwVfG zur Verfügung gestellten Regelungsmöglichkeiten den vorliegenden Fall nicht befriedigend erfassen können, nehmen Rspr. und Lit. in derartigen Konstellationen einen sog. **vorläufigen VA** an, d.h. die Bewilligung erfolgt nicht endgültig, sondern unter dem Vorbehalt der endgültigen Entscheidung (vgl. auch im Planungsrecht § 74 Abs. 3 Hs. 1 VwVfG).[359] **256**

---

357 Vgl. Beaucamp JA 2010, 247, 249.

358 BVerwG DVBl. 1983, 851, 852; Schröder Jura 2010, 255, 260; a.A. Beaucamp JA 2010, 247, 250.

359 Vgl. BVerwG, Urt. v. 11.05.2016 – BVerwG 10 C 8.15, RÜ 2016, 803, 805; BVerwG, Urt. v. 19.11.2009 – BVerwG 3 C 7.09, RÜ 2010, 188, 189; DVBl. 1983, 851, 852; Kahl Jura 2001, 505, 510; Peine JA 2004, 417, 419.

257 Der **Regelungsgehalt** eines solchen VA besteht darin, dass der Begünstigte den empfangenen Betrag nur **vorläufig** bis zum Erlass der endgültigen Entscheidung behalten darf (deshalb auch **VA mit vorläufiger Regelung**).[360] Im Unterschied zu bloß vorbereitenden Maßnahmen (s.o. Rn. 247) wird hier die Rechtslage bereits jetzt – wenn auch nur vorläufig – geändert. Der Anspruch des Begünstigten hängt dann davon ab, welchen abschließenden Bewilligungs- oder Ablehnungsbescheid die Behörde aufgrund der noch durchzuführenden Betriebsprüfung erlässt.

258 a) Bei **belastenden** VAen ist der vorläufige VA i.d.R. **unzulässig**, weil die Behörde in die Rechte des Betroffenen erst dann eingreifen darf, wenn alle tatbestandlichen Voraussetzungen des belastenden VA geklärt sind. Etwas anderes gilt nur, wenn die Ermächtigungsgrundlage auch vorläufige Maßnahmen deckt (z.B. Gefahrerforschungseingriffe nach der polizeirechtlichen Generalklausel im Fall des Gefahrenverdachts).[361]

259 b) Bei **begünstigenden** VAen hält die Rspr. demgegenüber vorläufige Regelungen grundsätzlich für zulässig, wenn hierfür ein **sachlicher Grund** besteht.[362] Dagegen wird eingewandt, dass die Vorschriften über Nebenbestimmungen in § 36 VwVfG für vorläufige Regelungen abschließend seien. Außerdem würden durch den vorläufigen VA die engen Voraussetzungen der §§ 48, 49 VwVfG unterlaufen. Dies dürfe auch nicht mit Einwilligung des Bürgers geschehen.[363]

Für die h.M. spricht, dass in der Praxis vor allem bei begünstigenden VAen ein unabweisbares Bedürfnis für derartig vorläufige Regelungen besteht, wenn der **entscheidungserhebliche Sachverhalt** im jetzigen Zeitpunkt **noch nicht abschließend ermittelt** werden kann. § 36 Abs. 2 VwVfG ist auch nicht in dem Sinne abschließend, dass die Verwaltung an der Entwicklung weiterer Typen von Nebenbestimmungen gehindert wäre.[364] Bedenken im Hinblick auf den Vorbehalt des Gesetzes bestehen im Ergebnis nicht, da der Bürger durch den vorläufigen VA **zunächst mehr** erhält, als ihm gesetzlich in diesem Zeitpunkt zusteht. Denn wenn noch nicht alle Tatbestandsmerkmale als erfüllt festgestellt werden können, hätte er an sich noch keinen Anspruch auf die Begünstigung.[365]

Der vorläufige VA darf aber nicht zur Umgehung des § 24 Abs. 1 VwVfG führen. Die Behörde ist verpflichtet, den Sachverhalt von Amts wegen zu ermitteln. Unzulässig ist ein vorläufiger VA daher, wenn bei gehöriger Aufklärung des Sachverhalts bereits ein endgültiger VA erlassen werden könnte.[366]

260 c) Umstritten ist allerdings, wie der vorläufige VA einzuordnen ist:

- als **VA sui generis**,[367]

---

360 So BVerwG, Urt. v. 19.11.2009 – BVerwG 3 C 7.09, RÜ 2010, 188, 189.

361 Vgl. Beaucamp JA 2010, 247, 248 f.; Schröder Jura 2010, 255, 260; Hebeler/Schäfer Jura 2010, 881, 886; Peine JA 2004, 417, 420 m.N. auf die vereinzelt vertretene Gegenauffassung.

362 BVerwG RÜ 2010, 188, 190; DVBl. 1983, 851, 852; OVG NRW NWVBl. 1992, 279, 280; Knack/Henneke VwVfG § 35 Rn. 122; Peine JA 2004, 417, 419 m.w.N.; einschränkend Bader/Ronellenfitsch VwVfG § 35 Rn. 153.

363 Vgl. Henke DVBl. 1983, 1247; Kopp DVBl. 1989, 238 ff.; Eschenbach DVBl. 2002, 1247 ff.; Beaucamp JA 2010, 247, 250.

364 BVerwG, Urt. v. 19.11.2009 – BVerwG 3 C 7.09, RÜ 2010, 188, 190; kritisch Waldhoff JuS 2010, 941, 943.

365 Vgl. Pünder in Ehlers/Pünder § 14 Rn. 63; Knack/Henneke VwVfG § 35 Rn. 122; Hebeler/Schäfer Jura 2010, 881, 886.

366 Stelkens/Bonk/Sachs VwVfG § 35 Rn. 246; Beaucamp JA 2010, 247, 247.

- als besondere, in § 36 VwVfG nicht vorgesehene, aber gleichwohl zulässige **Nebenbestimmung**[368] oder
- als **Inhaltsbestimmung** des VA.[369]

Einigkeit besteht jedenfalls, dass auch der vorläufige VA uneingeschränkt VA-Qualität besitzt.[370] Die erforderliche Regelung liegt darin, dass dem Bürger ein **vorläufiges Recht zum Behaltendürfen der Leistung** eingeräumt wird, wodurch eine Bindung der Verwaltung bis zur endgültigen Entscheidung entsteht.

II. Konsequenzen aus dem Vorliegen eines **VA mit vorläufiger Regelung**

1. Aus der inhaltlichen Vorläufigkeit der ursprünglichen Bewilligung folgt, dass sich der vorläufige Bescheid mit dem Erlass des endgültigen VA (sog. Schlussbescheid) automatisch **erledigt** (§ 43 Abs. 2 VwVfG), d.h. sobald der endgültige VA vorliegt, ist der vorläufige VA gegenstandslos.[371] **261**

   Der Betroffene kann daher nach Erlass des Schlussbescheides mangels Rechtsschutzbedürfnisses keine Rechtsbehelfe mehr gegen den vorläufigen VA erheben, sondern muss gegen den Schlussbescheid vorgehen.

2. Aus diesem Grunde bedarf es bei der endgültigen Festsetzung bzw. Ablehnung des Zuschusses auch keiner **Aufhebung** des vorläufigen VA nach §§ 48, 49 VwVfG. Die erhaltenen Zahlungen sind analog § 49 a VwVfG[372] zu erstatten, soweit der Rechtsgrund für das (vorläufige) Behaltendürfen durch Erlass des Schlussbescheides entfallen ist.[373] **262**

   Wegen der ausdrücklichen Vorläufigkeit ist Vertrauensschutz (z.B. nach § 48 Abs. 2 bzw. § 49 Abs. 2 u. 3 VwVfG) ausgeschlossen. Deshalb werden strenge Anforderungen an die Bestimmtheit eines vorläufigen VA (§ 37 Abs. 1 VwVfG) gestellt. Er muss ausdrücklich oder in sonstiger Weise als nur vorläufige Regelung gekennzeichnet sein und damit zum Ausdruck bringen, dass das Bewilligungsverfahren auf die Erteilung von zwei Verwaltungsakten (des vorläufigen und des endgültigen VA) ausgelegt ist.[374]

3. Prozessual muss K, will er das Geld endgültig behalten, **Verpflichtungsklage** auf Erlass eines (positiven) Bewilligungsbescheides erheben (§ 42 Abs. 1 Fall 2 VwGO).[375] Im Rahmen der Begründetheit der Klage werden dann die Voraussetzungen für die Gewährung eines Zuschusses geprüft, wobei inzident auch über die Rückzahlungsverpflichtung mitentschieden wird.[376] **263**

---

367 Knack/Henneke VwVfG § 35 Rn. 121.

368 In diesem Sinne BVerwG, Urt. v. 19.11.2009 – BVerwG 3 C 7.09, RÜ 2010, 188, 190.

369 Schröder Jura 2010, 255, 261.

370 BVerwG, Urt. v. 19.11.2009 – BVerwG 3 C 7.09, RÜ 2010, 188, 190; Schröder Jura 2010, 255, 261 m.w.N.

371 OVG Berlin-Brandenburg, Beschl. v. 06.10.2008 – 2 N 129.07, RÜ 2009, 390, 391; BayVGH, Besch. v. 19.06.2017 – 13a ZB 16.1675; VG Karlsruhe, Urt. v. 20.07.2017 – 3 K 105/16.

372 BVerwG, Urt. v. 11.05.2016 – BVerwG 10 C 8.15, RÜ 2016, 803, 805; BVerwG, Urt. v. 19.11.2009 – BVerwG 3 C 7.09, RÜ 2010, 188, 191; a.A. OVG Bln-Bbg, Beschl. v. 06.10.2008 – 2 N 129.07, RÜ 2009, 390, 391; Schröder Jura 2010, 255, 259 f., die auf den allgemeinen öffentlich-rechtlichen Erstattungsanspruch zurückgreifen.

373 BVerwG, Urt. v. 15.03.2017 – BVerwG 10 C 1.16, RÜ 2017, 605, 606; BVerwG, Urt. v. 19.11.2009 – BVerwG 3 C 7.09, RÜ 2010, 188, 190; DVBl. 1983, 851, 853; Stelkens/Bonk/Sachs VwVfG § 35 Rn. 249; Schröder Jura 2010, 255, 262; Hebeler/Schäfer Jura 2010, 881, 886.

374 OVG NRW NWVBl. 1992, 279, 280; DVBl. 1991, 1365, 1366; OVG Bln-Bbg, Beschl. v. 06.10.2008 – 2 N 129.07, RÜ 2009, 390, 391; allgemein zur Rechtmäßigkeit eines vorläufigen VA Peine JA 2004, 417, 420 f.; Schröder Jura 2010, 255, 262.

375 Schröder Jura 2010, 255, 262.

376 BVerwG DVBl. 1983, 851, 85.

V. Regelung eines Einzelfalls

264 Verwaltungsakte sind nur solche hoheitlichen Maßnahmen, die die Regelung eines **Einzelfalls** betreffen. Während es beim Merkmal der Regelung um die Abgrenzung zwischen VA und schlichtem Verwaltungshandeln geht, dient das Merkmal des Einzelfalls der Abgrenzung des VA zur **Rechtsnorm**. Die Einzelfallregelung durch VA betrifft einen **konkreten** Sachverhalt, die Rechtsnorm enthält dagegen eine **abstrakte** Regelung.

1. Begriff der Einzelfallregelung

Inhaltlich knüpft die Einzelfallregelung an den geregelten **Fall** und an den **Adressatenkreis** an.

265 ■ Der **geregelte Fall** kann konkret oder abstrakt sein. Er ist

- **konkret**, wenn Zeit, Ort, Personen und sonstige Umstände in der Weise festgelegt sind, dass für jeden Adressaten der Maßnahme die Zahl der geregelten Verhaltensweisen bestimmt ist;
- **abstrakt**, wenn er so gefasst ist, dass ungewiss ist, ob sich dieser Fall überhaupt und wie oft er sich ereignen wird („jedesmal, wenn …").

266 ■ Der **Adressatenkreis** einer Regelung kann individuell oder generell sein:

- **individuell**, wenn die Regelung sich an ganz bestimmte (zumindest zahlenmäßig feststehende) Personen richtet;
- **generell**, wenn bei Erlass der Regelung noch nicht feststeht, welche Personen individuell betroffen sind, sei es weil die Adressaten von vornherein zahlenmäßig unbestimmt sind oder weil sich der bei Erlass betroffene konkrete Adressatenkreis wegen der begrifflichen Fassung der Regelung noch erweitern kann.

Daraus ergeben sich folgende **Verknüpfungsmöglichkeiten**:

Adressat / **Fall**	individuell	generell
konkret	**VA** →	§ 35 S. 2 VwVfG
abstrakt	**VA**	**Rechtsnorm** ↑

267 ■ **Konkret individuelle** Regelungen sind stets Einzelfallregelungen durch VA.

Beispiel: A hat am 23.12. das Glatteis vor seinem Haus zu beseitigen.

- **Abstrakt individuelle** Regelungen werden ebenfalls als VA angesehen. Sie beschreiben zwar einen abstrakten Fall, werden jedoch konkret, wenn die näher bezeichneten Umstände eintreten. Damit ist jede individuelle Regelung ein VA.[377] 268

  Beispiel: Dem Kraftwerksunternehmer K (individueller Adressat) wird aufgegeben, jedesmal, wenn wegen des aus den Kühltürmen entweichenden Wasserdampfs und der Außentemperatur Glatteisgefahr besteht (abstrakter Sachverhalt), die in der Nähe befindlichen, näher bezeichneten Straßen zu streuen.[378]

- **Abstrakt generelle** Regelungen erfolgen dagegen durch Rechtsnormen. 269

  Beispiel: Bei Glatteis sind alle Grundstückseigentümer verpflichtet, die Gehwege zu streuen.

- **Konkret generelle** Regelungen sind dadurch gekennzeichnet, dass zur Regelung eines konkreten Einzelfalles Rechtsfolgen gegenüber einer Mehrzahl von Personen bestimmt werden. 270

  Beispiel: Verbot einer Versammlung gegenüber allen potenziellen Demonstranten, Verkehrsbeschränkungen gegenüber allen möglichen Verkehrsteilnehmern.

  Diese Konstellation wird von der in § 35 S. 2 VwVfG geregelten **Allgemeinverfügung** erfasst. Eine **konkret generelle Regelung** ist nur in den dort genannten Fällen als VA zu qualifizieren.[379]

2. Die Allgemeinverfügung

Bei einer **konkreten Regelung**, die sich an einen **generellen Adressatenkreis** richtet, liegt eine Einzelfallregelung nur vor, wenn die Voraussetzungen des § 35 S. 2 VwVfG erfüllt sind. Es handelt sich dann um eine **Allgemeinverfügung**. Hierbei sind drei Arten zu unterscheiden: 271

- Die **personenbezogene** Allgemeinverfügung (§ 35 S. 2 Fall 1 VwVfG) betrifft einen bestimmten oder bestimmbaren Adressatenkreis.
- Die **sachbezogene** (dingliche) Allgemeinverfügung (§ 35 S. 2 Fall 2 VwVfG) regelt die öffentlich-rechtliche Eigenschaft einer Sache.
- Die **benutzungsregelnde** Allgemeinverfügung (§ 35 S. 2 Fall 3 VwVfG) betrifft die Regelung der Benutzung einer Sache durch die Allgemeinheit.

Beachte: *Daraus, dass in § 35 S. 2 VwVfG die Formulierung „Allgemeinverfügung ist ein Verwaltungsakt, der …" auf den VA-Begriff in § 35 S. 1 VwVfG verweist, ergibt sich, dass es sich bei der Allgemeinverfügung nur um einen* ***Unterfall des VA*** *handelt. Damit ein VA vorliegt, müssen auch im Rahmen des § 35 S. 2 VwVfG* ***alle sonstigen Begriffsmerkmale*** *des VA erfüllt sein: Auch die Allgemeinverfügung setzt die Maßnahme einer Behörde auf dem Gebiet des öffentlichen Rechts voraus, die eine Regelung mit Außenwirkung enthält. Lediglich das Merkmal* ***Einzelfall*** *wird durch § 35 S. 2 VwVfG modifiziert.*[380] 272

377 Maurer/Waldhoff § 9 Rn. 21; Schoch Jura 2012, 26, 26.

378 OVG NRW OVGE 16, 289, 290.

379 Vgl. OVG Saarlouis NVwZ 2011, 190, 191.

380 OVG Saarlouis NVwZ 2011, 190, 191; VG Darmstadt VwZ 2013, 1300, 1301; Schoch Jura 2012, 26, 28.

a) Die personenbezogene Allgemeinverfügung

Fall 10: Alle oder keiner

Bisher unbekannte Veranstalter haben zu einer Großdemonstration gegen einen Transport von verbrauchten Kernbrennelementen (Castor-Transport) in G aufgerufen. Da aufgrund von mehreren Ankündigungen mit erheblichen Gewalttätigkeiten und der Besetzung des geplanten Deponiegeländes zu rechnen ist, möchte die zuständige Behörde die Kundgebung verbieten und die sofortige Vollziehung anordnen. Diese Anordnung soll in den örtlichen Zeitungen und im Rundfunk öffentlich bekanntgemacht werden. Ist ein solches Vorgehen möglich?

273 Die Behörde kann ein Versammlungsverbot nach § 15 Abs. 1 VersG erlassen und nach § 80 Abs. 2 S. 1 Nr. 4 VwGO die sofortige Vollziehung anordnen, wenn es sich bei der Maßnahme um einen **Verwaltungsakt** i.S.d. § 35 VwVfG handelt.

Entsprechendes gilt in den Bundesländern, die über ein eigenes Versammlungsgesetz verfügen (vgl. z.B. Art. 15 Abs. 1 BayVersG, § 8 Abs. 2 NVersG, § 15 Abs. 1 SächsVersG, § 13 Abs. 1 LVersG LSA). In den übrigen Ländern gilt das VersG des Bundes über § 125 a Abs. 1 S. 1 GG fort.

274 1. Das Verbot ist eine **behördliche Maßnahme auf dem Gebiet des öffentlichen Rechts** (hier VersG) in Form einer Regelung (Verbot) mit Außenwirkung gegenüber den potenziellen Demonstrationsteilnehmern.

275 2. Weitere Voraussetzung ist, dass die Regelung einen **Einzelfall** betrifft.

a) Die Einzelfallregelung erfordert die Regelung eines **konkreten** Sachverhaltes. Das ist hier der Fall, da es um eine konkrete Versammlung an einem konkret bezeichneten Ort geht.

b) Jedoch handelt es sich anders als beim Normalfall eines VA nicht um einen **individuellen Adressatenkreis**, da nicht feststeht, wer und wie viele Personen an der Demonstration teilnehmen wollen.

276 c) Bei einem generellen Adressatenkreis liegt ein VA nur vor, wenn die Voraussetzungen des § 35 S. 2 VwVfG erfüllt sind. Vorliegend könnte es sich um eine **personenbezogene Allgemeinverfügung** i.S.d. § 35 S. 2 Fall 1 VwVfG handeln. Dann müsste der Adressatenkreis bei Erlass der Anordnung nach allgemeinen Merkmalen **bestimmt** oder **bestimmbar** sein.

277 aa) Diese Voraussetzung ist jedenfalls dann erfüllt, wenn der Adressatenkreis zwar nur begrifflich bestimmt wird (z.B. „alle Hauseigentümer", „alle Personen, die sich zur Zeit in dem besetzten Haus aufhalten"), **zahlenmäßig** aber **feststeht**, sodass die Betroffenen genau bezeichnet werden könnten.

Beispiel: Verfügung an alle Hauseigentümer in der Stadt S (genereller Adressatenkreis), zur Verhinderung von Dachlawinen die Dächer ihrer Häuser vom Schnee zu befreien (konkreter Sachverhalt).

Hier könnte jeder Eigentümer im Wege einer selbstständigen Verfügung in Anspruch genommen werden. Der Einfachheit halber kann die Behörde eine Allgemeinverfügung nach § 35 S. 2 Fall 1 VwVfG erlassen (mit der Folge, dass z.B. § 28 Abs. 2 Nr. 4, § 39 Abs. 2 Nr. 5, § 41 Abs. 3 S. 2 VwVfG Anwendung finden).

Ebenso erfolgt die Schließung einer Schule durch Allgemeinverfügung gegenüber allen Schülern und Eltern nach § 35 S. 2 Fall 1 VwVfG.[381] Diese Fälle werden auch als **Sammel-VA** bezeichnet und zum Teil schon unter § 35 S. 1 VwVfG gefasst.[382]

Ein solcher Fall ist hier nicht gegeben, weil sich bei Erlass der Maßnahme noch gar nicht absehen lässt, wer an der Kundgebung teilzunehmen gedenkt.

bb) Steht der Adressatenkreis bei Erlass der Maßnahme **noch nicht fest**, ist umstritten, ob ein VA in Form einer Allgemeinverfügung ergehen kann. **278**

Der Wortlaut des § 35 S. 2 VwVfG hilft unmittelbar nicht weiter: „Bestimmt" ist der Personenkreis in diesen Fällen nicht. Zwar reicht die „Bestimmbarkeit" aus, dies ist jedoch keine echte Einschränkung. Eine Regelung, bei der der Adressatenkreis nicht bestimmbar ist, wäre ohne Weiteres nichtig. Letztlich ist alles, was bestimmbar ist, auch bestimmt, sodass die gesetzliche Formulierung missglückt ist.

(1) Zum Teil wird darauf abgestellt, dass die Bestimmbarkeit bereits im **Zeitpunkt des Erlasses** der Maßnahme gegeben sein muss, d.h. der Adressatenkreis muss abschließend feststellbar sein und darf sich in der Zukunft nicht mehr verändern.[383] Nach dieser Auffassung kann das Verbot keinen VA darstellen, weil sich noch gar nicht sagen lässt, wer an der Demonstration teilnehmen wird. Die Personen sind weder bestimmt noch nach irgendwelchen Kriterien bestimmbar. Dies hätte zur Folge, dass ein präventives Versammlungsverbot nur als (Gefahrenabwehr-) Verordnung ergehen könnte. **279**

(2) Nach h.M. ist für die Bestimmbarkeit in diesen Fällen ausreichend, dass der Adressatenkreis bei Erlass der Verfügung **„im Wesentlichen"** bestimmt, also nicht völlig offen ist. Anders als bei der Rechtsnorm sind die potenziell Betroffenen bei der Allgemeinverfügung nach § 35 S. 2 Fall 1 VwVfG durch ihre Beziehung zu einem **konkreten Fall** bestimmbar. Das Merkmal des Einzelfalls wird daher weniger durch die Adressaten als vielmehr durch den Bezug zu einem konkreten Sachverhalt bestimmt.[384] Nur wenn von der Regelung theoretisch wie praktisch **jedermann** erfasst werden kann, liegt keine Allgemeinverfügung vor. **280**

Beispiel (Endiviensalatfall): In einigen Landkreisen Baden-Württembergs war es zu Typhuserscheinungen gekommen, die angeblich auf den Genuss von Endiviensalat zurückzuführen waren. Das Innenministerium verbot daraufhin bis auf Weiteres den Verkauf von Salat in den betroffenen Landkreisen. Das BVerwG hat die Anordnung als VA qualifiziert: Zwar sei der Adressatenkreis im Zeitpunkt des Erlasses nicht genau bestimmbar. „Es handelt sich hierbei nur um partielle und ausscheidbare Unbestimmtheiten, die die Allgemeinverfügung begrifflich nicht ausschließen."[385]

Auch ein Verbot, auf einem Volksfest sog. Rocker-„Kutten" zu tragen, ist als Allgemeinverfügung qualifiziert worden,[386] ebenso ein Innenstadtverbot für Fußballfans anlässlich eines Fußballspiels.[387]

---

381 Vgl. OVG NRW NVwZ-RR 1990, 23.

382 Vgl. Kopp/Ramsauer VwVfG § 35 Rn. 163; Ruffert in Ehlers/Pünder § 21 Rn. 35.

383 Laubinger FS Rudolf (2001), S. 315 u. 318; Obermayer NJW 1980, 2386, 2389.

384 Vgl. BVerwGE 12, 87, 89 f.; 29, 208, 209; VGH Mannheim NVwZ 2003, 115; Maurer/Waldhoff § 9 Rn. 31; Hebeler JA 2016, 878, 879; abweichend Ruffert in Ehlers/Pünder § 21 Rn. 36.

385 BVerwGE 12, 87, 89 f.; Erbguth § 12 Rn. 23; a.A. Schoch Jura 2012, 26, 27: abstrakte generelle Regelung durch Rechtsnorm.

386 OVG NRW, Beschl. v. 06.08.2015 – 5 B 908/15, RÜ 2015, 670.

Dagegen kann ein generelles „Glücksspielverbot" nicht durch Allgemeinverfügung angeordnet werden, wenn dadurch eine abstrakt-generelle Regelung für eine unbestimmte Vielzahl von Sachverhalten und Personen getroffen wird.[388]

281 Auch im vorliegenden Fall ist der Personenkreis „im Wesentlichen" bestimmt. Er ergibt sich durch Bezugnahme auf eine ganz konkrete, räumlich und zeitlich fixierte Veranstaltung. Demnach liegt eine personenbezogene **Allgemeinverfügung** i.S.d. § 35 S. 2 Fall 1 VwVfG und damit ein VA vor.[389] Diesbezüglich kann die Behörde im öffentlichen Interesse die sofortige Vollziehung anordnen (§ 80 Abs. 2 S. 1 Nr. 4 VwGO), um die aufschiebende Wirkung etwaiger Rechtsbehelfe (§ 80 Abs. 1 VwGO) auszuschließen. Das Verbot kann dann mit dieser Anordnung gemäß § 41 Abs. 3 S. 2 VwVfG öffentlich bekanntgegeben werden.

---

b) Die sachbezogene Allgemeinverfügung

282 Allgemeinverfügung ist auch eine Regelung, die die **öffentlich-rechtliche Eigenschaft** einer Sache betrifft (§ 35 S. 2 Fall 2 VwVfG, auch dinglicher VA). Darunter fallen in erster Linie die Widmung einer Sache zur öffentlichen Sache und die Entwidmung, weil dadurch die öffentlich-rechtliche Eigenschaft der Sache begründet bzw. beendet wird.[390]

Die **Widmung** ist die Erklärung eines Staatsorgans, dass eine bestimmte Sache einem bestimmten öffentlichen Zweck dienen und deshalb (auch) öffentlich-rechtlichen Vorschriften unterliegen soll (z.B. Widmung einer öffentlichen Straße nach § 2 FStrG).

Weitere Beispiele für die dingliche Allgemeinverfügung nach § 35 S. 2 Fall 2 VwVfG sind die (Um-)Benennung von Straßen[391] oder Schulen,[392] die Widmung öffentlicher Einrichtungen (soweit sie nicht durch Satzung erfolgt),[393] die Zuteilung einer Hausnummer[394] und die Eintragung eines Gebäudes in die Denkmalliste.[395]

283 Unter § 35 S. 2 Fall 2 VwVfG fallen aber nur solche Regelungen, die den **sachenrechtlichen Zustand** der Sache betreffen. Nicht ausreichend ist, dass sich die Regelung überhaupt auf eine Sache bezieht.

So sind z.B. eine Baugenehmigung oder eine Abbruchverfügung keine dinglichen Allgemeinverfügungen, sondern VAe i.S.d. § 35 S. 1 VwVfG.

---

387 VG Darmstadt, Beschl. v. 28.04.2016 – 3 L 642/16.DA, RÜ 2016, 459, 460; Hebeler JA 2016, 878, 879; Froese JuS 2017, 50, 51; zweifelnd VGH Mannheim, Beschl. v. 04.10.2002 – 1 S 1963/02, NVwZ 2003, 115 (Aufenthaltsverbot für Personen der „Punk-Szene").

388 OVG Saarlouis, Beschl. v. 02.11.2010 – 3 B 164/10, NVwZ 2011, 190, 191; Waldhoff JuS 2011, 575, 576; Schoch Jura 2012, 26, 30; vgl. auch HessVGH, Urt. v. 10.04.2014 – 8 A 2421/11: Kein generelles Verbot von sog. Freitags-Parties.

389 Vgl. OVG Hamburg, Beschl. v. 03.07.2017 – 4 Bs 142/17 (Versammlungsverbot anlässlich des G20-Gipfels), VGH Mannheim, Urt. v. 06.11.2013 – 1 S 1640, RÜ 2014, 53, 54; Maurer/Waldhoff § 9 Rn. 31; Schoch Jura 2012, 26, 28; vgl. auch OVG NRW NWVBl. 2010, 360; NVwZ-RR 2012, 470: Glasverbot im Karneval durch Allgemeinverfügung.

390 Kopp/Ramsauer VwVfG § 35 Rn. 164; Ruffert in Ehlers/Pünder § 21 Rn. 37 m.w.N.

391 OVG NRW NJW 1987, 2695; BayVGH BayVBl. 1988, 495; Schoch Jura 2011, 344, 348; Brandmeier/Wolff JuS 2015, 530, 532.

392 Stelkens/Bonk/Sachs VwVfG § 35 Rn. 327.

393 Stelkens/Bonk/Sachs VwVfG § 35 Rn. 324.

394 BayVGH, Urt. v. 06.12.2011 – 8 ZB 11.1676, RÜ 2012, 252, 253; OVG Hamburg NordÖR 2012, 363; Stelkens/Bonk/Sachs VwVfG § 35 Rn. 327; Waldhoff JuS 2012, 958.

395 OVG NRW NWVBl. 1992, 322; a.A. ThürOVG, Urt. v. 05.11.2003 – 1 KO 433/00, LKV 2004, 421.

c) Die benutzungsbezogene Allgemeinverfügung

Auch die **Benutzung einer öffentlichen Sache durch die Allgemeinheit** kann gemäß § 35 S. 2 Fall 3 VwVfG durch Allgemeinverfügung geregelt werden. 284

Beispiele: Benutzungsregelungen bei öffentlich-rechtlichen Einrichtungen (z.B. kommunale Badeanstalten, Museen, Bibliotheken). Allerdings werden diese in der Praxis häufig durch Satzung getroffen. Die Übergänge sind fließend. Auch Beschränkungen der Benutzung (z.B. Verbote) können unter § 35 S. 2 Fall 3 VwVfG fallen.

Wichtigster Anwendungsfall sind **Verkehrszeichen**. Soweit sie Gebote oder Verbote enthalten (§§ 41 Abs. 1, 42 Abs. 1 S. 2 StVO), sind sie Allgemeinverfügungen i.S.d. § 35 S. 2 Fall 3 VwVfG.[396] 285

Vorschriftszeichen nach § 41 StVO enthalten konkrete Ge- bzw. Verbote, die jeder Verkehrsteilnehmer zu befolgen hat (§ 41 Abs. 1 StVO). Dasselbe gilt für **Richtzeichen** nach § 42 StVO, soweit sie Ge- oder Verbote enthalten (§ 42 Abs. 1 S. 2 StVO). **Gefahrenzeichen** nach § 40 StVO enthalten dagegen keine Regelung, sondern mahnen lediglich, sich auf die angekündigte Gefahr einzurichten. Sie sind daher keine VAe. Gleiches gilt für Verkehrsschilder, die bloße Hinweise enthalten (z.B. Wegweiser).[397]

Die für die **Allgemeinverfügung** erforderliche Bestimmtheit der Regelung wird durch den Bezug zu einer konkreten Straße hergestellt, deren Benutzung geregelt wird.[398] 286

Ursprünglich hatte ein Teil der Rspr. Verkehrszeichen als RechtsVO qualifiziert. Hierfür spräche der nicht bestimmbare Adressatenkreis, die unbestimmte Vielzahl geregelter Sachverhalte und die daraus resultierende abstrakt-generelle Regelung.[399] Für die Annahme einer Allgemeinverfügung spricht indes, dass sich die Regelungswirkung des Verkehrszeichen auf den jeweiligen Verkehrsabschnitt und den jeweiligen Verkehrsteilnehmer beschränkt, also die konkrete Benutzung der Straße i.S.d. § 35 S. 2 VwVfG betrifft.

Aus der VA-Qualität ergeben sich bei Verkehrszeichen verfahrensrechtlich und prozessual folgende **Besonderheiten**:

- Soweit Verkehrszeichen Allgemeinverfügungen i.S.d. § 35 S. 2 Fall 3 VwVfG sind, kann **Anfechtungsklage** gemäß § 42 Abs. 1 Fall 1 VwGO erhoben werden, ggf. nach vorherigem Widerspruchsverfahren (§ 68 Abs. 1 VwGO). 287

  Beispiel: Anfechtungsklage gegen die Anordnung einer Radwegebenutzungspflicht[400] oder gegen eine Geschwindigkeitsbegrenzung.[401]

- Verkehrszeichen ersetzen Anordnungen von Polizeivollzugsbeamten (§ 36 StVO). Aufgrund dieser Funktionsgleichheit haben Rechtsbehelfe gegen Verkehrszeichen analog § 80 Abs. 2 S. 1 Nr. 2 VwGO **keine aufschiebende Wirkung**.[402] Verkehrszeichen müssen daher trotz etwaiger Rechtsbehelfe zunächst beachtet werden. Auf die Rechtmäßigkeit des Verkehrszeichens kommt es nicht an, solange die Anordnung nicht nichtig ist.[403] 288

---

396 BVerwG, Urt. v. 06.04.2016 – BVerwG 3 C 10.15, RÜ 2016, 535, 537; OVG Lüneburg NJW 2007, 1609, 1610; Stelkens/Bonk/Sachs § 35 Rn. 330; Kahl Jura 2001, 505, 511; Ehlers JZ 2011, 155, 155; Schoch Jura 2012, 26, 31; Kümper JuS 2017, 731, 732.

397 Kümper JuS 2017, 731, 733; Milker Jura 2017, 271, 272.

398 Maurer/Waldhoff § 9 Rn. 35; Kopp/Ramsauer VwVfG § 35 Rn. 164.

399 BayVGH NJW 1978, 1988; NJW 1979, 670; dazu Obermayer NJW 1980, 2386, 2387 f.

400 BVerwG NJW 2011, 1527; dazu Hebeler JA 2011, 875.

401 BVerwG NJW 1999, 2056.

402 BVerwG NJW 2008, 2867, 2868; Kopp/Schenke VwGO § 80 Rn. 64; Kümper JuS 2017, 833, 836.

403 OLG Hamm, Beschl. v. 27.05.2015 – 5 RBs 13/14, RÜ 2015, 191; VGH Mannheim NVwZ-RR 1996, 149, 150; OLG Düsseldorf NWVBl. 1999, 316; OVG Hamburg NordÖR 2002, 469.

Beispiel: Das Abschleppen eines verbotswidrig abgestellten Pkw kann rechtmäßig sein, selbst wenn die zugrunde liegende verkehrsrechtliche Anordnung rechtswidrig sein sollte.

289 ■ Im Rahmen der **Klagebefugnis** (§ 42 Abs. 2 VwGO) kann jeder Verkehrsteilnehmer geltend machen, in seiner allgemeinen Handlungsfreiheit (Art. 2 Abs. 1 GG) dadurch verletzt zu sein, dass die rechtssatzmäßigen Voraussetzungen für die (auch ihn treffende) Verkehrsbeschränkung nach § 45 StVO nicht gegeben seien.[404]

Beispiel: Der betroffene Verkehrsteilnehmer kann geltend machen, das Verkehrszeichen sei mangels Gefahrenlage gar nicht erforderlich (vgl. § 45 Abs. 9 StVO).[405] Die Gegenansicht verweist darauf, dass die Benutzung der Straße in aller Regel auf einer nicht einklagbaren staatlichen Leistung beruhe. Da es dem Staat freistehe, ob er eine Straße überhaupt baue, müsse er ebenso frei in der Ausgestaltung dieser Gewährung sein, ohne damit in das Grundrecht aus Art. 2 Abs. 1 GG einzugreifen.[406]

290 ■ Die **Bekanntgabe** von Verkehrszeichen erfolgt nach § 45 Abs. 4 StVO. Für die Wirksamkeit (§ 43 Abs. 1 VwVfG) genügt es, wenn das Verkehrszeichen so aufgestellt ist, dass es für die Verkehrsteilnehmer ohne weiteres wahrnehmbar ist, unabhängig davon, ob der Betroffene das Verkehrszeichen auch tatsächlich wahrgenommen hat (Sichtbarkeitsgrundsatz).[407]

Streitig ist lediglich, ob dies als öffentliche Bekanntgabe eines nicht schriftlichen VA gemäß § 41 Abs. 3 VwVfG einzuordnen ist oder ob § 45 Abs. 4 StVO als Spezialvorschrift die allgemeinen Regeln des § 41 VwVfG insgesamt verdrängt (so die h.M.).[408]

291 ■ Als Verwaltungsakte unterliegen Verkehrszeichen – mangels Rechtsbehelfsbelehrung – i.d.R. einer einjährigen **Anfechtungsfrist** (§ 58 Abs. 2 VwGO). Diese beginnt nach h.M. aber erst zu laufen, wenn sich der Verkehrsteilnehmer **erstmals** der Regelung des Verkehrszeichens gegenüber sieht. Denn der jeweilige Verkehrsteilnehmer werde erst dann zum Adressaten der verkehrsbehördlichen Anordnung, wenn er in die konkret geregelte örtliche Verkehrssituation gerate.[409]

Nach der Gegenansicht beginnt die Frist mit der Aufstellung gegenüber allen Verkehrsteilnehmern unabhängig von ihrer konkreten Betroffenheit. Sinn und Zweck einer öffentlichen Bekanntgabe bestehe gerade darin, dass sie für und gegen jedermann wirke und zwar auch gegenüber zukünftig betroffenen Personen. Nach Ablauf eines Jahres sei das Verkehrszeichen daher für jedermann unanfechtbar.[410]

Für die h.M. spricht die Rechtsschutzgarantie des Art. 19 Abs. 4 GG. Würde die Frist für alle Verkehrsteilnehmer unabhängig von der Möglichkeit der Kenntnisnahme zu laufen beginnen, würde der Rechtsschutz in unzumutbarer Weise erschwert, da der Betroffene nach einem Jahr keinen Rechtsschutz mehr erlangen könne und zuvor mangels individueller Betroffenheit nicht klagebefugt sei.[411]

---

404 BVerwG, Urt. v. 21.08.2003 – 3 C 15.03, NJW 2004, 698; NJW 1997, 1021, 1022; OVG NRW NJW 1996, 3024, 3025; Beaucamp JA 2008, 612, 614; Schoch Jura 2012, 26, 31; Kümper JuS 2017, 833, 834.

405 Vgl. z.B. BVerwG, Urt. v. 23.09.2010 – 3 C 37.09, NJW 2011, 246.

406 Vgl. VGH Mannheim DÖV 1990, 981.

407 BVerwG NJW 2016, 2353, 2354; NJW 1997, 1021, 1022; OVG Hamburg NZV 2009, 524, 525; Becker JA 2000, 677, 679; Proppe JA 2000, 234, 240; Beaucamp JA 2008, 612, 613; Kümper NJW 2016, 2356 f.; Waldhoff JuS 2017, 91, 92.

408 Vgl. Beaucamp JA 2008, 612, 613; Ehlers JZ 2011, 155, 156; Kümper JuS 2017, 731, 734.

409 BVerwG, Urt. v. 23.09.2010 – BVerwG 3 C 37.09, RÜ 2011, 51, 53; VGH Mannheim VBlBW 2011, 275; OVG Lüneburg NJW 2007, 1609, 1610; Schoch Jura 2011, 23, 27; ders. Jura 2012, 26, 32; Kümper JuS 2017, 833, 835.

410 VGH Mannheim JZ 2009, 738, 739; NVwZ-RR 2003, 311, 312; OVG Hamburg NordÖR 2004, 399; Schoch Jura 2003, 752, 755; Stelkens NJW 2010, 1184, 1186; Ehlers JZ 2011, 155, 156; Kümper NJW 206, 2356 f.

411 BVerwG, Urt. v. 23.09.2010 – BVerwG 3 C 37.09, RÜ 2011, 51, 53; Kintz JA 2011, 1022, 1026; Waldhoff JuS 2017, 91, 92; vgl. auch die verfassungsrechtlichen Bedenken von BVerfG RÜ 2009, 808, 809; dagegen Ehlers JZ 2011, 155, 157.

VI. Die Außenwirkung der Regelung

Verwaltungsakte sind nur solche Regelungen, die auf unmittelbare Rechtswirkung nach außen gerichtet sind. Das Merkmal der **Außenwirkung** dient zur Abgrenzung des VA von den lediglich verwaltungsintern wirkenden Maßnahmen. **292**

1. Verwaltungsinterne Maßnahmen

Fall 11: Verkehrsberuhigte Zonen

Die kreisfreie Stadt S hat beschlossen, im gesamten Stadtbereich Tempo-30-Zonen einzurichten. Die Bezirksregierung B ist als Aufsichtsbehörde der Auffassung, dass für eine Reihe von Straßen die Voraussetzungen für die Einrichtung einer geschwindigkeitsbeschränkten Zone nicht erfüllt sind (vgl. § 45 Abs. 1c StVO). Daher weist B die Stadt S an, u.a. die X-Straße aus der Anordnung zur Einrichtung der Tempo 30-Zone herauszunehmen.

1. Die Stadt S überlegt, ob sie gegen die Weisung zulässigerweise klagen kann.
2. K, der in der X-Straße wohnt, ist der Auffassung, dass die bisherigen Verkehrsverhältnisse unzumutbar sind. Da die Stadt S gegen die Anordnung der Bezirksregierung nicht vorgehen will, überlegt K, Klage gegen die Weisung der B zu erheben.

A. **Klage der Stadt S**

I. Der **Verwaltungsrechtsweg** ist gemäß § 40 Abs. 1 S. 1 VwGO für die Streitigkeit auf dem Gebiet des öffentlichen Straßenverkehrsrechts eröffnet.

II. Statthafte **Klageart** ist die **Anfechtungsklage** nach § 42 Abs. 1 Fall 1 VwGO, wenn die Weisung der B einen **Verwaltungsakt** i.S.d. § 35 S. 1 VwVfG darstellt. **293**

1. Es geht um eine **Maßnahme** der Bezirksregierung als **Behörde** auf dem Gebiet des Straßenverkehrsrechts als Teil des **öffentlichen Rechts**.

2. Die Weisung enthält auch eine **Einzelfallregelung**, da sich aus ihr für die konkrete Gemeinde bestimmte Pflichten in Bezug die X-Straße ergeben.

3. Die Regelung muss auf unmittelbare Rechtswirkung „nach außen" gerichtet sein. Eine solche **Außenwirkung** ist anzunehmen, wenn die beabsichtigten Rechtsfolgen gegenüber einer außerhalb der Verwaltung stehenden natürlichen oder juristischen Person eintreten sollen, indem deren Rechtsposition erweitert, eingeschränkt, festgestellt oder sonst regelnd in sie eingegriffen wird. An der Außenwirkung fehlt es, wenn die Maßnahme nur Rechtswirkungen innerhalb der staatlichen Verwaltung hat.[412] Bei der Frage, ob Weisungen oder andere Anordnungen **zwischen Verwaltungsträgern** Außenwirkung entfalten, ist nach verschiedenen Regelungsbereichen zu unterscheiden: **294**

a) Im Grundgesetz ist vorgesehen, dass in bestimmten Fällen der **Bund** den **Ländern** Weisungen erteilen kann (Art. 84 Abs. 5, Art. 85 Abs. 3 GG). Hierbei handelt es sich aber nicht um Verwaltungstätigkeit i.S.d. § 1 Abs. 4 VwVfG, **295**

412 Kopp/Ramsauer VwVfG § 35 Rn. 124; Stelkens/Bonk/Sachs § 35 Rn. 146 m.w.N.

sondern um Ausübung **verfassungsrechtlicher** Befugnisse (deswegen ist bei Streitigkeiten auch das BVerfG zuständig, Art. 93 Abs. 1 Nr. 3 GG). Die Bundesregierung bzw. das zuständige Ministerium handelt hier als Verfassungsorgan und nicht als Behörde i.S.d. § 1 Abs. 4 VwVfG.

Im Rahmen der Bundesauftragsverwaltung (Art. 85 GG) fehlt es den Weisungen darüber hinaus auch an der Außenwirkung, weil in diesem Bereich die Landesbehörden lediglich den Status einer nachgeordneten Behörde besitzen.[413]

296 b) Anordnungen einer Bundesbehörde an eine **andere Bundesbehörde** bzw. einer Landesbehörde an eine **andere Landesbehörde** wirken nur intern, da beide Behörden derselben Körperschaft (Bund bzw. Land) angehören. Körperschaftsinterne Maßnahmen sind nicht auf Außenwirkung gerichtet und damit **keine Verwaltungsakte**.

Beispiel: Das Innenministerium weist die Bezirksregierung an, eine bestimmte Entscheidung zu treffen. – Entsprechendes gilt für die Fälle der **Organleihe:** Die Weisung der Bezirksregierung an den Landrat als untere staatliche Verwaltungsbehörde ist mangels Außenwirkung kein VA (dazu AS-Skript Kommunalrecht).

c) Bei Maßnahmen staatlicher Verwaltungsorgane **gegenüber kommunalen Körperschaften** (z.B. der Gemeinde) wird herkömmlich nach den betroffenen Aufgabenkreis unterschieden.

297 aa) Weisungen haben Außenwirkung, wenn die Gemeinde in ihrem **eigenen Wirkungskreis** betroffen ist. Denn hier steht die Gemeinde dem Staat als Träger des Selbstverwaltungsrechtes (Art. 28 Abs. 2 S. 1 GG) und damit als selbstständiger Rechtsträger gegenüber. Weisungen in **Selbstverwaltungsangelegenheiten** sind daher stets Verwaltungsakte.[414]

Beispiel: Weisung an die Gemeinde, das städtische Theater nicht mehr zu subventionieren oder ein Hallenbad zu schließen.

298 bb) Im **übertragenen Wirkungskreis**, in dem die Gemeinde an sich **staatliche Aufgaben** wahrnimmt (sog. Fremdaufgaben), wird dagegen die Außenwirkung überwiegend verneint. Die Gemeinde werde hier, ähnlich einer staatlichen Behörde, praktisch nur als verlängerter Arm des Staates tätig. Weisungen hätten nur verwaltungsinterne Wirkung und seien daher **keine Verwaltungsakte**.[415]

Ein Teil der Lit. vertritt demgegenüber die Auffassung, dass Aufsichtsmaßnahmen auch im übertragenen Wirkungskreis **stets als VAe** zu qualifizieren seien, da sie die Gemeinden als selbstständige Körperschaften stets als Träger eigener, dem Außenrechtsbereich zuzuordnender Rechte und Pflichten betreffen.[416] Dagegen spricht jedoch, dass die Gemeinde bei Fremdaufgaben grundsätzlich nur als Glied der staatlichen Verwaltung betroffen ist.

---

413 Vgl. auch BVerfG DVBl. 1990, 763.

414 VGH Mannheim VBlBW 2004, 56; OVG NRW NuR 2006, 191, 192; NWVBl. 1995, 300, 301; Redeker/v.Oertzen § 42 Rn. 50 m.w.N.

415 BVerwGE 52, 316, 317; OVG Lüneburg NVwZ-RR 1997, 474; Ruffert in Ehlers/Pünder § 21 Rn. 49; Franz JuS 2004, 937, 942 m.w.N.

416 Hufen § 14 Rn. 40; Knemeyer JuS 2000, 521, 524 f.; Kahl Jura 2001, 505, 512; Schoch Jura 2006, 358, 363; Rennert JuS 2008, 119, 121.

cc) Das BVerwG differenziert neuerdings nicht mehr allein nach dem Aufgabenbereich der Gemeinde, sondern stellt auf das anzuwendende **materielle Recht** ab. Zwar fehle es fachaufsichtlichen Weisungen in der Regel an der Außenwirkung, insbes. wenn sich die Weisung auf die fachliche Erledigung der zugewiesenen staatlichen Aufgabe beschränkt. **Ausnahmsweise** können jedoch auch Weisungen im übertragenen Wirkungskreis **Außenwirkung** entfalten, wenn der Gemeinde **nach dem materiellem Recht** eine durch Art. 28 Abs. 2 S. 1 GG geschützte Rechtsstellung zusteht. Denn dann verbleibe die Weisung nicht im staatlichen Innenbereich, sondern greife auf den rechtlich geschützten Bereich der Selbstverwaltungsangelegenheiten der Gemeinde über. Insoweit spiele das materielle Recht nicht erst bei der Klagebefugnis (§ 42 Abs. 2 VwGO), sondern schon bei den Tatbestandsmerkmalen des VA und damit bei der Bestimmung der Klageart eine Rolle.[417] **299**

Daher hat das BVerwG in einem vergleichbaren Fall die Außenwirkung bejaht. Durch die Weisung, bestimmte Straßen aus der Anordnung einer Tempo 30-Zone herauszunehmen, werde das gemeindliche Konzept zur geordneten städtebaulichen Entwicklung und damit die **Planungshoheit** betroffen. Örtliche Verkehrsplanungen gehörten aber zu den Selbstverwaltungsaufgaben der Gemeinde (vgl. auch § 5 Abs. 2 Nr. 3, § 9 Abs. 1 Nr. 11 BauGB).[418]

Da derartige Weisungen generell auf die vom Selbstverwaltungsrecht umfasste **Planungshoheit** einwirken, ist die Weisung der Bezirksregierung darauf gerichtet, in den durch Art. 28 Abs. 2 GG geschützten Rechtskreis der Gemeinde einzugreifen. Sie entfaltet daher **Außenwirkung**. Gegen den damit vorliegenden VA kann die Stadt S eine Anfechtungsklage erheben (§ 42 Abs. 1 Fall 1 VwGO).

III. Die Stadt S kann nach dem oben Gesagten geltend machen, in ihrem Recht auf Selbstverwaltung (Art. 28 Abs. 2 S. 1 GG) verletzt zu sein, sodass auch die **Klagebefugnis** (§ 42 Abs. 2 VwGO) gegeben ist. **300**

An der Klagebefugnis fehlt es allerdings, wenn die Möglichkeit einer Verletzung des Selbstverwaltungsrechts von vornherein und nach jeder Betrachtungsweise ausgeschlossen ist.[419]

IV. Nach erfolglosem **Vorverfahren** (§ 68 Abs. 1 S. 1 VwGO – vorbehaltlich landesrechtlicher Ausnahmen nach § 68 Abs. 1 S. 2 VwGO) ist daher eine Anfechtungsklage der Stadt S unter Einhaltung der **Klagefrist** (§ 74 Abs. 1 S. 1 VwGO) zulässig.

B. **Klage des K** **301**

I. Eine **Anfechtungsklage** des K (§ 42 Abs. 1 Fall 1 VwGO) kommt nur in Betracht, wenn die Weisung auch gegenüber K eine Regelung mit Außenwirkung und damit einen VA darstellt.

---

417 BVerwG DVBl. 1995, 744, 745; ebenso VGH Mannheim DVBl. 1994, 348, 349; Kopp/Ramsauer VwVfG § 35 Rn. 155.

418 BVerwG DVBl. 1995, 744, 745; vgl. auch das Einvernehmenserfordernis in § 45 Abs. 1c S. 1 StVO.

419 OVG Lüneburg, Beschl. v. 10.01.2014 – 12 LA 68/13, RÜ 2014, 252, 254.

1. Gegenüber den Verkehrsteilnehmern und gegenüber K als Anlieger werden durch die Weisung (noch) keine Rechtsfolgen ausgelöst. Es handelt sich lediglich um die **Vorbereitung** einer straßenverkehrsrechtlichen Regelung.

302 2. Im Übrigen könnte es auch an der **Außenwirkung** fehlen. Zwar wird durch die Weisung die straßenverkehrsrechtliche Anordnung der Gemeinde beeinflusst. Insoweit handelt es sich gegenüber K jedoch allenfalls um eine mittelbare, **faktische Wirkung**. Ebenso wie bei der Regelung selbst ist es auch zur Begründung der Außenwirkung nicht ausreichend, dass sich die Maßnahme lediglich faktisch gegenüber außerhalb der Verwaltung stehenden Personen auswirken kann. Vielmehr muss die Maßnahme gerade auf eine Regelung mit Außenwirkung **gerichtet** sein, d.h. die Außenwirkung muss rechtlich **beabsichtigt** sein **(finales Element)**.[420]

Gegenüber K hat die Anordnung der Bezirksregierung **keine finale Außenwirkung**, da ihm gegenüber unmittelbar (noch) keine Rechtsfolgen gesetzt werden sollen.

Bloß verwaltungsinterne Wirkung haben i.d.R. auch behördliche **Organisationsmaßnahmen** (z.B. Verlegung einer Behörde, Änderung des Zuständigkeitsbereichs von Behörden).[421] Nur wenn die organisatorische Maßnahme unmittelbar in Rechte des Bürgers eingreift, kann eine Regelung mit Außenwirkung und damit ein VA vorliegen (z.B. bei Schließung öffentlicher Einrichtungen, z.B. einer Schule).[422]

3. Für die Qualifizierung als VA könnte es jedoch ausreichen, dass **gegenüber der Stadt S** eine Regelung mit Außenwirkung vorliegt.

303 a) Nach h.Lit. ist die Qualität einer Maßnahme **unteilbar**: Wenn eine Maßnahme ein VA ist, dann ist sie es gegenüber jedermann und nicht nur im Verhältnis zu bestimmten Personen.[423]

Nach dieser Auffassung ist es also unerheblich, ob durch den VA gerade dem Kläger gegenüber eine Regelung mit Außenwirkung erfolgt. Entscheidend ist allein, dass überhaupt gegenüber irgendjemandem eine Regelung getroffen wird, die in irgendeiner Beziehung Außenwirkung entfaltet. Die Wirkungen des VA auf die bestimmte Person seien nicht zur Bestimmung der Klageart, sondern erst für die Rechtsverletzung bzw. deren Möglichkeit (§§ 42 Abs. 2, 113 Abs. 1 VwGO) von Bedeutung. Damit läge auch gegenüber K ein Verwaltungsakt vor.

304 b) Die Rspr. stellt dagegen überwiegend darauf ab, dass die Rechtsnatur einer Maßnahme **teilbar** sei. Treffe die unmittelbare Rechtswirkung nicht jedermann, sondern nur einen bestimmten Kreis von Betroffenen, sei die Entscheidung nur diesen gegenüber ein VA **(relativer VA)**.[424]

---

420 BVerwGE 60, 144, 145; BVerwG NVwZ 2004, 349, 350; VG Lüneburg NJW 2006, 1609, 1610; Maurer/Waldhoff § 9 Rn. 24; Ruffert in Ehlers/Pünder § 21 Rn. 44 m.w.N.

421 Kopp/Ramsauer VwVfG § 35 Rn. 148.

422 OVG NRW, Beschl. v. 31.05.2013 – 19 B 1191/12, NVwZ-RR 2013, 843.

423 Vgl. Maurer/Waldhoff § 21 Rn. 69; Langer DÖV 1987, 418, 422; Laubinger VerwArch 1986, 421, 431 m.w.N.; in diese Richtung auch BVerwG DVBl. 2003, 269; OVG NRW NVwZ-RR 2005, 58, 59.

424 BVerwG NVwZ 1994, 784; NVwZ 1990, 260, 261; DVBl. 1986, 1003, 1004; VGH Mannheim NVwZ-RR 1996, 306; Wollenschläger/Schraml JA 1996, 477, 482; Huster Jura 1996, 371, 372 m.w.N.

Für diese Auffassung spricht, dass der VA ein **finaler Begriff** ist. Erforderlich ist, dass die Maßnahme auf unmittelbare Rechtswirkung nach außen **gerichtet** ist (§ 35 S. 1 VwVfG). Aufgrund dieser Finalität muss der VA diese Eigenschaften – zumindest auch – gegenüber der Person aufweisen, die sich mit der Anfechtungsklage gegen ihn wendet. Da gegenüber K keine Regelung mit Außenwirkung vorliegt, ist die Maßnahme für ihn **kein VA**. Eine Anfechtungsklage wäre unzulässig. **305**

Gegen die Auffassung des BVerwG wird zuweilen geltend gemacht, dass sie zur Konsequenz hätte, dass praktisch jeder VA mit Drittwirkung unterschiedlich zu beurteilen wäre. So wäre z.B. die Baugenehmigung dem Nachbarn gegenüber kein VA, da der Nachbar hierdurch nur faktisch in seinen Rechten betroffen wird. Dagegen zutreffend die Rspr.: „Anders als die hier angefochtene verkehrsrechtliche Anordnung stellt die Baugenehmigung nämlich – und zwar auch in Bezug auf etwaige Nachbarrechte – fest, dass das Bauvorhaben mit den öffentlich-rechtlichen Vorschriften vereinbar ist, und gibt die Bauausführung frei, ohne dass es dazu noch eines weiteren behördlichen Aktes bedarf. Insofern ist die Baugenehmigung, selbst wenn sie dem Nachbarn nicht amtlich mitgeteilt wird, auf unmittelbare Rechtswirkung auch ihm gegenüber gerichtet."[425]

II. Besitzt eine verwaltungsbehördliche Maßnahme, gegen die sich der Bürger zur Wehr setzen will, (ihm gegenüber) keine VA-Qualität, kommt als Klageart die **allgemeine Leistungsklage** in Betracht.

1. Die allgemeine Leistungsklage ist in der VwGO zwar nicht ausdrücklich geregelt, aber mehrfach erwähnt (vgl. §§ 43 Abs. 2, 111 VwGO) und **gewohnheitsrechtlich** anerkannt. Sie ist **statthaft**, wenn der Kläger eine (schlichte) Leistung der Verwaltung begehrt, die **nicht im Erlass oder in der Aufhebung eines VA** besteht. **306**

   Beispiele: Klage auf Herausgabe einer Sache, Geldzahlung, Widerruf und Unterlassung von ehrbeeinträchtigenden Äußerungen etc.

   K verlangt die Aufhebung der Weisung der Bezirksregierung. Da diese (ihm gegenüber) keinen VA darstellt, ist auch ihre Aufhebung als actus contrarius keine Regelung mit Außenwirkung. Die Leistungsklage ist daher statthaft.

2. Nach h.M. ist die allgemeine Leistungsklage zur Vermeidung einer Popularklage nur zulässig, wenn der Kläger geltend machen kann, in einem **subjektiven Recht** verletzt zu sein (§ 42 Abs. 2 VwGO gilt analog).[426]

   a) Bei **rein verwaltungsinternen** Maßnahmen ist dies i.d.R. zu verneinen, da der Bürger bzgl. der Gestaltung interner Vorgänge keine eigenen subjektiven Rechte hat. Der verwaltungsinterne Bereich unterliegt grundsätzlich nicht der Kontrolle durch die Gerichte.[427] **307**

   b) Allerdings ist anerkannt, dass die Klagebefugnis für eine allgemeine Leistungsklage zu bejahen ist, wenn eine an sich verwaltungsinterne Maßnahme **faktische Außenwirkung** besitzt. Denn hier muss der Bürger gemäß **308**

---

425 BVerwG NVwZ 1994, 784.

426 BVerwG, Urt. v. 05.04.2016 – BVerwG 1 C 3.15, RÜ 2016, 454, 455; Kopp/Schenke VwGO § 42 Rn. 62; vgl. AS-Skript VwGO (2017), Rn. 252.

427 BVerwGE 43, 220, 222; BayVerfGH NVwZ 1983, 150, 151; OVG Lüneburg NVwZ 1998, 94; VG Darmstadt NJW 2004, 1471, 1472; VG Lüneburg NJW 2006, 1609, 1610.

Art. 19 Abs. 4 GG die Möglichkeit haben, die ggf. rechtswidrige Beeinträchtigung seiner Rechte abzuwehren.[428]

Beispiel: Der Bürger kann den Widerruf einer ehrverletzenden Tatsachenbehauptung verlangen, die in einem verwaltungsinternen Polizeibericht enthalten ist.[429]

Im vorliegenden Fall lässt sich auch eine **faktische Außenwirkung** der Weisung nicht feststellen. Im Verhältnis zu K werden keinerlei Rechtswirkungen herbeigeführt. Für den Bürger sind allein die späteren verkehrsrechtlichen Anordnungen maßgebend.[430]

K kann daher nicht geltend machen, (bereits) durch die Weisung in einem subjektiven Recht verletzt zu sein. Mangels Klagebefugnis wäre eine **Leistungsklage unzulässig**.

309 III. Auch eine **Feststellungsklage** scheidet in diesen Fällen aus. Ausschließlich verwaltungsinterne Maßnahmen begründen kein Rechtsverhältnis i.S.d. § 43 Abs. 1 VwGO.[431] Eine Klage des K gegen die Weisung der Bezirksregierung wäre daher unzulässig.

---

2. Mehrstufige Verwaltungsakte

310 Vielfach bestimmt das Gesetz, dass ein VA der Behörde nur „mit Zustimmung" oder „im Einvernehmen" mit einer anderen Behörde ergehen darf. Ein solcher VA wird als **mehrstufiger VA** bezeichnet.[432]

Beispiel: Nach § 36 Abs. 1 S. 1 BauGB darf im bauaufsichtlichen Verfahren über die Zulässigkeit eines Bauvorhabens nach den §§ 31, 33, 34 und 35 BauGB von der Baugenehmigungsbehörde nur im Einvernehmen mit der Gemeinde entschieden werden (um deren Planungshoheit zu sichern).[433]

311 Dem Bürger geht es in dieser Situation letztlich um den VA der Genehmigungsbehörde (z.B. die Baugenehmigung). Die Mitwirkung anderer Behörden beim Erlass des VA hat deshalb **i.d.R. nur verwaltungsinterne Bedeutung**. Etwas anderes gilt nur in seltenen Ausnahmefällen bei **inkongruenter Prüfungskompetenz**, wenn die Mitwirkungsbehörde bestimmte Gesichtspunkte selbstständig und abschließend prüft.

Beispiel: Bei der Ernennung von Ausländern zu Beamten prüft das Bundesinnenministerium, ob ein dringendes dienstliches Bedürfnis besteht (§ 7 Abs. 3 BBG). Diese Entscheidung ist nicht nur unselbstständiger Teil der Ernennung, sondern ein eigenständiger VA.[434]

Gegenbeispiel: Das Einvernehmen der Gemeinde (§ 36 BauGB) ist mangels Außenwirkung kein VA, da es nur aus den Gründen nach §§ 31, 33, 34 und 35 BauGB versagt werden darf (§ 36 Abs. 2 S. 1 BauGB), also aus Gründen, die die Baugenehmigungsbehörde ohnehin prüfen muss (kongruente Prüfungskompetenz).[435]

---

428 BVerwGE 60, 144, 147; BVerwG NVwZ 1982, 103; NJW 1983, 899.

429 BVerwG NJW 1965, 1451.

430 Vgl. VG Lüneburg, Urt. v. 14.12.2005 – 5 A 51/05, NJW 2006, 1609, 1610.

431 BVerwG NVwZ 2008, 1011; DVBl. 1981, 936, 939; BayVGH BayVBl. 1992, 469; zu den Besonderheiten bei Organstreitigkeiten, insbes. beim Kommunalverfassungsstreitverfahren vgl. AS-Skript Kommunalrecht.

432 Maurer/Waldhoff § 9 Rn. 29; Knack/Henneke VwVfG § 35 Rn. 57; Voßkuhle/Kaufhold JuS 2011, 34, 36.

433 Ausführlich AS-Skript Öffentliches Baurecht (2016), Rn. 63 ff.; Dippel NVwZ 2011, 769 ff.; Schoch NVwZ 2012, 777 ff.; Rietzler/Weinbuch Jura 2013, 93 ff.

434 HessVGH DVBl. 1981, 1069.

Ist die Mitwirkungshandlung mangels Außenwirkung kein VA, scheidet eine **Verpflichtungsklage** gegen die Mitwirkungsbehörde aus. Ebenso ist eine allgemeine **Leistungsklage** mangels Klagebefugnis (§ 42 Abs. 2 VwGO analog) unzulässig. Denn die Vorschriften über die Mitwirkung (z.B. § 36 BauGB) räumen dem Bürger keine subjektiven Rechte ein, die Mitwirkung ist für ihn ein **rein verwaltungsinterner Akt.** 312

Deshalb kann die **Versagung des Einvernehmens** vom Bauherrn nicht mit Rechtsbehelfen angegriffen werden.[436] Der Bauherr ist darauf beschränkt, **Verpflichtungsklage auf Baugenehmigung gegen die Genehmigungsbehörde** zu erheben. In diesem Verfahren wird inzident geprüft, ob das Einvernehmen der Gemeinde zu Recht oder zu Unrecht versagt worden ist.[437] Ebenso wenig kann sich der Nachbar gegen die **Erteilung des Einvernehmens** wenden. § 36 BauGB ist nicht nachbarschützend.[438]

Die **Ersetzung** des (rechtswidrig) versagten Einvernehmens (§ 36 Abs. 2 S. 3 BauGB) hat dagegen im Hinblick auf Art. 28 Abs. 2 GG **gegenüber der Gemeinde Außenwirkung** und ist damit VA.[439] Allerdings ist die Ersetzungsentscheidung zumeist unselbständiger Teil der Baugenehmigung und kann deshalb nicht isoliert angefochten werden (§ 44 a VwGO).[440] Die Gemeinde muss vielmehr gegen die Baugenehmigung selbst vorgehen. Im Rahmen dessen wird inzident geprüft, ob die Ersetzung des Einvernehmens rechtmäßig war.[441]

Da das Einvernehmen im Verhältnis zum Bürger ein bloßes Internum ist, bestehen bei rechtswidriger Versagung des Einvernehmens **Amtshaftungsansprüche nicht gegen die Gemeinde**, sondern nur gegen die Baugenehmigungsbehörde bei rechtswidriger Ablehnung der Baugenehmigung.[442]

3. Maßnahmen in verwaltungsrechtlichen Sonderverhältnissen

Jeder Bürger, jede natürliche oder juristische Person, die sich auf deutschem Staatsgebiet befindet oder hier ihren Sitz hat, steht in einem **allgemeinen Rechtsverhältnis** zum Staat, welches herkömmlich als „allgemeines Gewaltverhältnis" bezeichnet wird. Es umfasst die Pflicht, die Gesetze zu beachten, und gewährt die im Grundgesetz und in anderen Gesetzen enthaltenen Rechte. 313

In gewissen Fällen besteht zwischen dem Bürger und dem Staat aber ein weit engeres Rechtsverhältnis, das früher als **besonderes Gewaltverhältnis** bezeichnet wurde. Die wichtigsten Fälle sind: 314

- **Beamte** und **Richter** (Art. 33, 97, 98 GG),
- **Soldaten** und **Zivildienstleistende** (Art. 12 a, 17 a GG),
- **Schüler** (Art. 7 GG),
- **Strafgefangene**, Untersuchungshäftlinge und sonst zwangsweise untergebrachte Personen.

---

435 BVerwG NVwZ 1986, 556; Hellermann Jura 2002, 589, 591; Fehling Jura 2006, 369, 370; Kröninger NVwZ 2017, 826; vgl. auch BVerwG ZfBR 2017, 62; OVG Bln-Bbg NVwZ-RR 2017, 583; OVG Lüneburg NVwZ-RR 2016, 488

436 Battis/Krautzberger/Löhr BauGB § 36 Rn. 5; Hellermann Jura 2002, 589, 592; a.A. Schwabe DVBl. 1997, 1322, 1323.

437 BVerwG NVwZ-RR 2003, 719; Fehling Jura 2006, 369, 371.

438 Ernst/Zinkahn/Bielenberg BauGB § 36 Rn. 28.

439 HessVGH NVwZ-RR 2011, 248; OVG Saarlouis NVwZ 2015, 96; Schoch NVwZ 2012, 777, 783.

440 VGH Mannheim KommJur 2017, 151, 152; Hellermann Jura 2002, 589, 594; Sikora JA 2005, 40, 43; a.A. Dippel NVwZ 1999, 921, 925.

441 Vgl. VGH Mannheim NVwZ-RR 2012, 58, 59; Sikora JA 2005, 40, 43; Kröninger NVwZ 2017, 826, 828 m.w.N.

442 BGH, Urt. v. 16.09.2010 – III ZR 29/10, RÜ 2010, 810, 811; BVerwG NVwZ 2013, 167; Dippel NVwZ 2011, 769, 774 ff.; Schlarmann/Krappel NVwZ 2011, 215, 216; Schoch NVwZ 2012, 777, 783 f.; Rietzler/Weinbuch Jura 2013, 53, 59; Singbartl/Wehowsky NVwZ 2013, 1525 ff.; anders noch BGH NVwZ 2006, 117, 118.

315 Die **Lehre vom besonderen Gewaltverhältnis** beruhte auf der Überlegung, dass aufgrund der spezifischen Beziehung das Rechtsverhältnis des Bürgers zum Staat dem verwaltungsinternen Bereich zugerechnet wurde.[443] Die Grundrechte sollten hier ebenso wenig anwendbar sein wie der Grundsatz vom Vorbehalt des Gesetzes (s.o. Rn. 114). Diese Betrachtungsweise ist seit der Strafgefangenenentscheidung des BVerfG[444] überholt. Seither besteht Einigkeit, dass die Grundrechte, der Vorbehalt des Gesetzes und der Rechtsschutz auch im besonderen Gewaltverhältnis gelten. Der Begriff des besonderen Gewaltverhältnisses ist funktionslos geworden, deshalb wird heute überwiegend von **Sonderrechtsverhältnissen** oder **Sonderstatusverhältnissen** gesprochen. Allerdings gibt es immer wieder Tendenzen, die Figur des besonderen Gewaltverhältnisses für besondere Einschränkungsbefugnisse heranzuziehen.[445]

a) Maßnahmen im Beamtenrecht

Fall 12: Umsetzung eines Beamten

B ist Oberamtsrat bei der Kreisverwaltung K und war dort bisher in der Ordnungsabteilung als Leiter des Sachgebiets Zivilschutz und Katastrophenschutz tätig. Als der Leiter des Meldeamtes in den Ruhestand trat, sollte B dessen Nachfolger werden. B lehnte dies mit der Begründung ab, im Vergleich zu der aktiv gestaltenden und mit Außendienst verbundenen Tätigkeit im Katastrophenschutz sei die mehr auf Probleme der EDV und auf Aktenbearbeitung ausgerichtete Tätigkeit im Meldeamt unterwertig. Als Leiter des Meldeamtes könne er keine Leistungen erbringen, die ihm weitere Aufstiegsmöglichkeiten eröffneten.

Der Landrat als Dienstvorgesetzter des B ordnete gleichwohl mit Zustimmung des Personalrats die Umsetzung des B in das Meldeamt an und begründete dies damit, ein anderer erfahrener Beamter, dem man die Leitung des Meldeamtes anvertrauen könne, stehe zur Zeit nicht zur Verfügung. Der Widerspruch des B wurde mit der Begründung zurückgewiesen, die Umsetzung sei kein Verwaltungsakt, sondern eine innerdienstliche Weisung, gegen die ein Widerspruch nicht zulässig sei. Hätte eine verwaltungsgerichtliche Klage des B Aussicht auf Erfolg?

A. Zulässigkeit einer Klage

316 I. Der **Verwaltungsrechtsweg** ist gemäß § 54 Abs. 1 BeamtStG eröffnet, da eine beamtenrechtliche Streitigkeit vorliegt.

Für Bundesbeamte gilt die entsprechende Regelung in § 126 Abs. 1 BBG.

II. Der Klageart nach handelt es sich um eine **Anfechtungsklage** gemäß § 42 Abs. 1 Fall 1 VwGO, wenn die Umsetzung ein Verwaltungsakt i.S.d. § 35 VwVfG ist.

317 1. Die Anordnung betrifft die Aufgabenverteilung im Bereich der Verwaltung und richtet sich nach beamtenrechtlichen Vorschriften. Es handelt sich daher um die **Maßnahme einer Behörde auf dem Gebiet des öffentlichen Rechts.**

443 Vgl. die Darstellung bei Maurer/Waldhoff § 8 Rn. 28 ff.; Sachs NWVBl. 2004, 209 ff.; v. Kielmansegg JA 2012, 881 ff.

444 BVerfGE 33, 1; ebenso BVerfG, Urt. v. 31.05.2006 – 2 BvR 1673/04 u.a., NJW 2006, 2093, 204 zum Jugendstrafvollzug.

445 So z.B. im Sondervotum zu BVerfG, Urt. v., 24.09.2003 – 2 BvR 1436/02, NJW 2003, 3111, 3117 ff. (Kopftuch-Entscheidung); zu der damit verbundenen Wiederbelebung des besonderen Gewaltverhältnisses Sachs NWVBl. 2004, 209 ff.

2. Eine **Regelung** liegt insofern vor, als der Tätigkeitsbereich des B geändert wird. Die Verfügung beinhaltet das Gebot an B, nunmehr das Amt und die Aufgaben des Leiters des Meldeamtes wahrzunehmen.

3. Ferner müsste diese Regelung **Außenwirkung** haben. Das ist der Fall, wenn ihre Rechtsfolgen gegenüber einer außerhalb der Verwaltung stehenden Person eintreten, nicht dagegen wenn nur eine **verwaltungsinterne Regelung** vorliegt. Schwierigkeiten in der Abgrenzung bestehen, wenn der von der Regelung Betroffene nicht klar und eindeutig ein außenstehender Bürger ist, sondern in einem engen Verhältnis zum Innenbereich des Staates steht, wie das beim Beamten der Fall ist. Die Differenzierung zwischen behördeninternen und behördenexternen Maßnahmen ist hier nur bedingt brauchbar, da der betroffene Beamte sowohl Träger eigener Rechte ist als auch zugleich in seiner Funktion als Amtsträger betroffen wird. **318**

   a) Bei **Sonderstatusverhältnissen** (Beamte, Schüler etc.) hat die früher h.M. danach unterschieden, ob die Maßnahme das (externe) Grundverhältnis zum Staat oder das (interne) Betriebsverhältnis betrifft. Zum **Grundverhältnis** in diesem Sinne gehören danach z.B. alle Fragen, die den Bestand des Beamtenverhältnisses als solches betreffen (Ernennung, Entlassung), aber auch die Maßnahmen, durch die das Beamtenverhältnis inhaltlich verändert oder konkretisiert wird (z.B. Versetzung). Nur die das Grundverhältnis berührenden Regelungen haben VA-Charakter. Maßnahmen im **Betriebsverhältnis** (z.B. Anordnungen, die den inneren Dienstbetrieb regeln) wirken dagegen nur verwaltungsintern.[446] **319**

   b) Da die Abgrenzung zwischen Grund- und Betriebsverhältnis auf dem überholten „besonderen Gewaltverhältnis" beruht und auch brauchbare Abgrenzungskriterien fehlen, wird diese Unterscheidung heute überwiegend so nicht mehr vorgenommen. Entscheidend für die Annahme der Außenwirkung ist vielmehr allein, ob die Maßnahme **regelnd auf subjektive Rechte** einer natürlichen Person gerichtet ist. Im Beamtenrecht differenziert die h.M. daher danach, ob die Maßnahme **320**

   - die **persönliche Rechtsstellung** des Beamten oder
   - seine bloße **Amtsstellung** betrifft.

   VAe sind nur diejenigen Maßnahmen gegenüber einem Beamten, die sich – über die Konkretisierung der Gehorsamspflicht hinaus – auf dessen Stellung als eine dem Dienstherrn mit **selbstständigen Rechten** gegenüber stehende **Rechtspersönlichkeit** erstrecken. **321**

   VAe sind danach z.B. die Ernennung, Beförderung oder Entlassung des Beamten,[447] Gewährung von Geldleistungen (Beihilfe, Trennungsentschädigung), Urlaubsregelungen[448] und ein Tätigkeitsverbot für einen pensionierten Richter als Rechtsanwalt.[449]

---

446 Vgl. z.B. OVG Hamburg NJW 1978, 2520; Ule VVDStRL 15, 133, 151.

447 Vgl. OVG NRW NVwZ-RR 2013, 423.

448 OVG NRW NWVBl. 2007, 182.

449 Vgl. BVerwG NVWZ 2017, 1208; OVG NRW NVwZ-RR 2016, 747.

322 **Behördenintern** sind dagegen die an einen Beamten in seiner Eigenschaft als Amtsträger und **Glied der Verwaltung** gerichteten internen Weisungen des Dienstherrn und die auf die Art und Weise der dienstlichen Verrichtung bezogenen innerorganisatorischen Maßnahmen der Behörde, in deren Organisation der Beamte eingegliedert ist.[450]

Keine VAe, sondern nur verwaltungsinterne Regelungen sind z.B. alle Weisungen, die die Organisation und Gestaltung der Arbeit betreffen, z.B. Entzug der Dienstwaffe bei einem Polizisten,[451] Verbot des Führens von Dienstfahrzeugen,[452] Anordnungen zum Erscheinungsbild im Dienst, z.B. zur Gestaltung der Haar- und Barttracht[453] sowie die Anordnung, sich ärztlich untersuchen zu lassen.[454] Der Schwerpunkt liegt hier nicht in der Beschränkung der Rechte des Beamten, sondern in der Konkretisierung der verwaltungsinternen Pflichten des Beamten.

Beachte: Zuweilen hat die Maßnahme zwar Außenwirkung, enthält aber keine Regelung. So werden durch eine dienstliche Beurteilung keine Rechtsfolgen begründet, sondern es wird nur über den Leistungsstand informiert. Die Beurteilung ist daher kein VA.[455]

Besonders deutlich wird die Unterscheidung bei Veränderungen im **Tätigkeitsbereich** eines Beamten:

323 - **VAe** sind die **Versetzung** und die **Abordnung**, denn diese Maßnahmen gehen über den behördeninternen Bereich hinaus, weil der Beamte auf Dauer oder vorübergehend bei einer anderen Behörde tätig wird (vgl. §§ 27, 28 BBG).

324 - **Kein VA** ist dagegen die **Umsetzung**, bei der nur der konkrete Tätigkeitsbereich des Beamten innerhalb derselben Behörde verändert wird. Die persönliche Rechtsstellung wird hierdurch nicht betroffen, da der Beamte im Hinblick darauf, welche konkreten Aufgaben er innerhalb seiner Behörde erledigt, keine eigenen subjektiven Rechte hat. Vielmehr unterliegt er – im Rahmen seiner allgemeinen Amtsstellung – insoweit den Weisungen seiner Vorgesetzten (vgl. § 35 S. 2 BeamtStG).[456]

  Erst recht liegt keine Außenwirkung vor, wenn ohne Änderung des konkreten Dienstpostens lediglich der **Aufgabenbereich** des Beamten verändert wird, ihm also nur einzelne Aufgaben entzogen oder zusätzlich übertragen werden.[457]

Im vorliegenden Fall bleibt B bei derselben Behörde, der Kreisverwaltung K. Ordnungsamt und Meldeamt sind keine verschiedenen Behörden, sondern nur interne Untergliederungen innerhalb derselben Behörde. Also liegt eine bloße Umsetzung vor, die grundsätzlich keinen VA darstellt.

---

450 So grundlegend BVerwGE 60, 144, 146; ebenso BVerwG, Urt. v. 02.03.2006 – 2 C 3/05, DVBl. 2006, 1187, 1188; OVG Koblenz DVBl. 2002, 1647; Maurer/Waldhoff § 9 Rn. 26; Kahl Jura 2001, 505, 513.

451 VG Wiesbaden, Beschl. v. 12.07.2006 – 8 G 1373/05, NVwZ-RR 2007, 528.

452 OVG NRW, Beschl. v. 02.07.2009 – 6 A 4096/06, NWVBl. 2009, 480.

453 BVerwG DVBl. 2006, 1187, 1188; BayVGH BayVBl. 2003, 212; a.A. Finkelnburg/Dombert/Külpmann Rn. 1381.

454 Vgl. BVerwG, Urt. v. 30.05.2013 – BVerwG 2 C 68.11, NVwZ 2013, 1619, 1620; BVerwG, Urt. v. 26.04.2012 – BVerwG 2 C 17.10, RÜ 2012, 735, 737; OVG NRW, Beschl. v. 16.12.2014 – 6 B 1294/14, NVwZ-RR 2015, 191; VGH BW, Urt. v. 22.07.2014 – 4 S 1209/13, RÜ 2014, 735, 736; jeweils unter Aufgabe der früher abweichenden Rspr.

455 BVerwG NVwZ 2016, 1648; Kopp/Ramsauer VwVfG § 35 Rn. 138.

456 Vgl. BVerfG RÜ 2008, 458, 459; BVerwG NVwZ 2012, 1481, 1482; OVG NRW NWVBl. 2009, 480; OVG LSA DÖD 2009, 227, 228; zur Abgrenzung vgl. OVG Hamburg, Beschl. v. 23.08.2012 – 1 Bs 154/12.

457 BVerwG NVwZ 1997, 72; DVBl. 1995, 1245.

c) Früher wurde zuweilen angenommen, dass auch Maßnahmen ohne unmittelbare Außenwirkung als VAe zu qualifizieren seien, wenn sie **faktisch** in die individuelle Rechtssphäre des Beamten eingreifen.[458] **325**

Das wurde beispielsweise angenommen, wenn der bisherige Tätigkeitsbereich im Vergleich zu dem neu übertragenen mit einem erhöhten Maß an Verantwortung und mit besonderem dienstlichen Ansehen verbunden war oder wenn dem Beamten im Verhältnis zu seinem Einstellungsamt unterwertige Arbeit übertragen wurde.

Diese **faktische Außenwirkung** genügt jedoch für die Annahme eines VA nicht. Ein VA kann nur vorliegen, wenn die Herbeiführung der Außenwirkung **bezweckt** ist. Nur wenn die Regelung **final** auf die Herbeiführung von Rechtswirkungen im Außenverhältnis gerichtet ist, handelt es sich um einen VA. Nicht die tatsächlichen Auswirkungen einer Maßnahme sind für ihre Rechtsnatur maßgebend, sondern allein ihr objektiver Sinngehalt. **326**

„Danach handelt es sich bei Maßnahmen, die Beamten ein bestimmtes Erscheinungsbild im Dienst vorschreiben, auch dann nicht um VAe, wenn sie – wie Vorgaben für die Gestaltung der Haar- und Barttracht – in der privaten Lebenssphäre fortwirken. Denn ihr Regelungszweck besteht [nur] darin, die Modalitäten der Dienstausübung festzulegen."[459]

„Zwar greift die Anordnung, sich körperlich untersuchen zu lassen … , in die grundrechtsbewehrte persönliche Sphäre des Beamten ein. Ihr Schwerpunkt liegt aber in der Frage der künftigen Dienstleistung und der Konkretisierung der darauf bezogenen … Pflicht des Beamten, bei der Klärung seiner Dienstfähigkeit mitzuwirken."[460]

Da mit der Umsetzung des B eine Beeinträchtigung seiner Privatsphäre **nicht bezweckt** war, ist die Maßnahme kein VA und eine Anfechtungsklage gegen sie daher nicht statthaft. **327**

Zwar kann eine Anordnung dadurch zum VA werden, dass über sie durch Widerspruchsbescheid entschieden wird (s.o. Rn. 195). Dies gilt aber nicht im Beamtenrecht, da hier gemäß § 126 Abs. 2 BBG, § 54 Abs. 2 BeamtStG auch bei internen Maßnahmen ein Vorverfahren durchzuführen ist. Danach ändert sich durch den Erlass eines Widerspruchsbescheides nicht der Charakter interner beamtenrechtlicher Anordnungen.[461]

III. Rechtsschutzmöglichkeiten gegen Entscheidungen des Dienstherrn können jedoch auch unabhängig vom Vorliegen eines VA gegeben sein. In Betracht kommt vor allem eine **allgemeine Leistungsklage**, wenn eine Leistung begehrt wird, die nicht im Erlass oder in der Aufhebung eines VA besteht. Da die Rückgängigmachung (der Folgen) der Umsetzung als actus contrarius wie die Umsetzung mangels Außenwirkung keinen VA darstellt, ist die allgemeine Leistungsklage **statthaft**.[462] **328**

IV. Analog § 42 Abs. 2 VwGO ist bei der Leistungsklage eine **Klagebefugnis** erforderlich.[463] Hier kann B geltend machen, die Umsetzung verletze ihn (faktisch) in seinen Rechten, die sich insbesondere aus der Fürsorgepflicht des Dienstherrn (§ 45 BeamtStG) ergeben. **329**

---

458 BVerwGE 14, 84, 87; OVG NRW DÖV 1976, 425; OVG Lüneburg DÖV 1981, 107.

459 Vgl. beispielhaft BVerwG, Urt. v. 02.03.2006 – 2 C 3.05, DVBl. 2006, 1187, 1188; vgl. auch OVG Hamburg, Beschl. v. 30.06.2014 – 1 Bs 121/14, RÜ 2014, 800.

460 Vgl. BVerwG, Urt. v. 26.04.2012 – BVerwG 2 C 17.10, RÜ 2012, 735, 737; NVwZ 2012, 1483, 1484.

461 BVerwG, Urt. v. 30.05.2013 – BVerwG 2 C 68.11, NVwZ 2013, 1619, 1620.

462 Vgl. BVerwG DVBl. 2006, 1187, 1188; OVG Magdeburg DVBl. 2009, 863.

463 Kopp/Schenke VwGO § 42 Rn. 62; näher AS-Skript VwGO (2017), Rn. 252.

Die faktische Außenwirkung einer Maßnahme reicht zwar nicht aus, um einen VA zu begründen, rechtfertigt es aber, die mögliche Rechtsverletzung mit der allgemeinen Leistungsklage abzuwehren.[464] **Gegenbeispiel:** Die Weisung, bestimmte Rechtschreibregeln anzuwenden, ist eine rein organisatorische Entscheidung, die schon objektiv nicht geeignet ist, in die persönliche Rechtsstellung des Beamten einzugreifen.[465]

330 V. Das bei beamtenrechtlichen Klagen nach § 54 Abs. 2 S. 1 BeamtStG (vorbehaltlich landesrechtlicher Ausnahmen gemäß § 54 Abs. 2 S. 3 BeamtStG[466]) generell (auch bei Leistungsklagen) erforderliche **Vorverfahren** ist erfolglos durchgeführt worden. Dass der Dienstherr den Widerspruch (unzutreffenderweise) als unzulässig angesehen hat, ist unerheblich. Ausreichend ist, dass der Widerspruch – aus welchen Gründen auch immer – erfolglos geblieben ist. Somit ist eine **allgemeine Leistungsklage zulässig**.

B. Begründetheit der Klage

Die allgemeine Leistungsklage ist **begründet**, wenn B einen Anspruch auf Rückgängigmachung der Umsetzung hat. Ein solcher Anspruch ergibt sich aus der Fürsorgepflicht des Dienstherrn (§ 45 BeamtStG), wenn die **Umsetzung rechtswidrig** war.

Hierbei handelt es sich um einen Spezialfall des allgemeinen Folgenbeseitigungsanspruchs. Da die Umsetzung kein VA ist, kann sie gerichtlich nicht aufgehoben werden. Das Gericht kann der Behörde lediglich aufgeben, die rechtswidrige Umsetzung rückgängig zu machen.[467]

331 I. Die Maßnahme könnte schon deswegen rechtswidrig sein, weil es an einer besonderen **Rechtsgrundlage** für die Umsetzung fehlt. Entgegen der früher h.M. bedürfen auch Maßnahmen im Sonderstatusverhältnis einer gesetzlichen Ermächtigung, soweit es sich um wesentliche, insbes. grundrechtsrelevante Maßnahmen handelt (s.o. Rn. 114). Art. 12 Abs. 1 GG schützt auch die berufliche Tätigkeit im öffentlichen Dienst,[468] sodass die Umsetzung in den **Schutzbereich der Berufsfreiheit** eingreift und deshalb gemäß Art. 12 Abs. 1 S. 2 GG einer gesetzlichen Grundlage bedarf. Das Recht des Dienstherrn zur Umsetzung ergibt sich hierbei aus dessen Organisationsgewalt, sodass sich die Umsetzung auf die gesetzlich normierte **Gehorsamspflicht** des Beamten (§ 35 S. 2 BeamtStG) zurückführen lässt. Eine darüber hinausgehende spezielle gesetzliche Regelung, wie bei Abordnung und Versetzung (vgl. z.B. §§ 27, 28 BBG), ist für die Umsetzung nicht erforderlich.[469]

332 II. In **formeller** Hinsicht bestehen keine Bedenken: Die Umsetzung ist durch den zuständigen Dienstvorgesetzten angeordnet worden. Der Personalrat hat nach dem Personalvertretungsgesetz ordnungsgemäß mitgewirkt.

333 III. In **materiell-rechtlicher** Hinsicht steht dem Dienstherrn bei der Umsetzung und bei anderen Maßnahmen der Geschäftsverteilung ein weiter **Ermessensspielraum** zu. Der Dienstherr kann die Tätigkeit des Beamten grundsätzlich aus **jedem sachlichen Grund** verändern.[470]

---

464 BVerwGE 60, 144, 147; BVerwG, Urt. v. 02.03.2006 – 2 C 3.05, DVBl. 2006, 1187, 1188.

465 BVerwG, Beschl. v. 18.10.2001 – 1 WB 56.01 u.a., NVwZ 2002, 610 f. zum Soldatenrecht.

466 Vgl. z.B. Art. 15 Abs. 1 S. 1 Nr. 5 BayAGVwGO, § 105 Abs. 1 S. 1 NBG, § 103 Abs. 1 S. 1 LBG NRW.

467 Vgl. OVG NRW NVwZ-RR 1988, 102; OVG LSA DÖD 2009, 227, 228.

468 BVerfGE 84, 133, 147; 111, 191, 213.

469 BVerfG NVwZ 2008, 547, 548; BVerwG NVwZ 2012, 1481, 1482; VGH Mannheim NVwZ-RR 2010, 70.

1. **Ermessensgrenzen** ergeben sich allerdings aus dem statusrechtlichen Amt. Der Beamte hat gemäß Art. 33 Abs. 5 GG einen Anspruch auf einen **amtsangemessenen Aufgabenbereich**, d.h. entsprechend seinem Amt im statusrechtlichen Sinne beschäftigt zu werden.[471] 334

Deshalb dürfen dem Beamten weder unterwertige Arbeiten oder Pseudobeschäftigungen zugewiesen noch höherwertige Aufgaben übertragen werden, denen er nach seiner Vorbildung nicht gewachsen ist.[472]

Insoweit bestehen hier keine Bedenken, da ein Oberamtsrat bei der Kreisverwaltung **nicht speziell für einen bestimmten Aufgabenbereich** ernannt wird. Vielmehr gehört es zu seinem Amt (im statusrechtlichen Sinne), Aufgaben in verschiedenen Ämtern der Kreisverwaltung wahrzunehmen.

2. Allerdings sind nach dem Grundsatz der **Verhältnismäßigkeit** die persönlichen Belange des Betroffenen zu berücksichtigen.[473] 335

Beispiel: Bei der Umsetzung eines Beamten an einen anderen Dienstort sind dessen persönlichen und familiären Belastungen zu berücksichtigen.[474]

Allerdings besteht grundsätzlich kein Anspruch des Beamten auf die Ausübung eines bestimmten Amtes im funktionellen Sinne. Besonderheiten des bisherigen Aufgabenbereichs, wie z.B. Vorgesetzten- und Leitungsfunktionen, bessere Beförderungsmöglichkeiten oder ein höheres gesellschaftliches Ansehen, kommt allein **keine ermessenseinschränkende** Wirkung zu.[475]

Damit liegt keine Verletzung der Fürsorgepflicht vor. Die Umsetzung ist rechtmäßig und die Leistungsklage **unbegründet**.

Ist die Umsetzung aufgrund von Ermessensfehlern **rechtswidrig**, hat der Betroffene i.d.R. 336
keinen gebundenen Anspruch auf Rückumsetzung, sondern nur auf ermessensfehlerfreie Entscheidung.[476] Wie die Umsetzung selbst steht auch die Rückumsetzung im Ermessen der Behörde. Die Behörde hat verschiedene Möglichkeiten, eine ermessensfehlerhafte Umsetzung zu beseitigen (z.B. durch eine nunmehr ermessensfehlerfreie Entscheidung über die Umsetzung oder durch eine Weiterumsetzung auf einen anderen Dienstposten). Etwas anderes gilt nur, wenn das Ermessen der Behörde im Sinne einer Rückumsetzung auf Null reduziert ist (z.B. aufgrund einer Zusage oder einer eingeschränkten Verwendungsmöglichkeit aus Fürsorgegründen).[477]

---

470 BVerfG NVwZ 2008, 547, 548; BVerwG, Urt. v. 26.05.2011– BVerwG 2 A 8.09; OVG Hamburg NVwZ-RR 2011, 242, 243; OVG Koblenz LKRZ 2011, 387 f.; vgl. auch BVerwG NVwZ-RR 2017, 548: Ermessen bei Kommandierungsverfügung an einen Soldaten.

471 BVerfGE 70, 251, 267; BVerwG, Urt. v. 11.12.2014 – BVerwG 2 C 51.13, DVBl. 2015, 574, 576; BVerwG NVwZ 2012, 1481, 1482; VGH Mannheim NVwZ-RR 2010, 70, 72.

472 BVerwG NVwZ-RR 2017, 506, 508; NVwZ-RR 2015, 465, 467; NVwZ-RR 2009, 211, 213; NVwZ 2006, 1291, 1292.

473 BVerfG, Beschl. v. 30.01.2008 – 2 BvR 754/07, NVwZ 2008, 547, 548; BVerwG, Beschl. v. 21.06.2012 – BVerwG 2 B 23/12, NVwZ 2012, 1481, 1482.

474 BVerfG, Beschl. v. 30.01.2008 – 2 BvR 754/07, NVwZ 2008, 547, 548; SächsOVG, Beschl. v. 09.11.2010 – 2 B 263/10, NVwZ-RR 2011, 293.

475 BVerfG, Beschl. v. 30.01.2008 – 2 BvR 754/07, NVwZ 2008, 547, 548; BVerwG DVBl. 1992, 899, 900; OVG Magdeburg, Beschl. v. 02.11.2011 – 1 M 144/11, NVwZ-RR 2012, 409, 410; VGH Mannheim, Urt. v. 12.03.2009 – 4 S 2383/07, NVwZ-RR 2010, 70, 71; OVG Koblenz, Beschl. v. 29.06.2011 – 2 B 10579/11, LKRZ 2011, 387, 388.

476 BVerwG NVwZ 1997, 72, 73.

477 Vgl. OVG NRW NVwZ-RR 1988, 102, 103; VGH Kassel NVwZ-RR 1989, 258.

b) Maßnahmen im Schulrecht

337 Im **Schulrecht** gilt für die VA-Qualität Entsprechendes wie im Beamtenrecht, da mit der Aufnahme in die öffentliche Schule zwischen dem Schüler und der Schule ein Sonderrechtsverhältnis in Form des öffentlich-rechtlichen Schulverhältnisses begründet wird.[478] Für die Außenwirkung und damit für die Einordnung als VA ist darauf abzustellen, ob die Maßnahme in die **persönliche Rechtsstellung** des Schülers eingreift (dann VA) oder nur der Regelung des **internen Schulbetriebes** dient.

- Außenwirkung und damit **VA-Qualität** haben z.B. die Aufnahme in die Schule, die Verweisung oder Entlassung von der Schule, die (Nicht-)Versetzung, das Abschlusszeugnis (z.B. Abiturzeugnis) und die Verhängung von Ordnungsmaßnahmen.[479]
- Schulintern und damit **keine VAe** sind dagegen das Stellen von Hausaufgaben und Klassenarbeiten, erzieherische Verbote und Gebote zur Wahrung der Unterrichtsdisziplin (z.B. Auferlegung einer Strafarbeit), Umsetzung eines Schülers in eine Parallelklasse aus schulorganisatorischen Gründen u.Ä.[480]

338 Häufig fehlt es schulischen Maßnahmen bereits an der **Regelung**. Das gilt z.B. für erzieherische Maßnahmen, da hierdurch **keine Rechtsfolgen** herbeigeführt werden, sondern der Schüler lediglich zur Einhaltung der „Spielregeln" ermahnt wird.[481]

Keine Regelung enthält daher z.B. die Eintragung ins Klassenbuch oder die Weisung, den Klassenraum aufzuräumen[482], umstritten ist dies für die Anordnung des Nachsitzens.[483]

339 Auch durch die **Benotung** einer Klassenarbeit werden keine Rechtsfolgen begründet, sondern Schüler und Eltern lediglich über den Leistungsstand informiert.[484] Dasselbe gilt für Einzelnoten im Versetzungszeugnis, es sei denn, die Note ist versetzungsrelevant[485] oder hat sonst eine rechtlich selbstständige Bedeutung.[486] Bei Einzelnoten im Abschlusszeugnis wird dagegen überwiegend die Regelungswirkung und die VA-Qualität bejaht, soweit die Note die Chancen im Berufsleben beeinflusst (z.B. bei der Zulassung zum Studium, Wahl eines bestimmten Berufes).[487]

Gegenbeispiel: Beim Prüfungsbescheid ist i.d.R. nur die Entscheidung über das Bestehen bzw. Nichtbestehen als Verwaltungsakt zu qualifizieren, nicht dagegen die Bewertung der einzelnen Prüfungsleistungen.[488]

---

478 Vgl. beispielsweise § 42 Abs. 1 S. 1 SchulG NRW, § 69 Abs. 1 HSchG.

479 OVG Greifswald NJW 1997, 172; BayVGH DÖV 1990, 753, 754; Kopp/Ramsauer VwVfG § 35 Rn. 140.

480 Vgl. OVG Schleswig NVwZ 1993, 952; VGH Mannheim NVwZ 1984, 810; Kopp/Ramsauer VwVfG § 35 Rn. 141; vgl. auch OVG Hamburg, Beschl. v. 30.06.2014 – 1 Bs 121/14, RÜ 2014, 800, 801: Schulaufsichtliche Weisung zur Überprüfung einer Schulnote kein VA.

481 Stelkens/Bonk/Sachs VwVfG § 35 Rn. 202.

482 OVG Schleswig NJW 1993, 952; Kopp/Ramsauer VwVfG § 35 Rn. 141.

483 VGH Mannheim NVwZ 1984, 808 bejaht einen VA wegen des Grundrechtseingriffs; a.A. Stelkens/Bonk/Sachs VwVfG § 35 Rn. 202 unter Hinweis auf die erzieherische Wirkung.

484 Maurer/Waldhoff § 9 Rn. 9; Knack/Henneke § 35 Rn. 47; Stelkens/Bonk/Sachs VwVfG § 35 Rn. 204.

485 Kopp/Ramsauer VwVfG § 35 Rn. 101.

486 OVG NRW, Beschl. v. 30.04.2012 – 19 B 494/12, NVwZ-RR 2012, 521: Kursabschlussnote in der Qualifikationsphase als Verwaltungsakt.

487 OVG NRW DVBl. 2001, 823 (Englischnote im Berufsschulzeugnis); VGH Mannheim DVBl. 1989, 1262; VGH Kassel DVBl. 1974, 469 (Deutschnote im Abiturzeugnis); Maurer/Waldhoff § 9 Rn. 9; Stelkens/Bonk/Sachs VwVfG § 35 Rn. 205.

488 BVerwG, Urt. v. 23.05.2012 – BVerwG 6 C 8.11, RÜ 2012, 658, 661; NJW 2012, 2901, 2902; Stelkens/Bonk/Sachs VwVfG § 35 Rn. 205; Hufen JuS 2013, 191, 192; Morgenroth NVwZ 2014, 32, 34.

Begriffsmerkmale des VA gemäß § 35 VwVfG

	Definition	Abgrenzung/Gegenbegriffe
hoheitliche **Maßnahme**	■ jedes Verhalten mit **Erklärungsgehalt** (auch konkludent), das kraft **hoheitlicher Gewalt** vorgenommen wird	■ Erklärungen im **Gleichordnungsverhältnis** (z. B. ör Vertrag, verwaltungsrechtliche Willenserklärung)
Behörde	■ jede Stelle, die **Aufgaben** der **öffentlichen Verwaltung** wahrnimmt (§ 1 Abs. 4 VwVfG), auch Beliehene ← soweit nicht ausnahmsweise Exekutivaufgaben	■ Handeln eines (nicht beliehenen) **Privaten** ■ Maßnahme der **Legislative** oder **Rechtsprechung** [Kasten, Pfeil nach links:] soweit nicht ausnahmsweise Exekutivaufgaben
öffentliches Recht	■ bei **verwaltungsrechtlicher Rechtsgrundlage** ■ eindeutig hoheitliche Handlungsform (sog. **formeller VA**)	■ **privatrechtliche** (z. B. fiskalische) Maßnahmen ■ **Regierungsakte** kraft Verfassungs- oder Völkerrecht
Regelung	■ wenn Maßnahme **unmittelbar** auf die Herbeiführung einer **Rechtsfolge** gerichtet ist **(final)**, insbes. ▪ Verbot, Gebot (Verfügung) ▪ Rechtsgewährung (z. B. Erlaubnis) ▪ Rechtsversagung (Ablehnung) ▪ Rechtsgestaltung (z. B. Widerruf) ▪ Feststellung (z. B. gesetzeskonkretisierender VA) ▪ dinglicher VA (z. B. Widmung) ■ **Zweitbescheid** (nach erneuter Sachprüfung) ■ **vorläufiger VA**	■ **schlichtes Verwaltungshandeln** ▪ mit **Erklärungsgehalt** z. B. Auskünfte, Berichte, Warnungen, Mitteilungen ▪ **tatsächliche Verrichtungen** Benutzung von Sachen, Dienstfahrten, Auszahlung von Geld, Schulunterricht, Anwendung von Verwaltungszwang [Kasten, Pfeil nach links:] **Regelung** ausnahmsweise (+), wenn dem Realakt (konkludente) Regelung vorgeschaltet z. B. Ermessensentscheidung über Auskunftserteilung, konkludentes Duldungsgebot bei Zwangsmaßnahmen (str.) ■ **Wiederholung** eines VA (ohne erneute Sachprüfung) ■ **vorbereitende Maßnahmen,** Verfahrenshandlungen

Begriffsmerkmale des VA gemäß § 35 VwVfG

	Definition	Abgrenzung / Gegenbegriffe
Einzelfall	■ eindeutig nach der Form **VA** ■ inhaltlich **Einzelfall** i.S.d. **§ 35 S. 1** VwVfG: ▪ konkret individuell ▪ abstrakt individuell	■ **Rechtsnorm** ▪ wenn der Form nach eindeutig als Gesetz, RechtsVO, Satzung ▪ wenn (abstrakt) generelle Regelung
	■ konkret generelle Regelung: VA nur nach § 35 S. 2 VwVfG **(Allgemeinverfügung)** ▪ **1. Fall:** Adressatenkreis bestimmt/bestimmbar feststehend, gattungsmäßig bestimmt, durch Bezug auf konkreten Fall ▪ **2. Fall:** sachbezogene Regelung der ör Eigenschaft einer Sache z. B. Widmung einer Straße ▪ **3. Fall:** Regelung der Benutzung einer öffentl. Sache durch die Allgemeinheit z. B. Gebots-/Verbotsverkehrszeichen	Regelung betrifft praktisch jedermann
Außenwirkung	■ auf Herbeiführung von Rechtsfolgen ggü. außerhalb der Verwaltung stehender Person gerichtet (final) **Problem:** partielle Außenwirkung? h. Lit.: Unteilbarkeit der Rechtsnatur, a. A. BVerwG: relativer VA	■ **verwaltungsinterne** Maßnahmen z.B. interner Behördenbetrieb, organisatorische Maßnahmen
	Beamtenverhältnis	
	persönliche Rechtsstellung betroffen z. B. Ernennung, Versetzung, Abordnung	als Glied der **Verwaltung** betroffen z. B. interne Weisungen, Umsetzung, Aufgabenänderung
	Schulverhältnis	
	Eingriff in die **persönliche** Rechtsstellung als Träger eigener Rechte Ordnungsmaßnahmen, Versetzung, Abschlusszeugnis, Einzelnoten soweit rechtserheblich (str.), Schulschließung	**interner** Schulbetrieb betroffen Klassenarbeiten, Hausaufgaben, pädagogische Maßnahmen, Bildung einer Schulklasse
	Weisungen	
	wenn selbstständiger Status eines Verwaltungsträgers betroffen z. B. Selbstverwaltungsrecht der Gemeinde	im Verhältnis der vorgesetzten zur nachgeordneten Behörde
	mehrstufiger VA	
	verbindliche Teilregelung bei inkongruenter Prüfungskompetenz	verwaltungsintern bei kongruenter Prüfungskompetenz

5. Abschnitt: Rechtmäßigkeit eines VA

Ein VA ist rechtmäßig, wenn er sämtlichen Vorgaben entspricht, die die Rechtsordnung an ihn stellt. Steht der VA nicht im Einklang mit dem geltenden Recht, so ist er **rechtswidrig** (fehlerhaft). Der VA ist nur rechtmäßig, wenn **340**

- er auf einer wirksamen **Ermächtigungsgrundlage** beruht,
- die Zuständigkeits-, Verfahrens- und Formvorschriften eingehalten sind **(formelle Rechtmäßigkeit)** und
- der VA sachlich mit dem geltenden Recht im Einklang steht **(materielle Rechtmäßigkeit)**.

Hinweis: *Die einschlägige Ermächtigungsgrundlage ist als grundlegende Rechtmäßigkeitsvoraussetzung im Gutachten stets vorab zu benennen, da sich hieraus je nach dem betroffenen Rechtsgebiet spezielle formelle und materielle Voraussetzungen ergeben können.*[489]

Grundschema: Rechtmäßigkeit des VA

- **Ermächtigungsgrundlage**
  - für den Inhalt
  - für die Handlungsform
- **Formelle Rechtmäßigkeit**
  - Zuständigkeit
  - Verfahren
  - Form
- **Materielle Rechtmäßigkeit**
  - Voraussetzungen der Ermächtigungsgrundlage
  - allgemeine Rechtmäßigkeitsvoraussetzungen
  - zulässige Rechtsfolge

Allerdings ist auch der rechtswidrige VA grundsätzlich **wirksam** und damit rechtsverbindlich (§ 43 Abs. 1 VwVfG). Der Bürger **muss auch den rechtswidrigen VA befolgen**, solange der VA nicht von der Behörde oder vom Verwaltungsgericht aufgehoben wird oder sich anderweitig erledigt (§ 43 Abs. 2 VwVfG). **341**

Beispiel: Das in einem Verkehrszeichen liegende Gebot oder Verbot (§ 41 StVO) ist auch dann uneingeschränkt zu befolgen, wenn die zugrunde liegende straßenverkehrsbehördliche Anordnung (§ 45 StVO) rechtswidrig ist.[490]

Unwirksam ist der VA nur, wenn er (ausnahmsweise) nichtig ist (§ 43 Abs. 3 VwVfG). Hierzu enthält § 44 Abs. 2 VwVfG **absolute Nichtigkeitsgründe**. Liegt einer dieser Gründe vor, so ist der VA stets unwirksam. Im Übrigen ist ein VA nach § 44 Abs. 1 VwVfG nur nichtig, soweit er an einem **besonders schwerwiegenden Fehler** leidet und dies bei verständiger Würdigung aller in Betracht kommenden Umstände **offensichtlich** ist (dazu unten 6. Abschnitt).

489 Vgl. Schnapp/Henkenötter JuS 1998, 624, 626.
490 BayVGH, Beschl. v. 17.02.2010 – 11 CS 09.2977, NJOZ 2010, 2145, 2147.

A. Die Ermächtigungsgrundlage

I. Erforderlichkeit der Ermächtigungsgrundlage

342 Nach dem Grundsatz vom **Vorbehalt des Gesetzes** ist eine Maßnahme der Verwaltung nur rechtmäßig, wenn das Handeln in einer Rechtsnorm gestattet ist. **Belastende** Maßnahmen und alle Entscheidungen, die nach dem Rechtsstaats- und Demokratieprinzip **wesentlich** sind, müssen auf ein Gesetz rückführbar sein (s.o. Rn. 101 ff.). Soweit der Grundsatz vom Vorbehalt des Gesetzes reicht, ist das Verwaltungshandeln nur rechtmäßig, wenn es auf einer (wirksamen und ausreichenden) **Ermächtigungsgrundlage** (Befugnisnorm) beruht. Fehlt es an der erforderlichen Ermächtigungsgrundlage, ist das Handeln der Verwaltung ebenso **rechtswidrig**, wie wenn es gegen eine vorhandene Rechtsnorm verstößt.

343 So sind z.B. **Verwaltungsvorschriften** für belastende Maßnahmen und wesentliche Entscheidung keine ausreichende Rechtsgrundlage (s.o. Rn. 156). Entsprechendes gilt, wenn zwar eine satzungs- oder verordnungsrechtliche Ermächtigungsgrundlage vorhanden ist, die Materie aber so wesentlich ist, dass sie durch ein formelles Gesetz geregelt werden muss **(Parlamentsvorbehalt)**. Greift der Parlamentsvorbehalt ein, so ist eine untergesetzliche Ermächtigungsgrundlage für die behördliche Maßnahme nicht ausreichend. Die Maßnahme ist dann ebenso **rechtswidrig**, wie wenn eine gesetzliche Grundlage vollständig fehlt (s.o. Rn. 122). Allerdings kann das Fehlen einer (ausreichenden) Ermächtigungsgrundlage für einen Übergangszeitraum unbeachtlich sein, um eine sonst eintretende Funktionsunfähigkeit staatlicher Einrichtungen zu vermeiden **(Chaosgedanke)**.[491]

II. Zulässigkeit des Verwaltungsakts (VA-Befugnis)

344 Während über die Geltung des Vorbehaltes des Gesetzes für den **Inhalt** der Verwaltungstätigkeit bei belastenden und wesentlichen Maßnahmen weitgehend Einigkeit besteht, ist umstritten, ob und inwieweit sich der **Vorbehalt des Gesetzes** auch auf die **Art und Weise** des Vorgehens der Verwaltung, insbes. auf den Gebrauch der **Handlungsform des VA** erstreckt (sog. VA-Befugnis, Zulässigkeit des VA).

345 Teilweise wird darauf verwiesen, dass die Verwaltung grundsätzlich befugt sei, die öffentlich-rechtlichen Rechte und Pflichten des Bürgers durch VA zu konkretisieren und festzustellen. Der Vorbehalt des Gesetzes beziehe sich nur auf den Inhalt, nicht auf die Form des Tätigwerdens der Verwaltung. Eine **spezifische Ermächtigung** für die **Handlungsform** des VA sei daher nicht erforderlich. Die Ermächtigung der Verwaltung zu hoheitlichen Maßnahmen impliziere die Befugnis zum Handeln durch Verwaltungsakt.[492]

346 Nach h.M. muss eine Vorschrift, damit sie Ermächtigungsgrundlage für einen (belastenden) VA sein kann, dagegen **zwei Voraussetzungen** erfüllen:

- Sie muss die materiellen Voraussetzungen für das Verwaltungshandeln (den **Tatbestand**) regeln, und

---

491 Siehe oben Rn. 115 und Rn. 123.

492 Vgl. Maurer (18. Aufl. 2011) § 10 Rn. 5.

- sie muss die Befugnis zum Erlass eines VA vorsehen (die **Rechtsfolge**); sog. **VA-Befugnis** (Handlungsform-Vorbehalt).[493] 347

  – In bestimmten Fällen ist die VA-Befugnis im Gesetz **ausdrücklich** geregelt (z.B. § 49 a Abs. 1 S. 2 VwVfG: „durch … Verwaltungsakt").

  – Fehlt es an einer ausdrücklichen Regelung, so kann sich durch **Auslegung** ergeben, dass die materielle Befugnisnorm **konkludent** zugleich zur Durchsetzung durch VA berechtigt.[494]

  Dies gilt vor allem, wenn das Gesetz Begriffe wie Anordnung, Verbot, Untersagung u.Ä. verwendet (vgl. z.B. § 15 Abs. 1–3 VersG, § 35 Abs. 1 GewO).

  – Im Übrigen ist in weiten Bereichen des Verwaltungsrechts die VA-Befugnis **gewohnheitsrechtlich anerkannt**, insbesondere im Polizei- und Ordnungsrecht einschließlich des Bau- und Gewerberechts, im Verwaltungsvollstreckungsrecht und im Abgabenrecht. In diesen unproblematischen Fällen braucht in der Klausur auch **nicht gesondert geprüft** zu werden, ob die Verwaltung im konkreten Fall durch VA handeln durfte.

  – **Besonderheiten** gelten im Polizei- und Ordnungsrecht, soweit Vorschriften nur Verhaltensregeln enthalten. Gesetzliche Ge- und Verbote stellen als solche keine Befugnisnorm dar, denn sie ermächtigen nicht ohne Weiteres zum Erlass von Einzelakten. Besteht keine spezialgesetzliche Ermächtigungsgrundlage, so ist als VA-Befugnis auf die ordnungs- bzw. polizeirechtliche Generalklausel zurückzugreifen (sog. **unselbstständige Verfügung**) und dies in der Klausur kurz darzustellen.[495]

  Beispiel: Werden unter Verstoß gegen § 32 StVO Gegenstände auf der Straße liegen gelassen, die den Verkehr gefährden oder erschweren können, kann aufgrund der Generalklausel eine Beseitigungsverfügung erlassen werden.[496]

  – Zu unterschiedlichen Ergebnissen führen die oben genannten Auffassungen praktisch nur in den Fällen, in denen die Behörde **eigene Ansprüche** durch VA (**Leistungsbescheid**) durchsetzen will.

Fall 13: Falschbetankung

B ist Beamter auf Lebenszeit bei der Bundespolizei. Als er in dienstlichem Auftrag mit einem mit einem Dieselmotor ausgestatteten Einsatzfahrzeug unterwegs war, fuhr er zu einer Tankstelle und tankte versehentlich Superbenzin. Durch die anschließende Weiterfahrt wurde der Motor beschädigt. Es entstanden Reparaturkosten in Höhe von 4.500 Euro. Die zuständige Behörde versuchte zunächst, B zur Erstattung der Reparaturkosten zu veranlassen. B lehnte ab, da ein solcher Fehler jedem einmal passieren könne. Daraufhin erließ die Behörde einen Leistungsbescheid, in dem B zur Zahlung von 4.500 EUR verpflichtet wurde. Ist der Bescheid rechtmäßig?

---

493 OVG Lüneburg NVwZ-RR 2014, 449; VGH Mannheim VBlBW 2010, 128, 129; Stelkens/Bonk/Sachs VwVfG § 35 Rn. 25 ff.; Schoch Jura 2010, 670, 672 f.; Maurer/Waldhoff § 10 Rn. 29.

494 Vgl. BVerwGE 72, 265, 268; Stelkens/Bonk/Sachs VwVfG § 44 Rn. 60; Schoch Jura 2010, 670, 673.

495 Schoch Jura 2010, 670, 671.

496 BVerwG, Urt. v. 20.10.2015 – BVerwG 3 C 15.14, RÜ 2016, 123, 125.

348 Als belastender VA bedarf der Bescheid einer **Ermächtigungsgrundlage**. Hier kommt § 75 Abs. 1 S. 1 BBG (Bundesbeamtengesetz) in Betracht, wonach ein (Bundes-)Beamter bei vorsätzlicher oder grob fahrlässiger Verletzung seiner Dienstpflichten dem Dienstherrn zum Schadensersatz verpflichtet ist.[497]

349 I. Zunächst müssen die **materiell-rechtlichen Voraussetzungen** des § 75 Abs. 1 S. 1 BBG erfüllt sein.

1. B müsste eine ihm obliegende **Pflicht verletzt** haben. Jeder Beamte hat die Dienstpflicht, das ihm vom Dienstherrn anvertraute dienstliche Material sorgsam zu behandeln.[498] Diese Pflicht hat B durch die Falschbetankung verletzt.

350 2. Die Pflichtverletzung muss vorsätzlich oder grob fahrlässig erfolgt sein. **Grob fahrlässig** handelt derjenige, der die im Verkehr erforderliche Sorgfalt in ungewöhnlich schwerem Maße verletzt und dabei Verhaltenspflichten missachtet, die ganz naheliegen und im gegebenen Fall jedem hätten einleuchten müssen.[499]

„Jedem Kraftfahrzeugführer ist die Bedeutung der unterschiedlichen Kraftstoffarten bekannt. Um gravierende Schäden am Kraftfahrzeug zu vermeiden, leuchtet es jedem Nutzer ein, dass beim Betanken des Fahrzeugs auf die Wahl der richtigen Zapfpistole und damit Kraftstoffart besonders zu achten ist. Dadurch dass sich der Kl. beim Tankvorgang nicht vergewissert hat, die richtige Zapfpistole gewählt zu haben, hat er diejenigen Verhaltenspflichten missachtet, die jedem Kraftfahrzeugführer beim Betanken eines Kraftfahrzeugs ohne Weiteres einleuchten."[500]

B hat damit grob fahrlässig gehandelt.

351 3. Durch die Falschbetankung ist dem Bund ein **Schaden** in Höhe von 4.500 Euro entstanden. Eine Anspruchsreduzierung wegen **Mitverschuldens** analog § 254 BGB scheidet aus, insbesondere war der Dienstherr nicht aus Gründen der Fürsorge gehalten, z.B. durch Einbau eines Tankadapters eine Falschbetankung zu verhindern. Denn die bereits auf Vorsatz und grobe Fahrlässigkeit begrenzte Haftung nach § 75 BBG stellt eine abschließende Risikoverteilung dar, die durch die allgemeine Fürsorgepflicht (§ 78 BBG) nicht noch weiter eingeschränkt werden kann.[501]

B ist daher materiell zum Schadensersatz i.H.v. 4.500 Euro verpflichtet.

352 II. Da die Behörde den Anspruch durch VA (Leistungsbescheid) geltend gemacht hat, muss weiterhin die **VA-Befugnis** gegeben sein.

1. **§ 75 Abs. 1 BBG** oder eine damit im Zusammenhang stehende Vorschrift enthält hierzu keine Regelung.

353 2. Die VA-Befugnis ergibt sich auch nicht aus dem **Verwaltungsvollstreckungsgesetz** des Bundes (VwVG). Das VwVG erfasst nach § 1 Abs. 2 nicht die Geldforderungen, die im Wege der verwaltungsgerichtlichen Leistungsklage geltend zu machen sind, wohl aber die durch Leistungsbescheid geltend gemachten Forderungen (§ 3 Abs. 2 lit. a VwVG). Hier geht es aber gerade um die Frage, ob überhaupt ein Leistungsbescheid ergehen darf.

---

497 Für Landesbeamte gilt die entsprechende Regelung in § 48 S. 1 BeamtStG.

498 BVerwG NVwZ-RR 2017, 546, 547.

499 BVerwG NVwZ-RR 2017, 546, 547; BayVGH, Beschl. v. 01.06.2017 – 6 ZB 17.903.

500 BVerwG NVwZ-RR 2017, 546, 547; ebenso OVG Koblenz NVwZ-RR 2004, 366, 367; vgl. auch BayVGH, Beschl. v. 01.06.2017 – 6 ZB 17.903: Missachtung der Durchfahrtshöhe eines Parkhauses.

501 BVerwG NVwZ-RR 2017, 546, 547.

3. Ob die Verwaltung auch ohne ausdrückliche oder konkludente Regelung **eigene Leistungsansprüche** durch VA durchsetzen darf, ist umstritten.

   a) Nach bislang h.Rspr. ist die Behörde im Rahmen eines **Über- und Unterordnungsverhältnisses gewohnheitsrechtlich** auch ohne besondere Ermächtigung befugt, Regelungen durch VA zu treffen. Der VA sei die typische Handlungsform zur Konkretisierung öffentlich-rechtlicher Pflichten und damit der Hoheitsverwaltung „immanent".[502] 354

   Einen Sonderfall bildet die von der Rspr. in diesem Zusammenhang entwickelte **Kehrseitentheorie:** Wird eine Leistung aufgrund eines VA gewährt, so kann die Leistung (z.B. wenn sie rechtsgrundlos erfolgt ist) auch durch VA zurückgefordert werden (in diesem Sinne ausdrücklich § 49 a Abs. 1 S. 2 VwVfG).[503]

   b) Nach der Gegenmeinung sind Leistungsbescheide nur dann zulässig, wenn das **Gesetz** die Handlungsform des VA (ausdrücklich oder konkludent) vorsieht. Es widerspreche rechtsstaatlichen Erwägungen, wenn die Behörde den Streit zwischen sich und dem Bürger, also in eigener Sache, durch VA entscheiden dürfe. Durch Erlass des VA werde der Bürger in eine nachteilige rechtliche Stellung gedrängt: Der VA zwinge ihn zur Gegenwehr und belaste ihn mit dem Risiko der Fristversäumnis und dem **Prozessrisiko**. Um die **Bestandskraft** des VA zu verhindern, müsse der Adressat Widerspruch bzw. Klage erheben. Sieht er davon ab, wird die im Leistungsbescheid getroffene Festsetzung, selbst wenn sie rechtswidrig sein sollte, verbindlich und kann von der Behörde ohne gerichtliche Hilfe nach dem VwVG zwangsweise durchgesetzt werden. Wegen dieser mit der **Titel- und Vollstreckungsfunktion** des VA verbundenen belastenden Wirkung bedürfe das Vorgehen durch VA mit Rücksicht auf Art. 20 Abs. 3 GG einer besonderen gesetzlichen Ermächtigung.[504] 355

   Da § 75 BBG den Erlass eines VA nicht, auch nicht stillschweigend vorsieht, ist der Leistungsbescheid nach dieser Auffassung mangels Ermächtigungsgrundlage **rechtswidrig**. Danach muss die Behörde, wie jeder Bürger auch, ihre Ansprüche mittels verwaltungsgerichtlicher Leistungsklage durchsetzen.

   c) Richtig ist zwar, dass die **Handlungsform** des VA aufgrund der mit dem Erlass des VA verbundenen belastenden Wirkungen für den Bürger grundsätzlich dem **Vorbehalt des Gesetzes** unterfällt. Es würde jedoch die Effektivität des Verwaltungshandelns zu stark einschränken, wollte man stets eine ausdrückliche Regelung der VA-Befugnis fordern. Für die h.Rspr. spricht zudem, dass gerade im Beamtenrecht ebenso wie in anderen verwaltungsrechtlichen Sonderverhältnissen Einzelfallentscheidungen seit jeher durch VA getroffen werden. Das Vorgehen durch VA hat für den Bürger überdies nicht nur Nachteile, sondern **auch Vorteile**, da er vor dem Erlass des Bescheides angehört werden muss (§ 28 VwVfG), der Bescheid zu begründen ist (§ 39 VwVfG) und der VA ggf. vor einer gerichtlichen Auseinandersetzung im Widerspruchsverfahren (§ 68 356

---

502 BVerwGE 71, 354, 357; OVG NRW, Beschl. v. 23.05.2017 – 1 A 867/17; HessVGH NVwZ 1995, 1227, 1228; Maurer/Waldhoff § 10 Rn. 34; ebenso ohne Begründung BVerwG NVwZ-RR 2017, 546, 548 („Bescheide").

503 Vgl. ThürOVG DVBl. 2010, 1042, 1043; Maurer/Waldhoff § 10 Rn. 35.

504 VGH BW, Urt. v. 09.11.2015 – 11 S 714/15; Thür OVG RÜ 2011, 254, 258; OVG Lüneburg NJW 1996, 2947; VGH Mannheim NVwZ 1990, 388; Bader/Ronellenfitsch VwVfG § 35 Rn. 64.1 u. 66.1; Schoch Jura 2010, 670, 672 f.

VwGO) verwaltungsintern überprüft werden muss. Dogmatisch lässt sich das Ergebnis mit der Annahme einer **gewohnheitsrechtlichen Ermächtigung** rechtfertigen, die dem Vorbehalt des Gesetzes genügt.

Bei **feststellenden VAen** macht die Rspr. allerdings eine Einschränkung. Feststellende VAe bedürfen insbesondere dann einer gesetzlichen Grundlage für die Handlungsform des VA, „wenn ihr Inhalt etwas als Rechtens feststellt, das der Betroffene erklärtermaßen für nicht Rechtens hält"[505]

Beispiel: Die Behörde stellt durch VA fest, dass ein von B geplantes Bauvorhaben genehmigungsbedürftig ist. Lässt B diesen VA bestandskräftig werden, kann er sich im späteren Genehmigungsverfahren nicht mehr darauf berufen, dass das Vorhaben nach der LBauO genehmigungsfrei ist.

Auch bei feststellenden VAen muss die VA-Befugnis nicht ausdrücklich im Gesetz geregelt sein, vielmehr genügt eine Grundlage, die im Wege der Auslegung ermittelt werden kann.[506] So ergibt sich aus den Vorschriften über die Genehmigungsbedürftigkeit eines Vorhabens auch die Grundlage für einen VA, der die (umstrittene) Genehmigungspflicht feststellt.[507]

357 d) Voraussetzung für eine gewohnheitsrechtlich anerkannte VA-Befugnis ist jedoch stets, dass ein **Über-/Unterordnungsverhältnis** vorliegt, und zwar muss die Über-/Unterordnung **gerade in Bezug auf den konkreten Anspruch** bestehen, der durch VA geregelt werden soll.[508] Eine generelle Über-/Unterordnung wird nur im Beamten- und Soldatenverhältnis sowie vergleichbaren Rechtsverhältnissen angenommen.

358 Mangels Über-/Unterordnung besteht dagegen **keine VA-Befugnis**

- bei **privatrechtlichen** Ansprüchen,

  Beispiel: Ist eine Subvention von der öffentlichen Hand in Anwendung der Zwei-Stufen-Theorie durch VA bewilligt und sodann auf der Grundlage eines zivilrechtlichen Darlehensvertrags ausgezahlt worden, kann die Rückforderung des Darlehens nicht durch VA geltend gemacht werden.[509]

- bei Ansprüchen im **Gleichordnungsverhältnis**,

  Deshalb besteht keine VA-Befugnis gegenüber Erben eines Beamten[510] und Schadensersatzansprüchen aus einem Kanalbenutzungsverhältnis, da die Gemeinde hier Leistungen wie ein Privatmann erbringt.[511]

- zur Durchsetzung von **vertraglichen** Ansprüchen (§§ 54 ff. VwVfG).

  Hat sich die Behörde durch Abschluss eines öffentlich-rechtlichen Vertrages auf die Ebene der Gleichordnung begeben, darf sie im Nachhinein grds. nicht einseitig hoheitlich durch VA handeln.[512]

359 Vorliegend geht es um Ansprüche aus dem Beamtenverhältnis. Dieses zählt wegen der generellen Weisungsgebundenheit des nachgeordneten Beamten

505 BVerwG NVwZ 1991, 267; BVerwGE 72, 265, 266; VGH BW VBlBW 2016, 249; VG Potsdam DVBl. 2007, 1314, 1315; Schoch Jura 2010, 670, 675; a.A. Jeremias DVBl. 2014,1047, 1048 f.

506 VGH BW, Urt. v. 09.11.2015 – 11 S 714/15; allgemein BVerwG, Urt. v. 20.08.2014 – BVerwG 6 C 15.13.

507 Vgl. VGH BW NVwZ-RR 2017, 677; HessVGH NVwZ 1993, 497, 498.

508 VGH BW NVwZ 1990, 388 m.w.N.

509 BVerwG NJW 2006, 536, 537 f.; abweichend ohne Begründung BVerwG, Urt. v. 15.03.2017 – BVerwG 10 C 3.16, RÜ 2017, 450 für ein „durch Verwaltungsakt gewährtes Darlehen"; vgl. auch AS-Skript Verwaltungsrecht AT 2 (2017), Rn. 72 ff.

510 VGH Mannheim NVwZ 1989, 892; OVG NRW NJW 1985, 2483; Schoch Jura 2010, 670, 675.

511 OVG Lüneburg, Beschl. v. 26.03.2014 – 13 ME 21/14, NVwZ-RR 2014, 449.

512 BVerwG NVwZ 1992, 769; OVG NRW NJW 1995, 3003, 3004; Maurer/Waldhoff § 10 Rn. 33 u. § 14 Rn. 65; anders BayVGH, BayVBl. 2017, 232: wenn der Behörde im Vertrag ausdrücklich die Befugnis eingeräumt wurde.

(§ 62 Abs. 1 S. 2 BBG, § 35 S. 2 BeamtStG) zu den typischen Über-Unterordnungsverhältnissen. Da auch einer der vorgenannten Ausnahmefälle nicht eingreift, konnte die Behörde ihren Schadensersatzanspruch aus § 75 Abs. 1 S. 1 BBG durch VA (Leistungsbescheid) durchsetzen.

Weiteres Beispiel: Ebenso ist der Dienstherr befugt, den Anspruch auf Erstattung von Ausbildungskosten gegen einen (früheren) Beamten oder Soldaten durch Leistungsbescheid geltend zu machen.[513]

III. Da sonstige formelle oder materielle Bedenken nicht bestehen, ist der Leistungsbescheid **rechtmäßig**.

Vorbehalt des Gesetzes

bzgl. **Inhalt**

- belastende Maßnahmen
- wesentliche Entscheidungen

bzgl. **Handlungsform**

- kraft ausdrücklicher Regelung
- kraft Gewohnheitsrechts
  - Eingriffsverwaltung
  - Über-/Unterordnung
  - Kehrseitentheorie

Anhang: Legt das Gesetz eine **bestimmte Handlungsform** ausdrücklich fest (z.B. in 360
§ 49 a Abs. 1 S. 2 VwVfG), so **muss** die Behörde in der vorgesehenen Form (z.B. durch VA) handeln.[514] In den übrigen Fällen **kann** die Behörde durch VA handeln, **muss** es aber **nicht**. Sie hat grundsätzlich ein **Wahlrecht** zwischen verwaltungsgerichtlicher Leistungsklage und Geltendmachung durch Leistungsbescheid. Zwar könnte die Durchsetzung durch VA einen einfacheren und schnelleren Weg darstellen, sodass das Rechtsschutzbedürfnis für die Leistungsklage zweifelhaft ist. Die h.Rspr. bejaht das Rechtsschutzbedürfnis gleichwohl i.d.R. damit, dass dann, wenn der Bürger nicht freiwillig zahlt, ohnehin mit der Anfechtung des VA zu rechnen sei. Werde das Gericht aber im Ergebnis in jedem Fall mit der Angelegenheit beschäftigt, sei es gerechtfertigt, dass auch der Hoheitsträger sogleich klagen kann.[515]

Beispiel: Im Beamtenrecht kann der Dienstherr einen Leistungsanspruch wahlweise durch Leistungsbescheid, Aufrechnung, Geltendmachung eines Zurückbehaltungsrechts oder im Wege der (Leistungs-) Klage geltend machen.[516] Demgegenüber wird zum Teil das Rechtsschutzbedürfnis für die Leistungsklage verneint, wenn der Behörde mit dem Leistungsbescheid ein einfacherer Weg zur Verfügung steht.[517]

---

513 BVerwG, Urt. v. 12.04.2017 – BVerwG 2 C 16.16; OVG NRW, Beschl. v. 23.05.2017 – 1 A 867/17.

514 Schoch Jura 2010, 670, 672.

515 BVerwGE 29, 166, 172; Kopp/Schenke VwGO Vorb § 40 Rn. 50.

516 VGH Kassel NVwZ 1995, 1227, 1228.

517 BayVGH BayVBl. 2017, 276 (bei gesetzlicher VA-Befugnis); Maurer/Waldhoff § 10 Rn. 34.

III. Die Auswahl der Ermächtigungsgrundlage

Grundschema: Ermächtigungsgrundlage

- Erforderlich nach dem Grundsatz vom **Vorbehalt des Gesetzes**
- Auswahl nach **Spezialitätsgrundsatz**
  - spezielles Bundesrecht
  - spezielles Landesrecht
  - allgemeines Landesrecht
- **Wirksamkeit** der Ermächtigungsgrundlage
  - Vereinbarkeit mit höherrangigem Recht
  - ggf. untergesetzliche Norm ausreichend

In der Fallbearbeitung können sich bei der Frage nach der Ermächtigungsgrundlage folgende Prüfungsschritte ergeben:

361 ■ **Erforderlichkeit der Ermächtigungsgrundlage**

Ob eine Ermächtigungsgrundlage erforderlich ist, beurteilt sich nach dem Grundsatz vom **Vorbehalt des Gesetzes.** Dieser gilt für belastende Maßnahmen und wesentliche Entscheidungen, d.h. solchen, die nach dem Demokratie- und Rechtsstaatsprinzip vom Gesetzgeber selbst getroffen werden müssen und nicht vollständig der Verwaltung überlassen werden dürfen (s.o. Rn. 99 ff.).

Ist eine Ermächtigungsgrundlage erforderlich, aber nicht vorhanden, so führt dies grundsätzlich zur **Rechtswidrigkeit** des VA. Nur wenn ausnahmsweise das Fehlen einer gesetzlichen Grundlage im Interesse der Funktionsfähigkeit der Verwaltung für eine Übergangszeit hingenommen werden muss, kann der VA gleichwohl rechtmäßig sein (s.o. Rn. 115). Für die Übergangszeit können Verwaltungsvorschriften dann u.U. gesetzesvertretenden Charakter haben (s.o. Rn. 123 u. 156).

362 ■ **Auswahl der Ermächtigungsgrundlage**

Bei der Frage nach der einschlägigen Ermächtigungsgrundlage ist gedanklich immer nach dem **Spezialitätsgrundsatz** vorzugehen. Spezialgesetze gehen den allgemeinen Gesetzen vor, wobei (wegen Art. 31 GG) **spezielle Bundesgesetze** (z.B. BImSchG; KrWG) vor **speziellen Landesgesetzen** (z.B. LImSchG, LAbfG) zu prüfen sind. Sind Spezialregelungen nicht vorhanden, ist auf die **allgemeinen Gesetze** zurückzugreifen (PolG, SOG, OBG, VwVfG).

363 Dabei ist die Ermächtigungsgrundlage **streng von der Zuständigkeitsregelung zu trennen.** Die Zuständigkeit der Behörde besagt nur, dass sie sich mit einer bestimmten Aufgabe befassen darf; erst die Ermächtigung bildet die Grundlage für eine Maßnahme gegenüber dem Bürger.[518] Dies gilt auch dann, wenn die Vorschriften vom Wortlaut ähnlich sind, aber teilweise auf verschiedenen Voraussetzungen beruhen.

Beispiel: § 1 PolG des Landes L lautet: „Die Polizei hat die Aufgabe, Gefahren für die öffentliche Sicherheit oder Ordnung abzuwehren." In § 8 PolG des Landes L heißt es: „Die Polizei kann die notwendigen Maßnahmen treffen, um eine im einzelnen Fall bestehende Gefahr für die öffentliche Sicherheit oder Ordnung abzuwehren."

518 Vgl. BVerwG, Urt. v. 20.10.2015 – BVerwG 3 C 5.14, RÜ 2016, 123, 124 f.; BayVGH DVBl. 2017, 917, 918; VGH BW NJW 2001, 1810; Wehr JuS 2006, 582, 583.

§ 1 begründet (nur) die **Zuständigkeit** für ein Tätigwerden der Polizei. Die Polizei ist zuständig, wenn sie (subjektiv) eine Gefahr für die öffentliche Sicherheit oder Ordnung abwehren will. § 8 deckt das polizeiliche Handeln als **Ermächtigungsgrundlage** nur, wenn tatsächlich eine Gefahr besteht (ggf. reicht eine Anscheinsgefahr oder ein Gefahrenverdacht).

- **Wirksamkeit der Ermächtigungsgrundlage** **364**

Ist eine gesetzliche Vorschrift vorhanden, kann sie nur dann Ermächtigungsgrundlage sein, wenn sie **wirksam**, d.h. verfassungsgemäß ist.

Bei Zweifeln ist an dieser Stelle die **Verfassungsmäßigkeit** der Ermächtigungsgrundlage zu prüfen. Bestehen verfassungsrechtliche Bedenken, kann die Ermächtigungsgrundlage gleichwohl aufgrund **verfassungskonformer Auslegung** anzuwenden sein. Hält das Verwaltungsgericht ein formelles Gesetz für **verfassungswidrig**, so hat es das Verfahren auszusetzen und eine Entscheidung des BVerfG (bzw. des LVerfG) einzuholen (konkrete Normenkontrolle nach Art. 100 Abs. 1 GG).

Liegen die Voraussetzungen der Ermächtigungsgrundlage nicht vor, ist die Prüfung der Verfassungsmäßigkeit an sich überflüssig. In diesem Fall bietet es sich alternativ an, zunächst die einfach-rechtlichen Vorgaben zu prüfen. Liegen diese nicht vor, ist der VA schon aus diesem Grund rechtswidrig, eine Vorlage nach Art. 100 Abs. 1 GG scheidet mangels Entscheidungserheblichkeit aus (ggf. ist nach dem Bearbeitungsvermerk aber ein umfassendes Gutachten anzufertigen).

– Beruht der VA nicht unmittelbar auf einem Gesetz, sondern auf einer **untergesetzlichen Rechtsnorm** (RechtsVO oder Satzung), so ist an dieser Stelle auch zu prüfen, ob die RechtsVO oder Satzung ihrerseits wirksam ist (sog. 3–stufiger Aufbau): **365**

Beispiel: Aufgrund einer Gefahrenabwehrverordnung wird dem A durch Polizeiverfügung (Ordnungsverfügung) der Genuss von Alkohol in der Öffentlichkeit untersagt.[519]

1. Stufe: Der **VA** ist nur rechtmäßig, wenn eine Gefahr für die öffentliche Sicherheit besteht.

2. Stufe: Eine Gefahr für die öffentliche Sicherheit wegen Verstoßes gegen die RechtsVO liegt nur vor, wenn die **RechtsVO** wirksam, d.h. formell und materiell rechtmäßig ist.

3. Stufe: Die RechtsVO ist nur wirksam, wenn das zum Erlass der RechtsVO ermächtigende **Gesetz** seinerseits wirksam, d.h. formell und materiell verfassungsgemäß ist.

Dreistufiger Aufbau

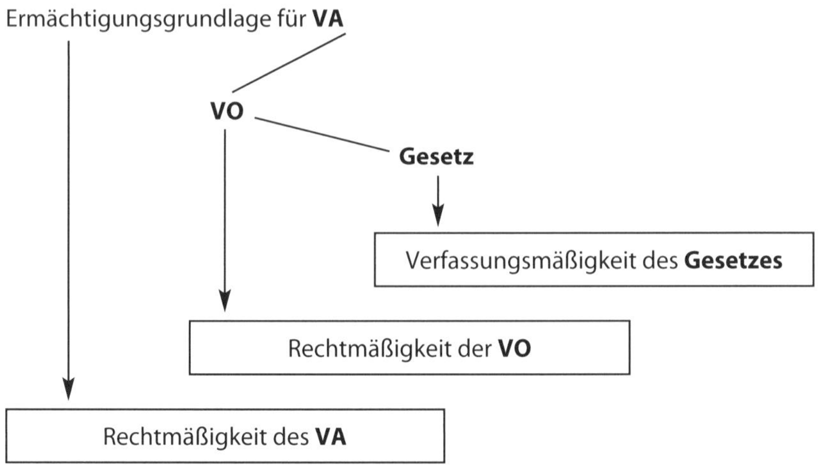

519 Vgl. VGH BW, Urt. v. 28.07.2009 – 1 S 2200/08 u. 1 S 2340/08, RÜ 2009, 732 (Alkoholverbot).; vgl. auch OVG Bremen, Urt. v. 15.11.2016 – OVG 1 D 57/15, RÜ 2017, 190 (Glasverbot).

366 – Ist Rechtsgrundlage für den VA eine **untergesetzliche Rechtsnorm** (RechtsVO, Satzung), so kann auch fraglich sein, ob die herangezogene Vorschrift dem Vorbehalt des Gesetzes genügt oder ob aufgrund des **Parlamentsvorbehalts** eine Regelung in einem formellen Gesetz erforderlich ist („Ermächtigungsgrundlage **ausreichend**?").

Ob eine Maßnahme so wesentlich ist, dass sie in einem Parlamentsgesetz selbst geregelt werden muss, bestimmt sich vor allem nach der Intensität der individuellen Betroffenheit und der Bedeutung der Regelung für die Allgemeinheit. Je stärker der Einzelne oder die Allgemeinheit betroffen ist, umso detaillierter und bestimmter muss die gesetzliche Regelung sein.[520]

Ergibt sich, dass der Gesetzgeber aufgrund des Parlamentsvorbehalts die gesetzliche Regelung selbst hätte treffen müssen, so ist der VA mangels ausreichender Ermächtigungsgrundlage rechtswidrig, wenn die Regelung nur durch RechtsVO oder Satzung erfolgt ist. Eine Ausnahme gilt auch hier, wenn der derzeitige Zustand im Interesse der Funktionsfähigkeit der Verwaltung für eine Übergangszeit hingenommen werden muss (s.o. Rn. 115).

■ Voraussetzungen der Ermächtigungsgrundlage

367 Beruht der VA auf einer wirksamen und ausreichenden Ermächtigungsgrundlage, so sind sodann die **formellen** und **materiellen** Rechtmäßigkeitsvoraussetzungen zu prüfen.

Beachte: *Die Prüfung der Ermächtigungsgrundlage zu Beginn der Rechtmäßigkeitsprüfung beantwortet nur die Frage, ob eine wirksame und ausreichende Ermächtigungsgrundlage vorhanden ist. Die sachliche Prüfung der* ***Voraussetzungen*** *der Ermächtigungsgrundlage (z.B. im Polizeirecht, ob tatsächlich eine Gefahr für die öffentliche Sicherheit besteht) erfolgt erst im Rahmen der materiellen Rechtmäßigkeit.*[521]

Beispiel: Prüfung der Ermächtigungsgrundlage im Fallaufbau

I. Als belastende Maßnahme bedarf der VA einer **Ermächtigungsgrundlage**.

Soweit zweifelhaft:

„Fraglich ist, ob die Maßnahme nach dem Grundsatz vom Vorbehalt des Gesetzes einer Ermächtigungsgrundlage bedarf ..."

Ermächtigungsgrundlage für die Verfügung könnte § ... sein.

Soweit Bedenken an der Wirksamkeit bestehen:

„Diese Vorschrift müsste wirksam sein. Das setzt voraus, dass sie formell und materiell verfassungsgemäß ist ..."

Wenn die VA-Befugnis problematisch ist:

„Die Vorschrift müsste zum Erlass eines Verwaltungsaktes berechtigen ..."

II. Formelle Rechtmäßigkeit
(Zuständigkeit, Verfahren, Form)

III. Materielle Rechtmäßigkeit
insbes. Voraussetzungen der Ermächtigungsgrundlage, allgemeine Rechtmäßigkeitsvoraussetzungen, zulässige Rechtsfolge

520 Vgl. z.B. BVerwG, Urt. 21.06.2017 – BVerwG 6 C 3.16, Rn. 28; Voßkuhle JuS 2007, 118, 119.

521 Vgl. Schnapp/Henkenötter JuS 1998, 624, 626; zum abweichenden „bayerischen Prüfungsaufbau" insb. im Polizeirecht (Unterscheidung zwischen Aufgabeneröffnung und Befugnis) Wehr JuS 2006, 582, 583.

B. Formelle Rechtmäßigkeit

Formell rechtmäßig ist ein VA, wenn er von der zuständigen Behörde in einem ordnungsgemäßen Verfahren formgerecht erlassen worden ist. 368

Grundschema: Formelle Rechtmäßigkeit

- **Zuständigkeit** (sachlich, instanziell, örtlich)
- **ordnungsgemäßes Verfahren**, insbes. § 28 VwVfG
- **Form**, insbes. §§ 37, 39 VwVfG

I. Zuständigkeit

Zuständigkeitsnormen regeln, welche Behörde welche bestimmten Aufgaben wahrnehmen darf. Hierbei sind die **sachliche**, die **instanzielle** und die **örtliche** Zuständigkeit zu unterscheiden. 369

Zuständigkeitsprüfung

sachliche Zuständigkeit

Verbandskompetenz

- Welchem **Verwaltungsträger** ist die Aufgabe zugewiesen?

Organkompetenz

- Welches **Organ** (Behörde) des Verwaltungsträgers hat die Aufgabe zu erfüllen?

instanzielle Zuständigkeit

- wenn Behörden auf verschiedenen Ebenen bestehen

örtliche Zuständigkeit

- bei gleichartigen Behörden mit territorialer Begrenzung

1. Sachliche Zuständigkeit

Die Zuständigkeit knüpft in erster Linie an einen bestimmten **Aufgabenbereich** an **(sachliche Zuständigkeit)**. Dabei ist nach Verbandskompetenz und Organkompetenz zu unterscheiden:

- Da jedes Verwaltungshandeln einer juristischen Person zugerechnet werden muss, ist zunächst festzulegen, **welcher Verwaltungsträger** die Aufgaben wahrzunehmen hat **(Verbandskompetenz)**. 370

  Dabei ist von der Regelung in Art. 83 ff. GG auszugehen, wonach aufgrund des Bundesstaatsprinzips Verwaltungsträger entweder der Bund oder die Länder sind. Diese können die Verwaltungsaufgabe entweder selbst durch eigene Behörden wahrnehmen **(unmittelbare Staatsverwaltung)** oder die Aufgabe auf unterstaatliche Verwaltungsträger (z.B. Körperschaften oder Anstalten) übertragen (sog. **mittelbare Staatsverwaltung**, s.o. Rn. 14 ff.). Wichtigster Fall ist die Zuweisung staatlicher Aufgaben an die Gemeinden, wobei allerdings eine Aufgabenübertragung durch den Bund unzulässig ist (Art. 84 Abs. 1 S. 7, Art. 85 Abs. 1 S. 2 GG).

371 ■ Juristische Personen sind als gedachte Rechtsgebilde **nicht handlungsfähig**. Für sie handeln ihre **Organe**. Es muss deshalb bestimmt werden, welches Organ die sachlich umschriebene Aufgabe konkret wahrzunehmen hat **(Organkompetenz)**. Wichtigste Organe sind die **Behörden**, deren Aufgabe es ist, für den Verwaltungsträger nach außen (gegenüber dem Bürger) verwaltend tätig zu werden.

So sind z.B. Organe der Gemeinde der Rat und der Bürgermeister. Der Rat ist das interne Willensbildungsorgan, der Bürgermeister Behörde im Außenverhältnis (s.o. Rn. 23).[522] Deshalb erfolgt der Erlass von Verwaltungsakten der Gemeinde i.d.R. durch den Bürgermeister (Gemeindeverwaltung). Etwas anderes gilt z.B. bei der Umbenennung einer Straße. Da hier bereits die Entscheidung des Rates die Regelung mit Außenwirkung beinhaltet, handelt es sich um einen VA des Rates.[523]

372 Vielfach verwenden die Gesetze bei der Zuständigkeitsbestimmung bloße **Funktionsbezeichnungen**.

So erwähnt z.B. § 36 BauGB die „Baugenehmigungsbehörde" und die „höhere Verwaltungsbehörde". Das sind keine wirklich vorhandenen Behörden. Das gleiche gilt für die „Ordnungsbehörde", „Straßenverkehrsbehörde", die „Aufsichtsbehörde" oder die „Widerspruchsbehörde". Umgekehrt werden tatsächlich vorhandenen Behörden wie der „Bezirksregierung" oder dem „Polizeipräsidium" im Gesetz kaum direkt Zuständigkeiten zugewiesen.

Die Funktionsbezeichnung ist nur **Hilfsmittel** zur Bestimmung der Zuständigkeit. Hinzukommen muss die Zuweisung der Funktion an eine tatsächlich existierende Behörde.

Beispiel: Nach § 44 Abs. 1 S. 1 StVO sind sachlich zuständig zur Ausführung der StVO, soweit nichts anderes bestimmt, die Straßenverkehrsbehörden.[524] Das sind die Behörden, denen durch Landesrecht (Art. 84 Abs. 1 S. 1 GG) die Aufgaben der Straßenverkehrsbehörde zugewiesen sind. Erst aus der landesrechtlichen Zuständigkeits-Verordnung ergibt sich daher die tatsächlich zuständige Behörde (z.B. der Oberbürgermeister oder der Landrat).

2. Instanzielle Zuständigkeit

373 Hat der Verwaltungsträger Behörden auf verschiedenen Ebenen, so ist die **instanzielle Zuständigkeit** festzulegen.

Als Beispiel dient die Landesfinanzverwaltung: **Oberste Behörde:** Landesfinanzministerium; **Mittelbehörde:** Oberfinanzdirektion; **untere Behörde:** Finanzamt.

374 In der Regel ist die Zuständigkeit der jeweils unteren Instanz zugewiesen. Die vorgesetzte Behörde darf dann nur ausnahmsweise tätig werden, wenn das Gesetz ein **Selbsteintrittsrecht** vorsieht.

Vgl. z.B. Art. 3 b Abs. 1 BayVwVfG: Kommt eine staatliche Behörde einer schriftlichen Weisung der Aufsichtsbehörde nicht fristgerecht nach, so kann der Leiter der Aufsichtsbehörde an Stelle der angewiesenen Behörde handeln (Selbsteintritt).

522 Zu Ausnahmen vgl. AS-Skript Kommunalrecht.

523 Vgl. VGH BW NVwZ 1992, 196; OVG NRW NJW 1987, 2695; Zilkens NWVBl. 2001, 369, 370 m.w.N.

524 Vgl. dazu BVerwG, Urt. v. 20.10.2015 – BVerwG 3 C 15.14, RÜ 2016, 123, 124.

3. Örtliche Zuständigkeit

Die **örtliche Zuständigkeit** muss festgelegt werden, wenn es mehrere gleichartige Behörden mit räumlich begrenztem Zuständigkeitsbereich gibt. Fehlen Spezialgesetze, so gilt hierfür § 3 VwVfG. 375

Beispiele: In Angelegenheiten, die sich auf unbewegliches Vermögen beziehen (z.B. Erteilung einer Baugenehmigung) ist die Behörde zuständig, in deren Bezirk das Grundstück liegt (§ 3 Abs. 1 Nr. 1 VwVfG). Bei unternehmensbezogenen Maßnahmen ist der Ort der Betriebsstätte (§ 3 Abs. 1 Nr. 2 VwVfG), bei natürlichen Personen der Aufenthaltsort maßgebend (§ 3 Abs. 1 Nr. 3 a VwVfG).

4. Prüfung der Zuständigkeit – Zuständigkeitsfehler

Fall 14: Ausweisung eines Ausländers

Bei der Stadtverwaltung der kreisfreien Stadt S gibt es ein Ordnungsamt und ein Ausländeramt. Der in S studierende Ausländer A erhält eine Ausweisungsverfügung, die folgenden Briefkopf aufweist: „Oberbürgermeister der Stadt S – Ordnungsamt". Unterschrieben war die Verfügung von „R, Stadtverwaltungsrat". Daraufhin begibt sich A zur Stadtverwaltung, um die Sache mündlich zu erörtern. Als er die Verfügung am Eingang vorzeigt, wird er an R verwiesen. R erklärt, er könne sachlich kaum etwas zu der Verfügung sagen. Er befasse sich normalerweise nicht mit Ausländersachen sondern mit Straßenverkehrsrecht. Er habe die Verfügung anstelle eines erkrankten Kollegen unterschrieben. Bestehen unter dem Gesichtspunkt der Zuständigkeit Bedenken gegen die Rechtmäßigkeit der Verfügung?

Die Verfügung könnte wegen eines Zuständigkeitsfehlers rechtswidrig sein.

I. **Sachliche Zuständigkeit**

Eine Maßnahme ist von der sachlich zuständigen Behörde erlassen, wenn die Subsumtion unter die Zuständigkeitsvorschriften ergibt, dass 376

- die in der Vorschrift beschriebene **Aufgabe** die erlassene Maßnahme umfasst (Vergleich: Aufgabe – Maßnahme) und
- die in der Vorschrift bezeichnete **Behörde** gehandelt hat (Vergleich: gesetzlich bestimmte Behörde – handelnde Behörde).

Für diese Prüfung ist es erforderlich, die in Betracht kommenden **Zuständigkeitsvorschriften** herauszufinden. Dabei ist von der Gesetzestechnik auszugehen, wonach Zuständigkeits- und Verfahrensvorschriften als Annexregelungen zu den materiellen Vorschriften erlassen werden. Das materielle Recht enthält meist auch Zuständigkeitsregelungen oder man findet sie in Ausführungsgesetzen. Ist dies nicht der Fall, ist auf allgemeine landesrechtliche Zuständigkeitsvorschriften zurückzugreifen (z.B. LOG, VwVfG). Danach ist im vorliegenden Fall folgende **Vorüberlegung** zweckmäßig:

- Maßnahme: Ausweisungsverfügung gegenüber einem Ausländer
- geregelt in: § 53 Abs. 1 AufenthG
- Zuständigkeitsvorschrift: § 71 Abs. 1 AufenthG

Die Zuständigkeit der erlassenden Behörde richtet sich nach § 71 Abs. 1 AufenthG.

1. **Vergleich gesetzlich geregelte Aufgabe – erlassene Maßnahme** 377

§ 71 Abs. 1 AufenthG regelt „aufenthaltsrechtliche Maßnahmen". Darunter fällt auch die Ausweisung des A gemäß § 53 Abs. 1 AufenthG, durch die die Rechtmäßigkeit des Aufenthalts beendet wird (§ 51 Abs. 1 Nr. 5 AufenthG).

378 2. **Vergleich gesetzlich bestimmte Behörde – handelnde Behörde**

a) Nach § 71 Abs. 1 AufenthG ist zuständig die **Ausländerbehörde**. Dabei handelt es sich zunächst nur um eine **Funktionsbezeichnung**. Es ist nach einer weiteren Vorschrift zu suchen, die die Funktion „Ausländerbehörde" einer wirklichen Behörde zuordnet. Das AufenthG ist ein Bundesgesetz, das gemäß Art. 83 GG von den Ländern als eigene Angelegenheit ausgeführt wird. Die zuständige Behörde wird daher i.d.R. durch **landesrechtliche Zuständigkeitsvorschriften** bestimmt (Art. 84 Abs. 1 S. 1 GG).

aa) Die **Verbandskompetenz** liegt im Ausländerrecht nach dem Landesrecht i.d.R. beim (Land-) Kreis bzw. bei der kreisfreien Stadt. Im vorliegenden Fall handelt es sich um eine kreisfreie Stadt.

bb) Die **Organkompetenz** richtet sich nach dem Verwaltungsaufbau des Landes. Allgemeine Behörde einer kreisfreien Stadt ist je nach Landesrecht i.d.R. der Hauptverwaltungsbeamte (Bürgermeister) bzw. Magistrat.

Die Zuständigkeitsvorschriften nennen zumeist nur den jeweiligen (unterstaatlichen) Verwaltungsträger (z.B. die Gemeinde). Die Organkompetenz richtet sich dann ergänzend nach dem jeweiligen Verbandsverfassungsrecht (insbes. der Gemeindeordnung). **Beispiel:** Nach § 2 Abs. 1 S. 1 BauGB ist die Gemeinde zuständig zum Erlass eines Bebauungsplanes, der nach § 10 Abs. 1 BauGB als Satzung ergeht. Nach der GO ist für den Erlass von Satzungen der Gemeinderat zuständig.

Zuständig für den Erlass der Ausweisungsverfügung war somit der Oberbürgermeister der Stadt S als Ausländerbehörde i.S.d. § 71 Abs. 1 AufenthG.

379 b) Diese Behörde müsste auch **gehandelt** haben.

aa) Im vorliegenden Fall hat ein Beamter des **Ordnungsamts** gehandelt. Das Amt ist aber keine eigenständige Behörde, sondern nur eine Abteilung oder Dienststelle der Stadtverwaltung (s.o. 26). Das Handeln eines Amtes bzw. eines Amtswalters wird als Handeln der Behörde angesehen, zu der das Amt gehört. Hat irgendeine Stelle der Stadtverwaltung gehandelt, so ist der (Ober-)Bürgermeister die handelnde Behörde. Daher hat die sachlich zuständige Behörde gehandelt.

bb) Da das Handeln der einzelnen Amtswalter der Behörde zugerechnet wird, ist es für die Rechtmäßigkeit unerheblich, ob das **richtige Amt** gehandelt hat. Zuständigkeitsvorschriften sind auf Behörden bezogen. Welches Amt (i.S.d. Abteilung einer Behörde) handelt, ist eine Frage der internen Geschäftsverteilung und berührt die Rechtmäßigkeit nicht.[525]

cc) Ebenso ist unerheblich, ob der nach der internen Geschäftsverteilung **richtige Beamte** gehandelt hat. Es ist lediglich erforderlich, dass das Handeln des Beamten überhaupt der Behörde zugerechnet wird. Somit ist es im vorliegenden Fall irrelevant, ob R der richtige Vertreter des an sich „zuständigen" Beamten war. Die **sachliche Zuständigkeit** der erlassenden „Behörde" ist in jedem Fall zu bejahen.

525 Maurer/Waldhoff § 21 Rn. 36 u. 37 m.w.N.

II. Da die Gemeinde keine Behörden auf verschiedenen Ebenen hat, stellt sich die Frage nach der **instanziellen** Zuständigkeit nicht. **380**

III. **Örtlich** zuständig ist nach § 3 Abs. 1 Nr. 3 a VwVfG der Oberbürgermeister der Stadt S (Stadtverwaltung), da A in S studiert und sich deshalb in diesem Bezirk gewöhnlich aufhält. Unter dem Gesichtspunkt der Zuständigkeit ergeben sich daher keine Bedenken gegen die Rechtmäßigkeit der Verfügung.

Soweit im (Sonder-) Ordnungsrecht spezielle Regelungen für die örtliche Zuständigkeit bestehen (vgl. z.B. §§ 11, 4 BbgOBG, §§ 12, 4 OBG NRW), gehen diese der allgemeinen Regelung in § 3 VwVfG vor.

II. Das Verwaltungsverfahren

1. Anwendbarkeit des VwVfG

Die allgemeinen Regeln des Verwaltungsrechts sind im Wesentlichen in drei Gesetzen kodifiziert: **381**

- für den Bereich der Finanzverwaltung in der Abgabenordnung **(AO)**,
- für die Bereiche der Sozialverwaltung im **SGB X**,
- allgemein im Verwaltungsverfahrensgesetz **(VwVfG)**.

Der **Anwendungsbereich** des VwVfG ergibt sich aus §§ 1, 2, 9 VwVfG. **382**

Grundschema: Anwendbarkeit des VwVfG

- **Abgrenzung VwVfG – LVwVfG**
- **öffentlich-rechtliche Verwaltungstätigkeit i.S.d. § 1 VwVfG**
- **Ausschlussgründe gemäß § 2 VwVfG**
- **vorrangige Spezialgesetze**
- **Verwaltungsverfahren i.S.d. § 9 VwVfG**

a) Bundes-VwVfG und Landes-VwVfG

Neben dem Verwaltungsverfahrensgesetz des Bundes haben die Länder eigene Verwaltungsverfahrensgesetze erlassen. **383**

Die meisten Länder haben eigene vollständige Landes-VwVfGe erlassen (in Schleswig-Holstein Teil des LVwG). Berlin, Brandenburg, Niedersachsen, Rheinland-Pfalz, Sachsen und Sachsen-Anhalt haben auf eine Vollregelung verzichtet und sich auf einige abweichende Regelungen beschränkt und verweisen im Übrigen auf das VwVfG des Bundes.

Daher ist zunächst zu klären, ob das VwVfG des **Bundes** (VwVfG) oder das VwVfG des **Landes** (LVwVfG) einschlägig ist.

Die Abgrenzung ist i.d.R. **nicht erforderlich**, da die VwVfGe weitgehend wortlautidentisch sind. In der Klausur braucht dieser Punkt dann nicht näher geprüft zu werden. Durch die Zitierung muss jedoch deutlich werden, mit welchem Gesetz gearbeitet wird (VwVfG bzw. LVwVfG).

Eine Differenzierung ist nur vorzunehmen, wenn **Unterschiede** bestehen, was z.B. bei der Ausschlussklausel des § 2 VwVfG und im Rahmen des § 45 Abs. 2 VwVfG der Fall ist (vgl. unten Rn. 441).

- Da **Bundesbehörden** nur Bundesrecht ausführen können, ist für diese stets das Bundes-VwVfG einschlägig (§ 1 Abs. 1 Nr. 1 VwVfG).
- Für **Landesbehörden** ordnet § 1 Abs. 1 Nr. 2 u. Abs. 2 VwVfG zwar in bestimmten Fällen die Anwendung des Bundes-VwVfG an, wenn die Länder Bundesrecht ausführen. In der Regel greift jedoch hier die Ausnahme nach § 1 Abs. 3 VwVfG, wonach das Bundes-VwVfG für Landesbehörden nicht gilt, wenn ein Landes-VwVfG existiert.

  Die Abgrenzung richtet sich daher grundsätzlich nach dem **Behördenprinzip**, d.h. es kommt nicht darauf an, ob Bundes- oder Landesrecht ausgeführt wird, sondern darauf, ob eine Bundesbehörde (dann VwVfG) oder eine Landesbehörde tätig wird (dann LVwVfG).[526]

  Beispiel: Trifft eine Landesbehörde Maßnahmen nach dem AufenthG, dem StVG oder anderen Bundesgesetzen, so ist das VwVfG des Landes anzuwenden.

b) Öffentlich-rechtliche Verwaltungstätigkeit

384 Das VwVfG gilt nur für die **öffentlich-rechtliche Verwaltungstätigkeit einer Behörde** (§ 1 Abs. 1 VwVfG), ist also grds. nicht anwendbar bei privatrechtlichem Handeln.

- Die **öffentlich-rechtliche** Rechtsnatur der Verwaltungstätigkeit bestimmt sich nach den allgemeinen Grundsätzen zur Abgrenzung zwischen öffentlichem und privatem Recht (s.o. Rn. 28 ff.).
- Unter **Behörde** ist nach § 1 Abs. 4 VwVfG jede Stelle zu verstehen, die Aufgaben der öffentlichen Verwaltung wahrnimmt (s.o. Rn. 24 f.).

Ob und inwieweit das VwVfG auch im Bereich des Verwaltungsprivatrechts gilt, ist noch nicht abschließend geklärt. Überwiegend wird angenommen, dass die Vorschriften weder unmittelbar noch analog gelten, sondern nur herangezogen werden können, wenn und soweit sie Ausdruck eines allgemeinen Rechtsgedankens sind (s.o. Rn. 93).

c) Ausnahmen

385 In **§ 2 VwVfG** finden sich eine Reihe von **Ausnahmen** vom Anwendungsbereich des VwVfG.

Die LVwVfGe haben den Ausnahmekatalog des § 2 VwVfG im Wesentlichen übernommen, allerdings für bestimmte Sachgebiete weitere Ausnahmen in unterschiedlichem Umfang vorgesehen.

386 **aa)** Das Verhältnis zur **Abgabenordnung** (AO) wird durch § 2 Abs. 2 Nr. 1 VwVfG geregelt. Danach ist das VwVfG nicht anwendbar „für Verfahren der Bundes- oder Landesfinanzbehörden nach der Abgabenordnung“. Nach § 1 AO gilt die Abgabenordnung für alle Steuern, die durch Bundesrecht oder EU-Recht geregelt sind, soweit sie durch Bundes- oder Landesfinanzbehörden verwaltet werden. Landesrechtlich richtet sich zumeist auch die Erhebung von Kommunalabgaben nach der AO (z.B. Art. 13 BayKAG, § 3 KAG BW, § 4 HessKAG, § 12 KAG NRW, § 3 SächsKAG).

---

526 Vgl. Ehlers Jura 2003, 30, 31 m.w.N.

Deshalb sind z.B. die §§ 54 ff. VwVfG auf abgabenrechtliche Verträge grds. nicht anwendbar. Die AO erwähnt den öffentlich-rechtlichen Vertrag nur beiläufig in § 78 Nr. 3 AO, ohne ihn näher zu regeln. Mangels Regelungslücke wird auch eine analoge Anwendung der §§ 54 ff. VwVfG von der h.M. verneint.[527]

bb) Nach § 2 Abs. 2 Nr. 4 VwVfG gilt das VwVfG nicht für Verfahren nach dem **Sozialgesetzbuch** (im Landesrecht zumeist § 2 Abs. 2 Nr. 3 LVwVfG). Für diese gilt das **SGB X**. 387

Verfahren nach dem Sozialgesetzbuch sind z.B. Verfahren nach dem BAföG, WohnGG, SGB II (Grundsicherung für Arbeit Suchende), SGB III (Arbeitsförderung), SGB IV–VII (Sozialversicherungsrecht, insbes. gesetzliche Kranken-, Renten- und Unfallversicherung), SGB VIII (Kinder- und Jugendhilfe), SGB IX (Rehabilitation und Teilhabe behinderter Menschen), SGB XI (Pflegeversicherung), SGB XII (Sozialhilfe).

cc) § 2 Abs. 3 VwVfG nennt des Weiteren einige Rechtsbereiche, in denen das VwVfG nicht insgesamt, sondern nur **teilweise nicht anwendbar** ist, vgl. z.B. § 2 Abs. 3 Nr. 2 VwVfG bei Leistungs-, Eignungs- und ähnlichen Prüfungen (insbes. im Bereich der Schulen und Hochschulen). Vor allem gilt in diesem Bereich nicht die Anhörungs- und Begründungspflicht (§§ 28, 39 VwVfG).[528] 388

Ein Anspruch auf Akteneinsicht in die Prüfungsunterlagen gemäß § 29 VwVfG besteht demgegenüber gemäß § 2 Abs. 3 Nr. 2 VwVfG auch in Prüfungsverfahren. Außerdem gilt der Ausschluss nur für die prüfungsspezifischen Verfahrensteile (z.B. Klausuren, mündliche Prüfung), nicht dagegen z.B. für das Verfahren der Zulassung zur Prüfung.[529]

d) Spezialität und Subsidiarität

Für das Verhältnis des VwVfG zum **sonstigen Recht**, insbes. zum besonderen Verwaltungsrecht, gilt gemäß § 1 Abs. 1 VwVfG das **Subsidiaritätsprinzip**. Das VwVfG gilt nicht, soweit sich in einem anderen Gesetz inhaltsgleiche oder entgegenstehende Bestimmungen finden. 389

Die Subsidiarität gilt nicht, wenn im Spezialgesetz seinerseits wieder eine Ausnahme gemacht wird oder sich durch Auslegung ergibt, dass das VwVfG nicht verdrängt werden soll. So besteht z.B. der Anspruch auf Akteneinsicht nach § 29 VwVfG neben dem Anspruch auf Informationszugang nach den IFG (vgl. ausdrücklich § 1 Abs. 3 IFG des Bundes).[530]

e) Verwaltungsverfahren

Schließlich ist nach § 9 VwVfG Voraussetzung für die Anwendbarkeit des VwVfG, dass ein **Verwaltungsverfahren** (im engeren Sinne) vorliegt, d.h. ein Verfahren, das 390

- auf den **Erlass eines VA** oder
- den Abschluss eines **öffentlich-rechtlichen Vertrages** gerichtet ist.

***Beachte:** Das VwVfG gilt nicht beim Erlass von Verwaltungsvorschriften, von Satzungen oder Rechtsverordnungen ebenso wenig für schlichtes Verwaltungshandeln.*

Außerhalb eines Verwaltungsverfahrens besteht daher z.B. kein Anspruch auf Akteneinsicht nach § 29 VwVfG. Hier kann sich jedoch ein Anspruch aus dem UIG (Umweltinformationsgesetz), VIG (Verbraucherinformationsgesetz) oder dem IFG (Informationsfreiheitsgesetz) ergeben (s.o. Rn. 225).

527 Vgl. dazu AS-Skript Verwaltungsrecht AT 2 (2017), Rn. 380.
528 Vgl. aber zur Begründungspflicht von Prüfungsentscheidungen unten Rn. 594.
529 Kopp/Ramsauer VwVfG § 2 Rn. 47 m.w.N.
530 Vgl. OVG NRW NWVBl. 2006, 296; Stelkens/Bonk/Sachs VwVfG § 29 Rn. 25; a.A. Stollmann NWVBl. 2002, 216, 217.

2. Arten des Verwaltungsverfahrens

Das VwVfG unterscheidet **vier Arten** des Verwaltungsverfahrens:

391 - Das **nichtförmliche Verwaltungsverfahren** ist gemäß § 10 VwVfG der Regelfall: Es ist grundsätzlich an keine besonderen Formen gebunden; das Verfahren ist einfach, zweckmäßig und zügig durchzuführen.

392 - Das **förmliche Verwaltungsverfahren** gemäß §§ 63 ff. VwVfG findet nur statt, wenn es durch Rechtsvorschrift angeordnet ist (§ 63 Abs. 1 VwVfG); vgl. z.B. § 36 BBergG.

  Auch im förmlichen Verfahren sind grundsätzlich die allgemeinen Vorschriften der §§ 9 ff. VwVfG anzuwenden, es sei denn in den §§ 63 bis 71 VwVfG finden sich abweichende Regelungen. Wesentlich für das förmliche Verfahren ist, dass die Behörde vor der Entscheidung grundsätzlich eine **mündliche Verhandlung** durchzuführen hat (Einzelheiten in §§ 67, 68 VwVfG).

393 - Für das **Planfeststellungsverfahren** (§§ 72 ff. VwVfG) sind wesentlich die Regelungen über das Anhörungsverfahren (§ 73 VwVfG) und den Planfeststellungsbeschluss (§ 74 VwVfG) als besondere Art des Verwaltungsaktes.

  Planfeststellungsverfahren finden sich vor allem im Verkehrswegerecht, z.B. in § 17 FStrG, §§ 14 ff. WaStrG, §§ 8 ff. LuftVG. Die §§ 72 ff. VwVfG gelten nur insoweit, als in den Spezialgesetzen keine abweichenden Sonderregelungen enthalten sind. In bestimmten Fällen kann anstelle eines Planfeststellungsbeschlusses eine Plangenehmigung erteilt werden (§ 74 Abs. 6 VwVfG).

394 - Für das **Verfahren über eine einheitliche Stelle** finden sich Sondervorschriften in den §§ 71 a ff. VwVfG.[531]

  Die Regelungen dienen der Umsetzung der EU-Dienstleistungsrichtlinie.[532] Die Verfahrensart muss – ähnlich wie beim förmlichen Verfahren und beim Planfeststellungsverfahren – durch Rechtsvorschrift besonders angeordnet werden (§ 71 a Abs. 1 VwVfG, vgl. z.B. § 6 b GewO).

III. Die wesentlichen Verfahrensregeln des VwVfG

Die wesentlichen Verfahrensvorschriften finden sich in den §§ 20 ff. VwVfG.

Grundschema: Verfahrensregeln des VwVfG
Einleitung des Verfahrens, § 22 VwVfG
Untersuchungsgrundsatz, § 24 VwVfG
Ausschluss wegen Befangenheit, §§ 20, 21 VwVfG
Akteneinsicht, § 29 VwVfG
Anhörung, § 28 VwVfG

1. Einleitung des Verfahrens

395 Über die Einleitung des Verfahrens entscheidet die Behörde gemäß § 22 S. 1 VwVfG nach pflichtgemäßem **Ermessen**. Ausnahmen gelten nach § 22 S. 2 VwVfG in positiver wie in negativer Hinsicht.

531 Vgl. dazu Schmitz/Prell NVwZ 2009, 1 ff.; Ernst DVBl. 2009, 953 ff.; Kahl NVwZ 2011, 449, 454.

532 Richtlinie 2006/123/EG vom 12.12.2006 (ABl. EG L 376, S. 36).

Nach Nr. 1 **muss** die Behörde das Verwaltungsverfahren einleiten, wenn gesetzlich bestimmt ist, dass sie von Amts wegen oder auf Antrag tätig werden muss. Nach Nr. 2 **darf** die Behörde **nicht** tätig werden, wenn bei einem antragsabhängigen Verfahren der erforderliche Antrag nicht vorliegt. Ein VA, der ohne den erforderlichen Antrag ergeht, ist rechtswidrig, aber gleichwohl wirksam.[533] Der Fehler kann gemäß § 45 Abs. 1 Nr. 1 VwVfG geheilt werden, wobei der nachträgliche Antrag auch konkludent in der Erhebung des Widerspruchs oder der Klage liegen kann.[534]

§ 42 a VwVfG sieht vor, dass eine beantragte Genehmigung nach Ablauf einer für die Entscheidung festgelegten Frist als erteilt gilt **(Genehmigungsfiktion)**, wenn dies durch Rechtsvorschrift angeordnet und der Antrag hinreichend bestimmt ist. 396

Beachte: *§ 42 a VwVfG legt nur die allgemeinen Grundsätze fest, regelt aber nicht, in welchen Genehmigungsverfahren eine Genehmigungsfiktion gelten soll. Dies bleibt dem* ***besonderen Verwaltungsrecht*** *vorbehalten.*

Beispiel § 6 a Abs. 1 GewO: *„Hat die Behörde über einen Antrag auf Erlaubnis zur Ausübung eines Gewerbes nach §… nicht innerhalb einer Frist von drei Monaten entschieden, gilt die Erlaubnis als erteilt."*[535] Von praktischer Bedeutung sind vor allem die Regelungen in einigen Landesbauordnungen, wonach die Baugenehmigung nach Ablauf einer bestimmten Frist als erteilt gilt.[536]

Voraussetzung für den Eintritt der Fiktion ist ein **hinreichend bestimmter Antrag**, d.h. aus dem Antrag und den einschlägigen Genehmigungsvorschriften muss sich der Inhalt der fingierten Genehmigung bestimmen lassen. 397

Die Genehmigungsfiktion tritt ein, wenn eine Entscheidung nicht innerhalb der dafür festgelegten (ggf. verlängerten) **Frist** ergeht. Der Fristablauf ersetzt die wirksame Bekanntgabe des fingierten Verwaltungsakts. Die Genehmigungsfiktion entfaltet die **gleiche Wirkung** wie ein ordnungsgemäß zustande gekommener VA. 398

Die Fiktion erstreckt sich **nur auf die Erteilung** des fingierten VA, nicht aber auf dessen Rechtmäßigkeit.[537] Die Regelungen über Nichtigkeit, Rücknahme und Widerruf eines VA (§§ 44, 48, 49 VwVfG) gelten daher entsprechend (§ 42 a Abs. 1 S. 2 VwVfG). Ebenso kann der fingierte VA mit Widerspruch und Anfechtungsklage angefochten werden.[538] Mangels Rechtsbehelfsbelehrung gilt hierfür grundsätzlich die Jahresfrist des § 58 Abs. 2 VwGO.[539] Die Rechtsbehelfsbelehrung kann allerdings in der Bestätigung nach § 42 a Abs. 3 VwVfG nachgeholt werden (§ 37 Abs. 6 S. 2 VwVfG). 399

Die **Rechtsnatur** der Fiktionsbescheinigung nach § 42 a Abs. 3 VwVfG ist umstritten. Teilweise wird angenommen, es handele sich um einen feststellenden VA.[540] Dagegen spricht jedoch, dass die Bescheinigung keine eigenständige Regelung enthält, sondern nur den Inhalt der fingierten Genehmigung dokumentiert. Sie ist daher – wie die Bestätigung nach § 37 Abs. 2 S. 2 VwVfG (s.o. Rn. 212) – kein VA.[541] Dafür spricht auch § 37 Abs. 6 S. 2 VwVfG, der die Fiktionsbescheinigung nur bzgl. der Rechtsbehelfsbelehrung wie einen VA behandelt.[542]

---

533 VG Frankfurt (Oder), Urt. v. 06.10.2008 – 5 K 392/908; Kopp/Ramsauer VwVfG § 22 Rn. 28.

534 Beaucamp JA 2007, 117, 118.

535 Dazu BGH NVwZ-RR 2017, 608.

536 Vgl. z.B. § 69 Abs. 4 S. 3 BlnBauO, § 61 Abs. 3 S. 4 HBauO, § 57 Abs. 2 S. 3 HBO, § 63 Abs. 2 S. 2 LBauO M-V, § 69 Abs. 5 S. 1 SächsBO, § 68 Abs. 5 S. 1 BauO LSA, § 69 Abs. 9 S. 1 LBO SH, § 62 Abs. 2 S. 2 ThürBO.

537 OVG Bln-Bbg LKV 2017, 380; VGH Mannheim NVwZ-RR 2017, 517.

538 Kluth JuS 2011, 1078, 1081 f.

539 OVG Hamburg, Beschl. v. 18.11.2010 – 3 Bs 206/10, GewArch 2011, 120, 123; Stelkens/Bonk/Sachs VwVfG § 42 a Rn. 71; a.A. Kopp/Ramsauer VwVfG § 42 a Rn. 21: keine Frist, da es an einer Bekanntgabe insgesamt fehle.

540 Bader/Ronellenfitsch VwVfG § 42 a Rn. 15; Guckelberger DÖV 2010, 109, 117; Gas Jura 2011, 781, 782 f.

541 Kopp/Ramsauer VwVfG § 42 a Rn. 30; Stelkens/Bonk/Sachs VwVfG § 42 a Rn. 97; Uechtritz DVBl. 2010, 684, 692; Kluth JuS 2011, 1078, 180; Schmitz/Prell NVwZ 2013, 745, 753.

2. Untersuchungsgrundsatz

400 Für das Verwaltungsverfahren gilt der **Untersuchungsgrundsatz**, d.h. die Behörde muss den Sachverhalt von Amts wegen ermitteln. An das Vorbringen der Beteiligten ist sie nicht gebunden (§ 24 Abs. 1 VwVfG). Sie hat alle für den Einzelfall bedeutsamen, auch die für die Beteiligten günstigen Umstände zu berücksichtigen (§ 24 Abs. 2 VwVfG).

401 Nach § 26 Abs. 1 VwVfG bedient sich die Behörde zur Aufklärung des Sachverhaltes der **Beweismittel**, die sie nach pflichtgemäßem Ermessen für erforderlich hält.[543] Sie kann insbes. Auskünfte einholen, Beteiligte anhören, Zeugen und Sachverständige vernehmen, schriftliche oder elektronische Äußerungen einholen, Urkunden und Akten beiziehen und den Augenschein einnehmen.

402 Gemäß § 25 VwVfG soll die Behörde Erklärungen und Anträge bzw. deren Berichtigung **anregen**, wenn diese offensichtlich nur versehentlich oder aus Unkenntnis unterblieben oder unrichtig abgegeben oder gestellt worden sind. Außerdem hat die Behörde den Beteiligten die erforderlichen **Auskünfte** über die ihnen zustehenden Rechte und die ihnen obliegenden Pflichten zu erteilen (§ 25 Abs. 1 S. 2 VwVfG). Für Verfahren über die einheitliche Stelle normiert § 71 c VwVfG spezielle Informationspflichten.

3. Ausschluss bei Befangenheit

403 §§ 20, 21 VwVfG regeln den **Ausschluss** von Amtsträgern wegen **Befangenheit**. Automatisch **kraft Gesetzes** sind Amtsträger im Verwaltungsverfahren ausgeschlossen, die selbst beteiligt, Angehörige eines Beteiligten oder Vertreter eines Beteiligten sind oder in einem besonderen Näheverhältnis stehen (vgl. im Einzelnen § 20 Abs. 1 Nr. 1–6 VwVfG). Dem Beteiligten steht gleich, wer durch die Entscheidung einen unmittelbaren Vorteil oder Nachteil erlangen kann(§ 20 Abs. 1 S. 2 VwVfG mit Ausn. in S. 3).[544]

Ein Verstoß gegen § 20 VwVfG macht den VA grundsätzlich rechtswidrig, der Fehler kann aber nach § 46 VwVfG unbeachtlich sein.[545] Die Mitwirkung in eigener Sache (§ 20 Abs. 1 Nr. 1 VwVfG) kann unter den Voraussetzungen des § 44 Abs. 1 VwVfG zur Nichtigkeit des VA führen.[546] In den sonstigen Fällen des § 20 Abs. 1 Nr. 2–6 VwVfG führt der Verstoß dagegen allein nicht zur Nichtigkeit, sondern nur zur Rechtswidrigkeit (vgl. § 44 Abs. 3 Nr. 2 VwVfG).

404 Im Übrigen kann ein Amtsträger wegen Besorgnis der Befangenheit nach § 21 VwVfG durch **Anordnung** des Behördenleiters von der Amtsausübung ausgeschlossen werden. **Besorgnis der Befangenheit** besteht, wenn ein Grund vorliegt, der geeignet ist, Misstrauen gegen eine unparteiische Amtsausübung zu rechtfertigen.

Die Mitwirkung eines nach § 21 VwVfG befangenen Amtsträgers führt zur Rechtswidrigkeit des VA und zwar unabhängig davon, ob der betroffene Amtswalter einer entsprechenden Anordnung nicht Folge leistet oder ob, aus welchen Gründen auch immer, eine solche Anordnung rechtswidrig unterblieben ist. Der Fehler kann aber nach § 46 VwVfG unbeachtlich sein, wenn offensichtlich ist, dass er die Entscheidung in der Sache nicht beeinflusst hat, was insbes. bei gebundenen VAen der Fall ist.[547]

---

542 Broscheit DVBl. 2014, 342, 343 f.

543 Zum Umfang der Aufklärung vgl. z.B. OVG MV, Beschl. v. 25.01.2010 – 3 L 89/06, DÖV 2011, 82 (nur LS).

544 Dazu BVerwG NVwZ-RR 2016, 449, 450.

545 Kopp/Ramsauer VwVfG § 20 Rn. 69.

546 Stelkens/Bonk/Sachs VwVfG § 44 Rn. 178; Fremuth JA 2012, 844, 847.

547 Vgl. BGH NVwZ 2002, 509, 510; Kopp/Ramsauer VwVfG § 21 Rn. 29 m.w.N.

4. Akteneinsicht

Nach § 29 Abs. 1 S. 1 VwVfG hat die Behörde den Beteiligten Einsicht in die das Verfahren betreffenden Akten zu gestatten, soweit deren Kenntnis zur Geltendmachung oder Verteidigung ihrer rechtlichen Interessen erforderlich ist. Die **praktische Bedeutung** des Akteneinsichtsrechts nach § 29 VwVfG ist gering, nachdem sich umfassende Informationsrechte aus dem UIG (Umweltinformationsgesetz), dem VIG (Verbraucherinformationsgesetz) und dem Informationsfreiheitsgesetz (IFG) ergeben (s.o. Rn. 225). Mit Hilfe dieser Vorschriften werden die Einschränkungen des § 29 VwVfG weitgehend relativiert. **405**

Akteneinsicht verlangen kann nach § 29 VwVfG nur, wer **Beteiligter** des Verwaltungsverfahrens gemäß § 13 VwVfG ist. Ein am Verfahren **nicht beteiligter Dritter** hat keinen Anspruch nach § 29 VwVfG, nur einen Anspruch auf eine fehlerfreie Ermessensentscheidung, wenn er ein berechtigtes eigenes Interesse darlegen kann (von der Rspr. z.B. bejaht für den am Baugenehmigungsverfahren nicht beteiligten Nachbarn, der die Akteneinsicht zur Vorbereitung einer zivilgerichtlichen Klage gegen den Bauherrn benötigt).[548] Aus den Informationsgesetzen (UIG, VIG, IFG) ergeben sich dagegen für Dritte Informationsansprüche, ohne dass ein rechtliches Interesse dargelegt werden muss (s.o. Rn. 225).

Ausschlussgründe regeln § 29 Abs. 1 S. 2 und Abs. 2 VwVfG. Insbesondere kann die Akteneinsicht abgelehnt werden, soweit das Bekanntwerden des Inhalts der Akten dem Wohle des Bundes oder eines Landes Nachteile bereiten würde oder soweit die Vorgänge, namentlich wegen entgegenstehender berechtigter Interessen der Beteiligten oder Dritter, geheimgehalten werden müssen. **406**

Überwiegend wird angenommen, dass die Versagung der Akteneinsicht wegen § 44 a VwGO nicht isoliert angefochten werden kann.[549] Nach der Gegenansicht kann die Akteneinsicht mit der Verpflichtungsklage erstritten werden. Es sei nicht einzusehen, warum innerhalb eines Verwaltungsverfahrens höhere Anforderungen zu stellen seien als bei einem Informationsanspruch außerhalb eines Verwaltungsverfahrens, dessen isolierte Durchsetzung allgemein anerkannt sei (s.o. Rn. 231 ff.).[550]

Art und Weise der Akteneinsicht steht im Ermessen der Behörde und erfolgt grundsätzlich bei der Behörde, die die Akten führt (§ 29 Abs. 3 S. 1 VwVfG), d.h. in deren Amtsräumen. Die Überlassung oder Übersendung von Akten zum Zwecke der Einsichtnahme, z.B. in die Kanzlei des Anwalts, steht im Ermessen der Behörde (§ 29 Abs. 3 S. 2 Hs. 2 VwVfG).[551] Auch die Herstellung und Übersendung von Kopien ist Ermessenssache. **407**

Bei **elektronischen Akten** gilt § 8 EGovG (E-Government-Gesetz)[552] bzw. entsprechende landesrechtliche Regelungen.[553] **408**

§ 8 EGovG begründet kein eigenständiges Akteneinsichtsrecht, sondern regelt nur die Art und Weise der Akteneinsicht in elektronische Akten.[554] Nach § 6 EGovG sollen Bundesbehörden ihre Akten künftig grds. elektronisch führen. Die Regelung tritt allerdings erst zum 01.01.2020 in Kraft (Art. 31 Abs. 5 des Gesetzes zur Förderung der elektronischen Verwaltung). Nach § 7 Abs. 1 S. 1 EGovG sollen die Behörden, soweit sie Akten elektronisch führen, an Stelle von Papierdokumenten nur noch deren elektronisch gespeicherte Form aufbewahren (für Urkunden vgl. auch § 33 Abs. 7 VwVfG).

---

548 OVG NRW NJW 1989, 544.

549 BVerwG NVwZ 2017, 489, 490; BayVGH, Beschl. v. 16.08.2017 – 7 CE 17.10111; Gurlit DVBl. 2003, 1119, 1127.

550 Kopp/Ramsauer VwVfG § 29 Rn. 44.

551 VG Freiburg, Urt. v. 21.10.2015 – 1 K 2020/13, RÜ2 2016, 69, 70.

552 Gesetz vom 25.07.2013 (BGBl. I S. 2749); dazu VG Wiesbaden NJW 2014, 2060; Berlit NVwZ 2015, 197 f.

553 Vgl. z.B. EGovG BW v. 17.12.2015 (GBl. S. 1191); BayEGovG v. 22.12.2015 (GVBl. S. 458); EGovG Bln v. 30.05.2016 (GVBl. S. 282); EGovG M-V v. 25.04.2016 (GVOBl. S. 198; EGovG NRW v. 08.07.2016 (GVBl. S. 551); SächsEGovG v. 09.07.2014 (SächsGVBl. S. 398).

554 Ramsauer/Frische NVwZ 2013, 1505, 1511; BT-Drs. 17/11473, S. 39.

5. Anhörung

409 Die vorgenannten Verfahrensregeln spielen in der Klausur nur selten eine Rolle und brauchen daher i.d.R. nicht angesprochen zu werden. Große Relevanz im Examen und in der Praxis hat jedoch die **Anhörung nach § 28 VwVfG**. Bevor ein VA erlassen wird, der in Rechte eines Beteiligten eingreift, ist diesem gemäß § 28 Abs. 1 VwVfG Gelegenheit zu geben, sich zu den für die Entscheidung erheblichen Tatsachen zu äußern.[555]

Grundschema: Anhörung gemäß § 28 VwVfG
a) **Voraussetzungen**
aa) Erlass eines **VA**
bb) am Verfahren **Beteiligter**
cc) in dessen Rechte **eingreifend**
dd) **Ausnahmen** nach § 28 Abs. 2 u. Abs. 3 VwVfG
b) **Rechtsfolge**
aa) Gelegenheit zur **Stellungnahme**, sonst VA rechtswidrig
bb) **Heilung** gemäß § 45 Abs. 1 Nr. 3 u. Abs. 2 VwVfG
cc) ggf. **Fehler unbeachtlich** nach § 46 VwVfG

a) Voraussetzungen

aa) Erlass eines VA

410 Erforderlich ist zunächst, dass es um den **Erlass eines VA** geht. Keine Anhörungspflicht nach § 28 VwVfG besteht daher bei Maßnahmen, die keinen VA darstellen.[556]

So ist z.B. bei vorbereitenden Maßnahmen (s.o. Rn. 247) keine Anhörung erforderlich, ebenso bei Verfahrenshandlungen, wie der Anordnung der sofortigen Vollziehung (§ 80 Abs. 2 S. 1 Nr. 4 VwGO).[557] In der Lit. wird zunehmend in analoger Anwendung von § 28 VwVfG eine Pflicht zur Anhörung bejaht, wenn sich ein Realakt wie ein belastender VA negativ auf die Rechtsstellung des Betroffenen auswirken kann (funktionales Äquivalent).[558] Dagegen spricht jedoch, dass ein Verwaltungsverfahren nach § 9 VwVfG den Erlass eines VA voraussetzt. Bei Realakten kann sich eine Anhörungspflicht allenfalls aus allgemeinen Rechtsgrundsätzen ergeben.

bb) Beteiligte

411 Die Anhörungspflicht besteht nur gegenüber einem am Verfahren **Beteiligten**.[559] Wer in einem Verwaltungsverfahren Beteiligter ist, ist in § 13 VwVfG geregelt (insbesondere der Antragsteller, der Antragsgegner, der Adressat des VA und Dritte, die von der Behörde zum Verfahren hinzugezogen werden).

555 Vgl. auch EuGH NVwZ 2013, 59 zur Anhörung im Verwaltungsverfahren als Ausfluss des Rechts auf gute Verwaltung nach Art. 41 Abs. 2 a) EuGRCh.

556 Vgl. VGH Kassel NVwZ 2003, 1000; BayVGH NVwZ 2003, 998; Stelkens/Bonk/Sachs VwVfG § 28 Rn. 25.

557 Stelkens/Bonk/Sachs VwVfG § 28 Rn. 11; Schoch Jura 2006, 833, 835; str. vgl. AS-Skript VwGO (2017), Rn. 689 ff.

558 Kopp/Ramsauer VwVfG § 28 Rn. 4a; Knack/Henneke VwVfG § 28 Rn. 9; Schoch Jura 2006, 833, 835.

559 BVerwG NVwZ 2003, 354, 356; Schoch Jura 2006, 833, 836.

cc) Eingriff

412 Entscheidende Voraussetzung ist, dass der VA **in Rechte eines Beteiligten eingreift**. Unproblematisch ist dies bei **belastenden** VAen der Fall, wenn also die bisherige Rechtsstellung des Beteiligten zu seinem Nachteil verändert wird.[560]

Beispiele: Erlass einer Ordnungsverfügung, Entziehung der Fahrerlaubnis, Aufhebung eines Subventionsbescheides, Widerruf der Gaststättenerlaubnis, bauordnungsrechtliche Beseitigungsverfügung.

413 Umstritten ist, ob auch die **Ablehnung eines begünstigenden VA** (z.B. einer Baugenehmigung oder Gewerbeerlaubnis) zur Anhörung verpflichtet. In der Rspr. wird dies verneint, da durch die Ablehnung nicht in bestehende Rechte des Antragstellers eingegriffen, sondern lediglich ein Mehr an Rechten verweigert werde.[561] Die überwiegende Lit. hält auch in diesen Fällen die Anhörung für erforderlich, da die Ablehnung einer Begünstigung für den Bürger ebenso schwerwiegend sein kann wie ein Eingriff.[562] Eine vermittelnde Ansicht nimmt schließlich eine Pflicht zur Anhörung bei der Ablehnung eines Antrages nur an, wenn der geltend gemachte Anspruch grundrechtlich fundiert ist. Die Ablehnung einer freiwilligen Leistung des Staates stelle dagegen keinen Eingriff dar.[563] Für die Rspr. spricht, dass ein „Eingriff" ohnehin nicht vorliegt, wenn der Anspruch tatsächlich nicht besteht. Lehnt die Behörde den Anspruch dagegen rechtswidrig ab, so handelt es sich nicht um ein formelles, sondern um ein materielles Problem.

dd) Ausnahmen

414 § 28 Abs. 2 VwVfG lässt weitgehende **Ausnahmen** von der Anhörungspflicht zu. Danach **kann** von der Anhörung abgesehen werden, wenn sie nach den Umständen des Einzelfalls nicht geboten ist. Klausurwichtig sind vor allem folgende Fälle:

- Nr. 1: wenn eine sofortige Entscheidung wegen **Gefahr im Verzug** oder im öffentlichen Interesse notwendig erscheint,
- Nr. 4: wenn die Behörde eine **Allgemeinverfügung** oder gleichartige VAe in größerer Zahl oder VAe mit Hilfe automatischer Einrichtungen erlassen will,
- Nr. 5: bei **Maßnahmen in der Verwaltungsvollstreckung**.

Beachte: *Die in § 28 Abs. 2 VwVfG genannten Fälle sind* ***nicht abschließend*** *(vgl. „insbesondere"). Als weitere Gründe kommen vor allem solche in Betracht, die mit den gesetzlich genannten Gründen vergleichbar sind. Jedoch ist hierbei angesichts des rechtsstaatlichen Anspruchs auf rechtliches Gehör Zurückhaltung geboten.*

415 Unter § 28 Abs. 2 Nr. 1 VwVfG fallen vor allem **Eilentscheidungen** auf dem Gebiet des Polizei- und Ordnungsrechts. Gefahr im Verzug ist dann anzunehmen, wenn eine vorherige Anhörung die notwendigen Maßnahmen in unvertretbarem Maße verzögern würde, insbes. weil der mit der Maßnahme verfolgte Zweck **vereitelt** oder **wesentlich erschwert** würde.[564] Dabei ist eine ex-ante Sicht maßgebend. Es genügt, dass die Behörde eine sofortige Entscheidung für notwendig halten durfte.[565]

---

560 BVerwG DVBl. 1983, 271, 272; Stelkens/Bonk/Sachs VwVfG § 28 Rn. 26; Kopp/Ramsauer VwVfG § 28 Rn. 25 m.w.N.

561 BVerwG DVBl. 1983, 271, 272; VGH Mannheim NVwZ 1994, 919; zustimmend Stelkens/Bonk/Sachs VwVfG § 28 Rn. 27; Bader/Ronellenfitsch VwVfG § 28 Rn. 13.

562 Pünder in Ehlers/Pünder § 14 Rn. 33; Kopp/Ramsauer VwVfG § 28 Rn. 27; Ziekow VwVfG § 28 Rn. 3; für einen Spezialfall auch EuGH, Urt. v. 22.11.2012 – C-277/11, NVwZ 2013, 59.

563 Knack/Henneke VwVfG § 28 Rn. 8; Schoch Jura 2006, 833, 836.

- Da eine Anhörung formlos – insbesondere auch mündlich – möglich ist und dem Anzuhörenden eine u.U. sehr kurze Äußerungsfrist gesetzt werden kann, kann **Gefahr im Verzug** nur dann angenommen werden, wenn die Maßnahme selbst bei telefonischer Anhörung zu spät käme.[566]
- Beim Verzicht auf die Anhörung ist der Grundsatz der **Verhältnismäßigkeit** zu beachten. So kann es im Einzelfall angebracht sein, zur sofortigen Abwehr einer Gefahr ohne Anhörung zunächst nur vorläufige Maßnahmen zu ergreifen und erst nach Anhörung die endgültige Regelung zu treffen. Die ohne Anhörung der Beteiligten ergehenden Entscheidungen sind dann auf die Fragen zu beschränken, die keine Verzögerung dulden.[567]

416 Nach § 28 Abs. 2 Nr. 4 VwVfG kann von der Anhörung bei **Allgemeinverfügungen** und MassenVAen abgesehen werden. Die Ausnahme trägt vor allem verwaltungspraktischen Gesichtspunkten Rechnung. Voraussetzung für die Anwendbarkeit der Vorschrift ist jedoch, dass der VA einen Sachverhalt betrifft, bei dem dem rechtlichen Gehör keine besondere Bedeutung zukommt.

So ist § 28 Abs. 2 Nr. 4 VwVfG z.B. nicht anwendbar, wenn durch eine Allgemeinverfügung einzelne Bürger in besonderer Weise betroffen werden. **Beispiel:** Bei der Widmung einer Straße ist die Anhörung der Anlieger nicht nach § 28 Abs. 2 Nr. 4 VwVfG entbehrlich.[568]

417 Nach § 28 Abs. 2 Nr. 5 VwVfG ist die Anhörung entbehrlich bei Maßnahmen in der **Verwaltungsvollstreckung**. Dazu zählen vor allem die Androhung, Festsetzung und Anwendung von Zwangsmitteln, auch Maßnahmen im Wege des sofortigen Vollzugs (§ 6 Abs. 2 VwVG) und der unmittelbaren Ausführung.[569] **Nicht** unter Nr. 5 fällt der **Kostenbescheid**, durch den nach der Vollstreckung die Kosten vom Pflichtigen angefordert werden. Hier handelt es sich nicht mehr um eine Maßnahme „in" der Verwaltungsvollstreckung, sondern nach Abschluss der Vollstreckung. Sinn der Ausnahme des § 28 Abs. 2 Nr. 5 VwVfG ist die Verhinderung einer Vollstreckungsvereitelung. Diese Gefahr besteht bei Erlass eines Kostenbescheides nach Abschluss der Vollstreckung nicht mehr.[570]

418
- Zu beachten ist, dass allein das Vorliegen der Voraussetzungen des § 28 Abs. 2 VwVfG die Anhörung **nicht automatisch** entbehrlich macht (anders im Fall des § 28 Abs. 3 VwVfG: „Eine Anhörung unterbleibt, ..."). Vielmehr steht der Verzicht auf die Anhörung nach § 28 Abs. 2 VwVfG im **Ermessen** der Behörde (vgl. „kann abgesehen werden"), d.h. die Behörde muss hierüber unter Abwägung aller für und gegen die Anhörung sprechenden Umstände eine **ermessensfehlerfreie Entscheidung** treffen.[571] Insbesondere muss die Behörde prüfen, ob nicht gleichwohl besondere Umstände des Einzelfalles die Anhörung gebieten. Übt die Behörde ihr **Ermessen nicht** aus, ist die Anhörung trotz Vorliegens der Voraussetzungen des § 28 Abs. 2 VwVfG nicht entbehrlich und der gleichwohl ergangene VA grundsätzlich rechtswidrig.[572]

---

564 BVerwG, Urt. v. 22.03.2012 – BVerwG 3 C 16.11, RÜ 2012, 461, 463; NJW 2012, 2823, 2824; Stelkens/Bonk/Sachs VwVfG § 28 Rn. 51; Kopp/Ramsauer VwVfG § 28 Rn. 52.

565 BVerwG, Urt. v. 22.03.2012 – BVerwG 3 C 16.11, RÜ 2012, 461, 463; NJW 2012, 2823, 2824; Wolff/Decker VwVfG § 28 Rn. 16 u. 18; Ziekow VwVfG § 28 Rn. 7 m.w.N.

566 Thür OVG DVBl. 1996, 1446, 1447; Pünder in Ehlers/Pünder § 14 Rn. 38.

567 Vgl. BVerwG, Urt. v. 22.03.2012 – BVerwG 3 C 16.11, RÜ 2012, 457, 460; NJW 2012, 2823, 2824; VG Berlin NJW 2002, 1063, 1064; Wolff/Decker VwVfG § 28 Rn. 16.

568 Kopp/Ramsauer VwVfG § 28 Rn. 69; vgl. auch Schoch Jura 2006, 833, 839.

569 Kopp/Ramsauer VwVfG § 28 Rn. 72.

570 Vgl. OVG Koblenz DVBl. 1999, 216; OVG NRW OVGE 22, 307, 308.

571 VGH Kassel NVwZ-RR 2012, 163, 164; Stelkens/Bonk/Sachs VwVfG § 28 Rn. 48; Guckelberger JuS 2011, 577, 578.

572 BVerwG NVwZ 1984, 577; BGH NVwZ 2002, 509, 510; HessVGH DVBl. 2015, 1067, 1068; Kopp/Ramsauer VwVfG § 28 Rn. 45; Schoch Jura 2006, 833, 838; abweichend Ehlers Verw 2004, 255, 263: intendiertes Ermessen.

- Umstritten ist, ob die Behörde darüber hinaus verpflichtet ist, die Entscheidung über den Verzicht auf die Anhörung besonders zu **begründen**. Da es sich bei der Entscheidung, von der Anhörung abzusehen, nicht um einen VA, sondern um eine bloße verfahrensleitende Entscheidung handelt, unterliegt sie unmittelbar nicht dem Begründungszwang nach § 39 VwVfG. Deshalb wird teilweise angenommen, dass die Begründungspflicht nur für das materielle Recht, nicht für das Verfahrensrecht gelte.[573] Gleichwohl wird heute überwiegend angenommen, dass die Behörde im Hinblick auf Art. 19 Abs. 4 GG (analog § 39 VwVfG) die Gründe für ihre Entscheidung offenlegen muss.[574] Dafür spricht, dass der Bürger nur dann die Möglichkeit hat, zu überprüfen, ob das Absehen von der Anhörung ermessensfehlerfrei erfolgte. Aus dem VA muss sich daher ergeben, **aus welchen Gründen** die Behörde von der Anhörung abgesehen hat und dass sie hierzu sachgerechte Ermessenserwägungen angestellt hat.[575] 419

b) Rechtsfolge

Ist die Anhörung erforderlich, so muss dem Betroffenen nach § 28 Abs. 1 VwVfG **vor der Entscheidung Gelegenheit** gegeben werden, sich **zu den für die Entscheidung erheblichen Tatsachen** zu äußern. Die Anhörung ist **formlos** möglich, kann also z.B. auch bei einem schriftlichen VA mündlich, telefonisch oder per E-Mail erfolgen.[576] Die Behörde muss den beabsichtigten VA so konkret beschreiben, dass es für den Beteiligten hinreichend erkennbar ist, wozu er sich äußern soll.[577] Dagegen besteht kein Anspruch auf Rechtsausführungen oder ein Rechtsgespräch.[578] Die Behörde muss den Beteiligten daher vor Erlass des VA auch nicht ihre Rechtsauffassung mitteilen.[579] 420

Zu den **entscheidungserheblichen** Tatsachen i.S.d. § 28 VwVfG gehören neben den tatsächlichen Grundlagen auch die **maßgeblichen Rechtsvorschriften,** auf die die Behörde ihre Maßnahme stützen will und auf die sie deshalb hinzuweisen hat.[580] Entscheidungserheblich sind auch die Umstände, die für die **Ermessensausübung** der Behörde erheblich sind, wobei es für die Beurteilung der Erheblichkeit auf die rechtliche Einschätzung der anhörenden Behörde ankommt. Diese braucht die Anhörung also nur auf solche Tatsachen zu erstrecken, auf die es für die Entscheidung **nach ihrer Einschätzung** ankommt.[581] 421

Beispiel: Kommt es nach Ansicht der Behörde für den Erlass einer Beseitigungsverfügung allein auf den baufälligen Zustand der baulichen Anlage an, so muss dem Eigentümer nur bezüglich dieser Baufälligkeit Gelegenheit zur Stellungnahme gewährt werden. Wird eine Anhörung zu anderen Tatsachen nicht durchgeführt, ist § 28 VwVfG nicht verletzt.

---

573 VGH Mannheim DÖV 1981, 971, 973; Knack/Henneke § 28 Rn. 23; offengelassen in BVerwG DVBl. 1983, 997, 999.

574 Hess VGH, Urt. v. 27.02.2013 – 6 C 825/11, RÜ 2013, 459, 464, NVwZ 2013, 888; VGH Kassel, Beschl. v. 23.09.2011 – 6 B 1701/11, NVwZ-RR 2012, 163, 164; Kopp/Ramsauer VwVfG § 28 Rn. 44; Wolff/Decker VwVfG § 28 Rn. 14.

575 HessVGH, Urt. v. 06.05.2015 – 6 A 493/14, DVBl. 2015, 1067, 1068; Stelkens/Bonk/Sachs VwVfG § 28 Rn. 50.

576 OVG Lüneburg NJW 2010, 2601, 2602.

577 BVerwG NJW 2012, 2823, 2824; OVG NRW DVBl. 2010, 1243.

578 Knack/Henneke VwVfG § 28 Rn. 17; Kopp/Ramsauer VwVfG § 28 Rn. 42; Schoch Jura 2006, 833, 837.

579 Bader/Ronellenfitsch VwVfG § 28 Rn. 16.1; Schoch Jura 2006, 833, 836 f.; a.A. Kopp/Ramsauer VwVfG § 28 Rn. 30.

580 Stelkens/Bonk/Sachs VwVfG § 28 Rn. 39; Knack/Henneke VwVfG § 28 Rn. 17.

581 BVerwG DVBl. 1983, 271, 273; Schoch Jura 2006, 833, 837; Ziekow VwVfG § 28 Rn. 4; Wolff/Decker VwVfG § 28 Rn. 12; abweichend Kopp/Ramsauer VwVfG § 28 Rn. 33.

c) Folgen formeller Fehler

Fall 15: Schnelle Entscheidung

B hat ohne Baugenehmigung und unter Verstoß gegen materielle Bauvorschriften im Naturschutzgebiet ein Wochenendhaus errichtet. Als die zuständige Bauaufsichtsbehörde dies bemerkt, erlässt sie gegen B, ohne diesen zuvor angehört zu haben, eine Beseitigungsverfügung, um einen Präzedenzfall zu verhindern. Hiergegen hat B ordnungsgemäß Widerspruch erhoben, mit dem er geltend macht, dass in der näheren Umgebung weitere Bauten vorhanden seien, die die Behörde schon seit Jahren dulde. Es sei daher willkürlich, nur gegen seinen Bau einzuschreiten. Die Bauaufsichtsbehörde lehnt die Abhilfe nach § 72 VwGO ab und legt den Widerspruch der zuständigen Widerspruchsbehörde zur Entscheidung vor. Diese weist den Widerspruch als unbegründet zurück und begründet dies insbes. damit, dass die in der Umgebung vorhandenen Bauten mit dem des B nicht vergleichbar seien. Bei diesen handele es sich um einfache Holzhütten mit geringer Grundfläche, während der Bau des B ein auch gehobenen Ansprüchen gerecht werdendes Wochenendhaus darstelle. B hat nunmehr fristgerecht Klage erhoben. Mit Erfolg?

Hinweise: § 73 LBauO lautet: „Werden Anlagen im Widerspruch zu öffentlich-rechtlichen Vorschriften errichtet oder geändert, so kann die Bauaufsichtsbehörde die teilweise oder vollständige Beseitigung der Anlagen anordnen, wenn nicht auf andere Weise rechtmäßige Zustände hergestellt werden können."

Die LBauO enthält keine speziellen Verfahrensvorschriften. Die entscheidungserheblichen Vorschriften des VwVfG des Landes entsprechen denen des Bundes-VwVfG. Das Land hat von der Ermächtigung des § 68 Abs. 1 S. 2 VwGO für baurechtliche Angelegenheiten keinen Gebrauch gemacht.

422 **A. Zulässigkeit der Klage**

Es handelt sich um eine nach §§ 40 Abs. 1 S. 1, 42 Abs. 1 Fall 1 u. Abs. 2 VwGO zulässige **Anfechtungsklage** gegen die Beseitigungsverfügung als belastenden VA. Das nach § 68 Abs. 1 S. 1 VwGO – vorbehaltlich landesrechtlicher Ausnahmen (§ 68 Abs. 1 S. 2 VwGO) – erforderliche Widerspruchsverfahren wurde erfolglos durchgeführt. Die Klagefrist (§ 74 Abs. 1 S. 1 VwGO) ist gewahrt.

423 **B. Begründetheit der Klage**

Die Anfechtungsklage ist gemäß § 113 Abs. 1 S. 1 VwGO **begründet**, soweit

- der VA **rechtswidrig**
- und der Kläger dadurch in seinen **Rechten verletzt** ist.

Die Beseitigungsverfügung müsste **rechtswidrig** sein.

424 I. **Ermächtigungsgrundlage** für die Beseitigungsverfügung ist die landesrechtliche Vorschrift zum Einschreiten der Baubehörde bei baurechtswidrigen Zuständen, hier § 73 LBauO.[582]

425 II. **Formelle Rechtmäßigkeit**

1. Nach dem Sachverhalt hat die **zuständige** Bauaufsichtsbehörde gehandelt.

---

582 Zum Landesrecht § 65 S. 1 BW LBO, Art. 76 S. 1 BayBO, § 80 S. 1 BauO Bln, § 80 Abs. 1 S. 1 BbgBO, § 79 Abs. 1 S. 1 Brem LBO, § 76 Abs. 1 S. 1 HBauO, § 72 Abs. 1 S. 1 HBO, § 80 Abs. 1 LBauO M-V, § 79 Abs. 1 S. 2 Nr. 4 NBauO, § 61 Abs. 1 S. 2 BauO NRW, § 81 S. 1 LBauO RP, § 82 Abs. 1 LBO Saar, § 80 S. 1 SächsBO, § 79 S. 1 BauO LSA, § 59 Abs. 2 S. 1 Nr. 3 LBO SH, § 79 Abs. 1 S. 1 ThürBO.

2. Der VA muss **verfahrensfehlerfrei** zustande gekommen sein. Bedenken bestehen nur im Hinblick auf die Anhörungspflicht nach § 28 Abs. 1 VwVfG. **426**

   a) Bei der Beseitigungsverfügung handelt es sich um einen **VA, der in die Rechte des Adressaten B als Beteiligten** i.S.d. § 13 Abs. 1 Nr. 2 VwVfG **eingreift**.

   b) Ein **Ausnahmefall** nach § 28 Abs. 2 VwVfG ist nicht ersichtlich, insbes. ist keine Gefahr im Verzug i.S.d. Nr. 1 gegeben, da der Erfolg der Maßnahme durch die Anhörung weder vereitelt noch wesentlich erschwert worden wäre. Auch ein sonstiges öffentliches Interesse an einer sofortigen Entscheidung ist nicht erkennbar. Zwar lässt sich ein gewisses Bedürfnis nach Beschleunigung nicht bezweifeln. Dem hätte jedoch dadurch Rechnung getragen werden können, dass dem B für seine Stellungnahme eine kurze Frist gesetzt wird. Von der Anhörung des B durfte somit nicht nach § 28 Abs. 2 VwVfG abgesehen werden. Im Übrigen hat die Behörde diese Entscheidung auch nicht näher begründet.

   c) Die damit gemäß § 28 Abs. 1 VwVfG erforderliche **Gelegenheit zur Stellungnahme** ist dem B nicht gegeben worden, sodass die Beseitigungsverfügung wegen Verstoßes gegen § 28 Abs. 1 VwVfG rechtswidrig gewesen ist.

   d) Der Verfahrensfehler könnte jedoch gemäß § 45 Abs. 1 Nr. 3 VwVfG **geheilt** worden sein. **427**

      aa) Voraussetzung für eine Heilung nach § 45 VwVfG ist zunächst, dass **keine Nichtigkeit** gemäß § 44 VwVfG vorliegt. Das ist bei fehlender Anhörung regelmäßig nicht der Fall, insbesondere ist der Fehler nicht besonders schwerwiegend i.S.d. § 44 Abs. 1 VwVfG.[583]

      bb) **Heilung** tritt nur ein, wenn die Anhörung nachträglich **ordnungsgemäß durchgeführt** und ihre Funktion für den Entscheidungsprozess der Behörde uneingeschränkt erreicht wird **(Grundsatz der realen Fehlerbehebung)**.[584] Das setzt voraus, dass **428**

      - der Betroffene eine **vollwertige Gelegenheit zur Stellungnahme** erhält und
      - die Behörde die vorgebrachten Argumente zum Anlass nimmt, die ohne vorherige Anhörung getroffene **Entscheidung kritisch zu überdenken**.[585]

      Eine solche Prüfung durch die Ausgangsbehörde ist hier nicht erfolgt. Eine Heilung des Anhörungsmangels könnte aber darin liegen, dass B im **Widerspruchsverfahren** hat Stellung nehmen können.

---

583 Stelkens/Bonk/Sachs VwVfG § 45 Rn. 72; Guckelberger JuS 2011, 577, 579; Fremuth JA 2012, 844, 848.

584 BVerwG, Urt. vom 24.06.2010 – BVerwG 3 C 14.09, NVwZ 2011, 115, 119; HessVGH, Urt. v. 06.05.2015 – 6 A 493/14, DVBl. 2015, 1067, 1068; HessVGH, Beschl. v. 23.09.2011 – 6 B 1701/11, NVwZ-RR 2012, 163, 164; VG Stuttgart, Urt. v. 17.12.2015 – 9 K 895/15; Stelkens/Bonk/Sachs VwVfG § 28 Rn. 71.

585 Vgl. VGH Kassel, Urt. v. 27.02.2013 – 6 C 825/11, RÜ 2013, 459, 464, NVwZ 2013, 888; VGH Kassel, Beschl. v. 23.09.2011 – 6 B 1701/11, NVwZ-RR 2012, 163, 164; Schoch Jura 2007, 28, 30; Waldhoff JuS 2012, 671; Kopp/Ramsauer VwVfG § 45 Rn. 26.

Von der Frage der Heilung des Anhörungsfehlers im Widerspruchsverfahren streng zu trennen ist die Frage, inwieweit **im Widerspruchsverfahren** selbst eine **besondere Anhörung** stattzufinden hat. Nach § 71 VwGO soll eine Anhörung erfolgen, wenn die Aufhebung oder Änderung des VA erstmalig mit einer Beschwer verbunden ist. Damit ist die früher streitige Frage entschieden, dass auch der Widerspruchsführer selbst angehört werden „soll", wenn er durch den Widerspruchsbescheid oder Abhilfebescheid erstmalig beschwert sein kann, z.B. weil die Behörde den ursprünglichen VA zu seinen Ungunsten ändern will (sog. reformatio in peius).[586]

429 (1) Teilweise wird für das Nachholen der Anhörung immer ein **gesondertes behördliches Verfahren** verlangt. Die bloße Stellungnahme im Widerspruchsverfahren reiche nicht aus, da sonst die Verletzung der Anhörungspflicht in den meisten Fällen sanktionslos bliebe.[587]

Unproblematisch ist die Heilung im Widerspruchsverfahren aber auch nach dieser Ansicht, wenn Ausgangs- und Widerspruchsbehörde **identisch** sind (vgl. z.B. § 73 Abs. 1 S. 2 Nr. 2 u. Nr. 3 u. S. 3 VwGO) und der Widerspruchsführer zum Verfahrensgegenstand Stellung nimmt.

430 (2) Ganz überwiegend wird jedoch angenommen, dass es für die Heilung ausreiche, wenn die Anhörung **im Widerspruchsverfahren nachgeholt** wird, sofern

- der Betroffene die **Möglichkeit zur Stellungnahme** hat und
- die Widerspruchsbehörde die Stellungnahme **zur Kenntnis nimmt**, sich damit auseinandersetzt und bei der Entscheidungsfindung in ihre Erwägungen miteinbezogen hat.[588]

Nicht ausreichend ist also die bloße Möglichkeit, Widerspruch erheben und diesen begründen zu können.[589] Ebenso reicht es nicht aus, wenn sich die Widerspruchsbehörde mit der Stellungnahme des Betroffenen überhaupt nicht auseinandersetzt oder wesentliche Ermessenserwägungen erst im Widerspruchsbescheid anstellt.[590]

431 (a) Unproblematisch ist dies bei **gebundenen Entscheidungen**.[591] Innerhalb der h.M. ist aber umstritten, ob auch bei **Ermessensakten** eine Heilung durch die **Widerspruchsbehörde** möglich ist. Überwiegend wird dies bejaht. Eine besondere Anhörung durch die Ausgangsbehörde sei nicht erforderlich, da die Widerspruchsbehörde eine umfassende Kontroll- und Entscheidungsbefugnis auch bzgl. der Zweckmäßigkeit habe (§ 68 Abs. 1 VwGO).[592]

Etwas anderes gilt allerdings auch nach dieser Auffassung dann, wenn die Frage der **Zweckmäßigkeit** durch die Widerspruchsbehörde nicht beurteilt werden darf (z.B. bei Ermessensentscheidungen der Gemeinde im Selbstverwaltungsbereich). In diesen Fällen kann eine Heilung unstreitig nur durch die Ausgangsbehörde erfolgen.[593]

---

586 BVerwG NVwZ 1999, 1218, 1219; Kopp/Schenke VwGO § 71 Rn. 2; Stelkens/Bonk/Sachs VwVfG § 45 Rn. 77.

587 OVG NRW DVBl. 1981, 689, 690; Ehlers Jura 1991, 208, 213; ders. Jura 1996, 617, 621.

588 OVG NRW, Beschl. v. 30.10.2012 – 5 B 669/12; VG Stuttgart, Urt. v. 17.12.2015 – 9 K 895/15; Bader/Ronellenfitsch VwVfG § 45 Rn. 42; Beaucamp JA 2007, 117, 118; Schoch Jura 2007, 28, 31; Fremuth JA 2012, 844, 848.

589 VG Freiburg, Urt. v. 25.09.2015 – 4 K 35/15; VG Stuttgart, Urt. v. 17.12.2015– 9 K 895/12; Schoch Jura 2007, 28, 31 m.w.N.

590 OVG NRW NWVBl. 1990, 281.

591 BVerwG NVwZ 1984, 577; OVG Lüneburg NVwZ 1987, 511; Pünder Jura 2015, 1307, 1310.

592 BVerwG (1. Senat) NVwZ 1983, 284; NVwZ 1984, 578, 579; Sodan DVBl. 1999, 729, 733; Kopp/Ramsauer VwVfG § 45 Rn. 41; Stelkens/Bonk/Sachs VwVfG § 45 Rn. 78; Wolff/Decker VwVfG § 28 Rn. 30; Schoch Jura 2007, 28, 30.

593 Vgl. Wolff/Decker VwVfG § 45 Rn. 30; Schoch Jura 2007, 28, 30.

(b) Nach der Gegenansicht muss bei Ermessensentscheidungen die Anhörung immer durch die **Ausgangsbehörde** nachgeholt werden. Auch wenn die Widerspruchsbehörde die Zweckmäßigkeit überprüfe, sei nicht ausgeschlossen, dass die Ausgangsbehörde möglicherweise eine dem Betroffenen günstigere Entscheidung treffen würde. „Ermessenskontrolle" sei etwas anderes als „Ermessensausübung". Die Anhörung durch die Widerspruchsbehörde könne daher nicht zur Heilung führen, da dem Betroffenen sonst eine Ermessensebene genommen würde.[594] **432**

(c) Das letztgenannte Argument kann jedoch im Hinblick auf **§ 72 VwGO** nicht überzeugen, da auch im Widerspruchsverfahren sich zunächst die Ausgangsbehörde mit dem Widerspruch auseinandersetzen muss. Dass dem Betroffenen eine Ermessensebene genommen wird, ist damit rechtlich ausgeschlossen. Allein das Argument, dass das Abhilfeverfahren in der Praxis häufig so abläuft, dass sich die Ausgangsbehörde gar nicht mehr im Einzelnen mit dem Widerspruch beschäftigt, kann insoweit keine Rolle spielen. Da die Ausgangsbehörde grundsätzlich verpflichtet ist, den angegriffenen VA nochmals **ernsthaft zu überprüfen**, führt dies allenfalls zu einem wesentlichen Verfahrensfehler, der nach § 79 Abs. 2 S. 2 VwGO unter Umständen die **isolierte Anfechtung des Widerspruchsbescheides** rechtfertigt. Der Verfahrensfehler der Ausgangsbehörde kann jedoch nicht die grundsätzliche Heilungsmöglichkeit ausschließen, da hierfür allein das Verhalten der Widerspruchsbehörde maßgeblich ist. Da die Widerspruchsbehörde eine umfassende Überprüfung der Recht- und Zweckmäßigkeit vorzunehmen hat (§ 68 Abs. 1 VwGO), ist sie auch zur Heilung des Anhörungsmangels befugt. **433**

(d) Vorliegend hat die Widerspruchsbehörde die Stellungnahme des B zur Kenntnis genommen und sich damit im Widerspruchsbescheid auseinandergesetzt. Dadurch ist die unterbliebene Anhörung nach § 45 Abs. 1 Nr. 3 VwVfG nachgeholt worden. Die Heilung bewirkt, dass der zunächst (formell) rechtswidrige VA ex tunc **rechtmäßig** wird.[595] **434**

Der Gegenansicht, die eine Heilung nur für die Zukunft (ex nunc) annimmt,[596] ist nicht beizupflichten, weil sie dem Zweck der Bestimmung nicht gerecht wird. Durch die Heilung soll der Fehler insgesamt beseitigt werden.

Damit liegt kein relevanter Verfahrensfehler mehr vor.

3. Sofern nicht in der LBauO oder im allgemeinen Ordnungsrecht **Schriftform** vorgeschrieben ist (z.B. §§ 11, 19 BbgOBG, §§ 12, 20 OBG NRW), können Bauordnungsverfügungen nach § 37 Abs. 2 VwVfG grundsätzlich formfrei erlassen werden. Ergeht die Verfügung schriftlich, so ist sie gemäß § 39 Abs. 1 VwVfG schriftlich zu **begründen**. Insoweit bestehen hier keine Bedenken. **435**

Die Beseitigungsverfügung ist damit formell rechtmäßig.

---

594 BVerwG (3. Senat) DVBl. 1983, 271, 272; DVBl. 1984, 530; Meyer NVwZ 1986, 513, 519; Odenthal NVwZ 1995, 668, 669; Schilling VerwArch 78 (1987), 45, 76; Pünder Jura 2015, 1307, 1310.

595 Stelkens/Bonk/Sachs VwVfG § 45 Rn. 21; Ziekow VwVfG § 45 Rn. 4; Knack/Henneke VwVfG § 45 Rn. 15; Maurer/Waldhoff § 10 Rn. 59.

596 Kopp/Ramsauer VwVfG § 45 Rn. 14; Schoch Jura 2007, 27, 31; Pünder Jura 2015, 1307, 1311.

III. Materielle Rechtmäßigkeit

436 1. Es müssten die **Voraussetzungen der Ermächtigungsgrundlage** erfüllt sein, d.h. es muss ein Verstoß gegen Bauvorschriften vorliegen. Für eine Beseitigungsverfügung ist im Hinblick auf Art. 14 Abs. 1 GG erforderlich, dass das Bauvorhaben **formell und materiell baurechtswidrig** ist.[597]

B hat ohne die nach der LBauO erforderliche Baugenehmigung (formelle Illegalität) und unter Verstoß gegen materielles Baurecht (materielle Illegalität) sein Wochenendhaus errichtet. Die Voraussetzungen für ein Einschreiten sind somit gegeben.

437 2. Das Einschreiten steht nach den genannten Vorschriften grundsätzlich im **Ermessen** der Behörde.

a) Die Entscheidung, eine Beseitigungsverfügung zu erlassen, kann die Behörde im Regelfall **sachgerecht** damit begründen, dass die zu beseitigende bauliche Anlage formell und materiell illegal ist und das ein öffentliches Interesse daran besteht, **keinen Präzedenzfall** zu schaffen. Eine weitergehende Abwägung des „Für und Wider" ist nur dann geboten, wenn konkrete Anhaltspunkte für die Angemessenheit einer vorübergehenden oder dauerhaften Duldung des rechtswidrigen Zustands sprechen.[598]

438 b) Allerdings verpflichtet der **allgemeine Gleichheitssatz** des Art. 3 Abs. 1 GG die Verwaltung zu gleichmäßiger Ermessensausübung. Hauptfall der zu einem Ermessensfehler führenden Verletzung des Gleichbehandlungsgebotes sind Verstöße der Behörde gegen eine **Selbstbindung der Verwaltung** durch Verwaltungsvorschriften oder durch ein vorangegangenes tatsächliches Verhalten (s.u. Rn. 553). Der Gedanke der Selbstbindung verbietet es, **willkürlich** von einem Betroffenen den Abbruch seines baurechtswidrig errichteten Gebäudes zu verlangen, wenn die Behörde gegen dritte Personen unter gleichen Voraussetzungen untätig geblieben ist und weiter untätig bleibt.[599]

Vorliegend sind die anderen Bauten mit dem des B aber schon nicht vergleichbar, sodass die Behörde nicht willkürlich gehandelt hat, wenn sie nur gegen B eingeschritten ist. Die Beseitigungsverfügung ist damit auch materiell rechtmäßig. Die Anfechtungsklage des B ist **unbegründet**.

Die Behörde muss rechtswidrige Zustände nicht stets „flächendeckend" bekämpfen, sondern darf – etwa in Ermangelung ausreichender personeller und sachlicher Mittel – auch anlassbezogen vorgehen und sich auf die Regelung von Einzelfällen beschränken, sofern sie hierfür sachliche Gründe anführen kann. So hat es das BVerwG beispielsweise als rechtmäßig erachtet, wenn die Behörde einen geeigneten Fall als „Musterfall" auswählt, um erst nach einer gerichtlichen Bestätigung ihrer Rechtsauffassung gleichartige Fälle aufzugreifen. Ebenso ist es mit Art. 3 Abs. 1 GG vereinbar, wenn die Behörde zunächst nur Fälle aufgreift, in denen eine Verschlechterung des bestehenden Zustands droht[600] oder eine Stichtagsregelung zugrunde legt.[601]

---

597 Vgl. AS-Skript Öffentliches Baurecht (2016), Rn. 164.

598 OVG NRW NVwZ-RR 2016, 529, 530; OVG Bln-Bbg, Beschl. v. 26.06.2017 – OVG 10 N 27.14.

599 VGH Kassel DVBl. 2009, 732; NVwZ-RR 1992, 346; OVG NRW NWVBl. 1996, 66, 68; OVG Lüneburg OVGE 44, 380, 381; OVG Berlin NVwZ 1990, 176, 179; Erbguth/Stollmann JZ 1995, 1141, 1147; Bader/Ronellenfitsch VwVfG § 40 Rn. 61.

600 BVerwG DÖV 1992, 748; vgl. auch ThürOVG, Urt. v. 16.03.2010 – 1 KO 760/07, RÜ 2010, 533, 535.

601 OVG NRW NVwZ-RR 2016, 529, 530.

Anhörung

erforderlich → **entbehrlich**

erforderlich

- gegenüber Beteiligten i.S.d. § 13 VwVfG
- bei belastendem VA
- nicht bei Ablehnung einer Begünstigung

↓

Gelegenheit zur Äußerung zu den für die Entscheidung erheblichen Tatsachen

entbehrlich

- zwingend, § 28 Abs. 3 VwVfG
- nach Ermessen, § 28 Abs. 2 VwVfG, insbes.
  - Gefahr im Verzug
  - Allgemeinverfügung
  - Vollstreckungsmaßnahmen

Heilung

- Nachholung, § 45 Abs. 1 Nr. 3 VwVfG
- durch Ausgangs- oder Widerspruchsbehörde
- auch noch im verwaltungsgerichtlichen Verfahren, § 45 Abs. 2 VwVfG
- Beseitigung der Rechtswidrigkeit ex tunc (str.)

Fall 16: Heilung im Prozess (Abwandlung zu Fall 15)

Die Widerspruchsbehörde hat den Widerspruch als unbegründet zurückgewiesen, ohne sich mit der Stellungnahme des B näher auseinanderzusetzen. B hat daraufhin Klage erhoben und in der Klageschrift umfassend zur Sache Stellung genommen. In der Klageerwiderung verweist die Behörde darauf, dass eine Anhörung des B nichts am Inhalt der Entscheidung geändert hätte, da die von B benannten Fälle ohnehin nicht mit dem vorliegenden Fall vergleichbar seien. Die Behörde habe sich bereits in der Vergangenheit entschlossen, konsequent gegen Schwarzbauten einzuschreiten. Deshalb habe sie auch darauf verzichtet, die Anhörung während des gerichtlichen Verfahrens nachzuholen. Wie ist die Rechtslage?

Die zulässige Anfechtungsklage ist begründet, soweit der angefochtene VA rechtswidrig und der Kläger dadurch in seinen Rechten verletzt ist (§ 113 Abs. 1 S. 1 VwGO). Die Verfügung könnte wegen eines formellen Fehlers rechtswidrig sein, da die nach § 28 Abs. 1 VwVfG erforderliche **Anhörung** nicht erfolgt ist. **439**

I. Dieser Fehler könnte nach § 45 Abs. 1 Nr. 3, Abs. 2 VwVfG **geheilt** worden sein.

1. Für eine Heilung **im Widerspruchsverfahren** ist erforderlich, dass die Widerspruchsbehörde die Stellungnahme des Betroffenen zur Kenntnis nimmt und sich damit auseinandersetzt (s.o. Rn. 430). Dies ist hier nicht geschehen. Der Anhörungsfehler ist daher im Widerspruchsverfahren **nicht geheilt** worden. **440**

2. Die Heilung könnte im **gerichtlichen Verfahren** erfolgt sein.

441 a) Nach § 45 Abs. 2 VwVfG können Handlungen i.S.d. § 45 Abs. 1 VwVfG **bis zum Abschluss der letzten Tatsacheninstanz** eines verwaltungsgerichtlichen Verfahrens nachgeholt werden.

Die meisten Landes-VwVfGe enthalten gleichlautende Regelungen, mit zwei Ausnahmen:

- In **NRW** können Handlungen nach § 45 Abs. 1 VwVfG „nur bis zum Abschluss der ersten Instanz eines verwaltungsgerichtlichen Verfahrens" nachgeholt werden (§ 45 Abs. 2 VwVfG NRW). In NRW ist daher eine Heilung abweichend von den anderen Länder nur im erstinstanzlichen Verfahren, aber nicht mehr im Berufungsverfahren möglich.
- In **Schleswig-Holstein** besteht die Besonderheit, dass eine Heilung im gerichtlichen Verfahren nicht möglich ist bei Verstößen, die bis zum Abschluss des Widerspruchsverfahrens gerügt worden sind (§ 114 Abs. 2 S. 2 LVwG).

442 aa) Teilweise werden gegen eine Heilung im gerichtlichen Verfahren **verfassungsrechtliche Bedenken** erhoben. Denn nach der Rspr. des BVerfG beanspruchen die Grundrechte Geltung nicht nur für das materielle Recht, sondern auch für das Verfahrensrecht.[602] Bei Heilung im Prozess werde das Verwaltungsgericht in rechtsstaatswidriger Weise zu einem **„Reparaturbetrieb der Verwaltung"**. Die Verwaltung werde versuchen, die einmal getroffene Entscheidung unter allen Umständen zu halten, sodass eine Selbstkontrolle de facto nicht mehr stattfinde. Der Bürger werde so zur Erhebung einer höchstwahrscheinlich aussichtslosen Klage gezwungen. Verstöße gegen Verfahrensvorschriften dürften nicht folgenlos bleiben, sofern grundrechtlich geschützte Rechte betroffen sind. Hier müsse der Betroffene so gestellt werden, wie er ohne den Verfahrensfehler gestanden hätte. § 45 Abs. 2 VwVfG sei daher **verfassungskonform** dahin auszulegen, dass sichergestellt werden muss, dass Verfahrensfehler so früh wie möglich geheilt werden, also i.d.R. noch im Widerspruchsverfahren.[603]

Teilweise wird § 45 Abs. 2 VwVfG, soweit er die Anhörung erfasst, wegen Verstoßes gegen Art. 19 Abs. 4 GG sogar für verfassungswidrig gehalten.[604]

443 bb) Dagegen spricht jedoch, dass der Bürger in seiner Rechtsverteidigung auch durch eine Heilung im gerichtlichen Verfahren **nicht unzumutbar** beschränkt wird. Würde man eine Heilung im Prozess nicht zulassen, würde der Bürger zwar zunächst obsiegen. Die Behörde könnte dann jedoch den Verfahrensmangel außergerichtlich heilen und einen neuen, inhaltlich gleichlautenden Bescheid erlassen, der in einem zweiten gerichtlichen Verfahren Bestand hätte. Damit wäre für den Bürger nichts gewonnen. Zwar besteht die Gefahr, dass die Behörde angesichts der weitreichenden Heilungsmöglichkeiten die Einhaltung der Verfahrensvorschriften weniger ernst nimmt. Durch die Heilung im Prozess wird der Bürger in der Sache jedoch nicht schlechter gestellt, als er bei von vornherein korrektem Verwaltungshandeln stünde. Insbesondere ist anerkannt, dass bei einer nachträglichen Heilung das Gericht die Kosten regelmäßig der Behörde auferlegen

602 Grundlegend BVerfGE 53, 30, 65 „Mülheim-Kärlich"; dazu Jarass/Pieroth, GG Vorb. vor Art. 1 Rn. 11.

603 Pünder Jura 2015, 1307, 1311; Bonk NVwZ 2001, 636, 641; NVwZ 1997, 320, 325; Hufen, Fehler im Verwaltungsverfahren, Rn. 616 m.w.N.; differenzierend Sparwasser AnwBl. 2000, 658, 663.

604 Sodan DVBl. 1999, 729, 738; Bracher DVBl. 1997, 534, 536; Hatje DÖV 1997, 477, 484.

wird (Rechtsgedanke des § 155 Abs. 4 VwGO).[605] Eine Heilung der fehlenden Anhörung ist daher nach § 45 Abs. 2 VwVfG grundsätzlich auch noch **während des gerichtlichen Verfahrens** möglich.

b) Dabei wird teils angenommen, dass für ein Nachholen der Anhörung bereits **schriftsätzliche Stellungnahmen** im gerichtlichen Verfahren ausreichen.[606] Die Gegenansicht verweist darauf, dass die Heilung zwar „während", aber nicht „im" gerichtlichen Verfahren erfolgen könne. Dem Bürger müsse vielmehr **außerprozessual** die Möglichkeit zur Stellungnahme eingeräumt werden.[607] Äußerungen und Stellungnahmen in Prozess stellen danach allein keine nachgeholte Anhörung i.S.d. § 45 Abs. 1 Nr. 3 VwVfG dar. 444

Für die letztgenannte Auffassung spricht, dass die **bloße Verteidigung** der angefochtenen Entscheidung im gerichtlichen Verfahren für eine **reale Fehlerbehebung** nicht ausreichen kann. Eine funktionsgerecht nachgeholte Anhörung setzt vielmehr stets voraus, dass die Behörde das Vorbringen des Bürgers erkennbar zum Anlass nimmt, die Entscheidung **kritisch zu überdenken**. Das kann allerdings nicht nur außerprozessual, sondern auch durch **schriftsätzliche Stellungnahmen** im gerichtlichen Verfahren geschehen, wenn die Behörde die nachträglich vorgebrachten Einwendungen „nicht nur entgegengenommen, sondern inhaltlich berücksichtigt und in ihren **erneuten Entscheidungsvorgang** eingebunden hat."[608] 445

Deshalb ist eine Heilung **nach Erledigung** des VA (z.B. aus Anlass einer Fortsetzungsfeststellungsklage, § 113 Abs. 1 S. 4 VwGO) nicht mehr möglich. Denn in diesem Verfahrensstadium kann die Nachholung nicht mehr zu einer Änderung des VA führen.[609]

Vorliegend hat sich die Behörde darauf beschränkt, die **angefochtene Entscheidung zu verteidigen**, ohne sich mit den Einwendungen des B in der Sache auseinanderzusetzen und eine neue Entscheidung zu treffen. Daher ist der Anhörungsmangel auch während des gerichtlichen Verfahrens **nicht geheilt** worden. Der VA ist formell rechtswidrig. 446

Geht es in der Klausur um die Erfolgsaussichten einer noch zu erhebenden Klage, ist zu prüfen, ob eine Heilung im Widerspruchsverfahren erfolgt ist. Ist das nicht der Fall, ist nach Feststellung des formellen Fehlers darauf hinzuweisen, dass nach § 45 Abs. 2 VwVfG eine Heilung auch noch während des verwaltungsgerichtlichen Verfahrens möglich ist, wenn die o.g. Voraussetzungen erfüllt sind.

Ist dagegen nach dem Sachverhalt der Verwaltungsprozess bereits abgeschlossen (Fallfrage: Wie wird das Gericht entscheiden?), müssen Sie prüfen, ob eine Heilung erfolgt ist. Ist dies weder im Widerspruchsverfahren noch während des gerichtlichen Verfahrens der Fall, sind die Voraussetzungen des § 45 VwVfG zu verneinen. Der VA bleibt rechtswidrig und ist – vorbehaltlich des § 46 VwVfG – nach § 113 Abs. 1 S. 1 VwGO aufzuheben.[610]

---

605 OVG Lüneburg DVBl. 2002, 715, 716; Schmitz/Wessendorf NVwZ 1996, 955, 958; Ziekow VwVfG § 45 Rn. 19; Stelkens/Bonk/Sachs VwVfG § 45 Rn. 113; im Ergebnis auch Pünder Jura 2015, 1307, 1311.

606 OVG NRW NWVBl. 2014, 322; NWVBl. 2013, 37, OVG Lüneburg NVwZ-RR 2002, 822; BayVGH BayVBl. 2004, 149, 150.

607 BVerwG, Urt. v. 22.03.2012 – BVerwG 3 C 16.11, RÜ 2012, 457, 460; BVerwG NVwZ 2011, 115, 119; Kopp/Ramsauer VwVfG § 45 Rn. 27; Stelkens/Bonk/Sachs VwVfG § 45 Rn. 86; Kallerhoff NWVBl. 2008, 334, 338; Kaltenborn VA 2001, 33, 36.

608 So ausdrücklich BVerwG NVwZ-RR 2016, 449 Rn. 17.

609 BVerwG NJW 2012, 2823, 2825; Kopp/Ramsauer VwVfG § 45 Rn. 13; Guckelberger JuS 2011, 577, 580; Pünder Jura 2015, 1307, 1310; ebenso BFH NVwZ-RR 2017, 628 zur entsprechenden Vorschrift in § 126 AO.

610 Vgl. Hufen JuS 1999, 313, 319.

II. Die fehlende Anhörung könnte jedoch nach **§ 46 VwVfG unbeachtlich** sein.

447 1. **Voraussetzung** ist danach, dass ein VA unter Verletzung von Vorschriften über das **Verfahren**, die **Form** oder die **örtliche Zuständigkeit** zustande gekommen ist. Im vorliegenden Fall liegt ein Verstoß gegen die Anhörungspflicht nach § 28 VwVfG vor, der als Verfahrensfehler von § 46 VwVfG erfasst wird.[611]

Verfahrensfehler i.S.d. § 46 VwVfG sind z.B. auch Verstöße gegen die Befangenheitsvorschriften (§§ 20, 21 VwVfG), die Amtsermittlungspflicht (§§ 24, 26 VwVfG) und die Hinweispflicht (§ 25 VwVfG). **Nicht erfasst** werden von § 46 VwVfG Fehler in der **Verbandskompetenz**,[612] der **sachlichen**[613] oder der **instanziellen Zuständigkeit**.[614]

2. Der VA darf **nicht** nach § 44 VwVfG **nichtig** sein. Anhaltspunkte sind hier nicht ersichtlich.

448 3. Nach § 46 VwVfG ist der Mangel unbeachtlich, „wenn offensichtlich ist, dass die Verletzung die Entscheidung in der Sache nicht beeinflusst hat", also die angefochtene Entscheidung ohne den Fehler **nicht anders ausgefallen** wäre. Es muss offensichtlich an der **Kausalität** des Fehlers für den Inhalt der Entscheidung fehlen. **Offensichtlichkeit** ist gegeben, wenn die fehlende Kausalität klar erkennbar ist, gleichsam „ins Auge springt". Erforderlich ist, dass bei hypothetischer Betrachtung **jeglicher Zweifel ausgeschlossen** ist, dass die Behörde ohne den Verfahrensfehler genauso entschieden hätte.[615]

449 a) Unproblematisch fehlt die Kausalität bei **gebundenen Entscheidungen** (oder bei solchen, bei denen das Ermessen auf Null reduziert ist), wenn der VA in der Sache inhaltlich richtig ist.

Beispiel: Nach § 3 Abs. 1 StVG hat die zuständige Fahrerlaubnisbehörde bei Ungeeignetheit die Fahrerlaubnis zu entziehen (gebundene Entscheidung). Auch wenn die Entziehung von der örtlich unzuständigen Behörde verfügt wird, ändert dies materiell nichts am Inhalt der Entscheidung. Der Zuständigkeitsfehler ist daher nach § 46 VwVfG unbeachtlich.

450 b) Bei **Ermessensentscheidungen** kann das Fehlen der Kausalität dagegen nicht ohne weiteres festgestellt werden, da hier grds. eine Entscheidungsalternative besteht. Die Rspr. hat hier zunächst einen für die Verwaltung **günstigen Maßstab** angelegt. Eine Aufhebung konnte nur beansprucht werden, wenn die **konkrete Möglichkeit** bestand, dass die angefochtene Entscheidung ohne den Verfahrensmangel **anders ausgefallen** wäre; die bloße abstrakte Möglichkeit einer anderen Entscheidung genügte nicht.[616] Heute wird dagegen im Hinblick auf die Bedeutung des Verfahrensrechts und die Effektivität des Rechtsschutzes überwiegend ein **strenger Maßstab** angelegt. An der Kausalität des Fehlers für die Entscheidung fehlt es nur dann, wenn **feststeht**, dass die Behörde bei Vermeidung des Fehlers im Ergebnis dieselbe – materiell rechtmä-

---

611 OVG NRW DVBl. 1981, 689, 691; OVG Hamburg NVwZ-RR 1990, 440; Kopp/Ramsauer VwVfG § 46 Rn. 17; vgl. auch BVerwG, Urt. v. 17.11.2016 – BVerwG 3 C 20.15, RÜ 2017, 387, 389; NJW 2017, 1765 zur Beachtlichkeit von Fehlern in der Untersuchungsaufforderung nach § 11 FeV.

612 VGH BW, Beschl. v. 10.12.2013 – 6 S 2112/13, NVwZ-RR 2014, 302, 304.

613 BVerwG, Urt. v. 20.10.2015 – BVerwG 3 C 15.14, RÜ 2016, 123, 127; NJW 2005, 2330, 2333; Ziekow NVwZ 2005, 263, 264.

614 Knack/Henneke VwVfG § 46 Rn. 22.

615 BVerwG NVwZ 2014, 530, 531; BVerwG, Urt. v. 22.03.2012 – BVerwG 3 C 16/11, RÜ 2012, 457, 460; NJW 2012, 2823, 2825; OVG NRW NVwZ-RR 2012, 692, 694; Stelkens/Bonk/Sachs VwVfG § 46 Rn. 77 ff.

616 Vgl. die Hinweise auf die frühere Rspr. in BVerwG NVwZ 2016, 844, 847.

ßige – Entscheidung getroffen hätte.[617] Wenn dagegen **nicht auszuschließen** ist, dass die Entscheidung in der Sache anders ausgefallen wäre, ist der Verfahrensfehler beachtlich und führt zur Aufhebung des VA.[618]

Hier ist die Beseitigungsverfügung materiell rechtmäßig. Die Behörde hatte sich entschieden, konsequent gegen Schwarzbauten einzuschreiten. Da die von B benannten Fälle mit dem vorliegenden Fall nicht vergleichbar sind, hätte die Stellungnahme des B **ohnehin keinen Einfluss** auf den Inhalt der Verfügung gehabt. Damit ist offensichtlich, dass der Verstoß gegen § 28 VwVfG die Entscheidung in der Sache nicht beeinflusst hat. **451**

c) Die Lit. fordert zum Teil eine **verfassungskonforme Auslegung** des § 46 VwVfG, da die Vorschrift den Grundrechtsschutz durch Verfahrensgestaltung einschränke. Der grundsätzliche Aufhebungsanspruch bei rechtswidrigem Verwaltungshandeln sei Ausdruck von Art. 19 Abs. 4 GG und Folge der Gesetzesbindung der Verwaltung (Art. 20 Abs. 3 GG). § 46 VwVfG wolle nur die Aufhebung des VA bei sofort notwendigem Neuerlass verhindern (Gedanke des Rechtsmissbrauchs). Allein die Behauptung der Behörde, sie hätte in jedem Fall so und nicht anders entschieden, könne nicht ausreichen. Es müsse vielmehr **offensichtlich** sein, dass der Fehler das Entscheidungsergebnis **tatsächlich nicht beeinflusst** hat. Dies sei i.d.R. nur bei rechtlicher Alternativlosigkeit der Fall. Bei Ermessensentscheidungen seien besonders strenge Anforderungen an die fehlende Offensichtlichkeit zu stellen. Jedenfalls trage die Behörde hierfür die Darlegungs- und Beweislast.[619] **452**

Vgl. auch § 4 Abs. 1a S. 2 UmwRG (Umweltrechtsbehelfsgesetz): „Lässt sich durch das Gericht nicht aufklären, ob ein Verfahrensfehler nach Satz 1 die Entscheidung in der Sache beeinflusst hat, wird eine Beeinflussung vermutet." Dadurch soll sichergestellt werden, dass § 46 VwVfG im Umweltrecht unter Berücksichtigung der Vorgaben des EuGH angewandt wird.[620]

Auch nach dieser Auffassung wären die Voraussetzungen des § 46 VwVfG hier erfüllt. Aufgrund der konsequenten Verwaltungspraxis hätte die Stellungnahme des B **tatsächlich keinen Einfluss** auf den Erlass der Beseitigungsverfügung gehabt. Der formelle Fehler ist deshalb unbeachtlich, mit den Worten des § 46 VwVfG: Der Kläger kann allein deshalb die Aufhebung des VA nicht beanspruchen. Die Klage des B ist daher auch in der Abwandlung **unbegründet**. **453**

Keine Anwendung findet § 46 VwVfG bei **„absoluten Verfahrensvorschriften"**. Das sind solche, die dem Betroffenen eine vom Ausgang des Verfahrens unabhängige und selbstständig durchsetzbare Verfahrensposition einräumen. Das wird insbes. angenommen bei zwingenden europarechtlichen Verfahrensvorschriften (vgl. z.B. § 4 Abs. 1a UmwRG: Nur für Verfahrensfehler, die nicht unter § 4 Abs. 1 UmwRG fallen, gilt § 46 VwVfG).[621]

---

617 BVerwG NVwZ 2016, 1257, 1258; VGH Kassel NVwZ-RR 2012, 163, 165; Kopp/Ramsauer VwVfG § 46 Rn. 26; Hufen JuS 2017, 382, 383; ebenso BVerfG NVwZ 2016, 524, 526 zum Planungsrecht.

618 BVerwG NVwZ 2016, 844, 848; VGH Kassel, Urt. v. 27.02.2013 – 6 C 825/11, RÜ 2013, 459, 464; bestätigt durch BVerwG, Beschl. v. 20.12.2013 – BVerwG 7 B 18.13, ZUR 2014, 236; VGH BW NVwZ-RR 2014, 302, 304 f.; Beaucamp JA 2007, 117, 120; Fremuth JA 2012, 844, 850; Klotz JA 2016, 123, 129; Kopp/Ramsauer VwVfG § 46 Rn. 37.

619 Vgl. Stelkens/Bonk/Sachs VwVfG § 46 Rn. 77 ff.; Ziekow VwVfG § 46 Rn. 2; Hufen JuS 1999, 313, 318; Bonk NVwZ 2001, 636, 641; Pünder Jura 2015, 1307, 1314.

620 Vgl. EuGH NVwZ 2014, 49 (Altrip).

621 Vgl. Kopp/Ramsauer VwVfG § 46 Rn. 18; Burgi DVBl. 2011, 1317, 1322; Pünder Jura 2015, 1307, 1315; Hufen JuS 2017, 382, 384.

454 ***Beachte:*** *§ 46 VwVfG lässt – anders als § 45 VwVfG – die Rechtswidrigkeit des VA unberührt. Er schließt lediglich den Aufhebungsanspruch des Betroffenen aus („kann nicht … beansprucht werden"). **Konsequenz:** Der VA bleibt rechtswidrig und kann daher nicht nur unter den engen Voraussetzungen des § 49 VwVfG, sondern nach § 48 VwVfG aufgehoben werden.*[622]

Prüfungsfolge bei formellen Fehlern

- **Erforderlichkeit**
  z.B. § 28 Abs. 1 VwVfG (Anhörung), § 39 Abs. 1 VwVfG (Begründung)
- **Entbehrlichkeit**
  z.B. § 28 Abs. 2 u. Abs. 3 VwVfG (Anhörung), § 39 Abs. 2 VwVfG (Begründung)
- **keine Nichtigkeit**, § 44 VwVfG
- **Heilung**, § 45 VwVfG
- **Unbeachtlichkeit**, § 46 VwVfG

455 ***Aufbauhinweis:*** *Die Darstellung des § 46 VwVfG in der Klausur erfolgt üblicherweise im Anschluss an § 45 VwVfG.*[623] *Das gilt insbes. bei gebundenen Entscheidungen, bei denen die offensichtlich fehlende Kausalität ohne Weiteres festgestellt werden kann.*

„Der formelle Fehler könnte jedoch gemäß § 46 VwVfG unbeachtlich sein. Danach kann die Aufhebung eines Verwaltungsaktes, der nicht nach § 44 VwVfG nichtig ist, allein wegen eines Verfahrensfehlers nicht verlangt werden, wenn offensichtlich ist, dass die Verletzung die Entscheidung in der Sache nicht beeinflusst hat. Dies ist insbes. der Fall, wenn es sich, wie hier, um einen gebundenen Verwaltungsakt handelt. …"

*Bei **Ermessensentscheidungen** kann es dagegen sinnvoll sein, im formellen Teil des Gutachtens zunächst nur die §§ 28, 45 VwVfG zu behandeln. Diese Prüfung ist mit dem Ergebnis abzuschließen, dass der VA wegen eines Verfahrensfehlers rechtswidrig ist. Im Anschluss daran kann ein kurzer Hinweis auf § 46 VwVfG erfolgen:*

„Ob der Fehler nach § 46 VwVfG unbeachtlich ist, kann an dieser Stelle noch dahinstehen, da § 46 VwVfG nicht die Frage der Rechtswidrigkeit bzw. Rechtmäßigkeit des VA betrifft, sondern nur einen etwaigen Aufhebungsanspruch des Betroffenen ausschließt."

*Ergibt die materielle Prüfung, dass der VA **im Übrigen rechtmäßig** ist, also **nur** der zuvor festgestellte formelle Fehler vorliegt, ist abschließend auf § 46 VwVfG einzugehen.*[624]

„Der VA ist daher nur wegen des oben festgestellten Verfahrensfehlers rechtswidrig. Diesbezüglich könnte der Aufhebungsanspruch jedoch nach § 46 VwVfG ausgeschlossen sein. Voraussetzungen des § 46 VwVfG sind …"

Teilweise wird vorgeschlagen, § 46 VwVfG vor § 45 VwVfG zu prüfen, da heilungsbedürftig nur solche Fehler seien, die nicht schon nach § 46 VwVfG unbeachtlich sind.[625] *Dagegen spricht jedoch, dass durch die Heilung nach § 45 VwVfG die Rechtswidrigkeit beseitigt wird, während § 46 VwVfG die Rechtswidrigkeit unberührt lässt (s.o.). Ist der VA nach § 45 VwVfG schon nicht rechtswidrig, stellt sich im Gutachten die Frage nach der Unbeachtlichkeit des Fehlers nach § 46 VwVfG gar nicht mehr.*[626] *Ist eine Heilung möglich, aber noch nicht erfolgt, so ist § 46 VwVfG neben § 45 VwVfG anwendbar.*[627]

---

622 Maurer/Waldhoff § 10 Rn. 68; Ziekow VwVfG § 46 Rn. 14; Pünder Jura 2015, 1307, 1315 f.

623 So z.B. BVerwG, Urt. v. 22.03.2012 – BVerwG 3 C 16.11, RÜ 2012, 457, 460; HessVGH, Urt. v. 06.05.2015 – 6 A 493/14; Klotz JA 2016, 123, 129; dagegen Pünder Jura 2015, 1307, 1316: stets nach der materiellen Rechtmäßigkeit.

624 Vgl. Beaucamp JA 2007, 117, 120; Stumpf Jura 2012, 543, 552 f.; Pünder Jura 2015, 1307, 1313.

625 Hufen JuS 1999, 313, 317 und 319.

626 Knack/Henneke VwVfG § 45 Rn. 14.

IV. Die Form des VA

1. Die Form im engeren Sinne

Eine bestimmte Form ist für den VA grundsätzlich nicht vorgeschrieben **(Grundsatz der Formfreiheit)**. Ein VA kann daher schriftlich, elektronisch, mündlich oder in anderer Weise (konkludent) erlassen werden, § 37 Abs. 2 VwVfG. Jedoch gibt es in **Spezialvorschriften** zahlreiche Formerfordernisse. **456**

Beispiele: Erteilung der Fahrerlaubnis durch Aushändigung des Führerscheins (§ 4 Abs. 2 FeV), Ernennung zum Beamten durch Aushändigung einer Urkunde (§ 10 Abs. 2 BBG, § 8 Abs. 2 BeamtStG), Schriftform bei ausländerrechtlichen Maßnahmen (§ 77 AufenthG). Ist durch Rechtsvorschrift die Verwendung eines bestimmten **Formulars** vorgeschrieben, das ein Unterschriftsfeld vorsieht, wird allein dadurch nicht die Anordnung der Schriftform bewirkt (§ 13 EGovG).[628]

Beachte: *Das Erfordernis einer **Rechtsbehelfsbelehrung** gehört nicht zur Form in diesem Sinne. Zwar schreibt § 37 Abs. 6 VwVfG bei schriftlichen oder elektronischen Verwaltungsakten, die der Anfechtung unterliegen, die Beifügung einer Rechtsbehelfsbelehrung vor. Ihr Fehlen oder ihre Unrichtigkeit führt aber nicht zur Rechtswidrigkeit des VA,[629] sondern nur dazu, dass die Monatsfrist für den Rechtsbehelf nach §§ 70, 74 VwGO nicht zu laufen beginnt. Stattdessen gilt die Jahresfrist des § 58 Abs. 2 VwGO.* **457**

Ein mündlicher VA ist schriftlich oder elektronisch **zu bestätigen**, wenn hieran ein berechtigtes Interesse besteht und der Betroffene dies unverzüglich verlangt. Entsprechendes gilt für elektronische VAe (§ 37 Abs. 2 S. 2 u. 3 VwVfG). Die **Bestätigung** ist **kein VA**, sondern eine schlichthoheitliche Maßnahme. Sie enthält keine eigenständige Regelung, sondern wiederholt nur den Inhalt des ursprünglichen VA.[630] **458**

Auch wenn es sich bei der Bestätigung nicht um einen selbstständigen VA handelt, ist nach § 37 Abs. 6 S. 2 VwVfG eine Rechtsbehelfsbelehrung beizufügen. Dasselbe gilt für die Fiktionsbescheinigung nach § 42 a Abs. 3 VwVfG (s.o. Rn. 397).

Wenn ein schriftlicher VA ergeht, muss er nach § 37 Abs. 3 VwVfG grundsätzlich eine Unterschrift enthalten und die **erlassende Behörde erkennen** lassen. Ist Letzteres nicht der Fall, ist der VA zwingend nichtig (§ 44 Abs. 2 Nr. 1 VwVfG). Dasselbe gilt, wenn eine erforderlicher Urkunde nicht ausgehändigt wird (§ 44 Abs. 2 Nr. 2 VwVfG). Sonstige Formfehler führen i.d.R. nicht zur Nichtigkeit, sondern nur zur Rechtswidrigkeit. **459**

2. Der elektronische VA

Nach § 37 Abs. 2 VwVfG kann ein VA auch elektronisch erlassen werden. Der Begriff des **elektronischen VA** wird im VwVfG nicht definiert, entscheidend ist, dass der VA elektronisch erzeugt und als Datei gespeichert wird.[631] Bereits die **Datei** ist dann das für den Rechtsverkehr maßgebliche Original, unabhängig davon ob die Übermittlung per E-Mail oder auf einem Speichermedium erfolgt. Ihr Ausdruck gibt lediglich den Inhalt der Entscheidung wieder, ohne selbst Rechtswirkungen zu erzeugen.[632] **460**

---

627 Wolff/Decker VwVfG § 46 Rn. 4.

628 E-Government-Gesetz vom 25.07.2013 (BGBl. I S. 2749); ebenso Art. 6 Abs. 2 BayEGovG.

629 Stelkens/Bonk/Sachs VwVfG § 37 Rn. 163; Stüer DVBl. 2013, 700, 703; Schmitz/Prell NVwZ 2013, 745, 752.

630 Kopp/Ramsauer VwVfG § 37 Rn. 23; Knack/Henneke VwVfG § 37 Rn. 50.

631 Vgl. die Gesetzesbegründung in BT-Drs. 14/9000, S. 26 und Schliesky NVwZ 2003, 1322, 1324; Kintz NVwZ 2004, 1429, 1430; Dietlein/Heinemann NWVBl. 2005, 53, 55.

Kein elektronischer VA ist dagegen das Telefax, auch wenn es unmittelbar aus dem Computer versandt wird (Computerfax), ebenso ein als PDF-Datei eingescanntes Schriftstück, das bei dem Empfänger bestimmungsgemäß ausgedruckt werden soll.[633] Diese erfüllen die Schriftform, wenn der Empfänger diese Übermittlungsform bereitgestellt hat.[634]

Der vollständig durch automatische Einrichtungen erlassene Verwaltungsakt i.S.d. § 35a VwVfG (sog. **E-VA**, s.o. Rn. 188) kann ein elektronischer VA sein, muss es aber nicht. § 35a VwVfG erfasst alle Verwaltungsakte, die vollständig automatisiert erlassen werden, unabhängig davon, ob sie schriftlich per Post oder elektronisch versandt werden.[635]

461
- Soweit **keine besonderen Formvorschriften** bestehen, kann der VA als Datei z.B. per einfacher E-Mail übermittelt werden. Dies wird in diversen Vorschriften durch das Begriffspaar „schriftlich oder elektronisch" klargestellt (vgl. z.B. § 37 Abs. 2 VwVfG).
- Ist gesetzlich **Schriftform** vorgeschrieben, kann diese durch die **elektronische Form** ersetzt werden (§ 3 a Abs. 2 VwVfG).

  Beispiel: Die Schriftform beim Widerspruch (§ 70 Abs. 1 S. 1 VwGO) kann nach § 79 VwVfG i.V.m. § 3 a Abs. 2 VwVfG durch die elektronische Form ersetzt werden.[636]

  Der elektronischen Form genügt ein elektronisches Dokument grds. nur, wenn es mit einer qualifizierten elektronischen Signatur versehen ist.[637] Seit dem 01.07.2014 genügen nach § 3 a Abs. 2 S. 4 VwVfG auch bestimmte andere elektronische Schriftformäquivalente (z.B. elektronisches Behördenformular, Versendung einer De-Mail-Nachricht).
- In Einzelfällen ist die **elektronische Form ausgeschlossen** (vgl. § 3 a Abs. 2 VwVfG: „soweit nicht durch Rechtsvorschrift etwas anderes bestimmt ist").

  Beispiele: Beamtenernennung (§ 10 Abs. 2 BBG, § 8 Abs. 2 BeamtStG); Staatsangehörigkeitsurkunden (§ 38 a StAG).

462 Für elektronische VAe gelten im Übrigen dieselben **inhaltlichen Anforderungen** wie für schriftliche VAe (vgl. §§ 37 Abs. 3, 39 Abs. 1 VwVfG). Für die **Bekanntgabe** elektronischer VAe gilt nach § 41 Abs. 2 S. 2 VwVfG – wie bei schriftlichen, durch die Post übermittelten VAen – grundsätzlich eine 3-Tage-Fiktion.[638]

Mit Einwilligung des Beteiligten kann ein elektronischer VA seit dem 01.01.2017 nach § 41 Abs. 2a VwVfG auch dadurch bekannt gegeben werden, dass er auf einem Internetportal zum Abruf bereitgestellt wird (Bekanntgabe durch Datenabruf). Der VA gilt in diesem Fall am Tag nach dem (erstmaligen) Abruf als bekannt gegeben (§ 41 Abs. 2a S. 3 VwVfG).[639] Die Bekanntgabe ist gescheitert, wenn der VA nicht innerhalb von zehn Tagen nach Benachrichtigung über die Bereitstellung abgerufen wird (S. 4 u. S. 5).

463 Nach § 3 a Abs. 1 VwVfG ist die **Übermittlung elektronischer Dokumente**, und damit elektronischer Verwaltungsakte nur zulässig, soweit der Empfänger hierfür einen **Zugang eröffnet** hat (z.B. durch Verfügbarkeit eines elektronischen Postfachs). Der Empfänger eröffnet seinen Zugang durch entsprechende **Widmung**. Dies kann ausdrücklich oder konkludent erfolgen. Im Einzelfall ist hier die Verkehrsanschauung maßgebend, die sich mit der Verbreitung elektronischer Kommunikationsmittel fortentwickelt.

---

632 Vgl. Schmitz/Schlatmann NVwZ 2002, 1286; Rosendahl DVBl. 2001, 335; Knack/Henneke VwVfG § 37 Rn. 45.

633 BVerwG NVwZ 2012, 1262, 1263; NJW 2006, 1989, 1990; BGH NJW 2006, 2263, 2265; Dästner NJW 2001, 3469, 3470.

634 OVG NRW, Beschl. v. 30.03.2015 – 14 A 2435/14, NVwZ-RR 2015, 923.

635 Kopp/Ramsauer VwVfG § 35a Rn. 10a.

636 BVerwG NVwZ 2017, 967, 968.

637 Vgl. dazu das Vertrauensdienstegesetz (VDG) vom 18.07.2017 (BGBl. I S. 2745), das das frühere Signaturgesetz abgelöst hat.

638 Zu Zugangsfragen bei elektronischen Dokumenten vgl. Dietlein/Heinemann NWVBl. 2005, 53, 55.

639 Vgl. Schmitz/Prell NVwZ 2016, 1273, 1277; Kopp/Ramsauer VwVfG § 41 Rn. 43 ff.

Behörden, Unternehmen und Rechtsanwälte, die auf ihren Briefköpfen im Verkehr mit dem Bürger oder der Verwaltung eine E-Mail-Adresse angeben, erklären damit konkludent ihre Bereitschaft, Eingänge auf diesem Weg anzunehmen. Gegenteiliges müssen sie ausdrücklich erklären, z.B. durch Hinweise auf dem Briefkopf oder auf ihrer Internetseite.[640] Für Bundesbehörden und Landesbehörden (soweit sie Bundesrecht ausführen) besteht nach § 2 Abs. 1 EGovG seit dem 01.07.2014 die **Pflicht**, einen Zugang für die Übermittlung elektronischer Dokumente zu eröffnen.[641]

Beim **Bürger** reicht die bloße Angabe einer E-Mail-Adresse auf dem Briefkopf dagegen nach der Verkehrsanschauung noch nicht aus, um daraus allgemein auf die Bereitschaft zum Empfang von rechtlich verbindlichen Erklärungen zu schließen. Bei ihm kann i.d.R. von der Eröffnung eines Zugangs nur ausgegangen werden, wenn er dies gegenüber der Behörde ausdrücklich erklärt hat.[642]

3. Die Begründung des VA gemäß § 39 VwVfG

Fall 17: Versetzung ohne Begründung

Bundesbeamter B ist seit mehr als 10 Jahren als Oberregierungsrat in X tätig. Zu Beginn des Jahres kam es zu Auseinandersetzungen zwischen B und dem Behördenleiter. Im Februar erhielt B daraufhin nach vorheriger Anhörung eine Verfügung, wonach er mit Wirkung zum 1. April zu einer 100 km entfernten Bundesbehörde versetzt werde. B legt dagegen Widerspruch ein und beanstandet vor allem, dass die Versetzungsverfügung nicht begründet sei. Der Widerspruch wird von der vorgesetzten Behörde zurückgewiesen. Die Versetzung sei aus dienstlichen Gründen erforderlich. Die Angelegenheit sei mit dem Personalrat ausführlich erörtert worden und dieser habe zugestimmt. B hält dies nach wie vor nicht für ausreichend. Zu Recht?

Rechtsgrundlage für die Versetzungsverfügung ist § 28 BBG (Bundesbeamtengesetz).

I. In formeller Hinsicht hat die **zuständige Behörde** gehandelt. B ist gemäß § 28 Abs. 1 VwVfG ordnungsgemäß **angehört** worden. Eine bestimmte **Form** ist für die Versetzung nicht vorgeschrieben, sodass die allgemeine Regelung in § 37 Abs. 2 VwVfG eingreift. Hier ist die Versetzung – wie in der Praxis wegen der besonderen Bedeutung üblich – schriftlich verfügt worden. **464**

II. Zur Form des VA im weiteren Sinne zählt auch das Erfordernis einer **Begründung**. **465**

1. Nach § 39 Abs. 1 VwVfG ist ein **schriftlicher** oder schriftlich bestätigter VA grundsätzlich schriftlich zu begründen. Entsprechendes gilt für elektronische oder elektronisch bestätigte Verwaltungsakte.

2. Da im vorliegenden Fall keiner der **Ausnahmetatbestände** des § 39 Abs. 2 VwVfG eingreift, war für die Versetzungsverfügung gegenüber B nach § 39 Abs. 1 VwVfG eine Begründung erforderlich.

   Eine Begründung nach § 39 Abs. 2 VwVfG bedarf es z.B. nicht, soweit die Behörde antragsgemäß entscheidet und der VA nicht in Rechte eines anderen eingreift, soweit dem Adressaten die Auffassung der Behörde über die Sach- und Rechtslage bereits bekannt ist, wenn die Behörde gleichartige VAe in größerer Zahl erlässt oder wenn eine Allgemeinverfügung öffentlich bekannt gegeben wird.[643] Die Ausnahmen nach § 39 Abs. 2 VwVfG sind **abschließend**.[644]

---

640 BVerwG NVwZ 2017, 967, 968; OVG NRW NVwZ-RR 2015, 172; Stelkens/Bonk/Sachs VwVfG § 3 a Rn. 12 f.; vgl. auch § 3 a Abs. 1 S. 2 VwVfG NRW: „Bei Behörden erfolgt die Eröffnung des Zugangs durch Bekanntmachung über die Homepage.".

641 Vgl. auch Art. 3 Abs. 1 BayEGovG; § 2 Abs. 1 EGovG M-V; § 3 Abs. 1 EGovG NRW (ab 01.01.2018).

642 OVG NRW NVwZ-RR 2015, 172; Kopp/Ramsauer VwVfG § 3 a Rn. 10 f.

643 Vgl. z.B. BVerwG NVwZ-RR 2016, 449, 450.

466 III. Zum **Umfang** der Begründung bestimmt § 39 Abs. 1 S. 2 VwVfG, dass die für die Entscheidung der Behörde wesentlichen tatsächlichen und rechtlichen Gründe mitzuteilen sind. Die Begründung von Ermessensentscheidungen soll außerdem die Gesichtspunkte erkennen lassen, von denen die Behörde bei der Ausübung ihres Ermessens ausgegangen ist (§ 39 Abs. 1 S. 3 VwVfG). Als Soll-Vorschrift ist die Regelung so zu verstehen, dass die Behörde im Normalfall verpflichtet ist, dem Betroffenen die Beweggründe für die Ausübung des Ermessens mitzuteilen.[645]

467 1. **Inhalt und Umfang** der nach § 39 Abs. 1 VwVfG erforderlichen Begründung lassen sich nicht abstrakt bestimmen, sondern ergeben sich aus den Besonderheiten des jeweiligen Rechtsgebietes und den Umständen des **Einzelfalles**.

Die Begründung darf sich nicht in formelhaften, allgemeinen, nichtssagenden Darlegungen erschöpfen. Ebensowenig genügt die Wiedergabe des Gesetzeswortlauts oder die bloße Wiedergabe des Sachverhaltes. Die Begründung muss so ausführlich sein, dass sie dem Bürger die Möglichkeit gibt, sich inhaltlich mit ihr auseinanderzusetzen.[646] Versteht sich das Ergebnis allerdings von selbst (sog. intendiertes Ermessen), so bedarf es nach der Rspr. auch keiner, das Selbstverständliche darstellenden Begründung.[647]

468 2. Für die formelle Rechtmäßigkeit ist nicht maßgeblich, ob die Begründung **zutreffend** ist, sondern allein, dass diejenigen Tatsachen und rechtlichen Erwägungen angegeben werden, die nach Ansicht der Behörde den VA rechtfertigen. Erforderlich ist nur **irgendeine** Begründung, also nicht unbedingt die richtige. Ob die Begründung den VA sachlich rechtfertigt, ist vielmehr eine Frage der materiellen Rechtmäßigkeit.[648]

Da die Versetzungsverfügung **überhaupt keine Begründung** enthielt, verstieß sie gegen § 39 Abs. 1 VwVfG und war daher rechtswidrig.

469 IV. Es könnte jedoch **Heilung** nach § 45 Abs. 1 Nr. 2 VwVfG eingetreten sein, wonach die Begründung nachgeholt werden kann, und zwar auch noch während des verwaltungsgerichtlichen Verfahren (§ 45 Abs. 2 VwVfG). Darunter fällt nicht nur das **Nachholen** bei gänzlichem Fehlen einer Begründung, sondern auch die **Ergänzung** einer zunächst unvollständigen Begründung.[649]

470 1. § 45 Abs. 1 Nr. 2 VwVfG bestimmt nicht, **welche Behörde** für die Nachholung **zuständig** ist. Wie bei der Heilung eines Anhörungsmangels (s.o. Rn. 429 ff.) war auch hier früher umstritten, ob nur die Ausgangsbehörde oder auch die Widerspruchsbehörde die Begründung nachholen kann. Heute wird überwiegend die Zuständigkeit beider Behörden anerkannt. Da der Widerspruchsbescheid gemäß § 73 Abs. 3 S. 1 VwGO zwingend zu begründen ist, führt dies praktisch stets zur Heilung nach § 45 Abs. 1 Nr. 2 VwVfG, wenn ein Widerspruchsverfahren durchgeführt wird.[650]

Bedeutung hat § 45 Abs. 1 Nr. 2 VwVfG daher vor allem in den Ländern, in denen das Vorverfahren in bestimmten Bereichen oder allgemein abgeschafft worden ist.

---

644 Kopp/Ramsauer VwVfG § 39 Rn. 31.

645 BayVGH NJW 2011, 326, 328; HessVGH, Urt. v. 06.05.2015 – 6 A 493/14.

646 BVerwG NJW 1998, 2233, 2234; Kopp/Ramsauer VwVfG § 39 Rn. 18 a.

647 BVerwG NJW 1998, 2233, 2234; BayVGH NJW 2011, 326, 328; OVG NRW, Beschl. v. 09.12.2015 – 15 A 121/15; s.u. Rn. 538.

648 Kopp/Ramsauer VwVfG § 39 Rn. 2; Stelkens/Bonk/Sachs VwVfG § 39 Rn. 30; Fremuth JA 2012, 844, 849.

649 OVG Lüneburg DVBl. 2002, 715; Kopp/Ramsauer VwVfG § 45 Rn. 18.

650 Kopp/Ramsauer VwVfG § 45 Rn. 40 u. 41; Knack/Henneke VwVfG § 45 Rn. 44; Pünder in Ehlers/Pünder § 14 Rn. 81.

2. Fraglich ist jedoch, ob die Begründung hier **ordnungsgemäß nachgeholt** worden ist. Im Widerspruchsbescheid wird das Vorliegen dienstlicher Gründe lediglich behauptet und auf die Erörterungen mit dem Personalrat verwiesen. Dieser Hinweis enthält nicht die tatsächlichen und rechtlichen Gründe für die Versetzung. Dass die Gründe möglicherweise dem Personalrat mitgeteilt worden sind, reicht nicht aus, weil die Begründung nach § 39 VwVfG gegenüber dem Adressaten des VA zu erfolgen hat. Somit ist der Begründungsmangel nicht nach § 45 Abs. 1 Nr. 2 VwVfG geheilt worden. 471

V. Der Fehler könnte allerdings nach § 46 VwVfG **unbeachtlich** sein. 472

1. Bei der Begründungspflicht nach § 39 VwVfG handelt es sich um eine **Formvorschrift** i.S.d. § 46 VwVfG.[651]

2. Der Fehler ist nach § 46 VwVfG nur dann unbeachtlich, wenn offensichtlich ist, dass die Verletzung der Formvorschrift die Entscheidung in der Sache nicht beeinflusst hat. Ob die Versetzung hier auch aus **materiell-rechtlichen** Gründen, wie z.B. Ermessensfehlern, rechtswidrig ist, kann jedoch nicht näher untersucht werden, weil die Gründe für die Versetzung gerade nicht bekannt sind. Daher kann die von § 46 VwVfG geforderte **Offensichtlichkeit** nicht festgestellt werden (dazu oben Rn. 448 ff.). Der Verstoß gegen § 39 VwVfG ist daher **beachtlich**.

Die **Versetzungsverfügung** ist und bleibt **rechtswidrig**.

---

4. Nachschieben von Gründen

Fall 18: Verschiedene Gründe

Die zuständige Gewerbebehörde hat in formell einwandfreier Weise die dem G ein Jahr zuvor erteilte Gaststättenerlaubnis nach vorheriger Anhörung mit der Begründung zurückgenommen, G habe bei seinem Antrag auf Erteilung der Erlaubnis verschwiegen, dass er wegen Abgabe verfälschter Lebensmittel bestraft worden sei. Im Anfechtungsprozess stellt sich heraus, dass G zwar zunächst bestraft, dagegen aber Berufung eingelegt hatte und rechtskräftig freigesprochen worden war. Vor der mündlichen Verhandlung über die Anfechtungsklage wird bekannt, dass gegen G kurz vor Erlass der Rücknahmeverfügung zwei weitere Strafverfahren wegen Verstoßes gegen lebensmittelrechtliche Vorschriften eingeleitet worden sind; in einem Verfahren ist bereits ein rechtskräftiger Strafbefehl ergangen. Wie ist die Rechtslage?

Für die **Begründetheit** der – zulässigen – Anfechtungsklage ist entscheidend, ob die Rücknahme der Gaststättenerlaubnis **rechtmäßig** ist (§ 113 Abs. 1 S. 1 VwGO). 473

I. Nach dem Sachverhalt ist die Rücknahme **formell** ordnungsgemäß erfolgt. Es hat die **zuständige Behörde** gehandelt. Die nach § 28 Abs. 1 VwVfG gebotene **Anhörung** ist durchgeführt worden. Die Verfügung enthielt auch eine dem § 39 Abs. 1 VwVfG entsprechende **Begründung**.

---

651 Kopp/Ramsauer VwVfG § 46 Rn. 17; Wolff/Decker VwVfG § 46 Rn. 7; Schoch Jura 2005, 757, 760.

II. In **materieller** Hinsicht bedarf die Rücknahme einer **Ermächtigungsgrundlage.**

474 1. Nach § 15 Abs. 1 GaststG ist die Gaststättenerlaubnis zurückzunehmen, wenn bekannt wird, dass **bei ihrer Erteilung** Versagungsgründe nach § 4 Abs. 1 Nr. 1 GaststG vorlagen, d.h. wenn der Antragsteller die erforderliche **Zuverlässigkeit** nicht besaß. Die Behörde ist davon ausgegangen, dass G wegen Abgabe verfälschter Lebensmittel bestraft worden war. Nachdem insoweit ein Freispruch erfolgt ist, kann weder im Verwaltungsverfahren noch im Verwaltungsprozess aus den dem Strafverfahren zugrunde liegenden Vorgängen auf Unzuverlässigkeit geschlossen werden. Somit ergibt sich aus dem von der Behörde geltend gemachten Gesichtspunkt kein Rücknahmegrund nach § 15 Abs. 1 GaststG.

Beachte: Seit der Änderung des Art. 74 Abs. 1 Nr. 11 GG im Jahre 2006 gehört das Gaststättenrecht nicht mehr zur konkurrierenden Gesetzgebungskompetenz des Bundes, sondern zur ausschließlichen Kompetenz der Länder. Das bisherige GaststG gilt nach Art. 125 a Abs. 1 GG als Bundesrecht fort. Es kann durch Landesrecht ersetzt werden (so z.B. in Bremen, Brandenburg, Hessen, Niedersachsen, Saarland, Sachsen, Sachsen-Anhalt und Thüringen). In BW gilt das GaststG als Landesrecht fort (§ 1 LGastG). Soweit in den Ländern die Gaststättenerlaubnis durch ein Anzeigeverfahren ersetzt wurde, kann bei Unzuverlässigkeit der Betrieb untersagt werden (vgl. z.B. § 3 Abs. 1 S. 4 BbgGastG, § 4 Abs. 1 HGastG, § 4 Abs. 4 SGastG, § 4 Abs. 1 S. 6 SächsGastG).

475 2. Nach § 15 Abs. 2 GaststG ist die Erlaubnis zu widerrufen, wenn **nachträglich** Tatsachen eintreten, die die Versagung der Erlaubnis nach § 4 Abs. 1 Nr. 1 GaststG (wegen Unzuverlässigkeit) rechtfertigen würden. Als derartige Tatsachen kommen hier die zwischenzeitlich bekanntgewordenen neuen Straftaten in Betracht.

476 a) Fraglich ist jedoch, ob diese Gesichtspunkte in dem laufenden Verwaltungsprozess von der Behörde überhaupt noch **geltend gemacht** werden können.

aa) § 45 Abs. 1 Nr. 2 u. Abs. 2 VwVfG trifft insoweit keine Regelung, denn dort geht es nur um die Heilung eines Verstoßes gegen das **formelle Begründungserfordernis** des § 39 VwVfG, nicht dagegen um die Frage, ob bei formell ordnungsgemäßer Begründung deren inhaltliche Änderung im Prozess möglich ist.[652]

bb) Unzweifelhaft **zulässig** ist es, dass die Behörde jederzeit, auch im Prozess, ihre für den VA gegebene Begründung **präzisiert**, ergänzt und vertieft, mit der Folge, dass diese Gesichtspunkte als Gründe für die Sachprüfung heranzuziehen sind.[653] Vorliegend geht es aber nicht um eine solche bloße Konkretisierung, sondern um die Einführung einer ganz neuen Begründung.

477 b) Ob die Behörde die Gründe, die sie zunächst zur Rechtfertigung des VA herangezogen hat, die sich aber im Prozess als unrichtig bzw. unzureichend erwiesen haben, ganz oder teilweise durch andere Gründe **auswechseln** darf (**Nachschieben von Gründen**), war lange Zeit umstritten.

Zur Terminologie: *Enthält ein VA nicht die nach § 39 VwVfG erforderliche Begründung, so kann dieses formelle Erfordernis gemäß § 45 Abs. 1 Nr. 2 VwVfG geheilt werden* ***(Nachholen der Begründung)****. Bei dem Begründungserfordernis nach § 39*

652 BVerwG, Beschl. v. 06.09.2012 – BVerwG 4 B 28.12; Stelkens/Bonk/Sachs VwVfG § 45 Rn. 45; Bader/Ronellenfitsch VwVfG § 45 Rn. 34; Beaucamp JA 2007, 117, 118; Schübler-Pfister JuS 2010, 976, 977.

653 BVerwG DVBl. 1982, 198, 199; Kopp/Ramsauer VwVfG § 45 Rn. 19; Löhnig JA 1998, 700, 701 m.w.N.

*VwVfG handelt es sich jedoch um ein rein formelles Erfordernis. § 39 VwVfG fordert lediglich das Vorliegen (irgendeiner) Begründung, nicht dagegen das Vorliegen der richtigen Begründung. Letzteres ist vielmehr eine Frage der materiellen Rechtmäßigkeit, um die es beim **Nachschieben** von Gründen geht.*[654]

aa) Während früher ein Nachschieben von Gründen im Prozess zum Teil für unzulässig gehalten wurde,[655] knüpft die heute ganz h.M. an den **Amtsermittlungs- und Untersuchungsgrundsatz** des § 86 Abs. 1 VwGO an. Da das Verwaltungsgericht von Amts wegen alle tatsächlichen und rechtlichen Gesichtspunkte zu ermitteln und zu berücksichtigen hat, unabhängig davon, zu welchem Zeitpunkt sie geltend gemacht werden, müsse auch die Behörde befugt sein, von sich aus neue Gründe vorzubringen.[656] **478**

Bestätigt wird dies durch § 114 S. 2 VwGO, wonach die Behörde ihre Ermessenserwägungen hinsichtlich des Verwaltungsaktes noch im verwaltungsgerichtlichen Verfahren ergänzen kann. Daraus könnte zwar geschlossen werden, dass der Gesetzgeber nur das Nachschieben von **Ermessenserwägungen**, nicht aber generell der Begründung zulassen wollte. Gegen eine solche einschränkende Interpretation spricht jedoch, dass **prozessual** kein Unterschied zwischen allgemeiner Begründung und Ermessenserwägungen besteht (vgl. § 39 Abs. 1 S. 3 VwVfG). In beiden Fällen ist es sinnvoll, die neuen Gründe im Prozess zu berücksichtigen. Wäre dies nicht möglich, so würde die Behörde zum Erlass eines gleichlautenden VA lediglich mit abweichender Begründung gezwungen, den der Betroffene erneut anfechten müsste. § 114 S. 2 VwGO ist daher so zu verstehen, dass er prozessual „sogar" das Nachschieben von Ermessenserwägungen zulässt. Dies entspricht auch der Gesetzesbegründung, wonach lediglich die Rspr. des BVerwG klargestellt werden sollte. Daher war für **gebundene Entscheidungen** eine gesonderte Regelung nicht erforderlich.[657] Ein Nachschieben von Gründen ist deshalb sowohl bei gebundenen Entscheidungen als auch bei Ermessensentscheidungen grundsätzlich **zulässig**.[658] **479**

bb) Auch nach h.M. ist ein Nachschieben jedoch **nicht uneingeschränkt** zulässig. **Einschränkungen** ergeben sich in verfahrensrechtlicher, materiellrechtlicher und prozessualer Hinsicht: **480**

- **Verfahrensrechtlich** darf das Nachschieben von Gründen nicht zur **Umgehung von § 45 VwVfG** führen.
- **Materiellrechtlich** darf das Nachschieben von Gründen nicht zu einer **Wesensänderung** des VA führen.
- **Prozessual** darf das Nachschieben von Gründen nicht dazu führen, dass der Kläger in seiner **Rechtsverteidigung beeinträchtigt** wird.

---

654 Zur Unterscheidung vgl. OVG Lüneburg DVBl. 2002, 715; Schübler-Pfister JuS 2010, 976, 977.
655 Meyer/Borgs VwVfG § 45 Rn. 30; Rupp, Nachschieben von Gründen (1987), S. 45 ff.
656 Stelkens/Bonk/Sachs VwVfG § 45 Rn. 45 ff.; Posser/Wolff VwGO § 114 Rn. 38.
657 Vgl. Schmitz/Wessendorf NVwZ 1996, 955, 957 und BT-Drs. 13/1433, S. 13; 13/3993, S. 21; 13/5098, S. 24.
658 BVerwG NVwZ 1999, 425, 428; NVwZ 1993, 976, 977; Schenke JuS 2000, 230, 231; Brischke DVBl. 2002, 429, 430.

481 (1) Um eine Umgehung von § 45 VwVfG zu verhindern, ist ein völliges Auswechseln der bisherigen Begründung oder eine **erstmalige** Begründung im Prozess grundsätzlich nicht zulässig.[659] Eine derartige Heilung ist nach § 45 VwVfG nur **außerhalb** des gerichtlichen Verfahrens möglich.

482 (2) **Materiellrechtlich** darf das Nachschieben von Gründen nicht zu einer **Wesensänderung** des VA führen.[660] Denn die Wesensänderung ist die Grenze, an der das bloße Nachschieben von Gründen aufhört und die Umdeutung (§ 47 VwVfG) beginnt. Das Wesen eines VA ergibt sich vor allem aus dem Rechts- und Sachgebiet, auf dem er ergeht (z.B. Baugenehmigung, Prüfungsentscheidung).

483 (a) Während die Lit. bei **Ermessensentscheidungen** früher stets eine unzulässige Wesensänderung annahm, hat der Gesetzgeber durch § 114 S. 2 VwGO ausdrücklich klargestellt, dass die Verwaltungsbehörde ihre Ermessenserwägungen im verwaltungsgerichtlichen Verfahren ergänzen darf. Auch § 114 S. 2 VwGO gestattet aber keine Wesensänderung des VA.[661] Im Hinblick auf den Wortlaut des § 114 S. 2 VwGO („ergänzen") ist es zudem **unzulässig**, die Ermessensentscheidung im Prozess **erstmalig** zu begründen (z.B. weil die Behörde sich zunächst irrtümlich für gebunden gehalten hat).[662]

Etwas anderes gilt allerdings dann, wenn sich die Notwendigkeit der Ermessensentscheidung erst im gerichtlichen Verfahren ergibt, z.B. weil aufgrund nachträglicher Änderungen eine ursprünglich gebundene Entscheidung nunmehr als Ermessensentscheidung zu treffen ist.[663]

484 (b) Ebenso ist das **vollständige Auswechseln** von Ermessenserwägungen unzulässig,[664] z.B. weil die Behörde die ursprüngliche Entscheidung auf die falsche Ermessensgrundlage gestützt hat und die neue (richtige) Rechtsgrundlage ganz andere Erwägungen verlangt.[665] Die Behörde muss **im Kern** an ihren Ermessenserwägungen festhalten und diese lediglich klarstellen oder ergänzen.[666]

Allerdings muss die Behörde im Hinblick auf § 37 Abs. 1 VwVfG deutlich machen, dass es sich bei den neuen Erwägungen nicht nur um prozessuales Verteidigungsvorbringen handelt, sondern um eine **Änderung des VA** selbst. Außerdem muss deutlich werden, welche der bisherigen Erwägungen weiterhin aufrechterhalten und welche durch die neuen Erwägungen gegenstandslos werden sollen.[667]

---

659 Vgl. BVerwG NJW 1999, 2912; OVG NRW, Beschl. v. 09.12.2008 – 13 A 1570/07; Bader JuS 2006, 199, 201 f.

660 OVG NRW, Beschl. v. 09.12.2015 – 15 A 121/15; VGH Mannheim DVBl. 2003, 465, 469; Pünder Jura 2015, 1307, 1312.

661 BVerwG NVwZ 1999, 425, 428; Bader NVwZ 1999, 120, 121; Schenke JuS 2000, 230, 233; Kluckert DVBl. 2013, 355, 358.

662 BVerwG NVwZ-RR 2010, 550; OVG NRW, Urt. v. 22.03.2012 – 18 A 2388/10, NVwZ-RR 2012, 621; VGH Mannheim, Beschl. v. 31.05.2011 – 10 S 794/09, NVWZ-RR 2011, 886; OVG LSA, Urt. v. 18.02.2015 – 2 L 22/13, RÜ 2015, 744, 748; Bader JuS 2006, 199, 201; Kluckert DVBl. 2013, 355, 358.

663 BVerwG, Urt. v. 13.12.2011 – BVerwG 1 C 14.10, RÜ 2012, 531, 534; a.A. Kopp/Schenke VwGO § 114 Rn. 50; Kluckert DVBl. 2013, 355, 359 f.

664 BVerwGE 106, 351, 365; BVerwG, Urt. v. 28.05.2015 – BVerwG 3 C 13.14.

665 BVerwG NVwZ-RR 2010, 550; OVG NRW NVwZ 2001, 1424; Schoch/Gerhardt VwGO § 114 Rn. 12 e; Püttner/Guckelberger JuS 2001, 218, 222; Brischke DVBl. 2002, 429, 431; Kluckert DVBl. 2013, 355, 358.

666 BVerwG, Urt. v. 28.05.2015 – BVerwG 3 C 13.14; BVerwG NVwZ 1999, 425, 428; VGH Kassel NJW 1999, 3650, 3651; OVG Koblenz NVwZ-RR 1998, 315, 316, Clausing JuS 2000, 59, 60; abweichend Bader NVwZ 1999, 120, 122: nur unwesentliche Korrekturen zulässig.

(3) **Prozessual** darf das Nachschieben von Gründen nicht dazu führen, dass der Kläger in seiner **Rechtsverteidigung beeinträchtigt** wird.[668] Das heißt vor allem, dass dem Kläger die Möglichkeit der Stellungnahme zu den neuen von der Verwaltung vorgetragenen Gründen gegeben werden muss. Diese Einschränkung ist letztlich nichts anderes als eine spezielle Ausprägung des Verbots der Überraschungsentscheidung (vgl. § 108 Abs. 2 VwGO) und damit des Anspruchs auf rechtliches Gehör (Art. 103 Abs. 1 GG).[669] 485

Beispiel: Unzulässig ist das Nachschieben von Gründen bei der Anforderung eines Gutachtens nach § 11 Abs. 6 FeV, da die Gründe dem Betroffenen zwingend vorher mitgeteilt werden müssen.[670]

c) Nach der **ursprünglichen Begründung** handelte es sich um eine Rücknahme nach § 15 Abs. 1 GaststG, nach den neuen **nachgeschobenen Gründen** um den Fall des § 15 Abs. 2 GaststG. Beide Fälle liegen ähnlich, weil es um Tatsachen i.S.d. § 4 Abs. 1 Nr. 1 GaststG geht. Sowohl die Rücknahme nach § 15 Abs. 1 als auch der Widerruf nach § 15 Abs. 2 GaststG sind gebundene VAe (anders § 15 Abs. 3 GaststG). Es besteht also nicht das Bedenken, dass die Auswechslung der Gründe zu neuen, wesentlich anderen Erwägungen zwingt. Die Änderung der Rechtsgrundlage begründet allein **keine Wesensänderung**.[671] 486

Dies gilt auch bei **Ermessensentscheidungen**, wenn die zugrundeliegenden Ermessenserwägungen vergleichbar sind. **Beispiel:** Die §§ 48, 49 VwVfG sollen gleichermaßen rechtmäßiges Verwaltungshandeln sicherstellen, so dass von einer Wesensänderung regelmäßig nicht gesprochen werden kann, wenn eine zunächst als Widerruf nach § 49 VwVfG erfolgte Aufhebung eines Subventionsbescheides nachträglich auf § 48 VwVfG gestützt wird.[672] Eine unzulässige Wesensänderung liegt dagegen vor, wenn die Normen auf der Tatbestands- oder der Rechtsfolgenseite erhebliche Unterschiede aufweisen.[673]

Verfahrensrechtlich und prozessual ergeben sich vorliegend keine Bedenken, insbes. wird die Rechtsverteidigung des Klägers nicht beeinträchtigt. Daher ist das **Nachschieben von Gründen zulässig**. Die Behörde darf die neuen Straftaten des K in den Prozess einführen. Dies kann durch Einreichung eines Schriftsatzes oder durch entsprechende Erklärung zu Protokoll in der mündlichen Verhandlung geschehen.[674]

d) Ob der VA sich danach als **rechtmäßig** erweist und die Anfechtungsklage unbegründet ist, richtet sich im Übrigen nach dem einschlägigen materiellen Recht. 487

Auch § 114 S. 2 VwGO hat **nur prozessuale Bedeutung**, beantwortet aber nicht die Frage, unter welchen Voraussetzungen eine solche Ermessensergänzung materiell zulässig ist. Dies bestimmt sich allein nach dem materiellen Recht und dem Verwaltungsverfahrensrecht.[675]

---

667 BVerwG, Urt. v. 20.06.2013 – BVerwG 8 C 46.12, NVwZ 2014, 151, 154; BVerwG, Urt. v. 13.12.2011 – BVerwG 1 C 14.10, RÜ 2012, 531, 535; NVwZ 2012, 531, 535; OVG NRW, Urt. v. 07.04.2014 – 10 A 1814/12, BauR 2014, 1288.

668 BVerwG, Urt. v. 28.05.2015 – BVerwG 3 C 13.14; BVerwG NVwZ 2014, 151, 153; OVG NRW, Beschl. v. 09.12.2015 – 15 A 121/15; Gerhardt in: Schoch/Schneider/Bier VwGO § 113 Rn. 21.

669 BVerwG NVwZ-RR 2010, 550.

670 BayVGH, Beschl. v. 05.07.2017 – 11 CS 17.1066; vgl. auch BVerwG, Urt. v. 17.11.2016 – BVerwG 3 C 20.15, RÜ 2017, 387.

671 BVerwG NVwZ 1993, 976, 977; Brischke DVBl. 2002, 429, 430; Bader/Ronellenfitsch VwVfG § 45 Rn. 38.

672 OVG NRW,Beschl. v. 09.12.2015 – 15 A 121/15.

673 VG Lüneburg, Urt. v. 18.08.2017 – 2 A 144/16.

674 BVerwG NVwZ 2000, 1186; Bader NVwZ 1999, 120, 124; Brischke DVBl. 2002, 429, 433 m.w.N.

§ 114 S. 2 VwGO bewirkt lediglich, dass einem materiell zulässigen Nachschieben von Ermessenserwägungen keine prozessualen Hindernisse entgegenstehen. Die neuen Ermessenserwägungen sind ohne Klageänderung im weiteren Verfahren zu berücksichtigen. Gegenstand der Klage ist dann der angefochtene VA in seiner durch die Ergänzung geänderten Fassung; eines erneuten Vorverfahrens bedarf es nicht.[676]

488 aa) Ein VA ist nur dann rechtmäßig, wenn die ihn rechtfertigenden Gründe bereits **bei Erlass des VA**, spätestens bei Erlass des Widerspruchsbescheides **vorgelegen** haben (also im entscheidungserheblichen Zeitpunkt). Die nachgeschobenen Gründe können einen belastenden VA daher nur rechtfertigen, wenn die Gründe nicht erst später entstanden sind. Nachträgliche Gründe können allenfalls den Erlass eines neuen VA rechtfertigen.[677]

Dies gilt auch im Falle einer Ergänzung von Ermessensentscheidungen im verwaltungsgerichtlichen Verfahren gemäß § 114 S. 2 VwGO, da dies nicht zu einer Änderung des Streitgegenstandes und nicht zu einer Einbeziehung nachfolgender Umstände führen darf.[678] Etwas anderes gilt bei einem VA mit Dauerwirkung, da hier grundsätzlich die Sach- und Rechtslage im Zeitpunkt der gerichtlichen Entscheidung maßgebend ist.[679] Bei einem DauerVA können daher neue Ermessenserwägungen dazu führen, dass die Begründung mit Wirkung für die Zukunft geändert wird.[680]

489 bb) Die nachgeschobenen Gründe müssen den VA **rechtfertigen**, d.h. sie müssen Voraussetzungen und Rechtsfolge der Ermächtigungsgrundlage ausfüllen. Die **Voraussetzungen** ergeben sich hier aus § 15 Abs. 2 i.V.m. § 4 Abs. 1 Nr. 1 GaststG. Dann müsste G **unzuverlässig** sein. Unzuverlässig ist ein Gewerbetreibender, wenn er nach dem Gesamteindruck seines Verhaltens nicht die Gewähr dafür bietet, dass er sein Gewerbe künftig ordnungsgemäß betreibt.[681]

Dies ist nach § 4 Abs. 1 Nr. 1 GaststG insbes. der Fall bei Nichtbeachtung der Vorschriften des Lebensmittelsrechts. Mehrfache Verstöße innerhalb einer relativ kurzen Zeit führen bei einem Gastwirt zur Unzuverlässigkeit, zumal wenn er durch ein früheres Verfahren gewarnt sein muss.[682]

cc) Wie festgestellt, normiert § 15 Abs. 2 GaststG die zwingende **Rechtsfolge**, dass ein Widerruf erfolgen **muss**.

Somit ist der angefochtene VA rechtmäßig und die Anfechtungsklage unbegründet.

---

675 BVerwG NVwZ 2014, 151, 153; OVG NRW BauR 2014, 1288; Bader/Ronellenfitsch VwVfG § 45 Rn. 37; Ehlers Jura 2004, 177, 181; Bader JuS 2006, 199, 200; Schenke DVBl. 2014, 584.

676 BVerwG NVwZ 1999, 425, 428; Clausing JuS 2000, 59, 60; Schenke JuS 2000, 230, 234; Bader JuS 2006, 199, 200.

677 BVerwG NVwZ 1999, 425, 426; VGH Mannheim DVBl. 2003, 465, 469; OVG NRW NVwZ 2001, 1424; Bader JuS 2006, 199, 201; Kluckert DVBl. 2013, 355, 356; Pünder Jura 2015, 1307, 1312.

678 BVerwG NVwZ 1999, 425, 426; BVerwG, Urt. v. 28.05.2015 – BVerwG 3 C 13.14.

679 BVerwG DVBl. 2008, 392, 394; VGH Mannheim NJW 2011, 628; allgemein AS-Skript VwGO (2017), Rn. 593.

680 BVerwG NVwZ 2014, 151, 154; dagegen Henning NVwZ 2014, 156, 157: unzulässige Wesensänderung; ähnlich Schenke NVwZ 2015, 1341, 1345: Im Nachschieben wesentlicher Ermessenserwägungen liege stets der Neuerlass eines VA.

681 BVerwG NVwZ 1997, 278, 280; DVBl. 1982, 694, 695; Schönleiter GaststG § 4 Rn. 2; allgemein Landmann/Rohmer/Marcks GewO § 35 Rn. 28 ff.

682 Vgl. BayVGH, Beschl. v. 28.04.2014 – 22 CS 14.182, GewA 2014, 492.

Begründung beim VA

formell	**materiell**
■ **irgendeine Begründung** = Erwägungen, die die Behörde zu ihrer Entscheidung **(subjektiv)** bewogen haben	■ **die richtige Begründung** = Erwägungen, die den VA **objektiv** rechtfertigen
↓	↓
■ **Rechtsfolge** bei Verstoß: - VA formell rechtswidrig - Heilung durch **Nachholen der Begründung**, § 45 Abs. 1 Nr. 2, Abs. 2 VwVfG - ggf. § 46 VwVfG	■ **Rechtsfolge** bei Verstoß: - VA materiell rechtswidrig - keine Heilung - aber **Nachschieben von Gründen** zulässig, auch bei Ermessensentscheidungen

C. Materielle Rechtmäßigkeit

Damit der VA materiell rechtmäßig ist, müssen **490**

- die **tatbestandlichen Voraussetzungen** der Ermächtigungsgrundlage vorliegen ,
- der VA muss an den **richtigen Adressaten** gerichtet sein,
- der VA muss den **allgemeinen Rechtmäßigkeitsanforderungen** entsprechen
- und die Behörde muss eine **zulässige Rechtsfolge** gewählt haben.

I. Die Voraussetzungen der Ermächtigungsgrundlage

1. Die materiellen Voraussetzungen

Die materiellen Voraussetzungen für die Rechtmäßigkeit des VA ergeben sich in erster **491**
Linie aus **Spezialgesetzen**. Ergänzend gelten die allgemeinen Vorschriften, insbes. des VwVfG. Konkretisiert werden die in der Regel abstrakt gehaltenen Voraussetzungen vor allem durch die Rechtsprechung.

Beispiele:

- Nach § 3 Abs. 1 StVG hat die Behörde die Fahrerlaubnis zu entziehen, wenn sich der Inhaber als ungeeignet oder nicht befähigt zum Führen von Kraftfahrzeugen erweist. **Ungeeignet** ist, wer nicht die notwendigen körperlichen und geistigen Anforderungen erfüllt oder erheblich oder wiederholt gegen verkehrsrechtliche Vorschriften oder Strafgesetze verstoßen hat (vgl. § 2 Abs. 4 StVG, § 46 Abs. 1 S. 2 FeV). Die Einzelheiten regeln die verschiedenen Anhänge zur FeV.
- Für eine Untersagungsverfügung nach § 35 Abs. 1 GewO müssen Tatsachen vorliegen, welche die **Unzuverlässigkeit** des Gewerbetreibenden dartun. Unzuverlässig ist, wer nach dem Gesamteindruck seines Verhaltens nicht die Gewähr dafür bietet, dass er sein Gewerbe künftig ordnungsgemäß betreiben wird.[683]

- Voraussetzung für eine Verfügung zur **Gefahrenabwehr** im Polizeirecht ist das Vorliegen einer Gefahr für die öffentliche Sicherheit. Schutzgüter der öffentlichen Sicherheit sind nach der Rspr. vor allem die geschriebene Rechtsordnung, die Individualrechtsgüter des Einzelnen sowie der Staat und die Funktionsfähigkeit seiner Einrichtungen.[684]
- Eine **Baugenehmigung** ist nach der LBauO zu erteilen, wenn dem Bauvorhaben keine öffentlich-rechtlichen (baurechtlichen) Vorschriften entgegenstehen. Dies sind vor allem solche des Bauplanungsrechts (BauGB) und des Bauordnungsrechts (LBauO).
- Die Voraussetzungen für eine **immissionsschutzrechtliche Genehmigung** ergeben sich aus § 6 BImSchG. Danach müssen nicht nur die immissionsschutzrechtlichen Vorschriften (§ 6 Abs. 1 Nr. 1 BImSchG), sondern auch andere öffentlich-rechtliche Vorschriften, z.B. des Baurechts, eingehalten werden (§ 6 Abs. 1 Nr. 2 BImSchG).

492 Die **tatbestandlichen Voraussetzungen** der Ermächtigungsgrundlage regeln das „Ob" des VA. Sie können entweder positiv normiert sein oder sich negativ aus Versagungstatbeständen ergeben.

Beispiele: Ein Versammlungsverbot nach § 15 Abs. 1 VersG setzt (positiv) eine unmittelbare Gefahr für die öffentliche Sicherheit oder Ordnung voraus. Die Gaststättenerlaubnis (§ 2 GaststG) ist zu erteilen, wenn (negativ) keine Versagungsgründe i.S.d. § 4 GaststG vorliegen.

2. Die richtige Ermächtigungsgrundlage

493 Ob der angefochtene VA rechtswidrig ist, erforscht das Gericht nach § 86 Abs. 1 VwGO von Amts wegen **(Untersuchungsgrundsatz)**. Hierbei ist es nicht an das Vorbringen der Beteiligten gebunden, insbes. sind die von der Behörde vorgebrachten Gründe für den angefochtenen VA nicht bindend. Entscheidend ist allein, ob der VA nach der **objektiven Sach- und Rechtslage** hätte erlassen werden dürfen. Bei der Prüfung der Rechtmäßigkeit hat das Gericht grds. alle einschlägigen Rechtsvorschriften und alle rechtserheblichen Tatsachen zu berücksichtigen, gleichgültig, ob die Normen und Tatsachen von der Behörde zur Begründung des VA angeführt worden sind oder nicht. Das VG kann daher grds. die im angefochtenen VA angegebene **Rechtsgrundlage** durch eine andere **„austauschen"**.[685]

Beispiel: Die Behörde erlässt eine Ordnungsverfügung auf der Grundlage des Wasserrechts, zutreffende Ermächtigungsgrundlage ist jedoch eine Vorschrift des Abfallrechts. Sind hier Wasserbehörde und Abfallbehörde identisch, so ist die Angabe der falschen Rechtsgrundlage unschädlich, wenn sonst kein Rechtsfehler vorliegt.

494 Etwas anderes gilt nur, wenn die anderweitige rechtliche Begründung oder das Zugrundelegen anderer Tatsachen durch das Gericht zu einer **Wesensänderung** des angefochtenen VA führt.[686] Es gelten also dieselben Grundsätze wie für das sog. **Nachschieben von Gründen** durch die Behörde (s.o. Rn. 480 ff.).

Beispiel: Der Austausch einer strikten Rechtsgrundlage durch eine Ermessensnorm führt zu einer Wesensänderung des VA und ist deswegen nicht zulässig.[687]

---

683 OVG NRW NVwZ-RR 2011, 553, 554.

684 Vgl. z.B. Schoch Jura 2003, 177, 178 ff. m.w.N.

685 BVerwG NVwZ 2005, 215; OVG Hamburg, Urt. v. 11.04.2013 – 4 Bf 141/11, RÜ 2013, 529, 532; OVG Saarlouis, Beschl. v. 07.08.2013 – 3 A 295/13.

686 BVerwG NVwZ 2005, 215; DVBl. 1990, 490, 491; DVBl. 1998, 145; OVG NRW,Beschl. v. 09.12.2015 – 15 A 121/15.

687 VG Gießen NVwZ-RR 2014, 267.

II. Richtiger Adressat

An welche Person ein VA zu richten ist, ist teilweise bereits in der Ermächtigungsgrundlage festgelegt (z.B. § 35 Abs. 1 GewO „Gewerbetreibender" oder § 20 Abs. 1 BImSchG „Betreiber der Anlage"). Darüber hinaus finden sich spezielle Adressatenregelungen z.B. in der LBauO (Bauherr, Architekt, Bauunternehmer u.a.). Nach dem allgemeinen Polizei- und Ordnungsrecht kommen als Adressaten der Verhaltensstörer, der Zustandsstörer und ggf. der Notstandspflichtige (Nichtstörer) in Betracht. 495

Außer im Polizei- und Ordnungsrecht braucht die Frage des richtigen Adressaten im Allgemeinen in der Klausur nicht problematisiert zu werden. Etwas anderes gilt nur in atypischen Einzelfällen, z.B. bei der Inanspruchnahme einer Gesellschaft neben oder anstelle der Gesellschafter.[688]

III. Allgemeine Rechtmäßigkeitsvoraussetzungen

Neben den besonderen Rechtmäßigkeitsvoraussetzungen, die sich aus der Ermächtigungsgrundlage des VA ergeben, gibt es eine Reihe von Anforderungen, die grundsätzlich bei allen VAen zu beachten sind. Diese **allgemeinen Anforderungen**, insbes. 496

- **Bestimmtheit** des VA,
- **Möglichkeit** der Maßnahme,
- **Verhältnismäßigkeit**,

sind entweder spezialgesetzlich normiert (z.B. § 15 BPolG), finden sich im VwVfG (z.B. § 37 Abs. 1 VwVfG) oder gelten als allgemeine Grundsätze des Verwaltungsrechts.

1. Die Bestimmtheit des VA

Bereits aus dem Rechtsstaatsprinzip ergibt sich das Erfordernis der Klarheit und Bestimmtheit staatlichen Handelns. Für VAe wird dieser Grundsatz in § 37 Abs. 1 VwVfG noch einmal ausdrücklich konkretisiert. **Bestimmtheit** bedeutet, dass aus dem VA erkennbar sein muss, 497

- **wer** (erlassende Behörde)
- **von wem** (Adressat)
- **was** (Inhalt) verlangt.[689]

a) Erlassende Behörde

Ein schriftlicher oder elektronischer VA muss die **erlassende Behörde** erkennen lassen (§ 37 Abs. 3 VwVfG). Ist dies nicht der Fall, so ist der VA nicht nur rechtswidrig, sondern zwingend nichtig (§ 44 Abs. 2 Nr. 1 VwVfG). 498

Wird die Behörde nicht mit ihrer korrekten organisationsrechtlichen Bezeichnung („Bürgermeister der Stadt S") benannt, sondern lediglich die juristische Person und die handelnde behördeninterne Dienststelle („Stadt S – Ordnungsamt"), so ist dies unschädlich, wenn der Verwaltungsträger nur über eine einzige Behörde verfügt.[690]

---

688 Vgl. z.B. OVG NRW, Beschl. v. 18.11.2008 – 7 A 103/08, RÜ 2009, 332, 333 f. zur Inanspruchnahme einer BGB-Gesellschaft.
689 Bader/Ronellenfitsch VwVfG § 37 Rn. 11 ff.
690 OVG NRW, Beschl. v. 07.10.2009 – 15 A 3141/07; Stelkens/Bonk/Sachs VwVfG § 37 Rn. 9.

b) Adressat

499 Aus dem VA muss sich des Weiteren mit der erforderlichen Klarheit ergeben, an wen er sich richtet.[691] Grundsätzlich muss der VA den **Adressaten** mit Namen und Adresse bezeichnen. Ausreichend kann jedoch auch eine Bezeichnung der Betroffenen nach allgemeinen Merkmalen sein (z.B. bei einer Allgemeinverfügung nach § 35 S. 2 VwVfG: „alle Hauseigentümer in der Stadt S").

Auch wenn der Adressat nicht namentlich benannt ist, reicht es aus, dass er aus der Begründung des VA oder nach den Umständen, unter denen er ergeht, bestimmt werden kann.[692] Allerdings müssen in jedem Fall hinreichend konkretisierende Merkmale benannt werden. Zu unbestimmt dürfte daher eine Allgemeinverfügung sein, die sich an Personen richtet, „die der sog. Punk-Szene zuzuordnen sind".[693]

c) Inhalt

500 Bei der Beurteilung der **inhaltlichen Bestimmtheit** (§ 37 Abs. 1 VwVfG) ist auf Sinn und Zweck dieses Erfordernisses abzustellen.

„Das Erfordernis hinreichender inhaltlicher Bestimmtheit eines Verwaltungsaktes bedeutet, dass aus der getroffenen Regelung, d.h. aus dem Entscheidungssatz im Zusammenhang mit den Gründen und sonstigen bekannten oder ohne weiteres erkennbaren Umständen für die Beteiligten, insbesondere für den Adressaten, die Regelung, die den Zweck, Sinn und Inhalt des Verwaltungsaktes ausmacht, so vollständig, klar und unzweideutig erkennbar sein muss, dass diese ihr Verhalten danach richten können."[694]

501 **aa)** Der Betroffene muss dem Bescheid entnehmen können, **was von ihm verlangt wird**; er darf nicht in die Gefahr geraten, sich anzustrengen und trotzdem die Regelung des VA zu verfehlen. Außerdem muss ein vollstreckbarer VA geeignete Grundlage für Maßnahmen zu seiner zwangsweisen Durchsetzung sein, er muss also einen **eindeutigen Vollstreckungstitel** darstellen.[695] Bei nicht vollstreckbaren VAen (z.B. Erlaubnissen, feststellenden VAen) müssen Behörde und Bürger ihr künftiges Verhalten danach ausrichten können.

Beispiel: Das Verbot, im Straßenraum zum Zwecke des Alkoholgenusses zu verweilen, „wenn dessen Auswirkungen geeignet sind, Dritte erheblich zu belästigen", ist zu unbestimmt, da es unter den Vorbehalt einer weiteren Sachverhaltsfeststellung gestellt wird. „Vom Normadressaten sind daher die Grenzen nicht auszumachen, ab wann bzw. unter welchen Voraussetzungen das Verweilen zum Alkoholgenuss geeignet ist, sich belästigend auf Dritte auszuwirken."[696]

502 In der Regel genügt es, wenn die Behörde den **Zweck** und das **Ziel** des VA hinreichend bestimmt;[697] die Angabe eines bestimmten Mittels ist nur erforderlich, wenn dies gesetzlich vorgeschrieben ist (so insbes. im Ordnungsrecht, z.B. § 20 BbgOBG, § 21 OBG NRW)[698] oder wenn nur durch das Mittel ein ausreichendes Maß an Klarheit erreicht werden kann.[699]

---

691 BVerwG NVwZ 2012, 1413, 1414; OVG Saarlouis NVwZ-RR 2017, 514, 515.

692 OVG Saarlouis, Beschl. v. 27.04.2017 – 2 A 129/16; Kopp/Ramsauer VwVfG § 37 Rn. 9.

693 Von VGH Mannheim NVwZ 2003, 115, 116 offen gelassen.

694 OVG NRW NVwZ 1993, 1000.

695 BVerwG NVwZ 2009, 52, 53; OVG NRW NWVBl. 2009, 229, 230; VG Düsseldorf NVwZ-RR 2010, 841, 843; VGH Mannheim NVwZ-RR 2013, 451; BayVGH, Beschl. v. 10.08.2017 – 8 ZB 15.1428.

696 VGH Mannheim, Urt. v. 28.07.2009 – 1 S 2340/08, RÜ 2009, 732, 735 zu einer entsprechenden Regelung in einer Polizeiverordnung.

697 VGH Mannheim NVwZ-RR 2013, 451, 452; OVG Lüneburg NVwZ-RR 2011, 400; Kopp/Ramsauer VwVfG § 37 Rn. 16.

698 OVG NRW NWVBl. 2009, 229, 230.

699 HessVGH NVwZ 1995, 922, 923; NVwZ 1992, 1101, 1103; OVG NRW NVwZ 1993, 1000, 1001.

bb) Der von § 37 Abs. 1 VwVfG geforderte **Grad an Bestimmtheit** lässt sich nicht abstrakt festlegen. Vielmehr ist auf die **Umstände des Einzelfalls** und des jeweils anzuwendenden materiellen Rechts abzustellen sowie darauf, welcher Grad an Bestimmtheit bei Erlass des VA möglich und für den Vollzug erforderlich ist.[700] Ausreichend ist, dass sich der Inhalt mittels **Auslegung** (analog § 133 BGB) ermitteln lässt. Maßgebend ist, wie der Empfänger die Erklärung unter Berücksichtigung der ihm erkennbaren Umstände bei objektiver Würdigung verstehen muss.[701] **503**

Beispiele: Eine Baugenehmigung muss Inhalt, Reichweite und Umfang der genehmigten Nutzung eindeutig erkennen lassen, damit der Bauherr die legale Nutzung und der Nachbar die sich daraus ergebenden Beeinträchtigungen zweifelsfrei feststellen können.[702] Zu unbestimmt ist z.B. eine Ordnungsverfügung die nur den Wortlaut des Inhalts einer Gesetzesvorschrift wiederholt, ohne dass eine Konkretisierung auf den Einzelfall vorgenommen wird,[703] „einen ordnungsgemäßen Zustand herzustellen";[704] den Lärm einer Anlage „durch ausreichende Schalldämmung zu beschränken" bzw. eine Anlage „geräuscharm" zu betreiben, wenn nicht zugleich der Lärmwert in Dezibel angegeben wird.[705]

Die Unbestimmtheit macht den VA rechtswidrig und wegen der Schwere des Fehlers gemäß § 44 Abs. 1 VwVfG in der Regel **nichtig**. Ist der VA mangels Bestimmtheit unverständlich, so bleibt unklar, welche Rechtsfolgen konkret herbeigeführt werden sollen. Dies widerspricht wesentlichen Prinzipien des Rechtsstaatsprinzips und stellt daher einen besonders schwerwiegenden Fehler dar, der i.d.R. auch offensichtlich ist.[706] **504**

2. Möglichkeit der Maßnahme

Fall 19: Abbruch eines vermieteten Wochenendhauses

Bauunternehmer U ist Eigentümer eines Grundstücks in einer landschaftlich reizvollen Gegend. Er bemüht sich darum, dort eine Wochenendhaussiedlung zu bauen. Jedoch wird der Bebauungsplan nicht erlassen, auch Baugenehmigungen werden nicht erteilt. Währenddessen hat U ohne Baugenehmigung ein Musterhaus errichtet. Als feststeht, dass das Projekt endgültig gescheitert ist, richtet die zuständige Baubehörde in formell ordnungsgemäßer Weise an U eine Beseitigungsverfügung. U verweist darauf, dass er das Wochenendhaus zwischenzeitlich für 10 Jahre fest an M vermietet hat; M habe das Haus möbliert und sei auch schon eingezogen. Hätte eine (ggf. nach erfolglosem Vorverfahren) zulässige Anfechtungsklage des U Aussicht auf Erfolg?

Die gemäß §§ 40 Abs. 1 S. 1, 42 Abs. 1 Fall 1, 42 Abs. 2, 68 Abs. 1, 74 Abs. 1 VwGO zulässige Anfechtungsklage hat Erfolg, soweit die **Beseitigungsverfügung rechtswidrig** und U dadurch in seinen Rechten verletzt ist (§ 113 Abs. 1 S. 1 VwGO).

---

700 Vgl. z.B. OVG NRW, Beschl. v. 03.11.2009 – 13 B 715/09; OVG Lüneburg NdsVBl. 2009, 202, 203.

701 BVerwG NVwZ 2010, 133, 134; OVG NRW, Beschl. v. 30.10.2009 – 13 B 736/09; HessVGH, Urt. v. 06.05.2015 – 6 A 1514/14, RÜ 2015, 665, 667; Knack/Henneke § 37 Rn. 14; Kopp/Ramsauer VwVfG § 37 Rn. 8.

702 BayVGH, Beschl. v. 05.07.2017 – 9 CS 17.603; OVG NRW, Beschl. v. 26.07.2013 – 4 B 193/13, RÜ 2014, 192, 194: Bestimmtheitsgebot kann drittschützend sein.

703 VGH BW, Urt. v. 08.09.2015 – 6 S 1426/14.

704 PrOVGE 77, 457.

705 OVG NRW, Beschl. v. 26.07.2013 – 4 B 193/13, RÜ 2014, 192, 194; NVwZ-RR 2014, 38, 39; Knack/Henneke VwVfG § 37 Rn. 26.

706 OVG NRW NVwZ 1986, 580, 581; Kopp/Ramsauer VwVfG § 44 Rn. 26; offen gelassen von OVG Saarlouis NVwZ-RR 2017, 514, 517: jedenfalls nicht vollzugs- und vollstreckungsfähig; vgl. unten Rn. 678.

I. **Ermächtigungsgrundlage** ist die Vorschrift der LBauO zum Einschreiten der Baubehörde bei baurechtswidrigen Zuständen (s.o. Rn. 424).

505 II. Da formelle Bedenken (Zuständigkeit, Verfahren, Form) nicht bestehen, kommt es entscheidend auf die **materielle Rechtmäßigkeit** der Verfügung an. Eine Beseitigungsverfügung setzt als Verstoß gegen baurechtliche Vorschriften formelle und materielle Illegalität (Baurechtswidrigkeit) voraus.[707]

U hat das Musterhaus ohne Baugenehmigung errichtet, das auch materiell im Außenbereich nach §§ 29 ff., 35 Abs. 2 u. Abs. 3 BauGB nicht hätte errichtet werden dürfen. Die Voraussetzungen einer Beseitigungsverfügung liegen danach vor.

III. Rechtswidrig könnte die Verfügung aber deshalb sein, weil sie von U etwas **Unmögliches** verlangt. Der VA muss für den Adressaten stets ausführbar sein. Dabei ist wie im Zivilrecht zwischen der tatsächlichen und der rechtlichen Unmöglichkeit zu unterscheiden:

506 1. Ein VA, den aus **tatsächlichen** Gründen niemand ausführen kann **(objektive Unmöglichkeit)**, ist gemäß § 44 Abs. 2 Nr. 4 VwVfG nichtig. Ein solcher Fall liegt hier nicht vor. Es ist tatsächlich ohne Weiteres möglich, einen Dritten zu beauftragen, der das Wochenendhaus beseitigt.

Ein VA, den ein anderer, aber nicht der Adressat der Verfügung ausführen kann **(subjektives Unvermögen)**, ist i.d.R. nicht nichtig, sondern allenfalls rechtswidrig.[708] So wäre es z.B. unverhältnismäßig weil ungeeignet, einem Obdachlosen unter Zwangsgeldandrohung aufzugeben, sich innerhalb einer bestimmten Frist eine Wohnung zu beschaffen, wenn an dem Ort erwiesenermaßen Wohnungsnot herrscht.[709] **Wirtschaftliches Unvermögen** hat dagegen i.d.R. keine Auswirkungen auf die Rechtmäßigkeit des VA, da es dem Adressaten grundsätzlich zumutbar ist, einen Kredit aufzunehmen.

2. Die Beseitigung könnte dem U jedoch wegen der Vermietung des Hauses an M **rechtlich unmöglich** sein.

507 a) Von den Fällen rechtlicher Unmöglichkeit behandelt **§ 44 Abs. 2 Nr. 5 VwVfG** den Sonderfall, dass der VA die Begehung einer rechtswidrigen Tat verlangt, die einen Straf- oder Bußgeldtatbestand verwirklicht. Dies ist hier nicht der Fall. Die Verfügung muss so ausgelegt werden, dass der Abbruch unter Vermeidung rechtswidrigen Handelns, also erst nach dem Auszug des M, vollzogen wird.

508 b) Es könnte ein sonstiger Fall **rechtlicher Unmöglichkeit** vorliegen, da die Behörde von U etwas verlangt, wozu er privatrechtlich nicht befugt ist. Da U das Haus an M vermietet und die illegale Errichtung keinen Einfluss auf die Gültigkeit des Mietvertrages hat, würde U gegen seine Verpflichtung zur Gebrauchsgewährung aus § 535 Abs. 1 S. 1 BGB verstoßen, wenn er das Haus abreißen lassen würde. Auch wäre ein Abbruch ohne Zustimmung des M gemäß § 858 BGB verbotene Eigenmacht. Allerdings lassen sich diese rechtlichen Hindernisse **ausräumen**.

---

707 Vgl. AS-Skript Öffentliches Baurecht (2016), Rn. 164.

708 OVG NRW NWVBl. 2004, 389.

709 Drews/Wacke/Vogel/Martens § 25, 5 b, S. 418: Verfügung nur dahingehend, sich ernsthaft um eine Wohnung zu bemühen.

aa) Zunächst ist es denkbar, dass der Dritte auf die Geltendmachung seiner Rechte verzichtet und der Störungsbeseitigung **zustimmt**. So könnte im vorliegenden Fall M ausziehen und Schadensersatzansprüche gegen U (§ 536 a Abs. 1 BGB) geltend machen. 509

bb) Der durch den VA in Anspruch Genommene könnte dem Dritten dessen **Berechtigung entziehen**, z.B. durch Kündigung. Das kann ihm auch im VA aufgegeben werden. Im vorliegenden Fall scheidet dies aus, weil der Mietvertrag auf 10 Jahre befristet ist und die Voraussetzungen für eine außerordentliche Kündigung nicht vorliegen. 510

cc) Lässt sich das Recht des Dritten nicht auf zivilrechtlichem Wege beseitigen, so kann die Behörde gegen den Dritten ggf. eine **Duldungsverfügung** erlassen. Die Duldungsverfügung ist nach denselben Vorschriften rechtmäßig, nach denen der HauptVA gerechtfertigt ist.[710] Die Gegenansicht verweist darauf, dass die Duldungsverfügung sich hinsichtlich der Reichweite der durch sie begründeten Verpflichtungen von dem HauptVA unterscheide. Deshalb wird auf die ordnungsrechtliche Generalklausel abgestellt.[711] Die Auffassungen unterscheiden sich indes nur in der Begründung, nicht im Ergebnis, sodass es einer Streitentscheidung nicht bedarf. 511

Beispiele: Gegen Eigentümer E ergeht eine Beseitigungsverfügung, wobei sich die Zustandshaftung des E aus seinem Eigentum ergibt. Gegen Mieter M ergeht eine Duldungsverfügung, da er als Inhaber der tatsächlichen Gewalt ebenfalls ordnungspflichtig ist.[712]

Eine Duldungsverfügung an den/die Mitberechtigten ist auch **erforderlich** bei Beseitigung einer mehreren Miteigentümern gehörenden Anlage, wenn nur ein Miteigentümer in Anspruch genommen wird oder gegenüber dem Verpächter bei einer Verfügung an den Pächter, Veränderungen am Pachtgrundstück vorzunehmen.[713]

Eine Duldungsverfügung ist dagegen **nicht erforderlich**, wenn der Dritte aus dem HauptVA selbst verpflichtet ist, z.B. kraft Rechtsnachfolge.[714] **Beispiel:** Gegenüber E ist eine Beseitigungsverfügung erlassen worden. Später hat E geheiratet und seiner Ehefrau F Mitbesitz am Gebäude eingeräumt. – Die Pflicht der F zur Duldung ergibt sich unmittelbar aus der (Teil-) Rechtsnachfolge in die Ordnungsverfügung. Denn der von E abgeleitete Mitbesitz der F ist mit der Beseitigungsanordnung belastet. Die Anordnung kann daher gegen E ohne weitere Duldungsverfügung durchgesetzt werden.[715]

Ist M als Inhaber der tatsächlichen Gewalt durch Duldungsverfügung unanfechtbar verpflichtet, die Beseitigung zu dulden, so ist dessen Durchführung für U nicht mehr rechtlich unmöglich. Das Hindernis aus der Berechtigung des Dritten ist damit ausgeräumt.[716]

Gegenbeispiel: Ergeht gegen den Mieter eine bloße Nutzungsuntersagung, bedarf es keiner Duldungsanordnung gegenüber dem Eigentümer, da das bloße Nichtbenutzen einer baulichen Anlage die Rechtsstellung des Eigentümers nicht nachteilig berührt.[717]

---

710 BayVGH, Urt. v. 16.02.2015 – 1 B 13.649; OVG Saarland NVwZ-RR 2003, 337; Schübel-Pfister JuS 2013, 417, 420.

711 ThürOVG DÖV 1997, 555; OVG NRW, Beschl. 09.04.2014 – 15 B 234/14, RÜ 2014, 661, 663.

712 BVerwGE 40, 101, 103; HessVGH DVBl. 1996, 573, 574; VGH Mannheim NVwZ 1993, 1215, 1216; OVG Greifswald, Beschl. v. 25.01.2010 – 3 L 89/06.

713 OVG Magdeburg, Beschl. v. 22.07.2013 – 2 M 82/13, RÜ 2014, 49, 51; NVwZ-RR 2013, 962.

714 OVG Lüneburg, Beschl. v. 17.07.2014 – 1 ME 84/14, RÜ 2011, 600, 603; HessVGH, Beschl. v. 01.12.2014 – 3 B 1633/14, NVwZ-RR 2015, 270, 271.

715 OVG Lüneburg, Beschl. v. 06.05.2011 – 1 ME 14/11, RÜ 2011, 600, 603; NJW 2011, 2228, 2229.

716 Vgl. BayVGH NVwZ-RR 2006, 389; Bader/Ronellenfitsch VwVfG § 44 Rn. 53; Hyckel LKV 2015, 342, 344; dagegen Michl NVwZ 2014, 1206, 1208, der eine Duldungsverfügung für überflüssig hält.

512 c) Folgerichtig müsste das **Fehlen** der Duldungsverfügung eigentlich zur Rechtswidrigkeit der Beseitigungsverfügung führen. Da das Hindernis aber ausgeräumt werden kann, berührt das Fehlen der Duldungsverfügung **nicht die Rechtmäßigkeit** des HauptVA, sondern nur seine **Durchsetzbarkeit**.[718] Hierfür sprechen vor allem praktische Erwägungen: Für den Nebenberechtigten stellt sich das Problem erst, wenn die Beseitigungsverfügung ergangen ist. Dann wird er sich überlegen müssen, wie er sich verhält. Es ist durchaus denkbar, dass er durch Zustimmung die Beseitigung ermöglicht, sodass eine Duldungsverfügung gegen ihn nicht erforderlich ist.

Deswegen ist eine **Duldungsverfügung** gegen den Dritten auch nur **rechtmäßig**, wenn die Gefahr besteht, dass der Dritte den Vollzug der Beseitigungsverfügung verhindert. Sie ist rechtswidrig, wenn der Dritte dem Vollzug der Verfügung zugestimmt hat oder dem Dritten kein den Vollzug hinderndes Recht zusteht (z.B. dem Grundpfandgläubiger).[719]

Umstritten ist, ob die **Rechtmäßigkeit der Beseitigungsverfügung** zugleich Rechtmäßigkeitsvoraussetzung für die Duldungsverfügung ist. Teilweise wird darauf hingewiesen, dass Prüfungsmaßstab der Duldungsanordnung nur die Wirksamkeit, nicht die Rechtmäßigkeit der Beseitigungsverfügung sei.[720]Dagegen spricht, dass die Duldungsverfügung in ihrem Bestand gerade von dem HauptVA abhängt. Da der Dritte die Beseitigungsverfügung mangels eigener Rechtsverletzung nicht anfechten kann,[721] muss deren Rechtmäßigkeit inzident im Rahmen der Rechtmäßigkeit der Duldungsanordnung geprüft werden.[722]

Somit ist die gegen U ergangene Beseitigungsverfügung **nicht** wegen rechtlicher Unmöglichkeit **rechtswidrig**. Eine Anfechtungsklage dagegen hat keine Aussicht auf Erfolg.

Rechtswidrig ist es allerdings, wenn U durch **Zwangsmittel** zur Vornahme des Abbruchs gezwungen würde, ohne dass M mit dem Abbruch einverstanden oder gegen ihn eine Duldungsverfügung ergangen ist, da die Androhung bereits die erste Stufe des Verwaltungszwangs darstellt.[723]

Unmöglichkeit

tatsächliche Gründe		**rechtliche Gründe**	
■ objektiv	■ subjektiv	■ Sonderfall	■ im Übrigen
↓	↓	↓	↓
§ 44 II Nr. 4 VwVfG	i.d.R. nur rechtswidrig	§ 44 II Nr. 5 VwVfG	nicht vollstreckbar

717 BayVGH, Urt. v. 16.02.2015 – 1 B 13.649; HessVGH, Beschl. v. 01.12.2014 – 3 B 1633/14, NVwZ-RR 2015, 270, 272 f.

718 BVerwGE 40, 101, 103; HessVGH NVwZ-RR 2015, 270, 273; OVG Bln-Bbg, Urt. v. 08.12.2016 – OVG 2 B 7.14, RÜ 2017, 332, 336; Maurer/Waldhoff § 10 Rn. 55; a.A. Schnapp/Henkenötter JuS 1998, 624, 629: VA rechtswidrig; ganz anders Michl NVwZ 2014, 1206, 1211: Interessen des Dritten sind bei Erlass der Beseitigungsverfügung im Ermessen zu berücksichtigen.

719 OVG Lüneburg, Beschl. v. 06.05.2011 – 1 ME 14/11, RÜ 2011, 600, 603; BayVGH, Urt. v. 16.02.2015 – 1 B 13.649.

720 OVG Berlin LKV 1997, 368; BayVGH BayVBl. 2012, 470; OVG NRW, Beschl. v. 09.04.2014 – 15 B 234/14, RÜ 2014, 661, 663.

721 Vgl. dazu OVG NRW BauR 2011, 1793; OVG NRW, Beschl. v. 13.02.2014 – 2 A 984/13; dagegen Michl NVwZ 2014, 1206, 1210 f.

722 OVG NRW, Beschl. v. 13.02.2014 – 2 A 983/13, RÜ 2014, 661, 663; VGH Mannheim NVwZ 1993, 1215, 1216; Jäde BayVBl 2012, 540; Schübel-Pfister JuS 2013, 417, 421.

723 OVG NRW, Beschl. v. 09.04.2014 – 15 B 233/14, RÜ 2014, 661, 662.

3. Der Grundsatz der Verhältnismäßigkeit

a) Grundlagen

Jedes staatliche Handeln, und damit auch der VA, unterliegt dem Grundsatz der Verhältnismäßigkeit. Hierbei handelt es sich um ein allgemeines Rechtsprinzip (Übermaßverbot, „nicht mit Kanonen auf Spatzen schießen"). Der Grundsatz erfordert, dass eine Maßnahme zur **Verfolgung eines legitimen Zwecks geeignet** und **erforderlich** ist und die Folgen der Maßnahme in einem **angemessenen Verhältnis** zu den mit der Maßnahme verfolgten Interessen steht.[724] 513

Vielfach ist der Grundsatz der Verhältnismäßigkeit **spezialgesetzlich** ausdrücklich geregelt (z.B. § 15 BPolG; § 9 Abs. 2 VwVG), er gilt aber nach einhelliger Auffassung für das gesamte öffentliche Recht **unmittelbar kraft Verfassungsrechts**.[725] Besondere Bedeutung hat die Verhältnismäßigkeit als wichtigste verfassungsrechtliche Anforderung für Grundrechtsbeschränkungen (sog. **Schranken-Schranke**).[726] 514

Beispiele sind u.a. die sog. Drei-Stufen-Theorie als besondere Ausprägung des Grundsatzes der Verhältnismäßigkeit bei Beschränkungen der Berufsfreiheit (Art. 12 Abs. 1 GG)[727] und beim Wechselwirkungsgedanken im Rahmen des Art. 5 Abs. 2 GG.[728]

b) Dogmatische Herleitung

Die dogmatische Herleitung des Grundsatzes der Verhältnismäßigkeit im Einzelnen ist umstritten. Als Grundlagen werden z.B. genannt: das Rechtsstaatsprinzip (Art. 20 Abs. 3 GG), die Abwehrfunktion der Grundrechte, die Wesensgehaltsgarantie (Art. 19 Abs. 2 GG) oder das Willkürverbot (Art. 3 Abs. 1 GG).[729] 515

Nach der Rspr. ergibt sich die Herleitung „aus dem Wesen der Grundrechte selbst, die als Ausdruck des allgemeinen Freiheitsanspruchs des Bürgers gegenüber dem Staat von der öffentlichen Gewalt jeweils nur soweit beschränkt werden dürfen, als es zum Schutz öffentlicher Interessen unerlässlich ist".[730]

Die Lit. unterscheidet zum Teil zwischen dem Übermaßverbot, das lediglich im Grundrechtsbereich gelte, und ähnlichen Rechtsgedanken in anderen Bereichen. Der Grundsatz der Verhältnismäßigkeit habe zwar rechtsstaatliche Wurzeln, sei jedoch im Grundrechtsbereich anzusiedeln, und zwar im Bereich der **Grundrechte als Abwehrrechte**. Daher sei er außerhalb des grundrechtlichen Abwehrbereichs nicht anwendbar.[731]

Bedeutung hat dies vor allem im Staatsorganisationsrecht, insbes. bei der Abgrenzung von Kompetenzen zwischen Hoheitsträgern, z.B. im Rahmen der kommunalen Selbstverwaltung (Art. 28 Abs. 2 GG). Dort wird teilweise angenommen, dass Beschränkungen der Selbstverwaltungsgarantie des Art. 28 Abs. 2 S. 1 GG nicht am Grundsatz der Verhältnismäßigkeit, sondern an einem spezifischen verfassungsrechtlichen Aufgabenverteilungsprinzip zu messen seien.[732]

---

724 Vgl. z.B. BVerfG NVwZ 2005, 203, 204; BVerwG DVBl. 2006, 1187, 1189; RÜ 2011, 332, 336.

725 Ossenbühl Jura 1997, 617, 620; Kluth JA 1999, 606, 608; Kluckert JuS 2015, 116, 116.

726 Vgl. AS-Skript Grundrechte (2017), Rn. 75 ff.

727 Vgl. AS-Skript Grundrechte (2017), Rn. 471 ff.

728 Vgl. AS-Skript Grundrechte (2017), Rn. 241.

729 Vgl. Krebs Jura 2001, 228, 231 ff.; Voßkuhle JuS 2007, 429, 430; Reuter Jura 2009, 511, 512.

730 Grundlegend BVerfGE 16, 194, 201 f.; 19, 342, 348; guter Überblick bei Arnauld JZ 2000, 276 ff.

731 Vgl. Krebs Jura 2001, 228 ff.; Voßkuhle JuS 2007, 429, 430; a.A. Arnauld JZ 2000, 276, 280: Das Übermaßverbot gilt im Bereich der Freiheitsrechte, aber auch in allen ebenso strukturierten Normkomplexen; vgl. auch Reuter Jura 2009, 511, 512.

732 Vgl. Rennert JuS 2008, 29, 34 und ausführlich AS-Skript Kommunalrecht.

c) Bedeutung der Verhältnismäßigkeitsprüfung

516 Bedeutung hat der Grundsatz der Verhältnismäßigkeit vor allem bei **Ermessensentscheidungen**. Jede unverhältnismäßige Maßnahme stellt zugleich eine Überschreitung der Ermessensgrenzen dar (Ermessensüberschreitung).[733]

517 Bei **gebundenen Entscheidungen** hatte der Grundsatz der Verhältnismäßigkeit dagegen nach der früheren Rspr. keine eigenständige Bedeutung. Bedenken im Hinblick auf die Verhältnismäßigkeit wurden hier bereits bei der Wirksamkeit der gesetzlichen Ermächtigungsgrundlage erörtert. Ergab die Prüfung, dass die zwingende Rechtsfolge in bestimmten Fällen unverhältnismäßig ist, so war das Gesetz entweder verfassungswidrig und damit nichtig, oder es war verfassungskonform so auszulegen, dass das Gesetz die insoweit problematischen Fälle nicht dieser Rechtsfolge unterwirft.[734]

Beispiel: Nach § 15 Abs. 2 GaststG ist die Gaststättenerlaubnis zu widerrufen, wenn der Gastwirt nachträglich „unzuverlässig" i.S.d. § 4 Abs. 1 Nr. 1 GaststG wird. Da es sich hierbei um eine gebundene Entscheidung handelt („ist zu widerrufen") ist der Verhältnismäßigkeitsgrundsatz bereits bei der Auslegung des Merkmals der Unzuverlässigkeit zu berücksichtigen.[735]

518 In der Rspr. zeichnet sich hier allerdings ein Wandel ab. Zunehmend wird darauf abgestellt, dass – bei entsprechenden Anhaltspunkten – **auch bei gebundenen Verwaltungsentscheidungen** zu prüfen ist, ob die vorgesehene Rechtsfolge dem Grundsatz der Verhältnismäßigkeit entspricht.[736] Richtig ist daran, dass in **Ausnahmefällen** auch eine den gesetzlichen Anforderungen entsprechende gebundene Entscheidung gegen den Grundsatz der Verhältnismäßigkeit verstoßen kann, ohne dass damit zugleich die Wirksamkeit der Ermächtigungsgrundlage infrage gestellt werden muss. Dies sollte allerdings nicht dazu führen, die Verhältnismäßigkeit schematahaft bei jeder gebundenen Entscheidung zu prüfen. Im Regelfall stellen die (ggf. verfassungskonform eng auszulegenden) Tatbestandsvoraussetzungen der Norm sicher, dass die Anwendung der Vorschrift im Einzelfall verhältnismäßig ist.[737] Eine gesonderte Prüfung der Verhältnismäßigkeit ist nur angezeigt, wenn sich Anhaltspunkte ergeben, dass die Maßnahme **ausnahmsweise aufgrund der konkreten Umstände des Einzelfalls** unverhältnismäßig sein könnte. Dies gilt insbesondere bei Vorschriften, die aufgrund ihrer typisierenden Betrachtung zwangsläufig nicht jeden im Einzelfall erheblichen Aspekt mit dem ihm gebührenden Gewicht erfassen können.

Bedeutung hatte dies früher vor allem bei der Ausweisung von Ausländern nach §§ 53 ff. AufenthG. Nachdem die Rspr. unter Hinweis insbes. auf Art. 8 EMRK eine einzelfallbezogene Abwägung zunehmend auch für die zwingende und die Regel-Ausweisung verlangte, hat der Gesetzgeber mit Wirkung zum 01.01.2016 das dreistufige System durch eine einheitliche (gebundene) Ausweisungsermächtigung ersetzt, die stets schon auf Tatbestandsebene eine umfassende Abwägung aller Umstände des Einzelfalls verlangt (§ 53 Abs. 1 AufenthG).[738]

---

733 Knack/Henneke VwVfG § 40 Rn. 73 ff.; Bader/Ronellenfitsch VwVfG § 40 Rn. 94; und unten Rn. 544.

734 Proppe JA 2006, 451, 458.

735 Michel/Kienzle/Pauly GaststG § 15 Rn. 13 u. 14; Boerner apf 2006, 28, 30.

736 BVerwG NJW 2009, 2905, 2906; OVG NRW NWVBl. 2009, 435; OVG NRW, Beschl. v. 18.06.2008 – 19 B 870/08; ebenso schon BVerwG DÖV 1991, 651.

737 Vgl. z.B. BVerwG DVBl. 1994, 523 u. 527; kritisch Grupp/Stelkens DVBl. 2005, 133, 137.

738 Gesetz zur Neubestimmung des Bleiberechts und der Aufenthaltsbeendigung vom 27.07.2015 (BGBl. I 2015, 1386); dazu Huber NVwZ 2015, 1178 ff; Brühl JuS 2016, 23 ff.

d) Elemente der Verhältnismäßigkeitsprüfung

Der Grundsatz der Verhältnismäßigkeit erfordert, dass eine Maßnahme **zur Verfolgung eines legitimen Zwecks geeignet, erforderlich und angemessen** ist.[739] 519

Grundschema: Verhältnismäßigkeit
■ **legitimer Zweck**
■ **Geeignetheit**
■ **Erforderlichkeit**
■ **Angemessenheit**

aa) Legitimer Zweck

Ausgangspunkt der Prüfung ist der Zweck, der mit der Maßnahme verfolgt wird. Verhältnismäßig kann eine Maßnahme nur sein, wenn mit ihr ein **legitimer Zweck** verfolgt wird. Legitim sind grundsätzlich alle Gemeinwohlbelange und jedes öffentliche Interesse, das verfassungsrechtlich nicht ausgeschlossen ist.[740] 520

Aufbauhinweis: *In der Falllösung kann es sinnvoll sein, im ersten Schritt den* ***Zweck der Maßnahme*** *isoliert herauszuarbeiten.*[741] *Dies dient zum einen der Klarstellung des eigenen Prüfungsprogramms. Zum anderen können einige Zwecke schon für sich rechtswidrig sein (z.B. eine unzulässige Diskriminierung i.S.d. Art. 3 Abs. 3 GG beinhalten), für andere Zwecke kann ein verfassungsrechtlicher Handlungsauftrag bestehen, der sie besonders förderungswürdig macht (z.B. Art. 3 Abs. 2 S. 2 GG). Ist der Zweck unproblematisch zulässig, so kann aufbaumäßig auf einen eigenen Prüfungspunkt verzichtet und der Zweck im Rahmen der Geeignetheitsprüfung aufgegriffen werden.*[742]

Im Hinblick auf den Zweck der Maßnahme erfolgt sodann eine **Aufgliederung in dreifacher Hinsicht**: 521

Geeignetheit	■ Mit Hilfe der Maßnahme muss der gewünschte Erfolg zumindest gefördert werden.
Erforderlichkeit	■ Zur Verfolgung des Zwecks darf kein anderes gleich wirksames, aber weniger belastendes Mittel zur Verfügung stehen.
Angemessenheit	■ Die Maßnahme darf nicht zu einem Nachteil führen, der zu dem erstrebten Erfolg erkennbar außer Verhältnis steht.

739 Vgl. z.B. BVerfG, Beschl. 04.11.2009 – 1 BvR 2150/08, RÜ 2010, 42, 45 f.; NVwZ 2005, 203, 204; BVerwG DVBl. 2006, 1187, 1189; Voßkuhle JuS 2007, 429, 430; Kluckert JuS 2015, 116, 116; abweichend Klatt/Meister JuS 2014, 193, 194 f., die noch zwischen dem legitimen Zweck und dem legitimen Mittel unterscheiden.

740 BVerfG, Beschl. v. 04.11.2009 – 1 BvR 2150/08, RÜ 2010, 42, 45; Kluckert JuS 2015, 116, 117.

741 Vgl. z.B. BVerfG, Beschl. v. 12.07.2017 – 1 BvR 222/12 u.a., RÜ 2017, 663, 667; Voßkuhle JuS 2007, 429, 430; Reuter Jura 2009, 511, 513; Zilkens JuS 2009, 350, 354.

742 Vgl. z.B. VG Aachen, Urt. v. 24.01.2011 – 6 K 140/10, RÜ 2011, 324, 327.

bb) Geeignetheit

522 Die Maßnahme ist geeignet, wenn mit ihrer Hilfe der gewünschte Erfolg **zumindest gefördert** werden kann (er muss also nicht unbedingt erreicht werden).

Beispiele: Zweck einer bauordnungsrechtlichen Verfügung ist die Herbeiführung eines baurechtskonformen Zustandes. Eine Verfügung ist daher rechtswidrig, wenn sie nicht geeignet ist, rechtmäßige Zustände herbeizuführen. Dies ist z.B. der Fall, wenn die Behörde nach Feststellung illegaler Um- und Erweiterungsbaumaßnahmen an einem Schwarzbau nur den Teilrückbau, nicht aber den vollständigen Abbruch anordnet.[743]

Die Verpflichtung von Polizeivollzugsbeamten, im Dienst die vorgeschriebene Uniform zu tragen, ist vor allem durch das Erfordernis gerechtfertigt, die Legitimation der Beamten für polizeiliche Maßnahmen äußerlich kundzutun. Die Vorgabe einer bestimmten Haarlänge ist dagegen für sich genommen weder geeignet noch erforderlich, um die Legitimationsfunktion der Uniform zu gewährleisten. Allerdings soll die Uniform auch die Neutralität ihrer Träger zum Ausdruck bringen. Der Dienstherr darf daher Erscheinungsformen untersagen, die geeignet sind, die Neutralitätsfunktion der Uniform infrage zu stellen. Hiervon kann bei langen Haaren aber nicht generell ausgegangen werden. Die Vorgabe einer „Hemdkragenlänge" für die Haartracht von Polizeivollzugsbeamten ist daher unverhältnismäßig.[744]

523 Bei Gesetzen billigt das BVerfG der Legislative einen **Prognosespielraum** zu. Wegen des nach dem Gewaltenteilungsprinzips erforderlichen Handlungsspielraums des Gesetzgebers dürfe das BVerfG seine Einschätzung nicht an die Stelle der des Gesetzgebers setzen. Zu prüfen sei daher nur, ob das Gesetz zum erstrebten Zweck „objektiv untauglich" bzw. „schlechthin ungeeignet" sei.[745] Die **Verwaltung** ist demgegenüber **an die gesetzlichen Vorgaben gebunden** (Art. 20 Abs. 3 GG). Ihr steht ein solcher Prognose- bzw. Wertungsspielraum **nicht** zu. Das Gericht kann die Geeignetheit der Maßnahme daher in vollem Umfang überprüfen.[746]

cc) Erforderlichkeit

524 Von mehreren gleich geeigneten Maßnahmen ist diejenige zu wählen, die den Einzelnen und die Allgemeinheit voraussichtlich **am wenigsten belastet** (Erforderlichkeit, Notwendigkeit, Prinzip des mildesten Mittels). Die Maßnahme ist nicht erforderlich, wenn die Behörde zur Verfolgung des Zwecks **ein anderes gleich wirksames, aber weniger belastendes Mittel** hätte wählen können.

Beispiel: Ein Versammlungsverbot nach § 15 Abs. 1 VersG ist nicht erforderlich, wenn mildere Mittel (z.B. Erteilung von Auflagen) zur Abwehr der Gefahr ausreichen.[747]

Zweckmäßigerweise prüft man hierbei folgende Gesichtspunkte:

- **Welche Nachteile** bringt die Maßnahme für den Betroffenen und die Allgemeinheit mit sich?
- Gibt es **andere Mittel** (Maßnahmen), die zur Erreichung des von der Behörde verfolgten Zwecks gleich geeignet sind?

  Es sind also Handlungsalternativen zu suchen. Für jede dieser Handlungsalternativen ist festzustellen, welche Nachteile sie für den Betroffenen und die Allgemeinheit herbeiführt.

---

743 OVG NRW, Urt. v. 09.03.2012 – 10 A 214/10, NVwZ-RR 2012, 796.

744 BVerwG DVBl. 2006, 1187, 1189 f.

745 Vgl. z.B. BVerfGE 90, 145, 173; 123, 186, 241; Voßkuhle JuS 2007, 429, 430; Kluckert JuS 2015, 116, 120.

746 Voßkuhle JuS 2007, 429, 430; Reuter Jura 2009, 511, 515.

747 Vgl. BVerfG NVwZ 2004, 90, 92; VGH Mannheim NVwZ-RR 2011, 602, 604.

- Sodann sind die von der gewählten Maßnahme herbeigeführten Nachteile mit den Nachteilen der anderen Mittel (Handlungsalternativen) zu **vergleichen**. Sind die Nachteile auch nur einer Handlungsalternative eindeutig geringer, so ist die von der Behörde gewählte Maßnahme nicht erforderlich und der Grundsatz der Verhältnismäßigkeit ist verletzt.

dd) Angemessenheit

Schließlich darf die Maßnahme nicht zu einem Nachteil führen, der zu dem erstrebten Erfolg **erkennbar außer Verhältnis** steht (Angemessenheit, auch Verhältnismäßigkeit im engeren Sinne). Hierbei lassen sich folgende Prüfungsschritte vornehmen: 525

- Wie gewichtig ist der mit der Maßnahme verfolgte **Zweck**?
- Welche **Nachteile** bringt die Maßnahme für den Betroffenen und die Allgemeinheit mit sich?
- Die Nachteile, die durch die Maßnahme abgewendet werden sollen, müssen mit den Nachteilen verglichen werden, die die Maßnahme mit sich bringt. Es ist also eine **Abwägung** der betroffenen Rechtsgüter erforderlich.[748]

Unverhältnismäßig (unangemessen) ist eine Maßnahme aber nur dann, wenn sie zu Nachteilen führt, die **„erkennbar"** außer Verhältnis zu dem erstrebten Erfolg stehen, d.h. wenn der durch die Maßnahme herbeigeführte Nachteil **deutlich größer** ist als der Nachteil, der durch sie abgewendet werden soll. 526

Beispiele: Ist ein Haus einsturzgefährdet, so ist weder eine Abbruchverfügung noch das Gebot zur Reparatur unangemessen, und zwar unabhängig davon, welche Werte dadurch vernichtet werden bzw. welche Kosten dadurch entstehen. Denn der durch die Verfügung herbeigeführte Vermögensnachteil ist geringer zu bewerten als der dadurch abzuwendende Schaden, den Personen an Leib und Leben erleiden können. Dagegen ist eine Abbruchverfügung unverhältnismäßig, wenn sie darauf beruht, dass der Bauherr den erforderlichen Grenzabstand lediglich um 6 cm unterschritten hat. Solche geringfügigen Abweichungen ergeben sich bei Bauten häufig und bringen weder dem Bauherrn Vorteile noch dem Nachbarn spürbare Nachteile.[749]

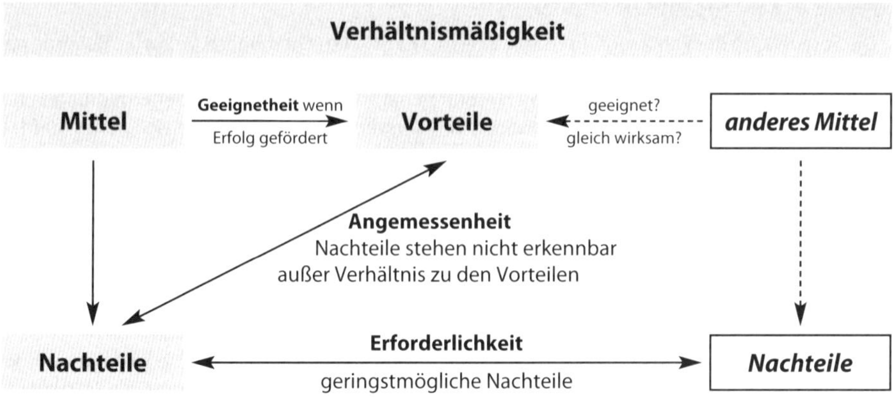

748 Zur Prüfung der Angemessenheit vgl. Reuter Jura 2009, 511, 512.

749 OVG Lüneburg BRS 40 Nr. 226.

e) Aufbauhinweis

527 Im **Fallaufbau** kann die Prüfung, ob ein VA verhältnismäßig ist, in unterschiedlicher Weise erfolgen: Die Verhältnismäßigkeit wird

- entweder als **gesonderter Prüfungspunkt** oder
- als **Ermessensgrenze** auf der Rechtsfolgenseite geprüft.

Der erstgenannte Aufbau sollte vor allem dann gewählt werden, wenn im Gesetz Verhältnismäßigkeit und Ermessen ausdrücklich in verschiedenen Vorschriften geregelt sind (vgl. z.B. §§ 15, 16 BPolG). Ansonsten ist es regelmäßig angebracht, auf die Verhältnismäßigkeit erst im Rahmen des Ermessens einzugehen. Soweit bei gebundenen Entscheidungen der Grundsatz der Verhältnismäßigkeit zu beachten ist (s.o. Rn. 517 ff.), kann dies nur durch einen eigenständigen Prüfungspunkt im Rahmen der allgemeinen Rechtsmäßigkeitsvoraussetzungen erfolgen.

Fall 20: Fahrtenbuchauflage nach falschem Parken

Ein Pkw, dessen Halter E ist, war eines Abends auf dem Bürgersteig derart schräg abgestellt, dass zwischen dem Fahrzeug und der Hauswand ein Zwischenraum von nur 40 cm blieb. E bestritt, das Fahrzeug dort abgestellt zu haben, verweigerte aber die Auskunft über die Person, die zum fraglichen Zeitpunkt das Fahrzeug benutzt hatte. Das Bußgeldverfahren musste daraufhin eingestellt werden. Die Straßenverkehrsbehörde hat nunmehr gegen E eine Verfügung erlassen, wonach E verpflichtet wird, 18 Monate lang ein Fahrtenbuch zu führen. Ist die Verfügung rechtmäßig?

§ 31 a Abs. 1 StVZO lautet: „Die nach Landesrecht zuständige Behörde kann gegenüber einem Fahrzeughalter ... die Führung eines Fahrtenbuchs anordnen, wenn die Feststellung eines Fahrzeugführers nach einer Zuwiderhandlung gegen Verkehrsvorschriften nicht möglich war. ..."

Ermächtigungsgrundlage für die Fahrtenbuchauflage ist § 31 a Abs. 1 S. 1 StVZO. Bedenken bestehen nur hinsichtlich der materiellen Rechmäßigkeit.

528 I. Dann müsste bei einer Zuwiderhandlung gegen Verkehrsvorschriften die Feststellung des Fahrzeugführers nicht möglich gewesen sein. Dies ist hier im Hinblick auf den Verstoß gegen §§ 12, 1 Abs. 2 StVO der Fall. Die **Voraussetzungen** des § 31 a Abs. 1 S. 1 StVZO sind somit gegeben.

Die Feststellung des Fahrzeugführers ist i.S. des § 31 a StVZO nicht möglich, wenn die Behörde nach den Umständen des Einzelfalls nicht in der Lage war, den Täter zu ermitteln, obwohl sie alle angemessenen und zumutbaren Maßnahmen ergriffen hat.[750] Art und Ausmaß der Ermittlungen hängen insbesondere von der Art des jeweiligen Verkehrsverstoßes und der Bereitschaft des Kraftfahrzeughalters zur Mitwirkung bei der Feststellung des Fahrers ab.[751]

Beispiel: Die Ausübung eines Aussage- oder Zeugnisverweigerungsrechts steht der Fahrtenbuchauflage nicht entgegen.[752] Denn die Anordnung, ein Fahrtenbuch zu führen, ist eine präventive Maßnahme zur Gefahrenabwehr, die sicherstellen soll, dass künftig die Feststellung des Fahrers nach einem Verkehrsverstoß ohne Schwierigkeiten möglich ist. Ein „doppeltes Recht", im Owi-Verfahren die Aussage zu verweigern und zugleich trotz fehlender Mitwirkung bei der Feststellung des Fahrzeugführers auch von einer Fahrtenbuchauflage verschont zu bleiben, besteht nicht.[753] Da die Fahrtenbuchauflage keine Strafe, sondern eine verkehrsrechtliche Maßnahme ist, liegt auch kein Verstoß gegen den Grundsatz der Selbstbeschuldigungsfreiheit (nemo-tenetur-Grundsatz) vor.[754]

---

750 OVG Lüneburg NJW 2014, 1610, 1611; Zilkens JuS 2009, 350, 353; Weber SVR 2014, 50, 51.

751 BayVGH, Beschl. v. 20.07.2016 – 11 CS 16.1187, RÜ2 2016, 263, 264.

752 BVerfG NJW 1982, 568; BVerwG NZV 2000, 385; VGH BW, Beschl. v. 10.08.2015 – 10 S 278/15 m.w.N.

753 OVG Hamburg, Beschl. v. 28.06.2016 – 4 Bf 97/15, RÜ2 2016, 263, 264; VGH Mannheim NJW 2014, 1608, 1609.

II. Der Rechtsfolge nach **„kann“** die Behörde die Führung eines Fahrtenbuches verlangen; die Behörde hat also Ermessen. Das Ermessen wird begrenzt durch den Grundsatz der **Verhältnismäßigkeit**.[755] Jede unverhältnismäßige Maßnahme stellt eine Überschreitung der Ermessensgrenzen dar **(Ermessensüberschreitung)**.[756] Da das Straßenverkehrsrecht keine spezielle Regelung enthält, ist auf den allgemeinen Grundsatz der Verhältnismäßigkeit abzustellen. 529

Soweit sich im landesrechtlichen Ordnungsrecht eine Normierung des Verhältnismäßigkeitsgrundsatzes findet (z.B. § 5 PolG BW, § 11 ASOG Bln, § 15 OBG NRW), ist diese einschlägig (Straßenverkehrsrecht als Sonder-Ordnungsrecht). Im Ergebnis besteht kein Zweifel, dass sich die Fahrtenbuchauflage im Rahmen der Verhältnismäßigkeit halten muss.[757]

Der **Grundsatz der Verhältnismäßigkeit** erfordert, dass eine Maßnahme zur Verfolgung eines legitimen Zwecks geeignet, erforderlich und angemessen ist.

1. Primärer **Zweck** der Fahrtenbuchauflage ist es, in Zukunft den Verantwortlichen festzustellen, der mit dem Fahrzeug Verkehrsübertretungen begangen hat. Ferner sollen Verkehrsverstöße mit dem Fahrzeug verhindert werden, indem dem jeweiligen Fahrer die Hoffnung genommen wird, bei Verkehrsverstößen unerkannt zu bleiben. Dieser Zweck ist im Hinblick auf die Sicherheit und Ordnung des Straßenverkehrs ohne weiteres legitim. 530

2. **Geeignet** ist die Maßnahme, wenn mit ihrer Hilfe der gewünschte Erfolg zumindest gefördert werden kann. Durch die mit der Fahrtenbuchauflage verbundenen Angaben (dazu § 31 a Abs. 2 StVZO) wird eindeutig dokumentiert, wer zu welchem Zeitpunkt mit dem Fahrzeug gefahren ist. Die Fahrtenbuchauflage gegenüber E ist damit geeignet, den verfolgten Zweck zu fördern. 531

3. Die Maßnahme muss des Weiteren **erforderlich** sein. Erforderlich ist die Maßnahme, wenn der Behörde zur Erreichung des verfolgten Zwecks kein anderes gleich wirksames, aber weniger belastendes Mittel zur Verfügung steht. 532

   a) Der **Nachteil**, der dem Betroffenen durch die Fahrtenbuchauflage auferlegt wird, besteht darin, dass er für jede einzelne Fahrt die Angaben nach § 31 a Abs. 2 StVZO machen muss (insbes. Name und Anschrift des Fahrers, Beginn und Ende der Fahrt). Das Fahrtenbuch muss jederzeit zur Prüfung ausgehändigt werden und noch sechs Monate nach Ablauf der Zeit, für die es geführt werden muss, aufbewahrt werden (§ 31 a Abs. 3 StVZO).

   b) Da nach § 31 a StVZO eine bestimmte Dauer nicht zwingend vorgeschrieben ist, kommt als anderes, **weniger belastendes Mittel** eine Auflage mit kürzerer Laufzeit in Betracht. Die Bemessung der Dauer hat sich vor allem an dem Gewicht des festgestellten Verkehrsverstoßes zu orientieren. Bei geringen Verstößen kann grundsätzlich davon ausgegangen werden, dass der oben genannte Zweck i.d.R. bei einer Dauer von 12 Monaten ausreichend und effektiv gefördert werden kann.[758]

---

754 OVG Bln-Bbg NJW 2017, 501, 502.
755 OVG NRW NZV 2006, 53, 54; VGH Kassel NJW 2005, 2511, 2514; Weber SVR 2014, 50, 52 speziell zur Fahrtenbuchauflage.
756 Schoch Jura 2004, 462, 466; Zilkens JuS 2009, 350, 354; Kment/Vorwalter JuS 2015, 193, 199.
757 Vgl. Hentschel/König/Dauer, StVZO § 31 a Rn. 8; Zilkens JuS 2009, 350, 354.
758 Vgl. BVerwG BayVBl 2016, 172; OVG NRW NJW 2016, 968.

c) Da somit ein **anderes gleich geeignetes, aber weniger belastendes** Mittel besteht, muss die Fahrtenbuchauflage für die Dauer von 18 Monaten als nicht erforderlich angesehen werden. Sie ist schon deshalb unverhältnismäßig.

Anlass zu einer längerfristigen Fahrtenbuchauflage kann vor allem dann bestehen, wenn der Verkehrsverstoß eine Straftat darstellt oder mit einem Fahrverbot zu ahnden ist.[759] Nicht erforderlich ist eine Fahrtenbuchauflage für Fahrzeuge, die ohnehin mit einem Fahrtenschreiber ausgestattet sind.[760]

533 4. **Angemessen** ist die Maßnahme nur, wenn sie nicht zu Nachteilen führt, die erkennbar außer Verhältnis zu dem erstrebten Erfolg stehen.

a) Wie bedeutsam der von der Behörde verfolgte **Zweck** ist, richtet sich in erster Linie danach, ob der festgestellte Verkehrsverstoß hinreichend gewichtig ist, um die Anordnung des Führens eines Fahrtenbuchs zu rechtfertigen.[761] Der vorliegende Verkehrsverstoß (behinderndes Parken) war nur geringfügig; durch ihn ist niemand zu Schaden gekommen oder auch nur gefährdet worden.

b) Der von der Maßnahme herbeigeführte **Nachteil** besteht darin, dass E damit belastet wird, ein Fahrtenbuch führen zu müssen. Der Eingriff ist erheblich, und zwar selbst dann, wenn die Auflage z.B. nur für einige Monate angeordnet würde.

c) Vergleicht man die dem E durch die Maßnahme auferlegte erhebliche Belastung mit der abzuwehrenden geringfügigen Gefahr, so ist hier die Belastung deutlich größer als der Vorteil für die Allgemeinheit. Der Eingriff ist damit im Vergleich zu dem damit bezweckten Erfolg **unangemessen**.

Somit ist die Fahrtenbuchauflage **unverhältnismäßig**, die Behörde hat im Rahmen ihres Ermessens eine unzulässige Rechtsfolge gewählt. Die Anordnung ist **rechtswidrig**.

Ein nur einmaliger unwesentlicher Verstoß, der sich weder verkehrsgefährdend ausgewirkt hat noch Rückschlüsse auf die charakterliche Ungeeignetheit des Kraftfahrers zulässt, genügt zum Erlass einer Fahrtenbuchauflage nicht.[762]Angemessen ist die Anordnung einer Fahrtenbuchauflage dagegen grds. bereits bei der Begehung eines nach dem Fahreignungs-Bewertungssystem mit einem Punkt bewerteten Verkehrsverstoßes (vgl. Anlage 13 zur FeV), ohne dass es auf die besonderen Umstände des Einzelfalls, namentlich die Gefährlichkeit des Verkehrsverstoßes ankommt. Zwar deckt ein Punkt nach dem seit 2014 geltenden vereinfachten Punktesystem nunmehr eine größere Spannbreite von Verkehrsverstößen ab als zuvor. Eine entsprechende Typisierung der Verwaltungspraxis ist aber gleichwohl zulässig.[763]

---

759 Vgl. OVG NRW NJW 2016, 968: i.d.R. 12 Monate; OVG NRW NWVBl 2016, 257: im Wiederholungfall zwei Jahre; BayVGH NJW 2011, 326, 328: bei Rotlichtverstoß jedenfalls ein Jahr; VGH BW NJW 2011, 628, 630: ein Jahr bei erheblicher Geschwindigkeitsüberschreitung; VGH BW, Beschl. v. 23.02. 2012 – 10 S 3391/11: zwei Jahre bei erheblichem Rotlichtverstoß; VGH BW NJW 2014, 1608, 1609: 18 Monate bei Verkehrsunfallflucht nach § 142 StGB; OVG Saarlouis, Beschl. v. 18.07.2016 – 1 B 131/16: im Wiederholungsfall 15 Monate zulässig.

760 SächsOVG, NJW 2011, 471, 472.

761 BVerwG, Urt. v. 28.05.2015 – BVerwG 3 C 13.14; OVG NRW, Beschl. v. 13.01.2016 – 8 A 1217/15; allgemein zur Gewichtung von öffentlichen Interessen im Rahmen der Verhältnismäßigkeitsprüfung Kluckert JuS 2015, 116 ff.

762 OVG NRW, Beschl. v. 13.01.2016 – 8 A 1030/15.

763 OVG NRW NJW 2016, 968, 969 zur FeV n.F.; allgemein Weber SVR 2014, 50, 52; ebenso BVerwG NZV 2000, 386; BayVGH NJW 2011, 326, 328 zur FeV a.F.

IV. Rechtsfolge

1. Gebundener VA und Ermessensentscheidung

a) Liegen die Voraussetzungen für den VA vor, so ist auf der Rechtsfolgenseite danach zu unterscheiden, ob die Behörde zu einem bestimmten Verhalten verpflichtet ist (die Behörde **muss** handeln) oder ob der Behörde ein Entscheidungsspielraum (Ermessen) zugewiesen ist (die Behörde **kann** handeln).

- Muss die Verwaltung handeln, so ist die vom Gesetz vorgeschriebene Rechtsfolge zwingend zu treffen **(gebundene Entscheidungen)**. **534**

  Beispiele: Die Baugenehmigung ist zu erteilen, wenn dem Vorhaben öffentlich-rechtliche (Bau-) Vorschriften nicht entgegenstehen (vgl. z.B. Art. 68 Abs. 1 BayBO, § 58 Abs. 1 LBO BW, § 75 Abs. 1 BauO NRW). – Eine Beamtenernennung ist zurückzunehmen, wenn einer der in § 12 Abs. 1 BeamtStG genannten Gründe vorliegt. – Die Fahrerlaubnisbehörde hat die Fahrerlaubnis zu entziehen, wenn ihr Inhaber ungeeignet zum Führen von Kraftfahrzeugen ist (§ 3 Abs. 1 StVG).

- Bei **Ermessensentscheidungen** gilt dagegen das Opportunitätsprinzip, aufgrund dessen der Verwaltung bei ihrer Entscheidungsbildung ein Zweckmäßigkeitsspielraum zugebilligt wird. **535**

  - Ermessen kann eingeräumt werden durch die ausdrückliche Verwendung des Wortes „Ermessen", durch die Formulierung **„kann"** (vgl. z.B. §§ 48, 49 VwVfG), **„darf"**, „ist befugt" oder ähnliche Begriffe. Ermessen ist in der Regel auch dann anzunehmen, wenn der Behörde eine Handlungsermächtigung erteilt wird, ohne dass das Gesetz dafür nähere Voraussetzungen aufstellt (z.B. Erteilung einer Sondernutzungserlaubnis gemäß § 8 FStrG).

  - Ein Fall **gebundener Verwaltung** liegt hingegen vor, wenn das Gesetz Formulierungen wie **„muss"**, **„ist"**, „hat",„darf nicht" o.Ä. verwendet. **536**

    Ausnahmsweise begründet auch das Wort „kann" kein Ermessen, sondern hat nur die Bedeutung, dass der Behörde eine bestimmte Aufgabe zugewiesen ist (Kompetenzzuweisung), die bei Vorliegen der gesetzlichen Voraussetzungen wahrgenommen werden muss. So wird z.B. „kann" in § 35 Abs. 2 BauGB im Hinblick auf Art. 14 GG verfassungskonform dahingehend interpretiert, dass das Bauvorhaben zugelassen werden muss, wenn öffentliche Belange nicht entgegenstehen.[764]

  - Eine Zwischenstellung nehmen die Regelungen ein, nach denen die Behörde unter bestimmten Voraussetzungen tätig werden **„soll"** (vgl. z.B. §§ 20 Abs. 2, 25 Abs. 2 BImSchG). Hier geht der Gesetzgeber davon aus, dass die Behörde **in der Regel verpflichtet** ist, die betreffende Maßnahme zu ergreifen und nur in atypischen Fällen davon absehen darf.[765] Entsprechendes gilt für gesetzliche Vorschriften mit **Regelbeispielen** (z.B. § 5 Abs. 2 WaffG). **537**

    Den Soll-Vorschriften ähnlich sind die Vorschriften, die ein sog. **intendiertes Ermessen** beinhalten. Liegen die Voraussetzungen der Vorschrift vor, so ist wegen des vom Gesetz verfolgten Zwecks in der Regel nur eine (bestimmte) Entscheidung zulässig. **538**

---

764 BVerwGE 18, 247, 250; Ernst/Zinkahn/Bielenberg BauGB § 35 Rn. 73 m.w.N.

765 Schoch Jura 2010, 358, 359; Kment/Vorwalter JuS 2015, 193, 198 f.

Nach Ansicht der Rspr. ist das Ermessen „intendiert“, wenn die Richtung der Ermessensbetätigung vom Gesetz vorgegeben ist, bei „der also ein bestimmtes Ergebnis dem Gesetz näher steht, sozusagen im Grundsatz gewollt ist und davon nur ausnahmsweise abgesehen werden darf. Bei einer solchen Konstellation gilt nämlich, dass es für die eine Ausnahme ablehnende Ermessensentscheidung keiner Abwägung des Für und Wider bedarf.“[766] Dies wird z.B. in den Fällen des § 49 Abs. 2 Nr. 2 und Abs. 3 VwVfG[767] und bei bauordnungsrechtlichen Verfügungen[768] bejaht. Die Lit. kritisiert hieran, dass das intendierte Ermessen dem Grundsatz der Normklarheit widerspricht, es verwische die Grenze zwischen „Soll“ und „Kann“. Außerdem sei dem Gesetz die Unterscheidung zwischen typischen und atypischen Fällen nicht zu entnehmen.[769]

b) Das Ermessen gehört zur Rechtsfolgenseite der Norm, ist also **stets Rechtsfolgeermessen.**[770]

539 **aa)** Das bedeutet, dass Ermessenserwägungen nur zulässig sind, wenn die **Voraussetzungen** der das Ermessen einräumenden Norm **erfüllt** sind. Ob diese vorliegen, ist eine reine Rechtsfrage, die vom Gericht uneingeschränkt überprüft wird. Ist nur eine der erforderlichen Voraussetzungen nicht erfüllt, darf die Behörde nicht tätig werden; eine Ermessensausübung kommt gar nicht in Betracht.

Beispiel: Nach § 11 Abs. 1 Nr. 1 BBG darf zum Beamten auf Lebenszeit nur ernannt werden, wer die in § 7 BBG bezeichneten Voraussetzungen erfüllt. Liegen diese Voraussetzungen nicht vor, darf der Betroffene nicht ernannt werden. Ein Antrag ist zwingend abzulehnen. Ermessen besteht insoweit nicht.

540 **bb)** Liegen die Voraussetzungen hingegen vor, ist der Behörde dadurch, dass der Erlass der Maßnahme in ihr Ermessen gestellt ist, ein **Handlungsspielraum** eingeräumt, von dem sie unter Berücksichtigung der Besonderheiten des Einzelfalls und aufgrund von Zweckmäßigkeitsüberlegungen Gebrauch machen darf. Innerhalb des Ermessens ist seiner Art nach folgende Unterscheidung vorzunehmen:

- Soweit Ermessen bei der Entscheidung besteht, **„ob“** überhaupt gehandelt wird, spricht man von **Entschließungsermessen.**[771]
- Das Ermessen im Hinblick auf die Auswahl des konkreten Mittels **(„wie“)** wird als **Auswahlermessen** bezeichnet.[772]

So steht es im Polizeirecht zum einen im (Entschließungs-) Ermessen der Behörde, **ob** sie überhaupt einschreitet, um eine Gefahr für die öffentliche Sicherheit abzuwehren. Hat sich die Behörde zum Einschreiten entschlossen, steht es darüber hinaus in ihrem (Auswahl-) Ermessen, **gegenüber wem** (bei mehreren Störern) **welche Maßnahme** (bei mehreren rechtmäßigen Alternativen) getroffen wird. Entschließungs- und Auswahlermessen können, müssen aber nicht gleichzeitig gegeben sein.

2. Ermessensfehler

541 Gemäß § 40 VwVfG muss die Behörde das Ermessen entsprechend dem **Zweck** der Ermächtigung ausüben und die **gesetzlichen Grenzen** des Ermessens einhalten.

---

766 Vgl. BVerwGE 72, 1, 6; BVerwG NJW 1998, 2233, 2234; BayVGH, Beschl. v. 23.05.2017 – 4 ZB 16.1336; BayVGH BayVBl. 2009, 537; BayVBl. 2014, 178; Knack/Henneke VwVfG § 40 Rn. 37; kritisch Schoch Jura 2010, 358, 360.

767 Vgl. dazu näher bei der Aufhebung von Subventionsbescheiden im AS-Skript Verwaltungsrecht AT 2 (2017), Rn. 64.

768 OVG M-V NVwZ-RR 2016, 729; OVG Berlin LKV 2000, 545, 546; ThürOVG LKV 2002, 185, 187.

769 Vgl. Borowski DVBl. 2000, 149, 157; Peters DÖV 2001, 749, 757 f.; Erbguth JuS 2002, 333 f.; Beaucamp JA 2006, 74, 77; Voßkuhle JuS 2008, 117; Schoch Jura 2010, 358, 362.

770 Lemke JA 2000, 150, 150; Schoch Jura 2004, 462, 463 m.w.N.

771 Schoch Jura 2004, 462, 463 m.w.N.

772 Knack/Henneke VwVfG § 40 Rn. 31; Schoch Jura 2004, 462, 463 m.w.N.

Wichtigste **prozessuale Konsequenz** bei Ermessensentscheidungen ist die Einschränkung der gerichtlichen Prüfungskompetenz. Das Gericht darf **nur die Rechtmäßigkeit** des VA überprüfen (§ 113 Abs. 1 S. 1 u. Abs. 5 S. 1 VwGO), nicht aber dessen Zweckmäßigkeit.

Eine **Zweckmäßigkeitskontrolle** findet nur im Verwaltungsverfahren statt. So muss die Widerspruchsbehörde gemäß § 68 Abs. 1 VwGO die Rechtmäßigkeit und die Zweckmäßigkeit des VA überprüfen. Die Widerspruchsbehörde darf sich daher nicht auf die Prüfung von Ermessensfehlern beschränken, sondern muss eigenes Ermessen ausüben.

Das Gericht muss den Ermessensvorrang der Behörde beachten und darf insbes. **kein eigenes Ermessen** ausüben. **Die gerichtliche Überprüfung ist vielmehr auf Ermessensfehler i.S.d. § 114 S. 1 VwGO beschränkt.** **542**

Diese eingeschränkte Prüfungskompetenz ist verfassungsrechtlich unbedenklich, insbes. auch im Hinblick auf Art. 19 Abs. 4, 20 Abs. 3 GG (Rechtsstaatsprinzip). Zuweilen wurde zwar eine möglichst umfassende gerichtliche Kontrolle der Verwaltung gefordert, insbes. wurde Ermessen bei grundrechtsbeschränkenden VAen für verfassungswidrig gehalten. Heute ist jedoch allgemein anerkannt, dass Effektivität und Flexibilität des Verwaltungshandelns in bestimmten Fällen einen Ermessensspielraum zwingend erfordern. Soweit Ermessensermächtigungen „nach Inhalt, Gegenstand, Zweck und Ausmaß" hinreichend bestimmt und begrenzt werden, bestehen daher keine verfassungsrechtlichen Bedenken.[773]

Ein **Ermessensfehler** liegt vor, wenn die Behörde **543**

- die gesetzlichen Grenzen des Ermessens überschreitet **(Ermessensüberschreitung)**,
- ihr Ermessen überhaupt nicht ausgeübt hat **(Ermessensunterschreitung)**
- oder von dem Ermessen in einer dem Zweck der Ermächtigung nicht entsprechenden Weise Gebrauch gemacht hat **(Ermessensfehlgebrauch)**.

In der Literatur finden sich zahlreiche Versuche, die möglichen Ermessensfehler zu systematisieren. Überwiegend wird die klassische Dreiteilung (Ermessensüberschreitung, Ermessensunterschreitung und Ermessensfehlgebrauch) vorgenommen[774], während teilweise nach dem Wortlaut des § 40 VwVfG bzw. § 114 VwGO nur eine Zweiteilung oder sogar eine Ein-Fehler-Lehre vertreten wird.[775]

Klausurhinweis: *Ausgangspunkt in der Klausur sollte stets der Wortlaut des § 40 VwVfG bzw. § 114 S. 1 VwGO sein. Dabei ist **§ 40 VwVfG** einschlägig, wenn es um eine nur **materiellrechtliche** Prüfung geht (also insbes. die Situation im Verwaltungsverfahren: „Ist die Maßnahme rechtmäßig?"), während* **§ 114 VwGO** *bei der* **prozessualen Prüfung** *anzuwenden ist („Hat die Klage Aussicht auf Erfolg?").*

a) Ermessensüberschreitung

Eine **Ermessensüberschreitung** liegt vor, wenn die Behörde eine im Gesetz – abstrakt – **nicht zugelassene Rechtsfolge** wählt. **544**

Beispiel: Nach § 11 Abs. 3 VwVG beträgt die Höhe des Zwangsgeldes bis zu 25.000 Euro. Die Höhe im Einzelfall steht im Ermessen der Behörde. Wird ein Zwangsgeld i.H.v. 30.000 € festgesetzt, liegt ein Fall der Ermessensüberschreitung vor.

---

773 Vgl. BVerfGE 8, 274, 326; Beaucamp JA 2006, 74, 75; Kment/Vorwalter JuS 2015, 193, 194.

774 Vgl. Knack/Henneke VwVfG § 40 Rn. 48 ff.; Schoch Jura 2004, 462, 465 f.; Beaucamp JA 2006, 74, 75; Voßkuhle JuS 2008, 117, 118; Kment/Vorwalter JuS 2015, 193, 199.

775 Vgl. ausführlich Schoch Jura 2004, 462 ff.

545 Die **gesetzlichen Grenzen des Ermessens** können sich ergeben

- aus der das Ermessen einräumenden **Norm** selbst (s.o.),
- aus anderen Rechtsvorschriften, vor allem aus den **Grundrechten**, aus sonstigem Verfassungsrecht (z.B. Rechtsstaatsprinzip), aus dem Unionsrecht und
- insbesondere aus dem Grundsatz der **Verhältnismäßigkeit** (s.o. Rn. 516).[776]

Beachte: *Auch wenn die Verhältnismäßigkeit als Ermessensgrenze geprüft wird, handelt es sich um eine Rechtsfrage und nicht um eine Ermessensfrage, sodass die Beachtung des Grundsatzes der Verhältnismäßigkeit verwaltungsgerichtlich voll nachprüfbar ist.*[777]

b) Ermessensunterschreitung

546 Der Ermessensüberschreitung steht die **Ermessensunterschreitung** gleich (auch Ermessensausfall, Ermessensnichtgebrauch). Räumt das Gesetz der Behörde Ermessen ein, so ist sie **verpflichtet**, von diesem Ermessen auch Gebrauch zu machen. Fehlt es an einer Ermessensausübung oder schöpft die Verwaltung deren Möglichkeiten nicht aus, so ist die Entscheidung ebenso rechtswidrig, wie wenn die Behörde die Grenzen des Ermessens nicht beachtet.[778]

Umstritten ist lediglich, ob es sich hierbei überhaupt um einen eigenständigen Ermessensfehler handelt oder um einen schlichten Rechtsanwendungsfehler.

547 Ein solcher Nichtgebrauch des Ermessens kann darauf beruhen, dass

- die Behörde fälschlicherweise die **Voraussetzungen** der Ermessensnorm **verneint** hat und daher zu einer Prüfung der Rechtsfolgenseite gar nicht mehr gekommen ist,

  Beispiel: Die Behörde nimmt irrtümlich an, die Abweichung vom Bebauungsplan sei städtebaulich nicht vertretbar und verneint deswegen die Voraussetzungen des § 31 Abs. 2 BauGB, obwohl diese objektiv gegeben sind.

- die Behörde sich irrig für **gebunden** gehalten hat, insbes. den Ermessensspielraum überhaupt nicht erkannt hat,

  Beispiel: Die Behörde meint, rechtswidrige Verwaltungsakte müssten generell aufgehoben werden, obwohl ihr nach § 48 VwVfG grundsätzlich Ermessen zusteht.

- die Behörde bei der Anwendung von **Verwaltungsvorschriften** übersehen hat, dass ein **atypischer Fall** vorliegt und deshalb von den Verwaltungsvorschriften abgewichen werden konnte.[779]

c) Ermessensfehlgebrauch

548 Die praktisch wichtigste Fallgruppe des Ermessensfehlers besteht darin, dass die Behörde bei der Entscheidung nicht entsprechend dem Zweck der Ermächtigung handelt **(Ermessensfehlgebrauch)**. Beim Ermessensfehlgebrauch ist **nicht das Ergebnis**, sondern der **gedankliche Weg**, auf dem die Behörde zu ihrer Entscheidung gelangt ist, fehlerhaft.

---

776 Voßkuhle JuS 2007, 429, 430 f.; Kment/Vorwalter JuS 2015, 193, 199.
777 BVerwGE 30, 313, 317; Brischke DVBl. 2002, 429, 434.
778 BVerwGE 31, 212, 213; 48, 81, 84; Maurer/Waldhoff § 7 Rn. 21; Kment/Vorwalter JuS 2015, 193, 199.
779 OVG NRW, Beschl. v. 29.05.2017 – 4 A 516/15 und oben Rn. 179.

Deshalb lässt sich dieser Fehler nicht einfach durch Subsumtion des Sachverhaltes unter das Gesetz feststellen, insbesondere also nicht durch einen einfachen Vergleich zwischen der im VA angeordneten und der gesetzlich vorgesehenen Rechtsfolge. Der Fehler ergibt sich vielmehr aus der **Begründung des VA** oder aus anderen **Begleitumständen**.

aa) Sachfremde Erwägungen

Ein Ermessensfehlgebrauch ist insbes. anzunehmen, wenn die Behörde sachfremde Erwägungen angestellt hat. Welche Erwägungen sachgemäß sind, kann sich aus der Ermessensnorm selbst, aus anderen Vorschriften sowie aus der Eigenart des Sach- und Rechtsgebiets ergeben, dem das Handeln der Behörde zuzurechnen ist. 549

Beispiel: Bei behördlich **festgesetzten Märkten** und **Volksfesten** darf der Veranstalter aus sachlich gerechtfertigten Gründen, insbesondere wenn der zur Verfügung stehende Platz nicht ausreicht, einzelne Aussteller, Anbieter oder Besucher von der Teilnahme ausschließen (§ 70 Abs. 3 GewO). Anerkannte Kriterien für die Auswahl sind z.B. das Prioritätsprinzip, die Zuverlässigkeit des Bewerbers, die Attraktivität des Angebots, die Anwendung eines rollierenden Systems oder eines Losverfahrens.[780] Auch die Auswahl nach Bekanntheit und Bewährung der Bewerber stellt grundsätzlich einen sachlichen Grund dar. Ein Ermessensfehler liegt aber vor, wenn der Veranstalter ausschließlich bekannte und bewährte Bewerber berücksichtigt, da hierdurch Neubewerber keine Chance auf eine zeitnahe Zulassung haben.[781]

Stets **sachfremd** sind persönliche Motive (Freundschaft, Abneigung etc.). Dagegen sind politische und wirtschaftliche Erwägungen nicht generell unzulässig, denn die Behörde darf nach **Zweckmäßigkeit** entscheiden, und dabei können diese Gesichtspunkte durchaus eine Rolle spielen. Auch fiskalische Erwägungen sind nicht von vornherein ausgeschlossen, denn auch bei hoheitlichen Maßnahmen ist es vielfach geboten, die entstehenden finanziellen Nachteile zu berücksichtigen.[782] Fiskalische Erwägungen sind z.B. zulässig bei der Rückforderung rechtswidrig gewährter Subventionen, dagegen unzulässig bei einer Polizeiverfügung. 550

bb) Tatsachenfehler

Die Behörde muss **alle wesentlichen Gesichtspunkte** bei ihrer Entscheidung berücksichtigen und daher den entscheidungsrelevanten Sachverhalt richtig und vollständig ermitteln (vgl. § 24 VwVfG). Die Ermessensentscheidung ist daher fehlerhaft, wenn die Behörde bei ihren Erwägungen von unzutreffenden oder unvollständigen tatsächlichen Feststellungen ausgeht,[783] wobei allerdings umstritten ist, ob ein Ermessensfehlgebrauch oder eine Ermessensunterschreitung vorliegt.[784] 551

cc) Strukturelle Mängel in der Begründung

Nach § 39 Abs. 1 S. 3 VwVfG soll die Begründung von Ermessensentscheidungen auch die Gesichtspunkte erkennen lassen, von denen die Behörde bei der Ausübung ihres Ermessens ausgegangen ist. Eine Verletzung der Begründungspflicht stellt zwar keinen 552

780 BVerwG NVwZ-RR 2006, 786; OVG Lüneburg NVwZ-RR 2006, 177; Selmer JuS 2006, 472, 473; Braun NVwZ 2009, 747, 750.
781 BVerwG DVBl. 1984, 1071; OVG Lüneburg NJW 2003, 531, 532; Guckelberger Jura 2007, 598, 606.
782 Vgl. Maurer/Waldhoff § 7 Rn. 22; v.Mutius Jura 1987, 92, 99.
783 OVG NRW, Urt. v. 16.06.2015 – 11 A 1131/13; OVG MV, Urt. v. 27.03.2009 – 2 L 218/06; Bader JuS 2006, 199, 200.
784 Vgl. Kopp/Ramsauer VwVfG § 40 Rn. 80; Kment/Vorwalter JuS 2015, 193, 199: Ermessensfehlgebrauch.

materiellen, sondern einen formellen Fehler dar, jedoch kann das Fehlen einer Begründung ein **Indiz für einen Ermessensfehler** sein.[785] Die Begründung darf nicht unlogisch sein und keine widersprüchlichen Ausführungen enthalten. Sie darf keine wesentlichen Gesichtspunkte außer Acht lassen, muss also alle nach Lage des Einzelfalles wesentlichen Abwägungsgesichtspunkte enthalten.[786]

Etwas anderes gilt allerdings in den Fällen des sog. **intendierten Ermessens** (s.o. Rn. 538): „Liegt ein vom Regelfall abweichender Sachverhalt nicht vor, versteht sich das Ergebnis der Abwägung von selbst. Versteht sich aber das Ergebnis von selbst, so bedarf es insoweit nach § 39 Abs. 1 S. 3 VwVfG auch keiner das Selbstverständliche darstellenden Begründung."[787] Die Behörde muss in diesem Fall nur die Tatsachen darlegen, die zeigen, dass ein Regelfall vorliegt.[788]

dd) Verstoß gegen Art. 3 Abs. 1 GG

553 Besondere Bedeutung bei Ermessensentscheidungen hat der allgemeine Gleichheitsgrundsatz des Art. 3 Abs. 1 GG.[789] Dieser verlangt, dass die Behörde das Ermessen in gleichgelagerten Fällen gleichmäßig ausübt.[790] Hauptfälle der zu einem Ermessensfehler führenden Verletzung des Art. 3 Abs. 1 GG sind Verstöße gegen das **Willkürverbot** und der Verstoß der Behörde gegen eine **Selbstbindung** durch Behördenpraxis oder durch Verwaltungsvorschriften.[791] Umstritten ist lediglich, ob dogmatisch eine Ermessensüberschreitung[792] oder ein Ermessensfehlgebrauch vorliegt.[793]

Beispiele: Sind in einem Gebiet im Laufe der Jahre zahlreiche Wochenendhäuser ohne Baugenehmigung entstanden, so darf sich die Behörde nicht einen Eigentümer wahllos herausgreifen und gegen ihn eine Beseitigungsverfügung erlassen. Sie braucht zwar nicht gegen alle gleichzeitig vorzugehen, muss ihr Vorgehen aber an einem bestimmten Konzept ausrichten (s.o. Rn. 438). – Hat die Behörde in ständiger Praxis unter bestimmten Voraussetzungen eine Subvention gewährt, so kann sich daraus ein Anspruch auf Erlass eines Subventionsbescheides in vergleichbaren Fällen ergeben (s.o. Rn. 166 ff.).

Gegenbeispiel: Hat die Behörde dem K über einen längeren Zeitraum im Ermessen stehende Subventionen gewährt und wird die Förderung abgebrochen, so stellt dies allein noch keinen Verstoß gegen Art. 3 Abs. 1 GG dar, wenn auch in anderen vergleichbaren Fällen keine Subventionierung mehr erfolgt. Denn Art. 3 Abs. 1 GG begründet nur einen Anspruch auf Gleichbehandlung verschiedener Rechtssubjekte im Hinblick auf eine eingeführte Verwaltungspraxis, nicht dagegen darauf, dass ein- und demselben Rechtssubjekt bei vergleichbaren Sachverhalten gleichmäßige Begünstigungen gewährt werden.[794] Die Behörde ist grds. berechtigt, ihre Verwaltungspraxis aus sachlichen Gründen jederzeit zu ändern (s.o. Rn. 169). In diesen Fällen kann sich ein Anspruch nur aus dem Grundsatz des Vertrauensschutzes als Bestandteil des Rechtsstaatsprinzips (Art. 20 Abs. 3 GG) ergeben. Allein die Tatsache einer jahrelang gewährten Subvention begründet aber kein schutzwürdiges Vertrauen in die Weitergewährung, sofern nicht besondere Umstände hinzutreten.[795]

---

785 BSG DVBl. 1994, 1246, 1247; Proppe JA 1997, 418, 422; Schoch Jura 2005, 757, 758; Bader JuS 2006, 199, 200.

786 BVerwG NVwZ 2010, 844, 845; OVG MV, Urt. v. 27.03.2009 – 2 L 218/06.

787 BVerwG NJW 1998, 2233, 2234; BayVGH NJW 2011, 326, 328; OVG NRW NVwZ-RR 2012, 671, 675; Borowski DVBl. 2000, 149, 159; kritisch Erbguth JuS 2002, 333, 334; Beaucamp JA 2006, 74, 77.

788 OVG M-V NVwZ-RR 2016, 729; Stelkens/Bonk/Sachs VwVfG § 39 Rn. 70; Schoch Jura 2010, 358, 362; vgl. auch OVG Lüneburg, Urt. v. 10.02.2011 – 12 LB 318/08 zur Begründung im atypischen Einzelfall.

789 Ausführlich Bader/Ronellenfitsch VwVfG § 40 Rn. 57 ff.

790 BVerwG, Urt. v. 09.07.2014 – BVerwG 8 C 36.12, NVwZ 2014, 1583, 1584.

791 Vgl. OVG NRW DVBl. 2011, 51; OVG Lüneburg NJW 2010, 2905; Schoch Jura 2004, 462, 467 und oben Rn. 154.

792 Voßkuhle JuS 2008, 117, 118; Kment/Vorwalter JuS 2015, 193, 199.

793 Für Ermessensfehlgebrauch OVG NRW, Urt. v. 16.06.2015 – 11 A 1131/13.

794 Vgl. SächsOVG, Beschl. v. 26.11.2013 – 4 B 426/13.

795 Vgl. BVerwG NVwZ 2006, 1184, 1188; VGH Mannheim NJW 2004, 624; OVG Berlin JZ 2005, 672, 673; OVG NRW NWVBl. 2010, 150, 151; abweichend OVG Berlin DVBl. 2003, 1333, 1334; näher oben Rn. 174.

Fall 21: Aufstellung von Altkleidercontainern

K ist ein Unternehmen, dass sich mit der gewerblichen Sammlung und Verwertung von Alttextilien befasst. Zu diesem Zweck stellt sie auf öffentlich zugänglichen Flächen Sammelcontainer auf. Mit Schreiben vom 07.01.2017 beantragte K Sondernutzungserlaubnisse für die Aufstellung von 8 Containern im Gebiet der kreisfreien Stadt S. Aufgrund negativer Erfahrungen mit Aufstellern von Altkleidercontainern (illegales Aufstellen, ungepflegter Eindruck der Standorte) hatte der Rat der Stadt S in seiner Sitzung am 31.10.2016 den Beschluss gefasst, im Stadtgebiet 13 Standorte für Sammelcontainer für Altkleider auszuweisen, wovon 10 Standorte an das Deutsche Rote Kreis (DRK) und drei an den Malteser Hilfsdienst vergeben wurden. Die Standorte wurden im Einzelnen aufgelistet. Darüber hinaus wurde beschlossen, keine weiteren Standorte zu genehmigen, um eine übermäßige Möblierung des öffentlichen Verkehrsraums zu verhindern. Unter Hinweis auf diesen Beschluss hat die Stadt den Antrag des K mit Schreiben vom 25.01.2017 abgelehnt. Die vorgesehenen Standorte seien im November 2016 langfristig an karitative Einrichtungen vergeben worden. Innerhalb des Stadtgebietes sei damit der Bedarf an Altkleidercontainern auf öffentlichen Verkehrsflächen gedeckt. Überdies habe sich K als unzuverlässig erwiesen, da er schon mehrfach Altkleidercontainer ohne Sondernutzungserlaubnis an öffentlichen Verkehrsflächen aufgestellt habe. K meint, die Stadt habe ihr Ermessen nicht ordnungsgemäß ausgeübt. Er werde dadurch auf Dauer von der Möglichkeit ausgeschlossen, im Gebiet der Stadt S Altkleidercontainer auf öffentlichen Flächen aufzustellen. Die von ihm ausgewählten Standorte lägen sämtlich im Bereich bereits aufgestellter Glascontainer, für die ebenfalls Sondernutzungserlaubnisse erteilt worden seien. Wie ist die Rechtslage?

Hinweis: Aufgrund Verweises im Landesstraßengesetz gelten die Vorschriften über Sondernutzungen in § 8 FStrG entsprechend. Die Stadt S ist zuständige Straßenbaubehörde.

Rechtsgrundlage für die Erteilung von Sondernutzungserlaubnissen ist § 8 Abs. 1 S. 2 FStrG (bzw. entsprechendes Landesrecht). Danach bedarf eine Sondernutzung der Erlaubnis der Straßenbaubehörde (hier der Stadt S).

I. **Sondernutzung** ist die Benutzung öffentlicher Straßen über den Gemeingebrauch hinaus (§ 8 Abs. 1 S. 1 FStrG). **Gemeingebrauch** ist der Gebrauch der Straßen im Rahmen der Widmung und der verkehrsbehördlichen Vorschriften zum Verkehr (§ 7 Abs. 1 S. 1 FStrG). Kein Gemeingebrauch liegt vor, wenn jemand die Straße nicht vorwiegend zum Verkehr, sondern zu anderen Zwecken benutzt (§ 7 Abs. 1 S. 3 FStrG). Die gegenständliche Inanspruchnahme der Straße stellt daher grundsätzlich eine Sondernutzung dar, da es durch das Aufstellen von Gegenständen auf öffentlichen Verkehrsflächen regelmäßig zu einer nicht ganz unerheblichen Behinderung der übrigen Verkehrsteilnehmer kommt. Dies gilt auch für das Aufstellen von Sammelcontainern (Altkleider, Glas, Papier u.Ä.), und zwar selbst dann, wenn sich der Container auf Privatgrund befindet und lediglich die Befüllung von der öffentlichen Verkehrsfläche aus erfolgt. Eine Sondernutzung liegt damit vor.[796] 554

796 Vgl. OVG Saarlouis, Beschl. v. 05.04.2017 – 6 K 689/14; OVG NRW, Beschl. v. 14.12.2016 – 11 B 1346/16; BayVGH, Urt. v. 10.02.2015 – 20 B 13.710; NdsOVG KommJur 2015, 222; VGH BW NVwZ-RR 2014, 507; Sauthoff NVwZ 2004, 674, 680; Erzinger JuS 2017, 247, 250.

Weitere Beispiele: Aufstellen von Verkaufsständen, Werbeanlagen oder Gerüsten im öffentlichen Straßenraum, ebenso das Aufstellen von Stühlen und Tischen auf dem Gehweg vor einem Cafe.[797]

555 II. Da § 8 Abs. 1 S. 2 FStrG keine Voraussetzungen aufstellt, steht die Erteilung der Sondernutzungserlaubnis im **Ermessen** der Behörde.[798] Das der Behörde eingeräumte Ermessen ist entsprechend dem Zweck der Vorschrift unter Einhaltung der gesetzlichen Grenzen des Ermessens auszuüben (§ 40 VwVfG).

1. Eine ordnungsgemäße Ermessensausübung setzt zunächst voraus, dass der der Entscheidung zugrundeliegende **Sachverhalt** vollständig und zutreffend ermittelt und alle wesentlichen Umstände berücksichtigt worden sind.[799] Insoweit bestehen hier keine Bedenken.

556 2. Im Rahmen der Ermessensausübung liegt ein **Ermessensfehlgebrauch** i.S.d. § 40 VwVfG vor, wenn die Behörde eine ihr Ermessen bindende ständige Verwaltungspraxis im Einzelfall unter Verstoß gegen **Art. 3 Abs. 1 GG** nicht beachtet hat.[800]

a) Danach ist die Behörde – vorbehaltlich einer Änderung der Verwaltungspraxis – grds. gehalten, eine Erlaubnis zu erteilen, wenn sie eine solche in **vergleichbaren Fällen** bislang erteilt hat. Allerdings ist es grds. nicht ermessensfehlerhaft, Anträge auf Erteilung von Sondernutzungserlaubnissen mit der Begründung abzulehnen, für die beantragte Fläche sei bereits einem Dritten eine Sondernutzungserlaubnis erteilt worden. Denn für ein und dieselbe öffentliche Straßenfläche kann nur eine Sondernutzungserlaubnis erteilt werden.[801]

Nach § 8 Abs. 2 FStrG darf die Sondernutzungserlaubnis nur auf Zeit oder Widerruf erteilt werden. Ist der Zeitraum, für den die Sondernutzungserlaubnis an einen Dritten erteilt worden ist, noch nicht abgelaufen, ist es in aller Regel ermessensfehlerfrei, den Antrag mit Blick hierauf abzulehnen. Ist für die beantragte Fläche eine unbefristete Erlaubnis erteilt worden, bedürfte es eines Widerrufs der dem Dritten erteilten Erlaubnis nach § 49 VwVfG. Ein subjektives Recht darauf, dass die einem Dritten erteilte Sondernutzungserlaubnis widerrufen wird, besteht aber grds. nicht.[802] Denn § 8 Abs. 1 FStrG vermittelt keinen Drittschutz.[803] Daher ist der Hinweis der Stadt auf die dem DRK und dem Malteser Hilfsdienst erteilten Sondernutzungserlaubnisse grundsätzlich **sachgerecht**. Denn jeden Aufstellungsort kann die Stadt nur einmal vergeben.

557 b) Treffen allerdings für ein- und dieselbe Straßenfläche **mehrere Anträge** unterschiedlicher Nutzer zeitlich zusammen, hat die Behörde grds. eine ermessensfehlerfreie Auswahlentscheidung zu treffen.[804] Denn sobald gegenläufige Nut-

797 Vgl. z.B. VGH BW, Urt. v. 18.03.2014 – 5 S 348/13, RÜ 2014, 400, 402; OVG RP, Urt. v. 04.12.2014 – 1 A 10294/14, KommJur 2015, 181; Sauthoff NVwZ 2004, 674, 679.

798 OVG NRW, Urt. v. 16.06.2015 – 11 A 1131/13, NVwZ-RR 2015, 830, 831; VG Düsseldorf, Urt. v. 07.05.2013 – 16 K 1815/13.

799 Kopp/Ramsauer VwVfG § 40 Rn. 80 m.w.N. und oben Rn. 551.

800 OVG NRW, Urt. v. 16.06.2015 – 11 A 1131/13, NVwZ-RR 2015, 830; Kopp/Ramsauer VwVfG § 40 Rn. 42; nach a.A. liegt in diesem Fall eine Ermessensüberschreitung vor; vgl. Kment/Vorwalter JuS 2015, 193, 198.

801 OVG NRW, Urt. v. 07.04.2017 – 11 A 2068/14.

802 OVG NRW, Urt. v. 16.06.2015 – 11 A 1131/13, NVwZ-RR 2015, 830, 832.

803 OVG NRW Urt. v. 07.04.2017 – 11 A 2068/14; OVG NRW NVWZ-RR 2015, 830, 832; VGH BW, Urt. v. 16.02.2009 – 5 S 2811/08, RÜ 2009, 601, 602.

804 OVG NRW, Urt. v. 07.04.2017 – 11 A 2068/14; VGH BW, Urt. v. 18.03.2014 – 5 S 348/13, RÜ 2014, 400, 403.

zungsinteressen an einer Straßenfläche entstehen, ist seitens der Behörde im Rahmen ihres Verteilungsermessens ein **Interessensausgleich** vorzunehmen.

Beispiel: Zwei nebeneinander liegende Gaststättenbetriebe beantragen für dieselbe Teilfläche einer Fußgängerzone eine Sondernutzungserlaubnis für ihre Außengastronomie. – Die Behörde muss eine Auswahlentscheidung nach pflichtgemäßem Ermessen treffen.

Sind diese Anträge bezogen auf ein- und dieselbe Straßenfläche allerdings – wie hier – in zeitlicher Hinsicht **nacheinander** gestellt, ist das **Prioritätsprinzip** ein legitimes Auswahlkriterium, wenn andere sachgerechtere Kriterien nicht zur Verfügung stehen.[805] Hier sind die Sondernutzungserlaubnisse an das DRK und den Malteser Hilfsdienst bereits im November 2016 erteilt worden, bevor K seinen Antrag Anfang Januar 2017 gestellt hat. Der grds. bestehende Anspruch des K auf ermessensfehlerfreie Entscheidung umfasst nicht den Anspruch auf Widerruf der erteilten Sondernutzungserlaubnisse (s.o.). Etwas anderes würde nur dann gelten, wenn die Anträge des K und der karitativen Einrichtungen in Bezug auf die Aufstellungsorte **zeitlich zusammengetroffen** wären. Das war hier nicht der Fall. **558**

3. Ein Ermessensfehlgebrauch liegt nach § 40 VwVfG auch dann vor, wenn die Behörde ihr Ermessen nicht entsprechend dem **Zweck der Ermächtigung** ausgeübt hat. Entsprechend dem Zweck des § 8 Abs. 1 S. 2 FStrG hat sich die behördliche Ermessensentscheidung bei einer Sondernutzungserlaubnis an Gründen zu orientieren, die einen **sachlichen Bezug zur Straße** haben. Zu diesen Gründen zählen z.B. ein einwandfreier Straßenzustand, die Sicherheit und Leichtigkeit des Verkehrs, der Ausgleich gegenläufiger Interessen verschiedener Straßenbenutzer (etwa Schutz vor Abgasen, Lärm oder sonstigen Störungen) oder Belange des Straßenbildes, z.B. baugestalterische oder städtebauliche Vorstellungen mit Bezug zur Straße.[806] **559**

Nach der Gegenansicht dürfen auch allgemeine ordnungsrechtliche Aspekte berücksichtigt werden.[807] Dagegen spricht jedoch, dass das Straßenrecht in Bezug auf die Benutzung der Straße nur einen spezifischen Gefahrenbereich erfasst, nämlich straßentypische Gefahren. Dann dürfen auch nur unmittelbar straßenbezogene Gesichtspunkte zur Ablehnung der Sondernutzungserlaubnis herangezogen werden.

a) Insoweit bestehen gegen die **Begrenzung der Anzahl** von Aufstellungsorten von Containern grundsätzlich keine Bedenken. Diese dienen der Vermeidung einer „Übermöblierung" des öffentlichen Straßenraums und damit einem straßenrechtlichen Belang.[808] Die Betroffenen haben auch keinen Anspruch darauf, dass die Stadt eine größere Zahl an Standorten, als von ihr für sachgerecht gehalten, zur Verfügung stellt. **560**

b) Allerdings hat die Behörde die Ablehnung auch auf die **Unzuverlässigkeit** des K wegen früherer Verstöße gegen das Straßenrecht gestützt.[809] Die Frage der Zuverlässigkeit des Antragstellers hat jedoch i.d.R. **keinen straßenrechtlichen** **561**

---

805 OVG NRW, Urt. v. 07.04.2017 – 11 A 2068/14; OVG NRW NVwZ-RR 2015, 830, 832; BayVGH BayVBl. 2010, 306, 30 8; nachfolgend BVerwG, Beschl. v. 20.04.2010 – BVerwG 3 B 80.09.

806 OVG NRW, Urt. v. 16.06.2015 – 11 A 1131/13, NVwZ-RR 2015, 830, 832; OVG NRW, Beschl. v. 08.06.2012 – 11 B 694/12, NVwZ 2012, 1054, 1055; VGH BW, Urt. v. 18.03.2014 – 5 S 348/13, RÜ 2014, 400, 402; OVG RP, Urt. v. 04.12.2014 – 1 A 10294/14, KommJur 2015, 181; Sauthoff NVwZ 2004, 674, 683 f.

807 Vgl. OVG Bln-Bbg, Urt. v. 03.11.2011 – OVG 1 B 65/10, RÜ 2012, 327, 329.

808 OVG NRW NVwZ-RR 2015, 830, 832; BayVGH, Beschl. v. 01.08.2017 – 8 ZB 17.1015; Erzinger JuS 2017, 247, 251.

Bezug.[810] Etwas anderes kann ausnahmsweise dann gelten, wenn die Behörde die Ablehnung der Erteilung einer Sondernutzungserlaubnis etwa auf den Gesichtspunkt gestützt hat, die Sicherheit des Straßenverkehrs sei im Falle der Erteilung der Erlaubnis an den Antragsteller mit Blick auf dessen früheres Verhalten nicht gewährleistet, z.B. weil er Auflagen oder Bedingungen der Erlaubnis nicht eingehalten hat.[811]

Auch die Frage, ob die Sondernutzung durch einen gemeinnützigen oder gewerblichen Aufsteller geschieht, ist straßenrechtlich ohne Belang. Das Sondernutzungsrecht ist im Grundsatz wirtschafts- und wettbewerbsneutral. Deshalb fehlt z.B. auch dem im Marktrecht entwickelten Grundsatz „bekannt und bewährt" der straßenrechtliche Bezug.[812] Auch das Konzept der „Entsorgung aus einer Hand" ist für die ermessensfehlerfreie Versagung einer Sondernutzungserlaubnis allein nicht ausreichend, weil die Monopolstellung eines Entsorgers zu einer unzulässigen Beschränkung des Wettbewerbs führt.[813]

Hier hat K in der Vergangenheit zwar verschiedentlich Altkleidercontainer ohne Sondernutzungserlaubnis aufgestellt. Durch die jetzige Antragstellung hat K indes die Erforderlichkeit einer solchen Erlaubnis gerade nicht in Frage gestellt. Auch hat er nicht zum Ausdruck gebracht, dass er sich an etwaige Auflagen nicht halten werde. Der Hinweis der Behörde auf die angeblich fehlende Zuverlässigkeit des K hat **keinen straßenrechtlichen Bezug** und steht nicht im Einklang mit dem Zweck der Sondernutzungserlaubnis. Diese Erwägung ist daher **ermessensfehlerhaft** (§ 40 VwVfG).

562 c) Begründet die Behörde ihre Ermessensausübung – wie hier – in **mehrfacher Weise**, so kommt es für die Frage des Vorliegens eines Ermessensfehlers darauf an, ob die **jeweilige Begründung für die Entscheidung tragend** ist (arg. e. § 39 Abs. 1 S. 2 VwVfG). Gibt die Behörde mehrere, selbstständig tragende Begründungen, so genügt es grds., dass **eine davon** ermessensfehlerfrei ist.[814] Etwas anderes gilt dann, wenn nach dem Willen der Behörde nur alle Gründe zusammen die Entscheidung rechtfertigen sollten.[815]

Hier hat die Stadt ermessensfehlerfrei geltend gemacht, dass der Erteilung einer Sondernutzungserlaubnis an K der straßenbezogene Gesichtspunkt der „Übermöblierung" des Straßenraums entgegensteht. Der Hinweis auf die angebliche Unzuverlässigkeit des K hat demgegenüber keine tragende, sondern nur ergänzende Bedeutung (vgl. „überdies"). Die Entscheidung ist damit mit Blick auf die straßenrechtliche Erwägung ermessensfehlerfrei.

Ergebnis: Die Ablehnung der Sondernutzungserlaubnis ist rechtmäßig.

---

809 Zur Unzuverlässigkeit beim Aufstellen von Sammelcontainern ohne Sondernutzungserlaubnis OVG Saarlouis NVwZ-RR 2015, 101; OVG Lüneburg, Beschl. v. 14.01.2015 – 7 ME 57/14; OVG NRW, Urt. v. 07.05.2015 – 20 A 2670/13; HessVG, Beschl. v. 06.12.2016 – 2 B 1935/16.

810 OVG NRW NVwZ-RR 2015, 830, 832 u. 834.

811 OVG NRW, Beschl. v. 28.08.2014 – 11 A 1132/13.

812 OVG NRW NVwZ-RR 2015, 830, 832; VGH BW NVwZ-RR 2014, 539, 541; NVwZ-RR 2001, 159, 160; dazu Mückl Jura 2002, 627, 631; Meßmer JuS 2002, 755, 756.

813 OVG Lüneburg, Urt. v. 20.07.2017 – 7 LB 58/16; offengelassen von OVG NRW, Urt. v. 07.04.2017 – 11 A 2068/14.

814 BVerwG DVBl. 2001, 726, 729; OVG NRW NVwZ-RR 2015, 830, 832; Erzinger JuS 2017, 247, 252.

815 BVerwG DVBl. 2001, 726, 729; OVG NRW, Urt. v. 07.04.2017 – 11 A 2068/14.

3. Ermessensreduzierung auf Null

Fall 22: Nachbarstreit

B hat auf seinem Grundstück unmittelbar an die Grenze zu seinem Nachbarn N unter Verstoß gegen die nachbarschützenden Vorschriften über Abstandsflächen eine Garage errichtet. Als N feststellt, dass B hierfür keine Baugenehmigung besitzt, wendet er sich an die Baubehörde und verlangt die Beseitigung des rechtswidrig errichteten Bauwerks. Die Behörde lehnt dies ab unter Hinweis darauf, dass B das zulässige Maß nur geringfügig überschritten habe, sodass ihm möglicherweise im Wege der Befreiung (sog. Dispens) noch nachträglich eine Baugenehmigung erteilt werden könne. N überlegt, ob er einen Anspruch auf Einschreiten der Behörde hat, da B bislang keinen Antrag auf Erteilung eines Dispenses gestellt hat.

§ 61 LBauO lautet: „Die zuständigen Behörden haben darüber zu wachen, dass die öffentlich-rechtlichen Vorschriften eingehalten werden. Sie haben in Wahrnehmung dieser Aufgaben nach pflichtgemäßem Ermessen die erforderlichen Maßnahmen zu treffen."

Ein **Anspruch auf Einschreiten** könnte sich aus der behördlichen **Ermächtigungsgrundlage**, hier § 61 S. 2 LBauO, ergeben.[816] Danach kann die Baubehörde nach pflichtgemäßem Ermessen die erforderlichen Maßnahmen treffen. **563**

I. Da diese Vorschrift an sich nur Befugnisse der Behörde regelt, ist schon fraglich, ob sich daraus überhaupt ein **Anspruch** für den Bürger ergeben kann.

1. Eine solche **Anspruchsqualität** ist zu bejahen, wenn die Norm zugleich ein **subjektives Recht** für den Bürger enthält, d.h. zumindest auch dem Schutz der Rechte des Dritten zu dienen bestimmt ist, nicht dagegen, wenn die Norm ausschließlich öffentliche Interessen verfolgt (Schutznormtheorie).[817] **564**

2. Die Eingriffsnormen der Behörde dienen in erster Linie der Durchsetzung öffentlicher Interessen (vgl. z.B. „**öffentliche** Sicherheit"). Zum Schutz der öffentlichen Sicherheit gehören aber auch die Individualrechte des Einzelnen. Ausnahmsweise haben die Eingriffsnormen daher Anspruchsqualität, wenn es um den Schutz solcher Rechte geht, d.h. wenn die Vorschriften des materiellen Baurechts, gegen die das illegale Vorhaben verstößt, **nachbarschützenden** Charakter haben.[818] **565**

   Hier ist die Garage unter Verletzung der nachbarschützenden Vorschriften über die Abstandsflächen errichtet worden.[819] Die behördliche Eingriffsgrundlage kann damit **Anspruchsgrundlage** für N sein.

II. Die **Voraussetzungen** der Anspruchsgrundlage (Ermächtigungsgrundlage) sind erfüllt, da B gegen Baurechtsvorschriften verstoßen hat. Die für eine Beseitigungsverfügung erforderliche formelle und materielle Baurechtswidrigkeit ist nach dem Sachverhalt gegeben. **566**

---

816 Zum Landesrecht vgl. oben Rn. 424.

817 Vgl. z.B. OVG Koblenz, Urt. v. 25.04.2017 – 7 A 10737/16, RÜ 2017, 599, 600; OVG NRW NWVBl. 2006, 145, 146; Schoch Jura 2004, 317, 324 m.w.N.

818 OVG Koblenz LKRZ 2012, 417; OVG LSA, Urt. v. 18.02.2015 – 2 L 22/13, RÜ 2015, 744, 745.

819 Zum Nachbarschutz der Abstandsflächenvorschriften BayVGH NVwZ-RR 2015, 365; VGH BW NVwZ-RR 2014, 917; Kopp/Schenke VwGO § 42 Rn. 102; allgemein AS-Skript Öffentliches Baurecht (2016), Rn. 215.

III. Der **Rechtsfolge** nach steht ein Einschreiten nach § 61 S. 2 LBauO ausdrücklich im **Ermessen** der Behörde.

567 1. Soweit die Behörde nach Ermessen zu entscheiden hat, steht dem Bürger grundsätzlich **kein strikter Rechtsanspruch** auf Erlass des VA zu. Er hat vielmehr nur einen **Anspruch auf ermessensfehlerfreie Entscheidung** über den Erlass des VA.[820]

Beachte: *Auch ein solcher Anspruch ist **nicht generell** gegeben, sondern nur, wenn der Antrag berechtigterweise gestellt wurde und es sich bei der Ermessensnorm um ein **subjektives Recht** des Antragstellers handelt.*[821]

So hat der Nachbar einen Anspruch auf ermessensfehlerfreie Entscheidung der Bauaufsichtsbehörde nur, wenn der Bauherr gegen **nachbarschützende Vorschriften** verstoßen hat, nicht dagegen, wenn allein im öffentlichen Interesse stehende Baugestaltungsvorschriften verletzt sind.

Beispiele: Dem Bauherrn B ist eine Baugenehmigung für eine Windkraftanlage erteilt worden. Nachbar N ist der Ansicht, dass für das Vorhaben eine immissionsschutzrechtliche Genehmigung erforderlich ist (§ 4 Abs. 1 BImSchG i.V.m. § 1 der 4. BImSchV i.V.m. Anhang 1 Nr. 1.6).

Nach h.M. gibt es grds. keinen Drittschutz gegen ein falsches Genehmigungsverfahren, da ein Anspruch auf Durchführung eines bestimmten Verfahrens i.d.R. nicht besteht.[822] Eine Ausnahme hat die Rspr. im Atomrecht gemacht, da der Betroffene bei Verwirklichung des Vorhabens ohne das objektiv-rechtlich erforderliche Genehmigungsverfahren seine materiellen Rechte nicht ausreichend geltend machen kann (vorgezogener Grundrechtsschutz durch Verfahrensrecht).[823] Auch § 4 Umwelt-Rechtsbehelfsgesetz (UmwRG)[824] sieht im Umweltrecht ein Anfechtungsrecht bei bestimmten Verfahrensfehlern ausdrücklich vor. Ansonsten kann der Nachbar zur Wahrung seiner Rechte unabhängig von dem gewählten Verwaltungsverfahren einen Abwehranspruch nur geltend machen, soweit das Vorhaben ihn tatsächlich in seinen **materiellen subjektiven Rechten** verletzt.[825]

Ebenso hat der Nachbar keinen Anspruch auf Einschreiten bei bloßem Fehlen einer Baugenehmigung, wenn das Vorhaben materielle nachbarschützende Vorschriften nicht verletzt[826] (ungeachtet dessen, dass die Behörde bereits bei formeller Illegalität einschreiten kann). Auch kann ein Bauvorhaben den Nachbarn nicht allein deshalb in seinen subjektiven Rechten verletzen, weil es ohne vorherige, objektiv-rechtlich erforderliche Bebauungsplanung verwirklicht werden soll.[827] Denn ein Anspruch auf Bauleitplanung besteht nicht (§ 1 Abs. 3 S. 2 BauGB).

568 2. Hat die Behörde grundsätzlich Ermessen, so ist es ausnahmsweise aber möglich, dass im konkreten Fall alle Entscheidungen bis auf eine ermessensfehlerhaft sind (sog. **Ermessensreduzierung auf Null**, auch Ermessensschrumpfung). In diesem Fall wandelt sich der Anspruch auf ermessensfehlerfreie Entscheidung um in einen **Anspruch auf Erlass des VA** selbst.[828]

---

820 Schoch Jura 2004, 462, 468.

821 Vgl. dazu BVerwGE 39, 235 ff.; OVG NRW NWVBl. 2006, 107, 108; OVG Nds NordÖR 2015, 572; VG Düsseldorf, Urt. v. 15.12. 2016 – 6 K 7687/15, RÜ 2017, 256, 258 f.; Bader/Ronellenfitsch VwVfG § 40 Rn. 75 ff.

822 BVerwG NVwZ 2014, 365; OVG NRW NVwZ 2004, 408; Ortloff NVwZ 2005, 1381, 1384; a.A. Hufen JuS 2017, 382, 383 bei Verfahrensbestimmungen, deren Schutz sich gerade auf den Dritten bezieht.

823 Vgl. BVerwGE 85, 386, 377.

824 Gesetz i.d.F. der Bekanntmachung vom 23.08.2017 (BGBl. I S. 3290).

825 BVerwG NVwZ 2014, 365; OVG NRW NWVBl. 2006, 229; NVwZ-RR 2004, 408; Ortloff NVwZ 2005, 1381, 1384.

826 SächsOVG NVwZ 1997, 922; OVG Berlin BauR 2004, 987.

827 OVG NRW NWVBl. 2006, 229.

828 Allgemein Maurer/Waldhoff § 7 Rn. 24; Schoch Jura 2004, 462, 468; Beaucamp JA 2006, 74, 75; vgl. z.B. BVerwG, Urt. v. 20.06.2013 – BVerwG 8 C 10.12, NVwZ 2014, 181, 189 (Ermessensreduzierung bei Ordnungsverfügung); OVG Schleswig, Urt. v. 26.03. 2015 – 3 LB 4/15, NordÖR 2015, 409 (Anspruch auf Genehmigung einer Lichtzeichenanlage).

3. Ein unmittelbarer Anspruch des N auf Erlass einer Beseitigungsverfügung besteht daher nur, wenn eine **Ermessensreduzierung** vorliegt. **569**

a) Wann eine solche Ermessensreduzierung anzunehmen ist, lässt sich nicht allgemein feststellen, sondern ist stets eine **Frage des Einzelfalls**, die insbes. unter Berücksichtigung des betroffenen Rechtsgebietes und der betroffenen Rechte zu beantworten ist.

Beispiele **570**

- im **Ordnungsrecht:** Ermessensreduzierung bei hoher Intensität der Störung oder Gefährdung der öffentlichen Sicherheit, z.B. bei Beeinträchtigung hochrangiger Rechtsgüter wie Leben und Gesundheit;[829]
- im **Straßenrecht:** Die Sondernutzungserlaubnis (vgl. § 8 FStrG: Ermessen) zur Aufstellung von Wahlplakaten muss in Wahlkampfzeiten in angemessenem Umfang erteilt werden (wegen Art. 21 Abs. 1, 38 Abs. 1 GG);[830]
- im **Beamtenrecht:** Ermessensreduzierung bei Einstellung und Beförderung, wenn ein Bewerber eindeutig am besten qualifiziert ist;
- **allgemein:** Bei Selbstbindung der Verwaltung (durch tatsächliche Übung oder Verwaltungsvorschriften) gebietet Art. 3 Abs. 1 GG grundsätzlich eine Gleichbehandlung.

***Beachte:** Eine bestehende Verwaltungspraxis begründet keine Selbstbindung, wenn die Behörde sie für die Zukunft aus willkürfreien Erwägungen generell aufgibt und durch eine andere, ebenfalls rechtmäßige Verwaltungspraxis ersetzt.*[831]

b) Im Baurecht wird teilweise davon ausgegangen, dass sich bei Verletzung nachbarschützender Vorschriften **in der Regel** eine **Ermessensreduzierung** ergebe. Wenn die bauordnungsrechtlichen Eingriffsnormen Nachbarschutz bezweckten, so bewirke dies auch eine zweckbestimmte, finale Ausrichtung des der Behörde eingeräumten Ermessens zur Durchsetzung des Nachbarschutzes. Nur im atypischen Ausnahmefall soll die Behörde von einem Einschreiten absehen dürfen.[832] **571**

c) Die h.M. geht demgegenüber davon aus, dass die Bauaufsichtbehörde auch bei einem Verstoß gegen nachbarschützende Vorschriften die für und gegen ein Einschreiten sprechenden Gesichtspunkte **sachgerecht abzuwägen** habe, wobei die Interessen des Nachbarn angemessen zu berücksichtigen seien. Zu einer Ermessensreduzierung komme es auch im Baurecht nur im **Ausnahmefall**, vor allem bei „hoher Intensität der Störung oder Gefährdung" oder „in besonders schweren Gefahrensfällen".[833] **572**

Besonders umstritten sind hierbei die Fälle, in denen die Behörde zunächst eine (rechtswidrige) Baugenehmigung erteilt hat, die später (durch gerichtliche oder behördliche Aufhebung) wegfällt. Hier wird überwiegend eine Ermessensreduzierung und damit eine Pflicht der Behörde zum Einschreiten angenommen (Gesichtspunkt der Folgenbeseitigungslast).[834]

---

829 Vgl. z.B. OVG NRW NWVBl. 2006, 145, 147; Maurer/Waldhoff § 7 Rn. 24.

830 OVG MV, Urt. v. 11.07.2017 – 1 LB 92/15; OVG Saarland LKRZ 2009, 313, 314; Maurer/Waldhoff § 7 Rn. 25.

831 BVerwG NVwZ 2006, 1184, 1188 ff.; OVG NRW, Beschl. v. 27.09.2005 – 8 A 2947/03 und oben Rn. 169.

832 OVG NRW, Urt. v. 28.05.2009 – 10 A 971/08, RÜ 2009, 737, 740; VGH BW, Urt. v. 24.03.2014 – 8 S 1938/12, VBlBW 2015, 31; Mampel DVBl. 1999, 1403, 1405; Martini DVBl. 2001, 1488, 1492.

833 OVG LSA, Urt. v. 18.02.2015 – 2 L 22/13, RÜ 2015, 744, 747; OVG LSA, Beschl. v. 01.08.2013 – 2 L 95/12, NVwZ-RR 2013, 950; OVG Bln-Bbg, Urt. vom 06.12.2011 – OVG 10 B 6.11; offen gelassen von BVerwG NVwZ 1998, 395.

834 Vgl. ausführlich AS-Skript Öffentliches Baurecht (2016), Rn. 247; vgl. auch OVG Nds, Urt. v. 17.09.2015 – 1 LB 128/13, BauR 2016, 89 zum Anspruch des Nachbarn auf Vollstreckung einer Abrissverfügung.

573 d) Gegen die erstgenannte Meinung spricht, dass das Gesetz nicht zwischen objektiv-rechtlichen Verstößen und Verstößen gegen nachbarschützende Vorschriften unterscheidet, sondern der Behörde generell ein Ermessen einräumt, das **nur in Ausnahmefällen reduziert** wird. Ein unmittelbarer Anspruch auf baubehördliches Einschreiten setzt deshalb nicht nur einen Verstoß gegen nachbarschützende Vorschriften voraus, sondern erfordert zusätzlich, dass dadurch **unzumutbare Beeinträchtigungen** hervorgerufen werden.[835]

Die dafür erforderliche Intensität der Störung liegt hier nicht vor, da B nur in unerheblichem Umfang das zulässige Maß überschritten hat. Dem N steht daher **kein Anspruch auf Einschreiten** der Behörde zu, sondern nur ein **Anspruch auf ermessensfehlerfreie Entscheidung**.

574 3. Dieser Anspruch des N könnte durch Erfüllung **erloschen** sein, wenn die Behörde bereits ermessensfehlerfrei entschieden hat. Hier hat die Behörde sich auf die sachgerechte Erwägung bezogen, dass B das zulässige Maß nur geringfügig überschritten habe, sodass ihm möglicherweise im Wege der Befreiung (sog. Dispens) noch nachträglich eine Baugenehmigung erteilt werden könne. Auch wenn B noch keinen entsprechenden Bauantrag gestellt hat, wäre das Verlangen auf sofortige Beseitigung unverhältnismäßig, wenn B seinerseits zumindest einen Anspruch auf ermessensfehlerfreie Entscheidung über den Dispens hat. Die Ablehnung eines Einschreitens durch die Behörde ist damit ermessensfehlerfrei.

Der **Anspruch** des N auf ermessensfehlerfreie Entscheidung ist **erloschen**.

Anhang: Prozessuale Durchsetzung

575 Ansprüche auf Erlass eines begünstigenden VA werden im Wege der **Verpflichtungsklage** (§ 42 Abs. 1 Fall 2 VwGO) durchgesetzt.

Beispiele: Verpflichtungsklage auf Erteilung einer Baugenehmigung, einer Fahrerlaubnis oder einer gewerberechtlichen Erlaubnis.

Die Verpflichtungsklage ist gemäß § 113 Abs. 5 S. 1 VwGO begründet, soweit die Ablehnung oder Unterlassung des VA **rechtswidrig**, der Kläger dadurch in seinen **Rechten verletzt** und die Sache **spruchreif** ist. Diese Voraussetzungen sind immer dann erfüllt, wenn der Bürger einen **Anspruch** auf den Erlass des VA hat.[836]

- Ist die Sache spruchreif, so spricht das Gericht die Verpflichtung der Behörde aus, den beantragten VA zu erlassen, § 113 Abs. 5 S. 1 VwGO **(Verpflichtungsurteil)**.
- Fehlt die Spruchreife, so verpflichtet das Gericht die Behörde, den Kläger unter Beachtung der Rechtsauffassung des Gerichts (erneut) zu bescheiden (**Bescheidungsurteil**, § 113 Abs. 5 S. 2 VwGO).

576 **Spruchreif** ist die Sache nur, wenn alle rechtlichen und tatsächlichen Voraussetzungen für den VA geklärt sind, sodass feststeht, ob der VA zu erlassen oder abzulehnen ist.

835 Vgl. OVG Lüneburg NVwZ-RR 2012, 427, 428; OVG Koblenz NVwZ-RR 2012, 749, 751; VGH BW NVwZ-RR 2014, 917.

836 Vgl. AS-Skript VwGO (2017), Rn. 194 ff.

Grundsätzlich ist das Verwaltungsgericht verpflichtet, die Sache **spruchreif** zu machen, d.h. alle rechtlichen und tatsächlichen Fragen selbst aufzuklären und zu entscheiden. Dies folgt aus dem Amtsermittlungsgrundsatz gemäß § 86 VwGO.[837]

Wird z.B. ein Anspruch auf Erteilung einer Baugenehmigung geltend gemacht, so muss das Gericht klären, ob dem Vorhaben öffentlich-rechtliche (Bau-)Vorschriften entgegen stehen, z.B. muss das Verwaltungsgericht feststellen, ob das Baugrundstück zum Innenbereich (§ 34 BauGB) oder zum Außenbereich (§ 35 BauGB) gehört und ob die Erschließung gesichert ist.

Die Verpflichtung zur Herbeiführung der Spruchreife hat aber mit Rücksicht auf den Grundsatz der Gewaltenteilung dort ihre Grenzen, wo das Gericht mit seiner Entscheidung Verwaltungstätigkeit ausüben müsste. Das ist der Fall, wenn noch ein **Ermessensspielraum** besteht, weil hier das Gericht die behördliche Entscheidung nur auf Ermessensfehler überprüfen (§ 114 S. 1 VwGO), aber nicht sein Ermessen an die Stelle des Ermessens der Behörde setzen darf. 577

Beispiel: Ist für ein Bauvorhaben ein Dispens erforderlich, so steht dieser im Ermessen der Behörde (vgl. § 31 Abs. 2 BauGB). Dieses Ermessen muss die Behörde ausüben.

Hat der Bürger „nur" einen Anspruch auf ermessensfehlerfreie Entscheidung und ist die bisherige Entscheidung der Behörde mit Ermessensfehlern behaftet, ergeht daher nur ein **Bescheidungsurteil** (§ 113 Abs. 5 S. 2 VwGO). Die Behörde wird verpflichtet, den Kläger unter Beachtung der Rechtsauffassung des Gerichts (neu) zu bescheiden. Ist die Ablehnung der Behörde dagegen ermessensfehlerfrei erfolgt, so wird die Klage als unbegründet abgewiesen, da der Anspruch des Klägers erloschen ist (s.o.). 578

Dasselbe gilt, wenn die Behörde durch Ergänzung ihrer Ermessenserwägungen im gerichtlichen Verfahren (§ 114 S. 2 VwGO) die ursprünglich fehlerhafte Entscheidung in der Weise „heilt", dass sie aufgrund der nachgeschobenen Gründen nunmehr als ermessensfehlerfrei zu qualifizieren ist. Die Klage wird dann unbegründet.[838]

Überprüfung von Ermessensentscheidungen

1. Vorliegen der **Tatbestandsvoraussetzungen** der Norm
   -> wenn (-) VA rechtswidrig, Rechtsfolge irrelevant
2. **Rechtsfolge**: Ermessen?
   - Vorliegen einer Ermessensnorm
     „kann", „darf", „ist befugt"
   - **Ermessensfehler?**

Überschreitung	**Fehlgebrauch**	**Unterschreitung**
Überschreitung der **gesetzlichen Grenzen** des Ermessens, insbes. Verhältnismäßigkeit	von dem Ermessen in einer dem **Zweck der Ermächtigung** nicht entsprechenden Weise Gebrauch gemacht	**Nichtgebrauch** des Ermessens

837 BVerwG NVwZ 1999, 65, 66; NVwZ 1998, 861; OVG NRW NWVBl. 2008, 26, 27.

838 BVerwG, Urt. v. 20.06.2013 – BVerwG 8 C 46.12, NVwZ 2014, 151, 154.

V. Unbestimmte Rechtsbegriffe und Beurteilungsspielraum

1. Unterscheidung zwischen Ermessen und Beurteilungsspielraum

579 Beim Ermessen geht es um den Entscheidungsspielraum der Behörde im Bereich der Rechtsfolge **(„Rechtsfolgeermessen")**. Hiervon streng zu unterscheiden ist die Frage, ob ein solcher Spielraum auch auf der **Tatbestandsseite**, also den Voraussetzungen einer Norm, bestehen kann. Dies betrifft die sog. **unbestimmten Rechtsbegriffe**, die in besonderem Maße der Auslegung und Konkretisierung bedürfen, bevor sie im Einzelfall Anwendung finden können.[839]

Beispiele:

- Die Fahrerlaubnisbehörde hat die Fahrerlaubnis zu entziehen, wenn sich der Betroffene zum Führen von Kraftfahrzeugen als „ungeeignet" erweist (§ 3 Abs. 1 StVG).
- Die Ausübung eines Gewerbes ist zu untersagen, wenn der Gewerbetreibende „unzuverlässig" ist (§ 35 Abs. 1 GewO).
- Ein Beamter auf Probe kann entlassen werden, wenn er sich in der Probezeit nicht „bewährt" hat (§ 23 Abs. 3 Nr. 2 BeamtStG).

580 Früher wurde zuweilen die Auffassung vertreten, zwischen dem Handlungsermessen und einem im Bereich der Voraussetzungen der Norm eingeräumten Spielraum bestehe eine so weitgehende Strukturgleichheit, dass ein grundsätzlicher Unterschied nicht gerechtfertigt sei.[840] Dagegen ist jedoch einzuwenden, dass bei Tatbestandsvoraussetzungen die für das Ermessen typischen **Zweckmäßigkeitserwägungen** grundsätzlich nicht zulässig sind: Ein Gewerbetreibender ist entweder unzuverlässig oder er ist es nicht. Die Behörde ist gehalten, die richtige Entscheidung zu treffen. Ob das eine oder das andere der Fall ist, mag zwar schwierig festzustellen sein. Es ist aber im Hinblick auf Art. 19 Abs. 4 GG nicht zulässig, diese Frage einfach nach Zweckmäßigkeit zu bejahen oder zu verneinen. **Ermessen ist demnach stets der Rechtsfolgenseite** einer Norm zuzuordnen. Die Regeln über die eingeschränkte Kontrolle des Ermessens auf der Rechtsfolgenseite gelten daher **nicht** für die Auslegung und Anwendung unbestimmter Rechtsbegriffe auf der **Tatbestandsseite**.[841]

Beispiel: Nach § 53 Abs. 1 AufenthG wird ein Ausländer, dessen Aufenthalt die öffentliche Sicherheit und Ordnung, die freiheitliche demokratische Grundordnung oder sonstige erhebliche Interessen der Bundesrepublik Deutschland gefährdet, ausgewiesen, wenn die unter Berücksichtigung aller Umstände des Einzelfalles vorzunehmende Abwägung der Interessen an der Ausreise mit den Interessen an einem weiteren Verbleib des Ausländers im Bundesgebiet ergibt, dass das öffentliche Interesse an der Ausreise überwiegt.[842] § 54 AufenthG stellt klar, in welchen Fällen das Ausweisungsinteresse und § 55 AufenthG in welchen Fällen das Bleibeinteresse (besonders) schwer wiegt.

Damit hat der Gesetzgeber das frühere dreistufige System der Ist-, Regel- und Ermessensausweisung durch eine am Grundsatz der Verhältnismäßigkeit orientierte **gebundene Ausweisung** ersetzt. Nunmehr hat bereits auf der Tatbestandsebene eine Abwägung aller wesentlichen Umstände des Einzelfalls zu erfolgen (§ 53 Abs. 1 AufenthG). Konsequenz: Die behördliche Abwägungsentscheidung ist nicht nur auf Ermessensfehler zu überprüfen, sondern ist gerichtlich voll überprüfbar.[843]

---

839 Vgl. Schoch Jura 2004, 612, 613.

840 Schmidt-Eichstaedt AöR 98 (1973), 173, 176; Martens JuS 1987, 103, 107; Herdegen JZ 1991, 747, 751 m.w.N.

841 BVerfG NVwZ 2012, 694, 695; NJW 1991, 2005, 2006; Maurer/Waldhoff § 7 Rn. 55.

842 So die seit dem 01.01.2016 geltende Neufassung aufgrund Gesetzes vom 27.07.2015 (BGBl. I S. 1386).

843 BVerwG DÖV 2017, 647; Huber NVwZ 2015, 1178, 1180; Brühl JuS 2016, 23, 24.

2. Gerichtliche Kontrolldichte

Die **rechtliche Problematik** unbestimmter Rechtsbegriffe liegt in der richtigen Aufgabenverteilung zwischen Verwaltung und Rechtsprechung sowie in der für den Rechtsschutz des Bürgers nach Art. 19 Abs. 4 GG wichtigen Frage der **Kontrolldichte** bei der Überprüfung der Verwaltung durch die Gerichte. 581

- Bejaht man einen **Entscheidungsspielraum** der Behörde, so darf das VG nur prüfen, ob die äußeren Grenzen verletzt sind, ob sachfremde Erwägungen zugrunde liegen usw. Lässt sich das nicht feststellen, behält die behördliche Entscheidung Bestand. Praktisch hat in Zweifelsfällen dann die Verwaltungsbehörde das letzte Wort.
- Wird der Behörde **kein Spielraum** zugebilligt, so prüft das VG z.B. selbst, ob der Betroffene ungeeignet ist oder sich bewährt hat. Das VG kann deshalb im Zweifelsfall zu einem anderen Ergebnis als die Behörde gelangen. Praktisch hat dann das Gericht das letzte Wort.

Ob auf der Tatbestandsseite Spielräume bestehen können, ist durch Auslegung des einfachen Rechts unter Berücksichtigung insbesondere der Grundrechte zu ermitteln. Von der Rechtsprechung werden Entscheidungsspielräume auf der Tatbestandsseite im Hinblick auf Art. 19 Abs. 4 GG **nur im Ausnahmefall** anerkannt, grundsätzlich nehmen die Gerichte die **Letztentscheidungskompetenz** für sich in Anspruch. 582

In der Lit. wird darauf hingewiesen, dass die von den deutschen Verwaltungsgerichten geübte Praxis in Europa fast einzigartig ist. Außer in Österreich wird in keinem anderen Land die Letztentscheidungskompetenz von den Gerichten derart weitgehend in Anspruch genommen wie in Deutschland.[844]

3. Lehre vom Beurteilungsspielraum

a) Dass es gleichwohl auch bei den tatbestandlichen Voraussetzungen für eine behördliche Maßnahme einen beschränkt überprüfbaren Entscheidungsspielraum (sog. **Beurteilungsspielraum**) geben kann, ist inzwischen allgemein anerkannt. Die **Lehre vom Beurteilungsspielraum** beruht auf der Erwägung, dass es Fälle gibt, in denen der Gesetzgeber keine so eindeutige Regelung vorgenommen hat oder nach der Natur der Sache gar nicht vornehmen konnte, dass sich mit hinreichender Sicherheit feststellen ließe, welche Entscheidung richtig ist. 583

„Unbestimmte Rechtsbegriffe können wegen hoher Komplexität oder besonderer Dynamik der geregelten Materie so vage und ihre Konkretisierung im Nachvollzug der Verwaltungsentscheidung so schwierig sein, dass die gerichtliche Kontrolle an die Funktionsgrenzen der Rechtsprechung stößt."[845]

b) Verfassungsrechtlich ist der Gebrauch unbestimmter Rechtsbegriffe zwar nicht ganz unbedenklich. Insbesondere der Grundsatz vom Vorbehalt des Gesetzes fordert, dass das Verwaltungshandeln durch die gesetzliche Ermächtigungsgrundlage hinreichend bestimmt wird. Das hindert den Gesetzgeber jedoch nicht, bestimmte Voraussetzungen generalklauselartig zu regeln, solange sich durch Auslegung eine zuverlässige Grundlage für die Rechtsanwendung finden lässt.[846] In einem solchen Fall verstößt die 584

844 Dolde NVwZ 2006, 857, 858; Stelkens DVBl. 2010, 1078, 1085.

845 BVerfG NJW 1991, 2005, 2006.

846 BVerfG, Beschl. v. 31.05.2011 – 1 BvR 857/07, RÜ 2011, 519, 520.

Annahme eines Beurteilungsspielraums ebenso wenig gegen das Rechtsschutzgebot des Art. 19 Abs. 4 GG, wie dies bei der Einräumung von Ermessen der Fall ist.[847]

„Gerichtliche Kontrolle kann nicht weiter reichen als die materielle Bindung der Instanz, deren Entscheidung überprüft werden soll; sie endet deshalb dort, wo das materielle Recht in verfassungsrechtlich unbedenklicher Weise das Entscheidungsverhalten nicht vollständig determiniert und der Verwaltung einen Einschätzungs- oder Beurteilungsspielraum belässt."[848]

c) Umstritten ist jedoch, in **welchen Fällen** und in **welchem Umfang** ein solcher Beurteilungsspielraum anzuerkennen ist.

585 **aa)** Teilweise wird bei unbestimmten Rechtsbegriffen **generell** ein Beurteilungsspielraum gefordert. Eine vollständige Überprüfung würde zu einer zu starken Einengung der Verwaltung führen. Die Forderung nach einer Minderung der gerichtlichen Kontrolldichte ist jedoch in erster Linie rechtspolitischer Natur und beachtet zu wenig die Rechtsschutzgarantie in Art. 19 Abs. 4 GG. Deshalb müssen auch unbestimmte Rechtsbegriffe grundsätzlich gerichtlich **unbeschränkt überprüfbar** sein.[849]

Das gilt z.B. bei Begriffen wie: Gefahr für die öffentliche Sicherheit oder Ordnung i.S.d. polizeilichen Generalklausel, Ungeeignetheit (§ 3 StVG), Unzuverlässigkeit (z.B. § 35 Abs. 1 GewO). In all diesen Fällen entscheidet das Gericht letztverbindlich, ob die Gefahr tatsächlich vorliegt oder ob der Betroffene ungeeignet oder unzuverlässig ist.[850]

586 **bb) Ausnahmen** gelten grds. nur, wenn der einschlägigen Rechtsvorschrift entweder ausdrücklich oder zumindest durch Auslegung die Entscheidung des Gesetzgebers entnommen werden kann, dass die Verwaltung ermächtigt ist, über das Vorliegen der tatbestandlichen Voraussetzungen eines unbestimmten Rechtsbegriffs abschließend zu entscheiden **(normative Ermächtigungslehre)**.[851] Wegen der Beschränkung der gerichtlichen Kontrolle bedarf es zudem stets einer **besonderen Legitimation** durch einen hinreichend gewichtigen sachlichen Grund für die Einschränkung des Rechtsschutzes.

- **Ausdrücklich normierte** Beurteilungsspielräume finden sich äußerst selten.

  Vgl. z.B. § 71 Abs. 5 Satz 2 GWB: „Die Würdigung der gesamtwirtschaftlichen Lage und Entwicklung ist hierbei der Nachprüfung des Gerichts entzogen."

- Von besonderer Bedeutung sind daher Vorschriften, bei denen sich ein Beurteilungsspielraum durch die **Auslegung** der relevanten Vorschriften ergibt.[852]

  „Im Bereich der gebundenen Verwaltung können sich Kontrollrestriktionen insbesondere dann ergeben, wenn Entscheidungen in unwiederholbaren Situationen, wie etwa bei bestimmten Prüfungsentscheidungen, oder auf der Grundlage unvertretbarer Wertungen, so etwa bei dienstlichen Beurteilungen, oder durch pluralistisch zusammengesetzte weisungsunabhängige Gremien zu treffen waren. Einen behördlichen Beurteilungsspielraum hat das Gericht auch dann zu respektieren, soweit die Behörde auf Schätzungen oder Prognosen zurückgreifen darf oder muss."[853]

---

847 Schoch Jura 2004, 612, 616.

848 So z.B. BVerwG NJW 2016, 327, 328 im Anschluss an BVerfG Beschl. v. 31.05.2011 – 1 BvR 857/07, RÜ 2011, 519, 520; BVerfG, NVwZ 2012, 694, 695.

849 BVerfG NVwZ 2012, 694, 695; BVerwG, Urt. v. 31.05.2017 – BVerwG 6 C 42.16, Rn. 20; BVerwG NJW 2016, 327, 328; Maurer/Waldhoff § 7 Rn. 33 u. 62; Kopp/Schenke VwGO § 114 Rn. 23 ff. m.w.N.

850 Vgl. BVerwG DVBl. 2005, 115, 116 m.w.N.

851 BVerfG NVwZ 2012, 694, 695; NVwZ 2011, 1062, 1064; NVwZ 2010, 435, 439; BVerwG, Urt. v. 31.05.2017 – BVerwG 6 C 42.16, Rn. 20; BVerwG NJW 2016, 327, 328; Voßkuhle JuS 2008, 117, 118; Ernst Jura 2012, 145, 148; Kment/Vorwalter JuS 2015, 193, 196; kritisch Maurer/Waldhoff § 7 Rn. 34 u. 62.

852 Vgl. BVerfG NVwZ 2010, 435, 439; Wimmer JZ 2010, 433, 439.

853 BVerwG DVBl. 2004, 1040, 1042.

cc) Die wichtigsten Fallgruppen, in denen ein **gerichtlich nur eingeschränkt überprüfbarer Beurteilungsspielraum** anerkannt ist, sind: 587

- **Prüfungsentscheidungen**[854] und beamtenrechtliche **Beurteilungen**;[855]
- **Prognoseentscheidungen** und **Risikobewertungen** (z.B. im Umweltrecht), bei denen der Gesetzgeber im Hinblick auf die Einschätzung künftiger Entwicklungen der Verwaltung die Letztverantwortung zugewiesen hat;[856]
- Entscheidungen, die weitgehend von einer **persönlichen Wertung** mit juristisch nicht greifbaren Maßstäben abhängen und vom Gesetz einem **weisungsfreien, pluralistisch besetztem Gremium** übertragen sind.[857]

Beispiel: Die Beurteilung der Qualität eines Weines durch eine Weinprüfungskommission kann vom Gericht nur eingeschränkt überprüft werden[858] ebenso die Zuerkennung eines Filmprädikats durch eine Filmbewertungsstelle.[859] Dagegen ist die Frage der Jugendgefährdung bei der Indizierung jugendgefährdender Medien gemäß §§ 18, 19 JuSchG gerichtlich voll überprüfbar.[860] Umstritten ist lediglich, ob der Bundesprüfstelle bei der Abwägung mit entgegenstehenden Belangen (z.B. mit der Kunstfreiheit nach Art. 5 Abs. 3 GG) ein (eingeschränkter) Beurteilungsspielraum verbleibt.[861]

Nicht allein ausreichend für die Zuerkennung eines Beurteilungsspielraums ist dagegen die besondere Sachkunde oder Erfahrung der Behörde, die Komplexität des Sachverhaltes oder schwierige fachliche Bewertungen, da diese Gesichtspunkte durch vom Gericht hinzugezogene Sachverständige ebenfalls überprüft werden können.[862] 588

Beispiele: Kein Beurteilungsspielraum besteht bei der Prüfung der Zuverlässigkeit eines Gewerbetreibenden,[863] der gesundheitlichen Eignung von Beamtenbewerbern[864] oder der ethischen Vertretbarkeit von Tierversuchen.[865]

dd) Für den **Vollzug unionsrechtlicher Normen** sind den Behörden, unabhängig von den anerkannten Fallgruppen, stets diejenigen Entscheidungsfreiräume zuzugestehen, die ihnen die zu vollziehende Unionsnorm einräumt oder die notwendig sind, um die Ziele der unionsrechtlichen Bestimmung zu erreichen. Die im deutschen Verwaltungsrecht entwickelte normative Ermächtigungslehre wird insoweit **vom Unionsrecht überlagert**. 589

Beispiel: Bei der Prüfung von Visumsanträgen steht den zuständigen Behörden nach dem Visakodex der EU eine Letztentscheidungskompetenz und damit ein unmittelbar vom Unionsrecht vorgegebener weiter Beurteilungsspielraum zu, auch wenn keine der anerkannten Fallgruppen einschlägig ist.[866]

---

854 BVerfG NJW 1991, 2005; NJW 1991, 2008; BVerwG NVwZ 2004, 1375, 1376; Kment/Vorwalter JuS 2015, 193, 198.

855 BVerfG DVBl. 2002, 1203 f.; BVerwG DVBl. 2006, 641; NVwZ 1999, 75, 76 (Bewährung eines Probebeamten); BVerwG NVwZ 2016, 327, 329 (Sicherheitsüberprüfung eines Beamten) mit abl. Anm. Warg; BVerfG NJW 2016, 3425 u. OVG Lüneburg NVwZ 2016, 786 (Entscheidungen des Richterwahlausschusses, Art. 95 Abs. 2 GG).

856 BVerfG NVwZ 2012, 694, 696 (Regulierungsentscheidungen der Bundesnetzagentur); BVerfG NVwZ 2010, 435 (Kürzung von Emissionsberechtigungen nach dem THEG), BVerwG, Urt. v. 31.05.2017 – BVerwG 6 C 42.16 (Auswahlentscheidungen der Landesmedienanstalt); allgemein Voßkuhle JuS 2008, 117, 118; Sachs/Jasper NVwZ 2012, 649 ff.

857 Vgl. Beaucamp JA 2012, 193, 194; Kment/Vorwalter JuS 2015, 193, 198.

858 BVerwG NJW 2007, 2790, 2792; Faßbender JuS 2012, 332, 335.

859 VGH Kassel NJW 1998, 1426.

860 BVerfG NJW 1991, 1471, 1474; BVerwG NJW 1999, 75, 76; ebenso BayVGH NJW 2011, 2678, 2681; VG Berlin MMR 2012, 270; ZUM 2012, 417: kein Beurteilungsspielraum bei medienrechtlichen Anordnungen zum Zwecke des Jugendschutzes.

861 Bejahend BVerwG NJW 1999, 75, 77; NJW 1997, 602, 603; VG Köln ZUM-RD 2012, 111, 112; dagegen Beaucamp JA 2002, 314, 318; Schoch Jura 2004, 612, 618.

862 BVerwG DVBl. 2004, 1040, 1042; vgl. ausführlich zu den verschiedenen Fallgruppen Beaucamp JA 2002, 314, 316 ff.

863 BVerwG DVBl. 2005, 115, 116.

864 BVerwG NVwZ 2014, 300, 302.

865 BVerwG NVwZ 2014, 450, 451.

866 BVerwG NVwZ 2016, 161, 162.

4. Die gerichtliche Kontrolle von Prüfungsentscheidungen

Fall 23: Missglücktes Examen

A unterzog sich der staatlichen Pflichtfachprüfung vor dem Justizprüfungsamt bei dem Oberlandesgericht in X. In den Klausuren hatte er überwiegend knapp ausreichende Leistungen erbracht, zwei Klausuren waren mit mangelhaft bewertet worden. Die mündliche Prüfung fand vor einem aus 3 Prüfern bestehenden Prüfungsausschuss statt; an ihr nahmen 6 Kandidaten teil. Im BGB und Strafrecht erzielte A jeweils ein knappes ausreichend. Im öffentlich-rechtlichen Teil, der ca. eine Stunde dauerte, wurde A gleich zu Beginn gefragt, ob Ermessensentscheidungen verwaltungsgerichtlich überprüfbar seien, was A verneinte. Auf die Anschlussfrage, ob er schon einmal von Ermessensfehlern gehört habe und was das sei, erklärte er: Davon habe er schon einmal gehört. Auf Zusatzfragen zu derselben Problematik schwieg er. Später entwickelte sich eine Diskussion über Probleme des Beurteilungsspielraums, in die sich A nicht einschaltete; ausdrücklich gefragt wurde er nicht mehr. Dieser Teil der Prüfung wurde bei A mit mangelhaft bewertet, was zu einer Punktzahl führte, die für das Bestehen der Prüfung nicht mehr ausreichte. Der Prüfungsausschuss erklärte deshalb die Prüfung für nicht bestanden. Bei Einsichtnahme in seine Prüfungsunterlagen stellt A fest, dass der Erstkorrektor seiner BGB-Klausur Professor für Strafrecht ist und bisher immer nur als Prüfer im Strafrecht tätig war. Ferner war das nach der Prüfungsordnung vorgeschriebene Protokoll für den öffentlich-rechtlichen Teil der Prüfung nicht auffindbar. Außerdem meint A, bei der mündlichen Prüfung im Öffentlichen Recht sei er zu kurz gekommen. Auch könne man keinesfalls aus der Unkenntnis eines bestimmten Problemkreises auf Unkenntnisse im Öffentlichen Recht insgesamt schließen. A bittet um ein Gutachten zur Rechtmäßigkeit der Prüfungsentscheidung.

Rechtsgrundlage für die Prüfungsentscheidung ist das Juristenausbildungsgesetz des Landes. Danach ist die Prüfungsentscheidung nur rechtmäßig, wenn auch die Bewertungen der einzelnen Prüfungsleistungen rechtmäßig sind.[867]

590 I. Bei dieser Überprüfung ist allerdings zu beachten, dass **Prüfungsentscheidungen** eine der Fallgruppen darstellen, in denen der Verwaltung ausnahmsweise ein nur **beschränkt kontrollierbarer Beurteilungsspielraum** zusteht.

591 Das BVerfG hat den Beurteilungsspielraum bei Prüfungsentscheidungen wie folgt begründet: „Staatsprüfungen, die den Zugang zu akademischen Berufen beschränken, erfordern schwierige Bewertungen, die mit Rücksicht auf die Chancengleichheit aller Berufsbewerber (Art. 3 Abs. 1 GG) im Gesamtzusammenhang des Prüfungsverfahrens getroffen werden müssen und sich nicht ohne Weiteres in nachfolgenden Verwaltungsstreitverfahren einzelner Kandidaten isoliert nachvollziehen lassen. Daraus ergibt sich ein prüfungsrechtlicher Bewertungsspielraum. Prüfungsnoten (dürfen) nicht isoliert gesehen werden, sondern (sind) in einem Bezugssystem zu finden, das durch die persönlichen Erfahrungen und Vorstellungen der Prüfer beeinflusst wird. Da sich andererseits die komplexen Erwägungen, die einer Prüfungsentscheidung zugrunde liegen, nicht regelhaft erfassen lassen, würde die gerichtliche Kontrolle insoweit zu einer Verzerrung der Maßstäbe führen."[868]

---

867 Zum Rechtsschutz gegen Prüfungsentscheidungen vgl. BVerwG NJW 2012, 2901; speziell zum juristischen Prüfungsrecht Zimmerling/Brehm DVBl. 2012, 265 ff.

868 BVerfG NJW 1991, 2005, 2007; NVwZ 1995, 469, 470; OVG Lüneburg NVwZ-RR 2015, 299, 300; allgemein Beaucamp/Seifert NVwZ 2008, 261, 263 f.; Barton NVwZ 2013, 555, 557; Maurer/Waldhoff § 7 Rn. 43.

Allerdings hat das BVerfG klargestellt, dass sich bei Prüfungsentscheidungen der vom Gericht nur eingeschränkt überprüfbare Beurteilungsspielraum lediglich auf **prüfungsspezifische Wertungen** beziehen darf, also nicht auf fachliche Fragen, die den Gegenstand der Prüfung bilden.[869] Die Entscheidung der Prüfungsbehörde ist daher grundsätzlich gerichtlich voll nachprüfbar. Lediglich bei prüfungsspezifischen Wertungen ist dem Prüfer ein **„Bewertungsspielraum"** eröffnet. 592

Beispiele: Eine prüfungsspezifische Wertungsfrage ist z.B. die Entscheidung über den Schwierigkeitsgrad der gestellten Aufgabe und ihr Bewertungsmaßstab.[870] Den Gerichten bleibt hier im Allgemeinen nur die Kontrolle, ob die Entscheidung so aus dem Rahmen fällt, dass sie Fachkundigen unhaltbar erscheint.[871] Ein Bewertungsspielraum besteht darüber hinaus bei der Benotung[872] (auch beim Abweichen von der rechnerischen Gesamtnote),[873] der Auswahl der Prüfungsaufgaben und deren Gewichtung,[874] der Würdigung der Qualität der Darstellung, der Gewichtung der Stärken und Schwächen der Bearbeitung sowie der Bedeutung eines Mangels.[875]

Kein Bewertungsspielraum besteht dagegen hinsichtlich der Frage, ob der Prüfungsstoff noch zulässig ist[876] oder ob eine Prüfungsfrage im Antwort-Wahl-Verfahren (multiple-choice) geeignet ist.[877] Ebenso wenig besteht ein Bewertungsspielraum des Prüfers hinsichtlich der Anforderungen an das Bestehen der Prüfung.[878] Diese Fragen sind verwaltungsgerichtlich voll überprüfbar.

II. Soweit der Behörde ein Beurteilungsspielraum zusteht, ist die verwaltungsgerichtliche Prüfung auf das Vorliegen von **Beurteilungsfehlern** beschränkt. Die Überprüfung erfolgt hierbei ähnlich wie bei Ermessensentscheidungen, jedoch ist der der Behörde eingeräumte Spielraum in der Regel enger.[879] Beurteilungsfehler können sich insbesondere aus folgenden Gesichtspunkten ergeben:[880] 593

- Fehlen einer **nachvollziehbaren Begründung**,
- Verstoß gegen **Verfahrensvorschriften**,
- **unzutreffender** oder **unvollständig ermittelter Sachverhalt**,
- **sachfremde Erwägungen**,
- sonstige Verstöße gegen das **Willkürverbot**,
- Missachtung **allgemeingültiger Bewertungsgrundsätze**.

1. Die Gewährleistung eines zum Schutz der Grundrechte erforderlichen effektiven Rechtsschutzes (Art. 19 Abs. 4 GG) setzt voraus, dass der Prüfer die **tragenden Erwägungen darlegt**, die zur Bewertung der Prüfungsleistung geführt haben.[881] 594

---

869 BVerfG NJW 1991, 2005, 2007; OVG NRW NVwZ 2008, 1037; NVwZ 1995, 800, 801; anders die früher h.M. BVerwG DVBl. 1989, 1196; NVwZ 1990, 65; zusammenfassend Schoch Jura 2004, 612, 616; Staufer/Steinebach Jura 2010, 454, 456 f.

870 BVerwG NVwZ 2004, 1375, 1377; OVG Lüneburg NVwZ-RR 2015, 299, 300; Zimmerling/Brehm NVwZ 2009, 358, 364.

871 BVerfG NJW 1991, 2008, 2011; BVerwG NVwZ 2004, 1375, 1377.

872 BVerwG NVwZ-RR 2013, 42, 43; NJW 2012, 2054, 2054 f.; OVG Lüneburg NordÖR 2012, 98, 99.

873 HessVGH NVwZ 2009, 63 f.; OVG NRW NVwZ 2008, 1037 f.

874 HessVGH DVBl. 2010, 1256; OVG NRW, Beschl. v. 21.04.2009 – 6 A 2213/06; Zimmerling/Brehm NVwZ 2009, 358, 364.

875 BVerwG NVwZ 2004, 1375, 1377; Zimmerling/Brehm NVwZ 2009, 358, 364; Barton NVwZ 2013, 555, 557 f.

876 BVerwG NJW 1998, 323, 327; VGH Mannheim DVBl. 1995, 1356, 1357.

877 BVerwG DVBl. 2006, 250 ff.; SächsOVG NJW 2017, 2850, 2851.

878 OVG Saarlouis NVwZ 2001, 942, 943 f.

879 Beaucamp JA 2012, 193, 196.

880 BVerfG NVwZ 2010, 435, 438; BVerwG NVwZ 2016, 327, 329 f.; NJW 2012, 2054, 2054; OVG Lüneburg NVwZ-RR 2015, 299, 300; Schoch Jura 2004, 612, 618; Voßkuhle JuS 2008, 117, 118.

881 BVerwGE 91, 262, 265 ff.; BVerwG NJW 2012, 2054, 2055.

Nur aufgrund einer solchen **Begründung** wird der Prüfling in die Lage versetzt, seine Rechte sachgemäß zu verfolgen. Zwar ist die allgemeine Regelung in § 39 VwVfG nach § 2 Abs. 3 Nr. 2 VwVfG nicht anwendbar (anders teilweise im Landesrecht), die Begründungspflicht ergibt sich jedoch unmittelbar aus Art. 12 Abs. 1 und Art. 19 Abs. 4 GG (Grundrechtsschutz durch Verfahren).[882]

Bei mündlichen Prüfungen reicht zunächst eine kurze mündliche Begründung. Eine nach Form und Inhalt qualifizierte Begründung ist erst erforderlich, wenn der Prüfling dies verlangt.[883] Die Begründung darf im nachfolgenden Gerichtsverfahren nachgebessert und ergänzt werden. Allerdings muss der Prüfling hierzu Gelegenheit zur Stellungnahme erhalten.[884]

595 2. Des Weiteren müssen die **Verfahrensvorschriften** eingehalten sein.

Die Verfahrensvorschriften ergeben sich in erster Linie aus der jeweiligen Prüfungsordnung, subsidiär aus dem VwVfG (vgl. aber § 2 Abs. 3 Nr. 2 VwVfG). Zum ordnungsgemäßen Prüfungsverfahren zählt z.B. auch die **Unbefangenheit** der Prüfer (§ 21 VwVfG).[885]

596 Bei Verfahrensfehlern trifft den Prüfling eine **Rügepflicht**. Zum einen soll verhindert werden, dass der Kandidat die Prüfung gleichwohl durchführt und das Ergebnis abwartet und sich so ggf. eine zusätzliche Prüfungschance verschafft. Zum anderen soll die Prüfungsbehörde die Möglichkeit erhalten, die Angelegenheit zeitnah zu überprüfen und ggf. den Mangel noch rechtzeitig zu beseitigen.[886]

Die Rügepflicht besteht z.B. bei Prüfungsunfähigkeit wegen Krankheit, Lärmstörungen, unzureichender Befragung in der mündlichen Prüfung, Befangenheit etc.[887]

597 3. Die Entscheidung muss von **zutreffend** und **vollständig** ermittelten **Tatsachen** ausgehen.[888]

Beispiele: Der Prüfer irrt sich über die Aufgabenstellung, verwechselt die Arbeiten der Prüflinge oder nimmt einen Teil der Prüfungsarbeit gar nicht zur Kenntnis.[889] In der mündlichen Prüfung muss der Prüfer dem Prüfungsgeschehen seine ungeteilte Aufmerksamkeit widmen und darf weder schlafen noch sich mit prüfungsfremder Literatur beschäftigen.[890]

598 4. Der Entscheidung dürfen **keine sachfremden Erwägungen** zugrunde liegen.[891]

So dürfen die Anforderungen an das Bestehen einer Prüfung nicht von der Arbeitsmarktlage abhängig gemacht werden. Im juristischen Examen ist es jedoch nicht sachfremd, wenn bei der Bewertung ein schlechter Sprachstil negativ berücksichtigt wird.[892]

599 5. Aus dem **Willkürverbot** des Art. 3 Abs. 1 GG folgt, dass die **Chancengleichheit** gewährleistet sein muss.

a) Dieser Grundsatz gebietet, im Prüfungsverfahren möglichst **gleichmäßige Voraussetzungen für alle Bewerber** zu schaffen und damit allen Prüflingen gleiche Erfolgsaussichten einzuräumen.[893]

---

882 BVerwG NJW 1998, 3657, 3658; DVBl. 1993, 503, 504; Beaucamp/Seifert NVwZ 2008, 261, 262.

883 BVerwG NVwZ-RR 2017, 421; NVwZ 2006, 478, 479; Zimmerling/Brehm NVwZ 2009, 358, 364.

884 BVerwG NVwZ-RR 2000, 503; NVwZ 2001, 922 f.; Staufer/Steinebach Jura 2010, 454, 458.

885 BVerwG NVwZ 2000, 915; OVG Lüneburg NVwZ-RR 2015, 299, 300; Beaucamp/Seifert NVwZ 2008, 261, 262.

886 BVerwG NVwZ 2006, 478; OVG Lüneburg NVwZ-RR 2015, 299, 300; VGH BW VBlBW 2015,473, 474.

887 Vgl. OVG NRW NWVBl. 2017, 267; OVG Lüneburg NVwZ-RR 2016, 912; Beaucamp/Seifert NVwZ 2008, 261, 263.

888 BVerwG NVwZ 1998, 636; Beaucamp/Seifert NVwZ 2008, 261, 264; vgl. auch BVerfG NVwZ 2010, 435, 440 f.

889 BVerwG NVwZ 1998, 636.

890 OVG NRW NWVBl. 1992, 63.

891 BVerfG NVwZ 1995, 469, 470; BVerwG NJW 1996, 942, 943; Beaucamp/Seifert NVwZ 2008, 261, 264.

892 OVG NRW DVBl. 1995, 800, 803.

893 BVerfG NJW 1991, 2005, 2007; BVerwG DVBl. 1999, 1594, 1595; OVG NRW NVwZ-RR 2013, 469, 469.

Daran fehlt es z.B. bei der Zusage eines bestimmten Prüfungsstoffes vor der mündlichen Prüfung;[894] bei fachlichen Mängeln der Prüfungsaufgabe (z.B. Widersprüchlichkeit oder Unlösbarkeit),[895] bei überzogenen Prüfungsanforderungen oder einem unangemessenem Beurteilungsmaßstab.[896]

b) Ausfluss des Grundsatzes der Chancengleichheit i.V.m. dem Rechtsstaatsprinzip (Art. 20 Abs. 3 GG) ist des Weiteren das **Gebot der Sachlichkeit**. Der Prüfer muss die Prüfungsleistung objektiv beurteilen. In die Leistungsbeurteilung dürfen zwar persönliche Überzeugungen, Einsichten und Wertvorstellungen des Prüfers einfließen, das ändert aber nichts daran, dass der Prüfer zur Sachlichkeit verpflichtet ist.[897] **600**

Hierzu gehört, dass der Prüfer die Prüfungsleistung mit innerer Distanz und frei von Emotionen zur Kenntnis nimmt.[898] Auch kann vom Prüfer erwartet werden, dass er sich bemüht, die Darlegungen des Prüflings richtig zu verstehen. Das schließt nicht aus, auf schlechte schriftliche Leistungen mit harten Randbemerkungen zu reagieren (wie „Unsinn“, o.Ä.).[899] Eine Verletzung der Chancengleichheit liegt jedoch vor, wenn ein Prüfer auf Fehlleistungen mit einer von Sarkasmus und Unsachlichkeit geprägten Kritik reagiert (z.B. „Sie werden hier auf dem Zahnfleisch wieder rausgehen.“).[900]

c) Auch der Grundsatz der **Verhältnismäßigkeit** konkretisiert die Chancengleichheit. Die Prüfungsanforderungen dürfen nicht ungeeignet, unnötig oder unangemessen sein.[901] **601**

Die Grenzen werden überschritten, wenn Fragen gestellt werden, die mit den Anforderungen des erstrebten Berufs nichts mehr zu tun haben.[902] Bei juristischen Arbeiten ist es nicht erforderlich, eindeutige Fragen und Nebensächlichkeiten im Gutachtenstil abzuhandeln.[903]

6. Weiterhin müssen die **allgemein anerkannten Bewertungsmaßstäbe** beachtet werden. **602**

a) Die verwaltungsgerichtliche Rspr. ging früher davon aus, dass es kein allgemeiner Bewertungsmaßstab sei, „richtige“ Prüfungsleistungen auch als richtig zu bewerten und „falsche“ als falsch. Denn die Frage, was richtig und falsch sei, gehöre gerade zum Beurteilungsspielraum des Prüfers. Ein Beurteilungsfehler lag nach dieser Auffassung erst vor, wenn die Bewertung unter keinem erdenklichen wissenschaftlichen oder pädagogischen Gesichtspunkt gerechtfertigt war und sich daher als **willkürlich** erwies.[904]

b) Das BVerfG hat diese sog. Willkürrechtsprechung der Verwaltungsgerichte für berufsqualifizierende Prüfungen verworfen und verlangt von den Fachgerichten eine **Vertretbarkeitskontrolle**. **603**

---

894 VGH Mannheim NVwZ 1987, 1013.

895 Vgl. BVerwG DVBl. 2006, 250, 251; DVBl. 1996, 1381, 1382; BerlVerfGH NVwZ 2004, 1351.

896 HessVGH LKRZ 2010, 471, 473; VGH Mannheim DVBl. 2011, 649; Zimmerling/Brehm DVBl. 2012, 265, 270.

897 BVerwG NJW 2012, 2054, 2056; Zimmerling/Brehm DVBl. 2012, 265, 268.

898 VG Köln NWVBl. 2009, 75, 76 (Lachen des Prüfers während der Prüfung).

899 BVerwG NJW 2012, 2054, 2056; weitere Beispiele bei Zimmerling/Brehm DVBl. 2012, 265, 269.

900 OVG NRW NVwZ 1988, 458; allgemein Zimmerling/Brehm NVwZ 2009, 358, 362; dies. DVBl. 2012, 265, 268 f.

901 BVerfG NJW 1991, 2005; HessVGH LKRZ 2010, 471, 473 ff.; VGH Mannheim DVBl. 2011, 649.

902 BVerwG DVBl. 1987, 1223: Unzulässigkeit von Fragen über den afrikanischen Staat Mali in der Zweiten Juristischen Staatsprüfung; vgl. auch Beaucamp/Seifert NVwZ 2008, 261, 264.

903 OVG NRW NWVBl. 2010, 238; enger OVG NRW, Beschl. v. 04.04.2014 – 14 A 986/12.

904 Vgl. zuletzt BVerwG NVwZ 1991, 271; NVwZ 1990, 65.

„Auszugehen ist von dem Zweck, dem eine Prüfung als Berufszugangsschranke dient und den sie nach Art. 12 Abs. 1 GG nur im Rahmen der Verhältnismäßigkeit verfolgen darf. ... Daraus folgt, dass zutreffende Antworten und brauchbare Lösungen im Prinzip nicht als falsch bewertet werden und zum Nichtbestehen führen dürfen. ... gebührt zwar dem Prüfer ein Bewertungsspielraum, andererseits muss aber auch dem Prüfling ein angemessener Antwortspielraum zugestanden werden. Eine vertretbare und mit gewichtigen Argumenten folgerichtig begründete Lösung darf nicht als falsch gewertet werden. Dies ist ein allgemeiner Bewertungsgrundsatz, der bei berufsbezogenen Prüfungen aus Art. 12 Abs. 1 GG folgt."[905]

604 Daher ist es Sache der Gerichte – notfalls mit Hilfe von Sachverständigen – die **fachwissenschaftliche Vertretbarkeit** zu überprüfen.[906]

Anders als bei Verfahrensfehlern obliegt dem Prüfling bei Bewertungsfehlern auch keine Rügepflicht (weswegen die Unterscheidung wichtig ist). Materielle Fehler können bis zum Schluss der letzten mündlichen Verhandlung vor Gericht geltend gemacht werden.[907]

605 Für die Vertretbarkeit reicht es aus, dass sich der Prüfling für seinen **Antwortspielraum** ggf. auf die wissenschaftliche Meinung in nur einem anerkannten Lehrbuch berufen kann. Voraussetzung ist allerdings, dass der Prüfling die Auffassung **problemorientiert** entwickelt und begründet hat. Es genügt somit nicht, wenn das vom Prüfling ermittelte Ergebnis lediglich mehr oder weniger zufällig mit dem übereinstimmt, was vereinzelt in der Literatur vertreten wird.[908]

III. Nach diesen Grundsätzen gilt im vorliegenden Fall:

606 1. Ein Verstoß gegen **Verfahrensvorschriften** könnte sich daraus ergeben, dass die BGB-Klausur des A von einem Strafrechtsprofessor als Erstkorrektor beurteilt worden ist. Weder dem JAG noch dem allgemeinen Prüfungsrecht lässt sich jedoch ein Grundsatz entnehmen, dass als Erstkorrektor nur ein Prüfer bestimmt werden darf, der in dem jeweiligen Rechtsgebiet über praktische Erfahrung verfügt.[909] Hinzu kommt, dass die Klausur auch noch von anderen Prüfern beurteilt wird, wobei jeder Prüfer eine eigenständige Bewertung abzugeben hat und alle Bewertungen gleiches Gewicht haben. Insoweit liegt daher kein Verfahrensfehler vor.

607 2. Ein Verfahrensverstoß könnte darin liegen, dass das **Protokoll** für einen Teil der Prüfung nicht auffindbar, möglicherweise gar nicht angefertigt worden ist.

Inhaltlich ist bzgl. der Protokollierung ausreichend, aber auch erforderlich, dass hinreichende Vorkehrungen getroffen werden, um das Prüfungsgeschehen auch nachträglich noch aufklären zu können. Ein Wortprotokoll ist von Verfassungs wegen jedoch nicht erforderlich, weil die Grundrechte des Prüflings aus Art. 12 Abs. 1 und Art. 19 Abs. 4 GG keine Wiedergabe der einzelnen Fragen und Antworten in der mündlichen Prüfung verlangen.[910]

Der Fehler ist jedoch nach § 46 VwVfG, der auch im Prüfungsverfahren anwendbar ist (§ 2 Abs. 3 Nr. 2 VwVfG), **unbeachtlich**, da er die Entscheidung in der Sache offensichtlich nicht beeinflusst hat.[911] Dem Umstand, dass durch das Fehlen des

905 BVerfG NJW 1991, 2005, 2008; ebenso BVerwG NVwZ 2004, 1375, 1377; OVG NRW, Urt. v. 12.06.2013 – 14 A 1600/11, NVwZ-RR 2013, 846; OVG Lüneburg NVwZ-RR 2015, 299; zur Rspr. auch Zimmerling/Brehm NVwZ 2009, 358, 364.

906 BVerfG NJW 2010, 1062, 1063; BVerwG NVwZ 2000, 921; OVG Lüneburg NordÖR 2012, 98, 99; zusammenfassend Beaucamp/Seifert NVwZ 2008, 261, 264 f.; Barton NVwZ 2013, 555, 557; Kment/Vorwalter JuS 2015, 193, 198.

907 BVerwG NVwZ 2006, 478, 479; HessVGH LKRZ 2010, 471, 472 f.; VGH BW VBlBW 2015, 473, 474.

908 Vgl. OVG Saalouis NVwZ 2001, 942, 943; Brehm/Zimmerling NVwZ 2000, 875, 879; dies. DVBl. 2012, 265, 272.

909 Vgl. VGH Kassel ZBR 1996, 116: zulässige Korrektur einer Arbeitsrechtsklausur durch einen Verwaltungsrichter als Erstkorrektor; ebenso OVG NRW, Beschl. v. 14.06.2010 – 14 A 1258/09; Zimmerling/Brehm DVBl. 2012, 265, 267.

910 Vgl. BVerwG NVwZ 2006, 478, 478 f.; OVG NRW, Beschl. v. 18.01.2016 – 14 B 1393/15.

Protokolls die Beweissituation für den Prüfling verschlechtert werden kann, ist in der Weise Rechnung zu tragen, dass ihm Beweiserleichterung zugebilligt wird.[912]

Besondere Bedeutung in verfahrensrechtlicher Hinsicht hat die verwaltungsinterne Kontrolle der Prüfungsentscheidung. Als Ausgleich für die unvollkommene Kontrolle von Prüfungsentscheidungen durch die Verwaltungsgerichte ist bei berufsbezogenen Prüfungen im Hinblick auf Art. 12 GG ein eigenständiges verwaltungsinternes Kontrollverfahren zur Überprüfung der Einwände des Prüflings erforderlich (sog. **Überdenkungsverfahren**).[913]

3. Da die mündliche Prüfung des A im Öffentlichen Recht nur wenige Minuten gedauert hat, könnte ein Verstoß gegen den Grundsatz der **Chancengleichheit** vorliegen. Dieser fordert, dass die Prüflinge in zeitlicher und sachlicher Hinsicht so weit wie möglich gleiche Chancen haben, ihre Fähigkeiten und ihr Wissen unter Beweis zu stellen. Ein Anspruch auf eine bestimmte Zeitdauer der Prüfung besteht jedoch nicht. Entscheidend ist, dass sich der Prüfer in der Prüfzeit einen Überblick über den Leistungsstand des Prüflings verschaffen kann. Unterschiede in der auf den einzelnen Prüfling entfallenden Prüfzeit stellen erst dann eine Verletzung der Chancengleichheit dar, wenn sie zu einer **deutlichen Schieflage** des Prüfungsgesprächs führen, in der insgesamt von der Vergleichbarkeit der Prüfungsbedingungen nicht mehr die Rede sein kann.[914] 608

Hier ist A im BGB und Strafrecht ausreichend gefragt worden. Die ersten Fragen im Öffentlichen Recht haben gezeigt, dass er auf dem Gebiet der Ermessenslehre keine Kenntnisse hatte. Auch durfte der Prüfer bei der Problematik des Beurteilungsspielraums davon ausgehen, A könne hierzu ohnehin nichts beisteuern, zumal A die Gelegenheit hatte, sich in die Diskussion einzuschalten. In der auf wenige Minuten beschränkten Befragung des A liegt daher **kein Verstoß gegen die Chancengleichheit**.

4. Soweit A geltend macht, aus seinen das Ermessen betreffenden Antworten dürfe nicht auf Unkenntnis im Öffentlichen Recht insgesamt geschlossen werden, handelt es sich um eine **prüfungsspezifische Wertung**, bei der der Prüfer einen **Bewertungsspielraum** hat.[915] 609

Der vom Prüfer gezogene Schluss verletzt weder allgemeine Bewertungsmaßstäbe noch beruht er auf sachfremden Erwägungen oder verletzt die Chancengleichheit. In Betracht kommt allenfalls, dass er **unter keinem erdenklichen Gesichtspunkt gerechtfertigt** ist. Das wäre beispielsweise anzunehmen, wenn aus der Unkenntnis einzelner Gerichtsentscheidungen oder bestimmter Literaturstellen auf Unkenntnis im Öffentlichen Recht insgesamt geschlossen würde. Die im Gesetz geregelte Lehre vom Ermessen und den Ermessensfehlern (§ 40 VwVfG, § 114 VwGO) ist aber für das allgemeine Verwaltungsrecht von so zentraler Bedeutung, dass der Prüfer nicht sachwidrig handelt, wenn er daraus auf nur unzulängliche Kenntnisse im Öffentlichen Recht schließt.

---

911 Vgl. Birnbaum NVwZ 2006, 286, 295; Wortmann NWVBl. 1992, 304, 309 m.w.N.

912 Niehues NJW 1991, 3001, 3003; Birnbaum NVwZ 2006, 286, 295 Fn. 162.

913 BVerwG NVwZ-RR 2017, 421; NVwZ-RR 2013, 44, 45; NVwZ 2013, 83, 84; Barton NVwZ 2013, 555, 558.

914 OVG NRW NVwZ 1992, 694, 695; Streinz/Hammerl JuS 1993, 663, 665 m.w.N.

915 Vgl. BVerwG NVwZ 2004, 1375, 1377.

Während das BVerwG die Willkürkontrolle früher darauf beschränkte, ob sich die Fehlerhaftigkeit einer wissenschaftlich-fachlichen Annahme des Prüfers dem Richter als gänzlich unhaltbar aufdrängt, hat das BVerfG klargestellt, dass eine „willkürliche" Fehleinschätzung bereits dann anzunehmen ist, wenn sie Fachkundigen (Sachverständigen) als unhaltbar erscheinen muss.[916]

Beispiel: Ein Blockversagen auf der Grundlage der Aufsichtsarbeiten ist nur dann gerechtfertigt, wenn diese eine hinreichende Bandbreite an Themen abdecken, sodass aus dem Versagen allgemein auf unzureichende Kenntnisse geschlossen werden kann.[917]

Ergebnis: Ein zur Rechtswidrigkeit führender Fehler der Prüfungsentscheidung lässt sich somit nicht feststellen. Die Prüfungsentscheidung ist rechtmäßig.

---

610 Ein Bewertungsfehler ist **nur beachtlich**, wenn er **möglicherweise Einfluss auf das Prüfungsergebnis** gehabt hat **(potentielle Kausalität).**[918] Ist die Ursächlichkeit des Fehlers nicht auszuschließen, so ist die Klage begründet. Das Gericht darf die Leistungsbewertung aber nicht selbst vornehmen,[919] sondern kann den Prüfungsbescheid nur aufheben und die Behörde zur Neubewertung der Prüfungsleistung unter Beachtung der Rechtsauffassung des Gerichts verpflichten (§ 113 Abs. 5 S. 2 VwGO).

611 Bei der **Neubewertung** darf das Bewertungssystem, d.h. die prüfungsspezifischen Bewertungskriterien (wie Einschätzung des Schwierigkeitsgrads, Bewertung der Qualität der Darstellung, Gewichtung der Fehler und Einschätzung der durchschnittlichen Anforderungen) nicht geändert werden. Aufgrund dessen darf die **Prüfungsnote** auch **nicht verschlechtert** werden.[920] Der Grundsatz der Chancengleichheit hindert jedoch nicht, bei der Neubewertung neue, bislang übersehene Fehler zu berücksichtigen.[921]

Die Neubewertung darf durch **denselben Prüfer** erfolgen, der die beanstandete frühere Bewertung vorgenommen hat. Hierdurch lässt sich am besten gewährleisten, dass dieselben Maßstäbe, Vorstellungen und Erfahrungen zugrunde gelegt werden wie bei der Erstbewertung. Etwas anderes soll nur dann gelten, wenn tatsächliche Anhaltspunkte für die Voreingenommenheit des Prüfers bestehen.[922]

612 Je nach der Art des Fehlers sind Fälle denkbar, in denen die **Prüfung wiederholt** werden muss (z.B. wenn eine Prüfungsleistung verfahrensfehlerhaft erbracht wurde oder weil z.B. nach längerer Zeit keine verlässliche Grundlage für eine Neubewertung einer mündlichen Prüfung mehr besteht).[923]

Der Prüfling braucht hierbei grundsätzlich nur den (abtrennbaren) Prüfungsteil zu wiederholen, dem der rechtserhebliche Mangel anhaftet.[924] Aus dem Grundsatz der Chancengleichheit folgt, dass für die Wiederholung soweit wie möglich vergleichbare Prüfungsbedingungen und Bewertungskriterien gelten.[925]

---

916 BVerfG NJW 1991, 2005, 2008; NJW 1991, 2008, 2011; Rozek NVwZ 1992, 343, 347.

917 BVerwG NVwZ-RR 2017, 693; NVwZ 2004, 1375, 1376; VGH Mannheim NVwZ 2001, 940, 941.

918 BVerwG NVwZ-RR 2013, 42, 44; OVG NRW NJW 2017, 2138; Barton NVwZ 2013, 555, 557.

919 OVG NRW NWVBl. 2009, 222, 224; HessVGH LKRZ 2010, 471, 473.

920 BVerwG NVwZ 1993, 686, 688; NJW 2000, 1055, 1056.

921 BVerwG NJW 2000, 1055, 1056; Brehm/Zimmerling NVwZ 2000, 875, 877; Niehues NVwZ 2001, 872, 876.

922 BVerwG NVwZ 2000, 921, 923; DVBl. 1996, 1373, 1374; OVG Lüneburg NVwZ-RR 2016, 912; a.A. Kopp DVBl. 1991, 989, 990; Barton NVwZ 2013, 555, 557.

923 BVerwG NVwZ 1997, 502; SächsOVG NJW 2017, 2850, 2852.

924 BVerfG NJW 1991, 2005, 2008; BVerwG NVwZ 2002, 1375; NVwZ 2000, 921, 922; OVG NRW NWVBl. 2008, 111, 112; Zimmerling/Brehm NVwZ 2009, 358, 365.

925 BVerfGE 84, 34, 52; BVerwG NVwZ 2002, 1375; NJW 2003, 1063.

RECHTMÄSSIGKEIT DES VA

Ermächtigungsgrundlage

erforderlich nach dem Grundsatz vom Vorbehalt des Gesetzes

- bzgl. Inhalt (belastende Maßnahmen oder wesentliche Fragen)
- bzgl. Handlungsform (VA-Befugnis) str.
  h. M.: gewohnheitsrechtlich bei Über-/Unterordnungsverhältnis
  a. A.: wegen Titel- und Vollstreckungsfunktion besondere gesetzl. Ermächtigung erforderlich

I. Formelle Rechtmäßigkeit

1. **Zuständigkeit** (sachlich, instanziell, örtlich)
2. **Verfahren**, §§ 9 ff. VwVfG
   - Untersuchungsgrundsatz, § 24 VwVfG
   - Ausschluss wegen Befangenheit, §§ 20, 21 VwVfG
   - insbes. **Anhörung** gem. § 28 VwVfG
     → a) **erforderlich** bei belastendem VA, str. bei Ablehnung einer Begünstigung
     b) **entbehrlich**
     aa) Voraussetzungen des § 28 Abs. 2 VwVfG
     bb) Rechtsfolge: Ermessen
     cc) str., ob bes. Begründung erforderlich (analog § 39 VwVfG)
3. **Form**
   - grds. formfrei (§ 37 Abs. 2 VwVfG); Ausnahme: Spezialvorschriften (z. B. § 8 Abs. 2 BeamtStG)
   - Begründung (§ 39 VwVfG): wesentliche tatsächliche und rechtliche Gründe

→ **Rechtsfolgen** formeller Fehler

- grds. **rechtswidrig**, nur ausnahmsweise nichtig (vgl. § 44 Abs. 2 Nr. 1–3, Abs. 3 VwVfG)
- **Heilung**, § 45 VwVfG
  - keine Nichtigkeit
  - nach h. M. sowohl durch Ausgangs- als auch durch **Widerspruchsbehörde**
  - auch noch im verwaltungsgerichtlichen Verfahren (§ 45 Abs. 2 VwVfG)
  - bei fehlender Begründung nur **Nachholen** der Begründung (§ 45 Abs. 1 Nr. 2 VwVfG), **Nachschieben** von Gründen im Prozess ist dagegen materielles Problem (nach h. M. zulässig, sofern keine Wesensänderung; auch Ermessenserwägungen)

  → **Rechtsfolge:** VA wird rechtmäßig
- **Unbeachtlichkeit**, § 46 VwVfG
  - keine Nichtigkeit
  - Verstoß gegen Verfahren, Form, **örtliche** Zuständigkeit
  - Fehler unbeachtlich, wenn offensichtlich ist, dass der Verstoß die Entscheidung in der Sache nicht beeinflusst hat **(Kausalität)**.

  → **Rechtsfolge:** VA bleibt rechtswidrig, aber kein Aufhebungsanspruch

II. Materielle Rechtmäßigkeit

1. Voraussetzungen der Ermächtigungsgrundlage

a) grds. volle gerichtliche Nachprüfung

b) Ausnahme: **Beurteilungsspielraum**

gerichtlich nur beschränkt überprüfbarer Entscheidungsspielraum im Bereich der Voraussetzungen einer Rechtsnorm (Ermessen nur auf der Rechtsfolgenseite!)

aa) Anwendungsbereich

Prüfungsentscheidungen; beamtenrechtliche Beurteilungen; Prognoseentscheidungen; Risikobewertungen; wertende Entscheidungen weisungsfreier, pluralistisch besetzter Gremien

bb) prozessuale **Überprüfbarkeit** -> **Beurteilungsfehler**

- nachvollziehbare Begründung
- Verfahrensvorschriften beachtet
- zutreffender, vollständiger Sachverhalt zugrunde gelegt
- keine sachfremden Erwägungen
- Willkürverbot, Chancengleichheit
- Beachtung allgemein gültiger Bewertungsgrundsätze

2. Allgemeine Rechtmäßigkeitsvoraussetzungen

a) Bestimmtheit (§ 37 Abs. 1 VwVfG)

- bzgl. Behörde, Adressat, Inhalt
- Grad der Bestimmtheit richtet sich nach Art und Zweck des VA
- bzgl. Inhalt: (vollstreckbare) Bezeichnung des herbeizuführenden Erfolges

b) Möglichkeit

- **tatsächliche** Unmöglichkeit
  - objektiv: nichtig gem. § 44 Abs. 2 Nr. 4 VwVfG
  - subjektiv: ggf. rechtswidrig
- **rechtliche** Unmöglichkeit
  - Sonderfall: § 44 Abs. 2 Nr. 5 VwVfG, sonst nur rechtswidrig
  - Ausnahme: keine Rechtswidrigkeit, soweit Hindernis durch Duldungsverfügung an Dritten ausgeräumt werden kann (Fehlen hindert nur Vollstreckbarkeit)

c) Verhältnismäßigkeit

aa) Legitimer Zweck

bb) Geeignetheit

erstrebter legitimer Zweck wird durch Maßnahme zumindest gefördert

cc) Erforderlichkeit

geringstmögliche Belastung,
kein anderes gleich wirksames, aber weniger einschneidendes Mittel

dd) Angemessenheit

Nachteil nicht erkennbar außer Verhältnis zum erstrebten Erfolg -> **Abwägung**

3. Rechtsfolge

a) gebundene Entscheidung -> Verwaltung muss handeln

b) Ermessensentscheidung (kann, darf, ist befugt o.ä.)

-> Einschränkung der gerichtlichen Prüfungskompetenz auf der Rechtsfolgenseite
§ 114 S. 1 VwGO: **Ermessensfehler**

- **Ermessensüberschreitung**/-unterschreitung
  Überschreitung der Grenzen des Ermessens durch Wahl einer unzulässigen Rechtsfolge (Ermessensgrenzen z.B. aus Grundrechten, Verhältnismäßigkeitsprinzip) bzw. Nichtgebrauch des Ermessens
- **Ermessensfehlgebrauch**
  sachfremde Erwägungen, Tatsachenfehler, strukturelle Begründungsmängel, Verstoß gegen Art. 3 Abs. 1 GG

VI. Erklärungen der Verwaltung als Rechtmäßigkeitsvoraussetzung

Nicht nur gesetzliche Regelungen können die Rechtmäßigkeit des Verwaltungshandelns beeinflussen, die Behörde kann sich auch **durch eigenes Verhalten** hinsichtlich späterer Entscheidungen **binden**. 613

Beispiel: Aufgrund einer ständigen Vergabepraxis der Behörde kann sich über Art. 3 Abs. 1 GG i.V.m. dem Grundsatz der Selbstbindung der Verwaltung ein Anspruch des Bürgers auf Bewilligung einer Subvention ergeben (s.o. Rn. 166 ff.).

Einen Sonderfall bildet die **verbindliche Zusage** der Behörde, eine bestimmte Verwaltungsmaßnahme später vorzunehmen oder zu unterlassen. Ist die Zusage wirksam, hat der Betroffene gegen die Behörde einen **Anspruch** auf das zugesagte Verhalten. Bezieht sich die Zusage auf den späteren Erlass oder Nichterlass eines bestimmten **Verwaltungsakts**, so spricht man von einer **Zusicherung** (§ 38 VwVfG). 614

1. Zusicherung

Fall 24: Hin und her

Nachdem B sich einen Sportwagen zugelegt hat, fällt es ihm schwer, Geschwindigkeitsbegrenzungen einzuhalten. Anfang Juni 2017 geht bei der zuständigen Fahrerlaubnisbehörde eine Mitteilung des Kraftfahrt-Bundesamtes ein, wonach das Fahreignungsregister für B 8 Punkte aufweist. Im daraufhin eingeleiteten Verfahren zur Entziehung der Fahrerlaubnis erreicht B unter Hinweis auf seine Tätigkeit als Berufskraftfahrer, dass ihm die Behörde mit Schreiben vom 24.07.2017 mitteilt, man wolle ihm eine letzte Chance geben, sich zu bewähren. Bei erneuten Verstößen werde die Fahrerlaubnis aber in jedem Fall entzogen. Zunächst sei die Angelegenheit erledigt. Als die Aufsichtsbehörde hiervon erfährt, weist sie die Fahrerlaubnisbehörde an, die Fahrerlaubnis sofort zu entziehen. B erhält daraufhin nach Anhörung am 28.09.2017 einen Bescheid, dass ihm die Fahrerlaubnis entzogen werde, da nach erneuter Prüfung die Gefährdung des Straßenverkehrs nicht länger hinnehmbar sei. Das Schreiben vom 24.07. 2017 sei damit gegenstandslos. Gegen diesen Bescheid hat B (nach erfolglosem Vorverfahren) Klage erhoben, mit der er geltend macht, er habe nach dem Schreiben vom 24.07.2017 keine Verkehrsverstöße mehr begangen, was zutrifft. Wird die zulässige Klage Erfolg haben?

Hinweis: Die verfahrensrechtlichen Voraussetzungen nach § 4 Abs. 5–8 StVG sind eingehalten.

Die zulässige Anfechtungsklage hat Erfolg, soweit der Bescheid rechtswidrig und B dadurch in seinen Rechten verletzt ist (§ 113 Abs. 1 S. 1 VwGO). 615

Rechtsgrundlage für die Entziehung der Fahrerlaubnis ist § 3 Abs. 1 StVG.

I. Hinsichtlich der **formellen Rechtmäßigkeit** bestehen keine Bedenken.

II. In **materieller** Hinsicht ist nach § 3 Abs. 1 StVG die Fahrerlaubnis zu entziehen, wenn sich der Inhaber als **ungeeignet** zum Führen von Kraftfahrzeugen erweist. Als Spezialfall bestimmt § 4 Abs. 5 S. 1 Nr. 3 StVG, dass der Betroffene als ungeeignet zum Führen von Kraftfahrzeugen gilt und die Fahrerlaubnis zu entziehen ist, wenn sich nach dem Fahreignungs-Bewertungssytem 8 oder mehr Punkte ergeben.[926]

III. Der **Rechtsfolge** nach „ist" die Fahrerlaubnis zu entziehen (§ 4 Abs. 5 S. 1 Nr. 3 Hs 2 StVG), der Behörde steht also kein Ermessen zu.

616 IV. Die Rechtswidrigkeit könnte sich jedoch aus dem **Verstoß gegen die Zusage** vom 24.07.2017 ergeben. Wird nämlich eine Zusicherung auf Nichterlass eines (belastenden) VA nicht eingehalten, so ist der zusicherungswidrig erlassene VA wegen Verstoßes gegen § 38 VwVfG **rechtswidrig.**[927]

Hat die Behörde eine Zusicherung auf Erlass eines (begünstigenden) VA abgegeben und erlässt sie den VA gleichwohl nicht, hat der Betroffene die Möglichkeit der Verpflichtungsklage.[928]

1. Dann müsste das Schreiben vom 24.07.2017 begrifflich eine **Zusicherung** i.S.d. § 38 VwVfG darstellen, d.h. es muss eine verbindliche Erklärung der Behörde vorliegen, einen bestimmten VA später zu erlassen oder nicht zu erlassen.

617 a) Zunächst muss eine **verbindliche Erklärung** der Behörde vorliegen. Gegenüber dem Adressaten muss unzweifelhaft der Wille der Behörde zum Ausdruck kommen, einen bestimmten VA später zu erlassen oder nicht zu erlassen.[929] Dabei ist der Erklärungsinhalt analog § 133 BGB durch **Auslegung** zu ermitteln. Maßgeblich ist nicht der innere, sondern der erklärte Wille, wie ihn der Empfänger bei objektiver Würdigung aller maßgeblichen Begleitumstände und des Zwecks der Erklärung verstehen konnte.[930]

Aus der Sicht des B konnte das Schreiben vom 24.07.2017 nur im Sinne einer **verbindlichen Regelung** verstanden werden. Nachdem die Behörde zunächst ein Verfahren zur Entziehung der Fahrerlaubnis eingeleitet hatte, konnte die Äußerung „die Angelegenheit sei zunächst erledigt" nur bedeuten, dass die Behörde jedenfalls bei gleichbleibender Sach- und Rechtslage nicht tätig werden wollte. Aufgrund dieses objektiv erkennbaren Bindungswillens liegt somit begrifflich eine **Zusicherung** vor.

618 Besondere Probleme ergeben sich beim **Abbau von Subventionen**. Ein Vertrauen in den Fortbestand einer Förderung ist grundsätzlich nicht schutzwürdig. Selbst eine langjährige Gewährung einer Subvention begründet kein schutzwürdiges Vertrauen auf eine Weitergewährung (s.o. Rn. 169).[931] Allerdings kann in einer zunächst befristeten Bewilligung zugleich die (konkludente) **Zusicherung einer Anschlussförderung** liegen. Dies hat die Rspr. z.B. angenommen, wenn die Wirtschaftlichkeit eines Vorhabens auch nach Ablauf einer langandauernden Gewährung (15 Jahre) von einer weiteren Subventionsgewährung abhängig ist. Der Subventionsempfänger könne dann die zunächst befristete Leistungsgewährung nur als Zusage einer Anschlussförderung verstehen.[932] Diese Entscheidung hat in der Literatur[933] deutliche Kritik erfahren. Eine Zusicherung liege nur vor, wenn die Verwaltung einen bestimmten VA verbindlich zusage und dadurch ein „rechtlich relevantes" Vertrauen begründe. Ein solches berechtigtes Vertrauen könne aber gerade dann nicht angenommen werden, wenn die Behörde eine Leistungsbewilligung zeitlich befriste.[934]

---

926 Zur Entziehung der Fahrerlaubnis nach § 4 Abs. 5 S. 1 Nr. 3 StVG vgl. OVG Lüneburg NJW 2017, 1769.

927 Maurer/Waldhoff § 9 Rn. 61; Stelkens/Bonk/Sachs VwVfG § 38 Rn. 122.

928 Maurer/Waldhoff § 9 Rn. 61; Hebeler/Schäfer Jura 2010, 881, 884.

929 BVerwG NVwZ 2012, 1314, 1316; ThürOVG, Urt. v. 11.06.2015 – 4 KO 811/08; Hebler/Schäfer Jura 2010, 881, 882.

930 BVerwG NVwZ 2012, 1314, 1316; VGH Mannheim DVBl. 2000, 820, 821; Kloepfer/Lenski NVwZ 2006, 501, 502 m.w.N.

931 BVerwG NVwZ 2006, 1184, 1188; DVBl. 1998, 142, 144; VGH Mannheim NJW 2004, 624; Schwarz JZ 2004, 79, 81 m.w.N.

932 OVG Berlin DVBl. 2003, 1333, 1334; anders OVG Berlin JZ 2005, 672, 673 bestätigt durch BVerwG NVwZ 2006, 1184, 1186.

933 Pietzker DVBl. 2003, 1339, 1339; Schwarz JZ 2004, 79, 83 f.

934 Schwarz JZ 2004, 79, 83; in diesem Sinne auch BVerwG NVwZ 2006, 1184, 1187; Ebeling/Tellenbröker JuS 2014, 217, 219.

b) Die Erklärung muss sich im Rahmen des § 38 VwVfG auf den **Erlass oder Nichterlass** eines bereits hinreichend **bestimmten VA** beziehen. Im vorliegenden Fall betraf die Erklärung der Behörde das Unterbleiben der Entziehung der Fahrerlaubnis als VA i.S.d. § 35 VwVfG. 619

2. Die Zusicherung muss **wirksam** sein.

a) Gemäß § 38 Abs. 1 S. 1 VwVfG muss die Zusicherung von der **zuständigen Behörde** und in **schriftlicher Form** erteilt werden. 620

Bei der **Zuständigkeit** kommt es nur auf die Zuständigkeit der Behörde als solche an. Handelt innerhalb der zuständigen Behörde ein unzuständiger Sachbearbeiter, so hat dies keinen Einfluss auf die Wirksamkeit der Zusicherung im Außenverhältnis.[935] Für die **Schriftform** gilt § 37 Abs. 3 VwVfG (analog), wobei stets die (einfache) Schriftform ausreicht, auch wenn der in Aussicht gestellte VA besonderen Formvorschriften unterliegt (z.B. Aushändigung einer Urkunde nach § 8 Abs. 2 BeamtStG).[936] Eine in **elektronischer** Form abgegebene Zusicherung genügt der Schriftform, wenn die Anforderungen des § 3a Abs. 2 VwVfG eingehalten sind.[937]

Beachte: *Zuständigkeit und Schriftform sind bei der Zusicherung nicht nur Rechtmäßigkeits-, sondern* ***zwingende Wirksamkeitsvoraussetzungen****. Anders als beim VA führen Verstöße gegen diese beiden Voraussetzungen nicht nur zur Rechtswidrigkeit, sondern zur Unwirksamkeit der Zusicherung.*[938]

b) Im Übrigen sind nach § 38 Abs. 2 VwVfG die Regeln über die **Wirksamkeit** von **VAen entsprechend** anzuwenden. 621

Nach wie vor ist äußerst umstritten, ob die Zusicherung selbst einen **VA** darstellt. Die h.M. bejaht dies unter Hinweis darauf, dass durch die Zusicherung verbindlich ein Anspruch begründet wird.[939] Nach a.A. enthält die Zusicherung keine eigenständige Regelung, sondern bereitet diese nur vor.[940] Für die wichtigsten verfahrensrechtlichen Regeln (§§ 44, 45, 48, 49 VwVfG) ist diese Streitfrage ohnehin irrelevant, da § 38 Abs. 2 VwVfG jedenfalls eine „entsprechende" Anwendung der VA-Regeln anordnet.[941] Deshalb lässt die Rspr. die Rechtsnatur der Zusicherung zumeist offen.

Ungeklärt sind dagegen die prozessualen Konsequenzen. Sieht man mit der h.M. die Zusicherung als VA an, ist eine Klage auf Erteilung der Zusicherung als **Verpflichtungsklage** statthaft, nach der Gegenansicht handelt es sich um eine allgemeine Leistungsklage.

aa) Aus § 38 Abs. 2 VwVfG i.V.m. § 44 VwVfG ergibt sich, dass die bloße Rechtswidrigkeit der Zusicherung, wie beim VA, nicht automatisch zur **Unwirksamkeit** führt. Unwirksam ist die Zusicherung vielmehr nur, wenn sie nach § 44 Abs. 2 oder Abs. 1 VwVfG **nichtig** ist. 622

Auch eine **rechtswidrige Zusicherung** begründet daher einen Anspruch des begünstigten Bürgers auf Erlass bzw. Nichterlass des zugesicherten VA. Die Erfüllungshandlung (z.B. Erlass des VA) ist dann rechtmäßig, selbst wenn sie an sich gesetzeswidrig ist.[942]

Für eine Nichtigkeit bestehen vorliegend keine Anhaltspunkte.

---

935 Knack/Henneke VwVfG § 38 Rn. 12; Kingler/Krebs 2010, 1059, 1060.

936 Kingler/Krebs JA 2010, 1059, 1061.

937 Kopp/Ramsauer VwVfG § 38 Rn. 20.

938 BVerwG DVBl. 1995, 746, 747; OVG Lüneburg NVwZ 2005, 470; Kopp/Ramsauer VwVfG § 38 Rn. 21; Kloepfer/Lenski NVwZ 2006, 501, 502; Hebeler/Schäfer Jura 2010, 881, 882.

939 BVerwG NVwZ 1986, 1011; NJW 1988, 662, 663; Pünder JA 2004, 467, 468; Knack/Henneke § 38 Rn. 21; Hebeler/Schäfer Jura 2010, 881, 881 f.; Kingler/Krebs JuS 2010, 1059, 1059 f.

940 Jakobs Jura 1985, 234, 235; Erfmeyer DVBl. 1999, 1625, 1630; Berg JZ 2005, 1039, 1044.

941 Vgl. Hebler/Schäfer Jura 2010, 881, 882.

942 Vgl. VGH Mannheim NVwZ 1991, 79, 80; Ennuschat JuS 1998, 905, 909; a.A. Erfmeyer DVBl. 1999, 1625, 1629.

623 bb) Die Zusicherung kann nach § 38 Abs. 2 VwVfG i.V.m. §§ 48, 49 VwVfG **unwirksam werden**, wenn sie nachträglich **aufgehoben** wird.[943] Die Behörde hat hier deutlich gemacht, dass das Schreiben vom 24.07. nunmehr „gegenstandslos" sei und die Zusicherung damit zumindest konkludent aufgehoben.

Eine konkludente Aufhebung (z.B. durch Erlass einer der Zusicherung widersprechenden Regelung) setzt voraus, dass die Behörde sich der entgegenstehenden Zusicherung bewusst war und die nach §§ 48, 49 VwVfG erforderliche Ermessensbetätigung in der Begründung zum Ausdruck kommt.[944]

624 Dann müsste die **Aufhebung der Zusicherung** ihrerseits **rechtmäßig** sein. In Betracht kommt allenfalls eine Rücknahme gemäß § 38 Abs. 2 i.V.m. § 48 Abs. 1 VwVfG, wenn die Zusicherung selbst rechtswidrig war. **Rechtswidrig** ist die Zusicherung, wenn sie fehlerhaft ist. Hierfür gelten grundsätzlich dieselben Voraussetzungen wie bei einem VA:

- **Ermächtigungsgrundlage**

  § 38 VwVfG ist selbst keine Ermächtigungsgrundlage, sondern setzt diese voraus. Ermächtigungsgrundlage für die Zusicherung ist vielmehr die Ermächtigungsgrundlage des VA, dessen Erlass bzw. Nichterlass zugesichert wird. Einer besonderen Ermächtigungsgrundlage gerade für die Zusicherung bedarf es nicht.[945]

- **Formelle Rechtmäßigkeit**
  - **Zuständigkeit** der für den zugesicherten VA zuständigen Behörde
  - **Schriftform** (§ 38 Abs. 1 S. 1 VwVfG)
  - **Verfahren**: insbesondere Beachtung gesetzlich vorgeschriebener Mitwirkungserfordernisse (§ 38 Abs. 1 S. 2 VwVfG)

    Anhörung der Beteiligten (§ 28 VwVfG), Mitwirkung einer anderen Behörde (z.B. beim Einvernehmen der Gemeinde nach § 36 BauGB), wobei allerdings nach §§ 38 Abs. 2, 45 Abs. 1 Nr. 3–5 u. Abs. 2 VwVfG die Möglichkeit der Heilung besteht.

- **Materielle Rechtmäßigkeit**
  - **Zulässigkeit der Zusicherung**

    Die Zusicherung kann spezialgesetzlich vorgesehen sein oder ausdrücklich für unzulässig erklärt werden (z.B. § 2 Abs. 2 BBesG).

  - **Rechtmäßigkeit des zugesicherten VA**

    d.h. es müssen sämtliche Rechtmäßigkeitserfordernisse für den Erlass bzw. das Unterlassen des VA erfüllt sein: Ist der zugesicherte VA rechtswidrig, so ist es auch die Zusicherung („Gebot der doppelten Rechtmäßigkeit").[946]

  - Steht der zugesicherte VA im **Ermessen** der Behörde, bedarf bereits die Zusicherung einer fehlerfreien Ermessensausübung.

---

943 Maurer/Waldhoff § 9 Rn. 61.

944 VGH Mannheim NVwZ 1991, 79, 80; Erichsen Jura 1991, 109, 111 m.w.N.

945 Kopp/Ramsauer VwVfG § 38 Rn. 22; Kingler/Krebs JuS 2010, 1059, 1061; abweichend Stelkens/Bonk/Sachs VwVfG § 38 Rn. 86: bei Ermessensakten § 38 unmittelbar Ermächtigungsgrundlage.

946 Vgl. Kopp/Ramsauer VwVfG § 38 Rn. 23; Pünder JA 2004, 467, 470; Kingler/Krebs JuS 2010, 1059, 1062.

(1) Hier war die Zusicherung **rechtswidrig**, weil die Nicht-Entziehung der Fahrerlaubnis gegen § 4 Abs. 5 S. 1 Nr. 3 StVG verstieß. Bei Erreichen von 8 Punkten „ist" die Fahrerlaubnis **zwingend** zu entziehen. Das zugesicherte Verhalten und damit die Zusicherung selbst waren **rechtswidrig**, sodass sie nach § 38 Abs. 2 i.V.m. § 48 VwVfG zurückgenommen werden konnte. 625

(2) Da sich die Zusicherung nicht auf eine Geld- oder Sachleistung bezog, gilt für die Rücknahme über § 38 Abs. 2 VwVfG nicht § 48 Abs. 2, sondern § 48 Abs. 1 VwVfG. Danach stand die Rücknahme der Zusicherung grundsätzlich im **Ermessen**. Dieses Ermessen hat die Behörde hier unter Hinweis auf die bestehende Verkehrsgefährdung sachgerecht ausgeübt. Ein etwaiger Vertrauensschutz steht der Rücknahme – anders als bei einem GeldleistungsVA (§ 48 Abs. 2 VwVfG) – nicht generell entgegen, sondern kann i.d.R. nur einen Ersatzanspruch nach § 48 Abs. 3 VwVfG begründen.[947]

Die **Zusicherung** ist damit durch die Rücknahme gemäß §§ 38 Abs. 2, 48 Abs. 1 VwVfG **unwirksam geworden** und steht der Entziehung der Fahrerlaubnis nicht mehr entgegen. Der Bescheid vom 28.09.2017 ist auch im Übrigen rechtmäßig und die Klage des B deshalb unbegründet.

Zusicherung, § 38 VwVfG
Zusage, bestimmten VA zu erlassen bzw. zu unterlassen

Wirksamkeit

- Zuständigkeit der Behörde
- Schriftform (§ 38 Abs. 1 S. 1 VwVfG)
- keine Nichtigkeitsgründe (§§ 38, 44 VwVfG)

Rechtsfolge

- wirksame Zusicherung hat **Bindungswirkung** (= Anspruch auf Einhaltung der Zusicherung)
- **Wegfall der Bindungswirkung**
  - Aufhebung der Zusicherung (§§ 38 Abs. 2, 48, 49 VwVfG) ←
  - Wegfall der Geschäftsgrundlage (§ 38 Abs. 3 VwVfG)

Rechtmäßigkeit

- Zuständigkeit
- Schriftform
- Anhörung Dritter/Mitwirkung
- materiell
  - Zulässigkeit der Zusicherung
  - Rechtmäßigkeit des zugesicherten VA
  - bei Ermessen: fehlerfreie Ermessensausübung

---

947 Vgl. AS-Skript Verwaltungsrecht AT 2 (2017), Rn. 164 ff.

626 Die Bindungswirkung der Zusicherung kann des Weiteren unter den Voraussetzungen des § 38 Abs. 3 VwVfG entfallen **(Wegfall der Geschäftsgrundlage)**. Erforderlich ist eine nachträgliche Änderung der Sach- oder Rechtslage derart, dass die Behörde bei Kenntnis der nachträglich eingetretenen Änderung die Zusicherung nicht gegeben hätte oder aus rechtlichen Gründen nicht hätte geben dürfen.[948]

Beispiel: Die Zusicherung, ein Verkehrszeichen aufzustellen, wird nach § 38 Abs. 3 VwVfG unwirksam, wenn sich die Verkehrsverhältnisse grundlegend ändern.[949] Umstritten ist, ob die Zusicherung, einen bestimmten Subventionsbescheid zu erlassen, bei einer erheblichen Verschlechterung der Haushaltslage nach § 38 Abs. 3 VwVfG unwirksam werden kann oder ob er nur der Aufhebung nach § 38 Abs. 2 i.V.m. § 48 Abs. 2 VwVfG unterliegt.[950]

2. Die allgemeine Zusage

627 Gesetzlich nicht geregelt ist die nicht **VA-bezogene Zusage** (z.B. gerichtet auf schlichtes Verwaltungshandeln oder auf Abschluss eines ör Vertrages).[951] § 38 VwVfG ist auf sie grundsätzlich nicht anwendbar.[952] Die Verbindlichkeit einer solchen Zusage beurteilt sich vielmehr nach den **ungeschriebenen Grundsätzen** des allgemeinen Verwaltungsrechts. Danach ist eine Zusage verbindlich, d.h. sie begründet für den Begünstigten einen Anspruch auf die zugesagte Leistung, wenn sie von einem dazu befugten Beamten der zuständigen Behörde mit dem erkennbaren Willen, die Behörde zu binden, abgegeben wurde und nicht gegen ein gesetzliches Verbot verstößt.[953] Umstritten ist, ob solche Zusagen der Schriftform unterliegen.[954]

VII. Nebenbestimmungen zum VA

1. Begriffliche Abgrenzung der Nebenbestimmungen

Fall 25: Der nachtblinde Autofahrer

Mit Rücksicht auf das Ergebnis des Sehtests hat A eine Fahrerlaubnis der Klasse B erhalten, die den Vermerk enthält: „Der Inhaber darf ein Kraftfahrzeug nur bei Tageslicht führen." Eines Nachts wurde eine Polizeistreife auf A aufmerksam, als dieser mit seinem Auto an einer Stelle, an der die Straße über eine stillgelegte Bahnlinie führte, auf dem Bahnkörper weitergefahren war, schließlich angehalten und sich laut über den schlechten Zustand der Straße beklagt hatte. Die Polizei nahm den Vorgang auf und übersandte ihn der Staatsanwaltschaft. Der zuständige Staatsanwalt (StA) überlegt, ob er den Vorgang selbst zu bearbeiten hat oder ob er ihn an die Bußgeldstelle der Kreisverwaltung abgeben kann.

---

948 Vgl. BVerwG NVwZ 2004, 1125, 1126; Hebeler/Schäfer Jura 2010, 881, 883; Kingler/Krebs JuS 2010, 1059, 1063; Groh DÖV 2012, 582, 585.

949 BVerwG DVBl. 1995, 746, 747; dazu Neumann NVwZ 2000, 1244, 1247; Leopold JA 2012, 136, 144 f.

950 Vgl. Kloepfer/Lenski NVwZ 2006, 501, 504; Kellner NVwZ 2013, 482, 483.

951 Dazu VGH Mannheim DVBl. 2000, 820; Hebeler/Schäfer Jura 2010, 881, 883 f.

952 Kopp/Ramsauer VwVfG § 38 Rn. 6b; Diederichsen JuS 2006, 60, 62; vgl. aber BVerwG DVBl. 1995, 746, 748: § 38 VwVfG gilt analog, wenn der Realakt in Zusammenhang mit dem Erlass eines VA steht; dazu Neumann NVwZ 2000, 1244, 1248.

953 VGH Mannheim VBlBW 1990, 140.

954 Vgl. Kopp/Ramsauer VwVfG § 38 Rn. 6c; Stelkens/Bonk/Sachs VwVfG § 38 Rn. 44 ff.; Hebler/Schäfer Jura 2010, 881, 883.

§ 23 FeV (FahrerlaubnisVO) lautet:

(1) Die Fahrerlaubnis der Klassen AM, A1, A2, A, B, BE ... wird unbefristet erteilt. ...

(2) Ist der Bewerber nur bedingt zum Führen von Kraftfahrzeugen geeignet, kann die Fahrerlaubnisbehörde die Fahrerlaubnis soweit wie notwendig beschränken oder unter den erforderlichen Auflagen erteilen. Die Beschränkung kann sich insbesondere auf eine bestimmte Fahrzeugart oder ein bestimmtes Fahrzeug mit besonderen Einrichtungen erstrecken.

Der StA muss den Fall nach § 152 StPO selbst bearbeiten, wenn eine Straftat vorliegt. Ist dagegen eine bloße **Ordnungswidrigkeit** gegeben, so kann er die Sache nach § 43 OWiG an die Bußgeldstelle der Verwaltungsbehörde (§§ 35 ff. OWiG) abgeben.

Als Straftat kommt ein Verstoß gegen § 21 Abs. 1 Nr. 1 StVG in Betracht. Dann müsste A ein Fahrzeug **ohne Fahrerlaubnis** geführt haben. An sich hat A eine Fahrerlaubnis. Diese könnte sich aber wegen des im Führerschein enthaltenen Vermerks nicht auf das Fahren zur Nachtzeit erstrecken. Der Vermerk schränkt das dem A im Verkehr erlaubte Verhalten ein. Ob diese Einschränkung bewirkt, dass A für das Fahren zur Nachtzeit überhaupt keine Fahrerlaubnis hat, hängt von der **Rechtsnatur** dieses Vermerks ab. **628**

I. Enthält ein VA eine **Einschränkung**, so kann deren Rechtscharakter unterschiedlich zu beurteilen sein.

1. Es kann der Inhalt der Regelung beschränkt werden (**Inhaltsbestimmung** bzw. Inhaltsbeschränkung des VA). **629**

Beispiele: Bei der Baugenehmigung gehört zum Inhalt die genaue Bezeichnung der zu bebauenden Grundstücksfläche, die Angabe der Abstände zu den Grundstücksgrenzen, die Gesamthöhe des Bauwerks, die Zahl und Höhe der Geschosse, die Dachform etc. – Bei einer immissionsschutzrechtlichen Genehmigung kann die „Auflage", schwefelarmes Heizöl zu verwenden, eine Inhaltsbestimmung darstellen.[955]

Hat der Bürger einen VA beantragt und wird ihm ein VA mit einem anderen Inhalt gewährt (aliud), so handelt es sich i.d.R. um die Ablehnung der beantragten Vergünstigung verbunden mit dem Angebot einer anderen Regelung (sog. **modifizierte Genehmigung**).

Beispiel: B beantragt eine Baugenehmigung für ein Einfamilienhaus mit einem Satteldach, „genehmigt" wird jedoch ein Baukörper mit einem Flachdach. Die beantragte Baugenehmigung ist dem B nicht erteilt worden, die erteilte Genehmigung ist mangels Antrags rechtswidrig.

2. Es kann eine **Nebenbestimmung** vorliegen. Die begrifflichen Voraussetzungen für die einzelnen Arten finden sich in § 36 Abs. 2 VwVfG. **630**

Diese Begriffsbestimmungen gelten allgemein auch im Bereich von Spezialgesetzen. Bezüglich der Rechtmäßigkeit stellen die Spezialgesetze allerdings teilweise besondere Voraussetzungen auf. Die Aufzählung in § 36 Abs. 2 VwVfG ist nach h.M. nicht abschließend.[956]

- **Befristung** (§ 36 Abs. 2 Nr. 1 VwVfG) und **Bedingung** (§ 36 Abs. 2 Nr. 2 VwVfG) betreffen den zeitlichen Geltungsbereich eines VA. Während die **Befristung** an ein **gewisses** künftiges Ereignis anknüpft, hängt die Wirksamkeit des VA bei der **Bedingung** von einem **ungewissen** Ereignis ab. **631**

955 BVerwG NVwZ 1984, 371, 372; zur Abgrenzung Fluck DVBl. 1992, 862 ff.

956 BVerwG, Urt. v. 19.11.2009 – BVerwG 3 C 7.09, RÜ 2010, 188, 190; Kopp/Ramsauer VwVfG § 36 Rn. 51.

Unter den Begriff des **Ereignisses** fallen nur von der Außenwelt wahrnehmbare Handlungen oder Geschehnisse. Eine bloße verwaltungsinterne Neubewertung oder Überprüfung durch die Behörde ist daher keine Bedingung i.S.d. § 36 Abs. 2 Nr. 2 VwVfG.[957]

Je nach den Rechtswirkungen unterscheidet man **auflösende** Bedingungen und Befristungen (bei denen die Rechtswirkungen später enden) und **aufschiebende** Bedingungen und Befristungen, bei denen der VA erst mit Eintritt des Ereignisses wirksam wird.

632 ■ Der **Widerrufsvorbehalt** (§ 36 Abs. 2 Nr. 3 VwVfG) ermöglicht es der Behörde, durch eine zukünftige Erklärung die weitere Wirksamkeit des VA, d.h. dessen Rechtsfolge zu beenden (vgl. § 49 Abs. 2 Nr. 1 VwVfG).[958]

Befristung, Bedingung und Widerrufsvorbehalt werden auch als sog. unselbstständige Nebenbestimmungen bezeichnet. Sie sind selbst keine Verwaltungsakte, sondern nur Teile des HauptVA.

633 ■ Durch eine **Auflage** (§ 36 Abs. 2 Nr. 4 VwVfG) wird dem Begünstigten ein Tun, Dulden oder Unterlassen vorgeschrieben.

Als Gebot oder Verbot wird die Auflage überwiegend als **selbstständiger VA** angesehen.[959] Als VA ist die Auflage vollstreckbar. Sie ist aber gleichwohl „Nebenbestimmung", da ihr Regelungsgehalt vom Bestand des HauptVA abhängt.

634 ■ Schließlich gibt es noch den **Auflagenvorbehalt** gemäß § 36 Abs. 2 Nr. 5 VwVfG, der die Voraussetzungen festlegt, unter denen die Behörde noch im Nachhinein durch Erlass, Änderung oder Ergänzung einer Auflage auf den Bestand des VA Einfluss nehmen kann.

635 3. Weder eine Inhaltsbestimmung noch eine Nebenbestimmung liegt vor, wenn von der behördlichen Erklärung **keine Rechtsfolge** abhängt, sondern lediglich ein **Hinweis** auf die Rechtslage erfolgt.

So wäre es beispielsweise keine Befristung, wenn die Behörde bei einer Baugenehmigung darauf hinweist, dass diese kraft Gesetzes nach einer bestimmten Frist erlischt (vgl. z.B. Art. 69 BayBO, § 62 LBO BW, § 64 Abs. 7 HBO, § 77 BauO NRW).

636 II. Maßgebend für die **Abgrenzung** zwischen bloßem Hinweis, Inhaltsbestimmung und Nebenbestimmung sowie zwischen den Nebenbestimmungen untereinander ist nicht die – möglicherweise fehlerhafte – Bezeichnung durch die Behörde, sondern entscheidend ist allein der materielle Gehalt der Regelung, wie er durch **Auslegung** aus objektiver Empfängersicht zu verstehen ist (§ 133 BGB analog).[960]

637 1. In Abgrenzung zur Inhaltsbestimmung liegt eine **Nebenbestimmung** i.d.R. dann vor, wenn bestimmte typische, normalerweise mit dem VA verbundene Rechtsfolgen ausgeschlossen oder modifiziert werden sollen.[961]

638 2. Die Nebenbestimmungen **untereinander** sind nach ihrem materiellen Gehalt abzugrenzen. Dabei kommt es für die Abgrenzung von **Bedingung** und **Befristung** einerseits von der **Auflage** andererseits wesentlich darauf an, ob die Regelung

957 BVerwG, Beschl. v. 31.07.2017 – BVerwG 10 B 26.16, Rn. 7; BVerwG, Urt. v. 15.03.2017 – BVerwG 10 C 1.16, RÜ 2017, 605, 605 f.; BVerwG, Urt. v. 16.06.2015 – BVerwG 10 C 15.14, RÜ 2015, 739, 741; BayVGH Beschl. v. 19.06.2017 – 13a ZB 16.1675.

958 BGH NVwZ 2015, 999; Hufen/Bickenbach JuS 2004, 867, 869.

959 Maurer/Waldhoff § 12 Rn. 10; Hufen/Bickenbach JuS 2004, 867, 869.

960 BVerwG, Urt. v. 16.06.2015 – BVerwG 10 C 15.14, RÜ 2015, 739, 741 mit Anm. Waldhoff JuS 2016, 187, 188.

961 Vgl. OVG NRW NVwZ-RR 2011, 47, 50; Kopp/Ramsauer VwVfG § 36 Rn. 7; Fluck DVBl. 1992, 862, 865 m.w.N.

unmittelbar Einfluss auf die Wirksamkeit des VA haben soll (dann Bedingung bzw. Befristung) oder ob die Wirksamkeit des VA von einer weiteren behördlichen Entscheidung abhängen soll (dann Auflage).[962]

Solange eine aufschiebende Bedingung oder Befristung nicht eingetreten ist, ist der VA noch nicht wirksam. Tritt eine auflösende Bedingung oder Befristung ein, so verliert der VA ebenso seine Wirksamkeit, wie wenn der VA aufgehoben wird (§ 43 Abs. 2 VwVfG). Im Unterschied dazu berührt die Auflage die Wirksamkeit des VA nicht unmittelbar. Der VA bleibt vielmehr unabhängig von der Erfüllung der Auflage oder deren Bestand wirksam. Allerdings kann die Behörde die Auflage zwangsweise durchsetzen oder den VA nach § 49 Abs. 2 Nr. 2 VwVfG widerrufen.

Merksatz: *Die Bedingung suspendiert, zwingt aber nicht; die Auflage zwingt, suspendiert aber nicht.*[963]

Da die **Auflage** einerseits die Wirksamkeit des VA selbst nicht berührt, andererseits als Handlungsgebot oder Handlungsverbot vollstreckt werden kann, ist sie im Zweifel sowohl für den Adressaten als auch für die Behörde **günstiger**.[964] Letztlich kann man auch darauf abstellen, dass die Behörde im Zweifel eine **rechtmäßige Nebenbestimmung** beifügen will[965] und Bedingungen eher gegen den Grundsatz der Verhältnismäßigkeit verstoßen.[966] **639**

III. Bei Anwendung dieser Grundsätze ergibt sich im vorliegenden Fall:

1. Es könnte eine **Inhaltsbestimmung** vorliegen. Dann würde die Fahrerlaubnis ihrem Inhalt nach nicht das Fahren zur Nachtzeit umfassen; A wäre dann ohne Fahrerlaubnis gefahren. Von dem gesetzlich festgelegten Inhalt einer Erlaubnis kann die Behörde grundsätzlich nur abweichen, soweit dazu eine Ermächtigung besteht. Den Inhalt einer Fahrerlaubnis regeln § 2 StVG und § 6 FeV. Danach wird die Fahrerlaubnis in Klassen eingeteilt. Eine Klasse „nur bei Tageslicht" gibt es hierbei nicht. Sonstige inhaltliche Beschränkungen sind nach § 23 Abs. 2 S. 2 FeV insbes. für bestimmte Fahrzeugarten oder bestimmte Fahrzeuge vorgesehen. Da nicht davon ausgegangen werden kann, die Behörde habe offensichtlich rechtswidrig handeln wollen, ist eine Inhaltsbestimmung daher nicht anzunehmen. **640**

2. Ein bloßer **Hinweis** auf die Rechtslage scheidet ebenfalls aus, weil die Fahrerlaubnis normalerweise zu Nachtfahrten berechtigt und die Behörde eine davon abweichende, **verbindliche Regelung** erstrebte. **641**

3. Es kommt daher nur eine **Nebenbestimmung** nach § 36 VwVfG in Betracht. **642**

   a) **Widerrufsvorbehalt** und **Auflagenvorbehalt** scheiden schon begrifflich aus, ebenso eine **Bedingung**, da der Eintritt der Dunkelheit ein gewisses Ereignis ist.

   b) In Betracht kommen deshalb nur **Befristung** und **Auflage**.

      aa) Nimmt man eine **Befristung** an, so endet die Fahrerlaubnis automatisch jeweils mit Einbruch der Dunkelheit und erlangt ihre Wirksamkeit am nächsten Morgen wieder. Dies würde aber praktisch einer Inhaltsbestimmung gleichkommen und wäre nach dem oben Gesagten unzulässig.

---

962 BGH DVBl. 2001, 809; Brenner JuS 1996, 281, 282; Axer Jura 2001, 748, 749; Pabel/Bloch NWVBl. 2006, 312, 313.

963 Pabel/Bloch NWVBl. 2006, 312, 313; Klement JuS 2010, 1088, 1091.

964 Erichsen Jura 1990, 214, 215; Brenner JuS 1996, 281, 285; Axer Jura 2001, 748, 749; Pabel/Bloch NWVBl. 2006, 312, 313.

965 Maurer/Waldhoff § 12 Rn. 18; Fluck DVBl. 1992, 862, 864 m.w.N.

966 Klement JuS 2010, 1088, 1091.

Im Übrigen werden Fahrerlaubnisse nach § 23 Abs. 1 FeV grundsätzlich unbefristet erteilt.

Von der Fahrerlaubnis zu unterscheiden ist der Führerschein als Dokument, durch den die Fahrerlaubnis nachgewiesen wird (§ 2 Abs. 1 S. 3 StVG). Dieser wird seit dem 19.01. 2013 nur noch auf 15 Jahre befristet ausgestellt (§ 24 a FeV).

643 bb) Will die Behörde die **Wirksamkeit des VA** von der Nebenbestimmung abhängig machen (in Form einer Bedingung oder Befristung), so muss sie dies außerdem **eindeutig** zum Ausdruck bringen, da die sich sonst ergebende Rechtsunsicherheit für den Bürger unzumutbar wäre. Der Bürger darf sich grundsätzlich darauf verlassen, dass der ihm erteilte VA unbedingt gilt, es sei denn, es ergibt sich aus der Nebenbestimmung zweifelsfrei etwas anderes.[967]

Außerdem entspricht es wohl kaum dem Willen der Behörde, den A stets mit Einbruch der Dunkelheit unmittelbar der Sanktion einer Straftat auszusetzen. Schließlich spricht für eine **Auflage**, dass die hier einschlägige Vorschrift des § 23 Abs. 2 FeV ausdrücklich „Auflagen" vorsieht. Auch die Begriffsvoraussetzungen der Auflage sind erfüllt: Dem A wird im Zusammenhang mit der Fahrerlaubnis verboten, nachts zu fahren. Es liegt also eine Auflage vor.[968]

Da die Nichtbefolgung der Auflage die Wirksamkeit des VA unberührt lässt, verfügte A auch nachts über eine Fahrerlaubnis. Eine Straftat nach § 21 StVG liegt nicht vor. Vielmehr hat A eine Ordnungswidrigkeit nach § 24 StVG, §§ 23 Abs. 2 S. 1, 75 Nr. 9 FeV begangen. Der Staatsanwalt wird den Vorgang an die Bußgeldstelle abgeben.

---

2. Abwehr und Rechtmäßigkeit von Nebenbestimmungen

Fall 26: Parabolantenne gegen Fernsehschatten

Die V-AG will auf ihrem Grundstück ein Hochhaus errichten und dabei zwei Geschosse mehr bauen, als nach dem Bebauungsplan zulässig sind. Das Bauamt der Stadt S begrüßt das Vorhaben grundsätzlich, weil dadurch eine zusätzliche städtebauliche Dominante entstehen würde. Die Abweichung vom Bebauungsplan sei städtebaulich vertretbar. Bedenken bestehen aber, weil auf dem Nachbargrundstück der N erst kürzlich ein Mehrfamilienhaus gebaut hat und sich dabei streng an den Bebauungsplan gehalten hat. Außerdem ist zu befürchten, dass das Hochhaus den Fernsehempfang im Hause des N stören wird. Unter Würdigung der nachbarlichen Interessen erteilt das Bauamt der V-AG die Baugenehmigung, jedoch mit der „Einschränkung", dass auf dem Hochhaus eine Parabolantenne anzubringen ist, an die auch das Haus des N angeschlossen werden soll. Die V-AG ist mit dieser Regelung nicht einverstanden und möchte dagegen verwaltungsgerichtlich vorgehen. Mit Erfolg?

967 Erichsen Jura 1990, 214, 215.

968 Vgl. BGHSt 28, 72, 75; OLG Karlsruhe VRS 39, 286; Hentschel/König/Dauer FeV § 23 Rn. 9 m.w.N.

A. **Zulässigkeit** einer verwaltungsgerichtlichen Klage

I. Der **Verwaltungsrechtsweg** ist gemäß § 40 Abs. 1 S. 1 VwGO eröffnet, da es sich um eine nichtverfassungsrechtliche Streitigkeit auf dem Gebiet des öffentlichen Baurechts handelt, die keinem anderen Gericht ausdrücklich zugewiesen ist.

II. Die **Klageart** richtet sich nach dem Klagebegehren (§ 88 VwGO). Da V die Aufhe- **644**
bung der Beschränkung in der ihm erteilten Baugenehmigung begehrt, kommt gemäß § 42 Abs. 1 Fall 1 VwGO eine **Anfechtungsklage** in Betracht. Da nach § 113 Abs. 1 S. 1 VwGO („soweit") eine Teilaufhebung möglich ist, ist es grundsätzlich auch zulässig, die **Anfechtungsklage** auf einen Teil eines VA zu beschränken.[969] Ein auf Teilaufhebung gerichtetes Klagebegehren ist aber nur dann zulässig, wenn der Gesamt-VA (logisch) **teilbar** ist.

Umstritten ist, ob diese Frage schon im Rahmen der Zulässigkeit oder erst im Rahmen der Begründetheit der Klage zu entscheiden ist.[970] Für die Behandlung als Zulässigkeitsproblem spricht, dass es um die Bestimmung des Streitgegenstandes geht.[971] Das sagt aber noch nichts über den Umfang der Prüfung in der Zulässigkeit (s.u.).

Prozessual geht es hierbei um die Frage, ob der Kläger den ihn belastenden Zu- **645**
satz isoliert mit der **Anfechtungsklage** angreifen kann oder ob er **Verpflichtungsklage** auf einen uneingeschränkten VA erheben muss.

1. Zum Teil wird darauf abgestellt, dass es dem Betroffenen um eine **Erweite- 646**
rung seiner Rechtsposition geht, er also einen anderen begünstigenden VA erstrebt. Dieses Begehren könne nur durch eine **Verpflichtungsklage** auf nebenbestimmungsfreie Begünstigung durchgesetzt werden.[972]

2. Andere differenzieren nach der **Art der Nebenbestimmung:** Befristung, Be- **647**
dingung und Widerrufsvorbehalt sind danach „integrierte (unselbstständige) Bestandteile" des VA, die nicht isoliert angefochten werden können. Auflagen und Auflagenvorbehalt enthalten dagegen eigenständige Regelungen (Ge- oder Verbote) und sind nach h.M. selbst VAe, die keinen unmittelbaren Einfluss auf den HauptVA haben. Deshalb seien sie als vom HauptVA trennbare Teile zu qualifizieren und daher isoliert anfechtbar.[973]

3. Im Schrifttum wird verbreitet auf die **Art des HauptVA** abgestellt. Handele es **648**
sich um eine **gebundene Entscheidung**, so lasse sich über dessen rechtmäßigen Bestand isoliert entscheiden mit der Folge, dass auch eine Nebenbestimmung isoliert aufhebbar sei. Dagegen sollen nach dieser Auffassung bei **Ermessensentscheidungen** der VA und seine Nebenbestimmungen nicht teilbar sein, da andernfalls der Ermessensspielraum der Behörde unzulässig verkürzt werde, wenn ihr ein „ungewollter" Restakt aufgedrängt werde.[974]

969 Vgl. nur Kopp/Schenke VwGO § 113 Rn. 15.

970 Vgl. Schenke JuS 1983, 182, 186 m.w.N.

971 OVG NRW DVBl. 1991, 1366, 1367.

972 Fehn DÖV 1988, 202, 207; Stadie DVBl. 1991, 613, 614 m.w.N.

973 VGH Mannheim NVwZ-RR 1997, 677, 678; Schoch/Pietzcker VwGO § 42 Abs. 1 Rn. 137; Axer Jura 2001, 748, 752; Klement JuS 2010, 1088, 1093 und auch die frühere Rspr. des BVerwG, z.B. BVerwGE 29, 261, 265; 36, 145, 153.

974 Kopp/Schenke VwGO § 42 Rn. 24; im Ergebnis ähnlich die frühere Rspr., wenn bei Ermessensakten zwischen VA und Auflage ein untrennbarer Zusammenhang besteht (BVerwGE 55, 135, 137; 56, 254, 256; anders BVerwGE 65, 139, 140).

649 4. Die heute überwiegend vertretene Auffassung geht davon aus, dass gegen **jede Nebenbestimmung** eine isolierte **Teilanfechtungsklage** erhoben werden kann, wenn sie vom HauptVA im **logischen Sinne teilbar** ist. Nur wenn eine isolierte Aufhebung „von vornherein und offensichtlich" ausscheidet, sei die Anfechtungsklage ausnahmsweise unzulässig.[975]

Für diese Ansicht spricht, dass § 113 Abs. 1 S. 1 VwGO die Teilaufhebung und damit die Teilanfechtung von VAen grundsätzlich zulässt. Wenn aber z.B. bei der Anfechtung eines Teils eines insgesamt belastenden VA die Frage der Teilbarkeit kein Zulässigkeitsproblem, sondern eine Frage der Begründetheit ist, ist nicht nachvollziehbar, warum dies gerade bei Nebenbestimmungen anders sein soll. Auch eine Differenzierung nach der Art des HauptVA ist nicht gerechtfertigt. § 113 VwGO („soweit") schränkt die Teilaufhebung von Ermessensakten nicht ein. Im Übrigen wird auch bei einem gebundenen VA bei isolierter Aufhebung der Nebenbestimmung etwas auseinandergerissen, was nach dem Willen der Behörde zusammengehört. Außerdem kann im Rahmen der Prüfung der Begründetheit der Ermessensvorrang der Behörde beim Erlass des VA sichergestellt werden (s.u. Rn. 663 ff.).[976]

Beachte: *Unproblematisch ist der Rechtsschutz bei* ***nachträglich*** *erlassenen Nebenbestimmungen. Diese enthalten eine selbstständige belastende Regelung und sind damit stets VAe, die isoliert angefochten werden können.*[977]

Damit ist in der Regel gegen belastende Nebenbestimmungen die **Anfechtungsklage statthaft**.

650 Ob die Anfechtungsklage allerdings auch zur **isolierten Aufhebung** der Nebenbestimmung führt, ist eine Frage der Begründetheit und hängt u.a. von der materiellen Teilbarkeit des VA ab (s.u. Rn. 661).[978] Die **Zulässigkeit** der isolierten Anfechtungsklage bezieht sich allein auf die Frage der **prozessualen Teilbarkeit**, d.h. ob der VA im logischen Sinne teilbar ist. Die Frage der **materiellen Teilbarkeit** betrifft dagegen die **Begründetheit** der Klage.[979]

651 a) Zu verneinen ist die logische Teilbarkeit bei **Inhaltsbestimmungen**. Diese sind anders als Nebenbestimmungen schon per definitionem zwingend als Bestandteile und damit als untrennbare Teile eines begünstigenden VA anzusehen, mit der Folge, dass eine isolierte Anfechtung von vornherein ausscheidet. Es liegt ein schon logisch unteilbarer Streitgegenstand vor, sodass eine **Anfechtungsklage** bereits unstatthaft und damit unzulässig ist.[980]

Beispiel: Bei Inhaltsbestimmungen einer Baugenehmigung (Höhe der Geschosse, Dachform u.Ä.) ist dem Bauherrn das Vorhaben nicht schlechthin erlaubt, sondern nur, wenn er sich an die konkret erteilte Genehmigung hält. Maßnahmen über den Genehmigungsinhalt hinaus sind formell illegal. Will der Bauherr also einen anderen Genehmigungsinhalt, so muss er **Verpflichtungsklage** auf uneingeschränkte Genehmigung erheben.

---

975 BVerwG NVwZ 2013, 805, 806; NVwZ-RR 2007, 776; BGH NVwZ-RR 2013, 429 f.; VG München, Urt. v. 21.09.2015 – M 8 K 14.1638; Wysk VwGO § 42 Rn. 29 u. 32; Sproll NJW 2002, 3221, 3222; Ruffert in Ehlers/Pünder § 23 Rn. 18.

976 Pabel/Bloch NWVBl. 2006, 312, 315 m.w.N.

977 ThürOVG ThürVBl. 1997, 39; Axer Jura 2001, 748, 749.

978 BVerwG NVwZ 2001, 429; DVBl. 1993, 152; DVBl. 1989, 517; Burgi/Wienbracke NWVBl. 2002, 283, 288.

979 BVerwG NVwZ 2001, 429; OVG Berlin NVwZ 2001, 1059, 1060; Brüning NVwZ 2002, 1081; Sproll NJW 2002, 3221, 3222.

980 BVerwGE 69, 37, 39; 90, 42, 48; VG Wiesbaden, Urt. v. 16.08.2012 – 4 K 330/12; VGH Mannheim VBlBW 1994, 23, 24; Störmer DVBl. 1996, 81, 86; a.A. Kopp/Schenke VwGO § 42 Rn. 23; Wysk VwGO § 42 Rn. 34.

b) Den Inhaltsbestimmungen steht nach der Rspr. die sog. **modifizierende Auflage** gleich. Eine solche liegt vor, wenn durch die „Auflage" der Inhalt des HauptVA unmittelbar bestimmt wird.[981] 652

Beispiel: Dem A wird eine Baugenehmigung für ein Betonwerk erteilt mit der „Auflage": „Die Anlagen sind so zu errichten, dass der von ihnen ausgehende Lärmpegel 0,5 m vor dem geöffneten Fenster des am nächsten gelegenen Wohnhauses, gemessen am Tage 65 db (A), nachts 50 db (A), nicht überschreitet."[982]

Die modifizierende Auflage verändert den Inhalt des VA und ist damit **integraler Bestandteil** der Haupt-Regelung. Sie ist von der Genehmigung im Übrigen logisch nicht trennbar. Daher scheidet eine Teilanfechtung aus, sodass nur eine **Verpflichtungsklage** auf eine „modifizierungsfreie" Genehmigung in Betracht kommt.[983]

Angesichts dieser jedenfalls im Ergebnis gleichen Behandlung von Inhaltsbestimmungen und modifizierender Auflage wird in der Literatur überwiegend die eigenständige dogmatische Berechtigung der modifizierenden Auflage infrage gestellt. Es handele sich überhaupt nicht um eine Auflage, sondern um einen Unterfall der Inhaltsbestimmung.[984]

Weiteres Beispiel: Die aufschiebende Bedingung zu einer Baugenehmigung will verhindern, dass von der Genehmigung isoliert Gebrauch gemacht wird. Die Bedingung ist integraler Bestandteil der Genehmigung und kann daher nicht isoliert angefochten werden.[985]

c) Gegen eine **Inhaltsbestimmung** spricht hier die Erwägung, dass das Bauvorhaben durch die „Einschränkung" selbst nicht unmittelbar modifiziert wird. Vielmehr handelt es sich um eine **Nebenbestimmung**, deren Regelung von der Baugenehmigung als HauptVA ohne Weiteres logisch teilbar ist. Damit ist eine isolierte Anfechtungsklage statthaft. 653

Allerdings kann der Kläger wahlweise auch auf die Verpflichtungsklage zurückgreifen, wenn diese weitergehenden Rechtsschutz vermittelt.[986]

III. V kann geltend machen, in seinem Eigentumsrecht aus Art. 14 GG (Baufreiheit) verletzt zu sein und ist somit gemäß § 42 Abs. 2 VwGO **klagebefugt**. Nach erfolglosem **Vorverfahren** (vorbehaltlich landesrechtlicher Ausnahmen, § 68 Abs. 1 S. 2 VwGO) ist die Klage innerhalb der **Klagefrist** (§ 74 Abs. 1 VwGO) zulässig.

B. **Begründetheit der Klage** 654

Die Anfechtungsklage ist begründet, soweit die Nebenbestimmung rechtswidrig in das Eigentumsrecht der V-AG eingreift (§ 113 Abs. 1 S. 1 VwGO).

I. Da die **Rechtmäßigkeitsvoraussetzungen** einer Regelung von ihrer **Rechtsnatur** abhängen, kommt es zunächst darauf an, welche Art von Regelung begrifflich vorliegt. In Betracht kommt eine Bedingung oder eine Auflage.

---

981 Maurer/Waldhoff § 12 Rn. 17; Kopp/Ramsauer VwVfG § 36 Rn. 35; Pabel/Bloch NWVBl. 2006, 312, 313; Klement JuS 2010, 1088, 1089.

982 Vgl. BVerwG DÖV 1974, 380.

983 BVerwGE 69, 37, 39; BVerwG NVwZ 1984, 371, 372; VGH Mannheim NVwZ-RR 1999, 431; Sproll NJW 2002, 3221, 3223; Hufen/Bickenbach JuS 2004, 867, 871; a.A. Kopp/Schenke VwGO § 42 Rn. 23.

984 Maurer/Waldhoff § 12 Rn. 17; Kopp/Ramsauer VwVfG § 36 Rn. 35; Axer Jura 2001, 748, 750 m.w.N.; Brüning NVwZ 2002, 1081, 1082; Pabel/Bloch NWVBl. 2006, 312, 313.

985 OVG Berlin NVwZ 2001, 1059, 1060; Hufen/Bickenbach JuS 2004, 867, 871 mit Nachw. auf die Gegenansicht; vgl. auch Klement JuS 2010, 1088, 1093.

986 BVerwG BayVBl. 2001, 474; a.A. Kopp/Schenke VwGO § 42 Rn. 22: Anfechtungsklage rechtsschutzintensiver.

655 1. Eine **Bedingung** scheidet aus, weil über die Zulässigkeit des Bauvorhabens abschließend entschieden werden sollte, während die Errichtung der Parabolantenne und der Anschluss des N erst nach Fertigstellung des Gebäudes realisiert werden können.

Eine aufschiebende Bedingung würde bedeuten, dass die V-AG zunächst ohne Genehmigung und damit rechtswidrig bauen würde. Eine auflösende Bedingung würde zu dem ebenso wenig interessengerechten Ergebnis führen, dass bei Nichterrichtung der Antenne das Bauvorhaben nachträglich automatisch illegal würde.

2. Also verbleibt nur die Möglichkeit einer **Auflage**, durch die der V-AG geboten wird, eine Parabolantenne anzubringen und N den Anschluss zu gestatten.

II. **Rechtmäßigkeit der Auflage**

656 1. In erster Linie bestimmt sich die Rechtmäßigkeit von Nebenbestimmungen nach **Spezialvorschriften**. Es sind also die für den HauptVA maßgeblichen Regelungen daraufhin zu überprüfen, ob sie Vorschriften über die Zulässigkeit von Nebenbestimmungen enthalten.

Das Spezialgesetz kann die Voraussetzungen für die Nebenbestimmungen ausdrücklich regeln (z.B. § 5 Abs. 1 GaststG, § 12 BImSchG).[987] Wird lediglich bestimmt, dass ein VA unter Auflagen und Bedingungen oder befristet ergehen „kann", so ist dies nur dann als spezielle Ermächtigungsgrundlage anzusehen, wenn die Vorschrift dahin auszulegen ist, dass sie zum Erlass von Nebenbestimmungen nach Ermessen ermächtigt, was nur möglich ist, wenn der HauptVA selbst im Ermessen steht. Ansonsten, insbes. bei gebundenen VAen (z.B. Baugenehmigung) reicht die pauschale Zulassung von Nebenbestimmungen als Rechtsgrundlage nicht aus, sondern ist lediglich als Hinweis darauf zu verstehen, dass verfahrensmäßig Nebenbestimmungen möglich sind. Die Rechtmäßigkeit einer Nebenbestimmung bestimmt sich in diesen Fällen dann nach § 36 VwVfG.

Im vorliegenden Fall handelt es sich um eine **Befreiung** von den Festsetzungen des Bebauungsplanes gemäß **§ 31 Abs. 2 BauGB**. Diese Vorschrift enthält keine Vorschriften über Nebenbestimmungen.

2. Es ist daher auf die allgemeine Regelung des **§ 36 VwVfG** abzustellen. Danach kommt es für die Rechtmäßigkeit einer Nebenbestimmung entscheidend auf den **Rechtscharakter** des **HauptVA** an.

657 a) Handelt es sich um einen **gebundenen VA**, so ist nach § 36 Abs. 1 VwVfG eine Nebenbestimmung nur zulässig, wenn sie durch eine Rechtsvorschrift zugelassen ist oder wenn sie sicherstellen soll, dass die gesetzlichen Voraussetzungen des VA erfüllt werden. Letzteres ist der Fall, wenn durch die Nebenbestimmung **bestehende Versagungsgründe ausgeräumt** werden sollen.

Beispiel: Liegen die Voraussetzungen eines gebundenen begünstigenden VA im Zeitpunkt seines Erlasses vor, darf er nicht mit Nebenbestimmungen für den Fall versehen werden, dass diese Voraussetzungen künftig wegfallen.[988]

Im vorliegenden Fall geht es um den Erlass einer Baugenehmigung. Dabei handelt es sich um einen **gebundenen VA**. Nebenbestimmungen sind daher nach § 36 Abs. 1 VwVfG grundsätzlich nur zulässig, soweit Versagungs-

---

987 Zu den spezialgesetzlichen Ermächtigungsgrundlagen vgl. Hufen/Bickenbach JuS 2004, 966, 966.

988 BVerwG NVwZ 2016, 699, 701; dazu Waldhoff JuS 2016, 959, 960; Hebeler JA 2016, 799, 800.

gründe ausgeräumt werden sollen oder eine besondere Ermächtigungsgrundlage für die Nebenbestimmung eingreift.[989]

Beispiel sind die Vorschriften in der LBauO, wonach der Bauherr Stellplätze für Kraftfahrzeuge zu schaffen hat.

Für das Bauvorhaben der V-AG reicht jedoch eine einfache Baugenehmigung nicht aus, weil das Vorhaben von den Festsetzungen des Bebauungsplanes abweicht. Erforderlich ist eine **Befreiung** nach § 31 Abs. 2 BauGB. Diese „kann" erteilt werden, steht also im **Ermessen** der Baubehörde.

b) Steht der HauptVA im **Ermessen**, so steht nach § 36 Abs. 2 VwVfG auch die Beifügung einer Nebenbestimmung im pflichtgemäßen Ermessen der Behörde. Da die Behörde den VA ganz ablehnen könnte, muss sie ihn erst recht unter Beifügung von Nebenbestimmungen, d.h. unter Einschränkungen erteilen können. **658**

Beachte: *Für Ermessensakte gilt neben § 36 Abs. 2 auch § 36 Abs. 1 VwVfG (vgl. „unbeschadet").*[990]

Für die hier in Rede stehende Befreiung kommt es nach § 31 Abs. 2 BauGB unter anderem darauf an, dass die Abweichung vom Bebauungsplan auch unter Würdigung **nachbarlicher Interessen** mit den öffentlichen Belangen vereinbar ist. Mit Rücksicht darauf ist es sachgemäß, die Befreiung davon abhängig zu machen, dass Störungen des Fernsehempfangs bei N unterbleiben.[991]

c) Nach § 36 Abs. 3 VwVfG darf eine Nebenbestimmung dem **Zweck** des VA nicht zuwiderlaufen. Die Nebenbestimmung muss also **sachbezogen** und **sachgerecht** sein.[992] Da die Auflage den Bau weder verhindert noch nennenswert erschwert, greift diese Einschränkung hier nicht ein. Die Auflage dient vielmehr dem Zweck des § 31 Abs. 2 BauGB, die nachbarlichen Interessen zu berücksichtigen. **659**

§ 36 Abs. 3 VwVfG schließt auch unzulässige Koppelungsgeschäfte aus. So darf z.B. eine Baugenehmigung nicht von der Auflage abhängig gemacht werden, dass der Bauherr auf künftige gesetzmäßige Baumaßnahmen verzichtet oder Hoheitsrechte abgekauft werden.[993]

Somit durfte der V-AG der für die Baugenehmigung nach § 31 Abs. 2 BauGB erforderliche Dispens unter der Auflage erteilt werden, eine Parabolantenne anzubringen und den N anzuschließen. Die Nebenbestimmung ist rechtmäßig und die Anfechtungsklage der V-AG daher unbegründet.

---

989 Vgl. Klement JuS 2010, 1088, 1089 f.

990 OVG NRW NVwZ 1999, 556, 557.

991 Vgl. auch OLG Hamm NJW 1996, 2167 zum Schadensersatz bei Beeinträchtigung des Fernsehempfangs durch Hochhausbau.

992 BVerwGE 36, 145, 147; BayVGH DVBl. 1999, 475; VGH Mannheim DÖV 1992, 537; Knack/Henneke § 36 Rn. 29; Brenner JuS 1996, 281, 282; Pabel/Block NWVBl. 2006, 312, 315.

993 Knack/Henneke VwVfG § 36 Rn. 30; allgemein zu Koppelungsverboten Breuer NVwZ 2017, 112, 114.

3. Materielle Teilbarkeit von Nebenbestimmung und HauptVA

660 Ist die angefochtene Nebenbestimmung **rechtswidrig**, heißt das nach der Rspr. nicht automatisch, dass die Anfechtungsklage auch stets zur isolierten Aufhebung der Nebenbestimmung führt, also begründet ist. Sind HauptVA und Nebenbestimmung zwar logisch, aber **nicht materiell-rechtlich teilbar**, so ist die Anfechtungsklage zwar statthaft, aber **unbegründet**.[994]

a) Rechtswidriger RestVA

661 Die Rspr. **verneint** die materielle Teilbarkeit dann, wenn der RestVA ohne Änderung seines Inhalts **nicht rechtmäßigerweise** bestehen bleiben kann; mit anderen Worten: Wäre der **RestVA** (ohne Nebenbestimmung) **rechtswidrig**, so sind HauptVA und Nebenbestimmung materiell nicht teilbar. Die Anfechtungsklage ist dann trotz Rechtswidrigkeit der Nebenbestimmung unbegründet.[995] Diese Ansicht wird vor allem mit der Gesetzesbindung der Gerichte gemäß Art. 20 Abs. 3 GG begründet. Diese erschöpfe sich nicht darin, dass das Gericht einen rechtswidrigen VA oder dessen rechtswidrige Bestandteile aufheben müsse, sondern verbiete auch, einen **rechtswidrigen Gesamtzustand** herbeizuführen.[996] Ein solcher Fall liegt insbes. vor, wenn durch die Nebenbestimmung Versagungsgründe ausgeräumt werden, weil andernfalls ein rechtswidriger Genehmigungsbescheid verbliebe.

Beispiel: Erteilung einer Baugenehmigung mit der Auflage, aus Brandschutzgründen eine auf dem Nachbargrundstück verlaufende Gaspipeline zu ummanteln. Würde die Auflage aufgehoben, verbliebe eine (rechtswidrige) Baugenehmigung ohne den gesetzlich vorgeschriebenen Brandschutz.[997] Der Kläger kann in diesen Fällen nur mit einer **Verpflichtungsklage** Erfolg haben, wenn er einen Anspruch auf uneingeschränkte Begünstigung hat.[998]

662 Dagegen wird zutreffend eingewandt, dass die Rechtmäßigkeit des HauptVA nicht zum Streitgegenstand der Anfechtungsklage gegen die Nebenbestimmung gehöre. Gegenstand der Klage sei nur die Nebenbestimmung, nicht der HauptVA als solcher. Werde der HauptVA durch die Aufhebung der Nebenbestimmung rechtswidrig, so sei es Sache der Behörde, den HauptVA entweder nach § 48 Abs. 1 VwVfG zurückzunehmen oder durch eine neue Nebenbestimmung insgesamt rechtmäßig zu machen.[999] Die Klage gegen die rechtswidrige Nebenbestimmung ist danach stets begründet (soweit der Kläger dadurch in seinen Rechten verletzt wird, § 113 Abs. 1 S. 1 VwGO). Es ist dann **Sache der Behörde**, durch Erlass einer neuen (rechtmäßigen) Nebenbestimmung bzw. durch Rücknahme des (rechtswidrigen) RestVA nach § 48 Abs. 1 VwVfG zu reagieren.

---

994 BVerwG NVwZ 2013, 805, 806; NVwZ 2001, 429; NVwZ-RR 1996, 20; OVG Schleswig, Beschl. v. 20.06.2017 – 1 MB 1/16; OVG Berlin NVwZ 2001, 1059, 1060; Kopp/Schenke VwGO § 42 Rn. 24 m.w.N.

995 BVerwG DVBl. 1993, 152; DVBl. 1989, 517; Maurer/Waldhoff § 12 Rn. 27; kritisch Stelkens NVwZ 1985, 469, 471; abweichend OVG Berlin NVwZ 1997, 1005; VGH Mannheim NVwZ 1995, 1220; Dolderer JuS 1998, 934, 938: Frage der Zulässigkeit.

996 Vgl. Hufen/Bickenbach JuS 2004, 966, 967.

997 BVerwG NVwZ 1984, 366.

998 Vgl. Kopp/Schenke VwGO § 42 Rn. 25.

999 Eyermann/Happ VwGO § 42 Rn. 48; Hufen § 25 Rn. 27; Schoch/Pietzcker VwGO § 42 Abs. 1 Rn. 134; Hufen/Bickenbach JuS 2004, 966, 967 f.

b) Ermessensakte

In der Lit. wird die materielle Teilbarkeit außerdem bei **Ermessensakten** verneint, wenn der Behörde durch Aufhebung der Nebenbestimmung ein „ungewollter" Restakt aufgedrängt werde.[1000]

aa) Gegen einen generellen Ausschluss der isolierten Aufhebbarkeit von Nebenbestimmungen bei Ermessensakten spricht jedoch, dass sich die Behörde, wenn sie z.B. eine Auflage wählt, gerade für die **Teilbarkeit** von Nebenbestimmung und VA entschieden hat. Dann muss sie auch das Risiko einer Teilaufhebung tragen. Die Behörde ist auch nicht schutzlos, da sie nach Aufhebung der (rechtswidrigen) Nebenbestimmung mit dem Erlass einer nunmehr rechtmäßigen Nebenbestimmung reagieren kann. Auch bei Ermessensakten ist daher grundsätzlich von der materiellen Teilbarkeit auszugehen.[1001] 663

bb) Ergibt sich nach Aufhebung der Auflage ein VA, den die Behörde so nicht erlassen hätte, so kann die Behörde **nachträglich** eine neue Auflage erlassen, soweit dies im Gesetz vorgesehen ist (z.B. § 12 Abs. 2 S. 2 AufenthG) oder die Behörde es sich im VA vorbehalten hat (§ 36 Abs. 2 Nr. 5 VwVfG). Nach der Rspr. soll darüber hinaus die Möglichkeit bestehen, den RestVA nach § 49 Abs. 2 Nr. 2 VwVfG zu widerrufen, da die Aufhebung der Auflage ihrer Nichtbefolgung gleichstehe.[1002] 664

Beispiel: Die Behörde hat dem L eine in ihrem Ermessen stehende Subvention unter der Auflage gewährt, die Betriebsräume zu renovieren. Auf die Anfechtungsklage des L wird die Auflage aufgehoben, weil sie den Förderrichtlinien widerspricht. – Nach Auffassung des BVerwG kann die Behörde den Bewilligungsbescheid nach § 49 Abs. 2 Nr. 2, Abs. 3 Nr. 2 VwVfG widerrufen.

Diese Gleichstellung ist jedoch verfehlt, weil der Widerruf nach § 49 Abs. 2 Nr. 2 bzw. Abs. 3 Nr. 2 VwVfG die Sanktionierung eines rechtswidrigen Verhaltens des Begünstigten verfolgt. Daran fehlt es aber bei erfolgreicher Anfechtung der Auflage.[1003] Vielmehr kann die Behörde den VA unter den Voraussetzungen des § 48 VwVfG zurücknehmen, da die **einheitliche Ermessensentscheidung** durch die Aufhebung der Auflage nachträglich unvollständig und damit **rechtswidrig geworden** ist.[1004] Dies spricht dann allerdings generell gegen die Beschränkung der materiellen Teilbarkeit im Rahmen der Begründetheit, und zwar auch in den Fällen, in denen die Aufhebung der Nebenbestimmung zu einem rechtswidrigen RestVA führen würde (s.o. Rn. 661). § 113 Abs. 1 S. 1 VwGO enthält eine solche Einschränkung nicht. Auch ist die Behörde nicht schutzbedürftig. Denn wird durch die Aufhebung der Nebenbestimmung der RestVA rechtswidrig, kann die Behörde ihn entweder durch Beifügung einer neuen Nebenbestimmung rechtmäßig machen oder – falls dies nicht möglich oder nicht zulässig ist – den (rechtswidrigen) HauptVA nach § 48 VwVfG zurücknehmen.[1005] Schutzwürdiges Vertrauen des Bürgers steht der Rücknahme in aller Regel nicht entgegen, da er aufgrund der (wenn auch rechtswidrigen) Nebenbestimmung mit einer Einschränkung rechnen musste. 665

1000 Schenke JZ 1996, 998, 1006; Pabel/Block NWVBl. 2006, 312, 316.

1001 Maurer/Waldhoff § 12 Rn. 28; Hufen/Bickenbach JuS 2004, 966, 967; Ruffert in Ehlers/Pünder § 23 Rn. 20.

1002 BVerwG DÖV 1982, 501; Stelkens NVwZ 1985, 469, 471; Fehling JA 1995, 945, 947; Eyermann/Happ VwGO § 42 Rn. 48.

1003 Kopp/Schenke VwGO § 42 Rn. 24; Pietzcker in: Schoch/Schneider/Bier, VwGO § 42 Abs. 1 Rn. 134; Axer Jura 2001, 748, 753 m.w.N.

1004 Pietzcker in: Schoch/Schneider/Bier, VwGO § 42 Abs. 1 Rn. 134.

1005 Pietzcker in: Schoch/Schneider/Bier,VwGO § 42 Abs. 1 Rn. 134; Axer Jura 2001, 748, 753 m.w.N.

Zusätze zum Verwaltungsakt

Hinweis

- keine Regelung
- denkbar **Feststellungsklage**, dass ein bestimmtes Verhalten entgegen dem Hinweis erlaubt ist

Nebenbestimmungen

Anfechtungsklage gegen NB | **Verpflichtungsklage** auf uneingeschr. VA

- **Art des HauptVA**
  - gebundener VA
  - ErmessensVA
- **Art der Nebenbestimmung**
  - Auflage
  - Auflagenvorbehalt
  - Befristung
  - Bedingung
  - Widerrufsvorbehalt
- **heute h.Rspr.**
  - Anfechtungsklage gegen jede vom HauptVA **logisch teilbare** NB
  - Verpflichtungsklage, wenn isolierte Aufhebung „von vornherein und offensichtlich" ausscheidet

Inhaltsbestimmung

- Beschränkung des Inhalts des VA
- modifiz. Auflage

I. Rechtmäßigkeit der Nebenbestimmung

- spezialgesetzliche Grundlage, wenn ausdrücklich konkrete Zulassung von NB
- im Übrigen § 36 VwVfG

gebundener HauptVA § 36 Abs. 1 VwVfG

- wenn NB spezialgesetzlich ausdrücklich zugelassen
- NB dient dazu, Versagungsgründe auszuräumen

ErmessensVA ergänzend § 36 Abs. 2 VwVfG

- NB steht ebenfalls im Ermessen
- NB darf Zweck des HauptVA nicht zuwiderlaufen (§ 36 Abs. 3 VwVfG)

II. Materielle Teilbarkeit Nebenbestimmung – HauptVA

(+), wenn RestVA sinnvoller- und rechtmäßigerweise bestehen bleiben kann

- isolierte Aufhebung der NB
- bei ErmessensVA (str.)
  - h.M.: materielle Teilbarkeit (+)
  - ggf. Aufhebung des RestVA gem. §§ 48, 49 VwVfG

(–), wenn RestVA ohne NB rechtswidrig oder sinnlos

- BVerwG: Anfechtungsklage unbegründet, ggf. Auslegung als Verpflichtungsklage
- Lit.: Anfechtungsklage begründet, RestVA nicht Streitgegenstand, Behörde kann nur gem. §§ 48, 49 VwVfG aufheben

6. Abschnitt: Wirksamkeit des VA

A. Unterscheidung Rechtswidrigkeit und Nichtigkeit

Ein VA wird mit der Bekanntgabe und mit dem Inhalt **wirksam**, mit dem er bekannt ge- **666**
geben wird (§ 43 Abs. 1 VwVfG), d.h. mit der Bekanntgabe löst er die Rechtsfolge aus, auf deren Herbeiführung er gerichtet ist. Etwas anderes gilt nur dann, wenn der VA (ausnahmsweise) nichtig und damit **unwirksam** ist (§ 43 Abs. 3 VwVfG). Nichtig ist ein VA nur unter den Voraussetzungen des § 44 Abs. 1 und § 44 Abs. 2 VwVfG.

Es ist daher **streng zu trennen** zwischen der

- Rechtmäßigkeit und Rechtswidrigkeit einerseits und
- der Wirksamkeit und Unwirksamkeit andererseits.

Beide Begriffspaare sind **nicht deckungsgleich**. Die Rechtswidrigkeit eines VA allein führt nicht zu seiner Unwirksamkeit, sondern nur zur Anfechtbarkeit. Vielmehr sind **auch rechtswidrige VAe grundsätzlich wirksam** und damit rechtsverbindlich. Der Bürger muss auch den rechtswidrigen VA befolgen, solange der VA nicht von der Behörde oder durch das Gericht aufgehoben worden ist (vgl. § 43 Abs. 2 VwVfG).

Der rechtswidrige VA hat daher **unterschiedliche Fehlerfolgen:** **667**

Fehlerfolgen beim VA

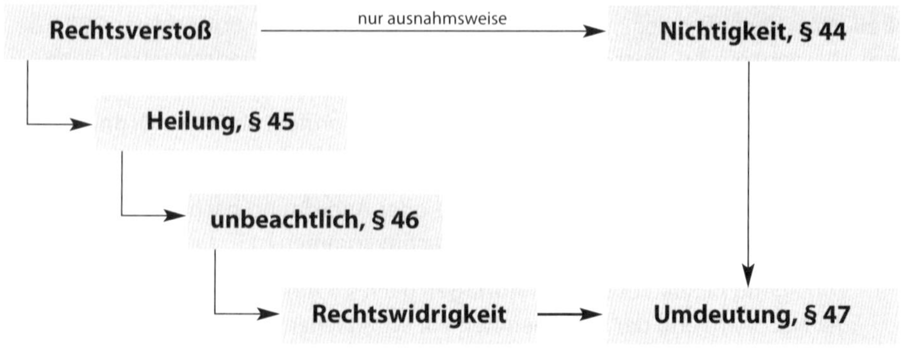

- Bei einem Rechtsverstoß ist der VA **grundsätzlich nur rechtswidrig**, aber gleichwohl wirksam. Nur bei schwerwiegenden Fehlern ist der VA **ausnahmsweise** von Anfang an **nichtig** und damit unwirksam (§§ 43 Abs. 3, 44 VwVfG).
- Bei einem nicht nichtigen VA können **Verfahrensfehler** nach § 45 VwVfG **geheilt** werden.
- Unter den Voraussetzungen des § 46 VwVfG kann ein nicht zur Nichtigkeit führender **formeller Fehler unbeachtlich** sein.
- Ein rechtswidriger oder nichtiger VA kann u.U. in einen anderen rechtmäßigen VA **umgedeutet** werden (§ 47 VwVfG).

B. Nichtigkeitsgründe

Fall 27: Gaststättenlärm

G ist Inhaber der Gaststätte „Schwarzer Kater" in der Stadt S. Nach häufigen Beschwerden der Nachbarn und aufgrund von Meldungen der Polizei richtete das Gewerbeamt der Stadt nach Anhörung des G an diesen folgenden „Auflagenbescheid":

1. Sie haben auf Ihre Gäste einzuwirken, dass diese beim Verlassen des Lokals nach 22.00 Uhr keinen übermäßigen und vermeidbaren Lärm verursachen, insbesondere nicht übermäßig laut sprechen, Fahrzeugmotoren unnötig lange laufen lassen und Autotüren übermäßig laut zuschlagen.
2. Ferner haben Sie Vorsorge zu treffen, dass auf der Verkehrsfläche unmittelbar vor Ihrem Lokal (Gehweg und Fahrbahn) von Ihren Gästen keine Fahrzeuge verbotswidrig abgestellt werden, die den Verkehr behindern.
3. Nach Aufforderung durch einen zuständigen Beamten der Polizei oder des Ordnungsamts haben Sie Ihre Gäste durch einen Mikrofonaufruf darauf hinzuweisen, dass verbotswidrig abgestellte Fahrzeuge zu entfernen sind.

Rechtsbehelfe wurden von G trotz ordnungsgemäßer Rechtsbehelfsbelehrung nicht erhoben. Sechs Wochen später wurde nach erneuten Beschwerden eine Kontrolle durchgeführt. Dabei ergab sich, dass gegen 23.00 Uhr eine Gruppe jüngerer Gäste nach Verlassen des Lokals ihre Motorräder mehrfach zum Spaß aufdrehten. Auf der Fahrbahn standen während des ganzen Abends Pkw in der Halteverbotszone. Der Gehweg vor dem Lokal war vollständig mit Fahrrädern und Motorrädern zugestellt. Eine Aufforderung des kontrollierenden Beamten zur Mikrofondurchsage lehnte G mit der Begründung ab, eine solche Durchsage habe sich schon mehrfach als völlig ungeeignet erwiesen; er mache sich damit nur lächerlich. Daraufhin wurde G wegen dreifachen Verstoßes gegen den Auflagenbescheid mit einem Bußgeld von 300 € belegt. Hiergegen hat G Einspruch erhoben. Wie wird das Amtsgericht entscheiden?

Das gemäß § 68 OWiG zuständige Amtsgericht hat zu prüfen, ob G eine **Ordnungswidrigkeit** nach § 28 Abs. 1 Nr. 2 GaststG (bzw. entspr. Landesrecht) begangen hat.

668 I. **Voraussetzung** ist, dass G „einer Auflage oder Anordnung nach § 5 GaststG nicht, nicht vollständig oder nicht rechtzeitig" nachgekommen ist.

1. Vorliegend handelt es sich um **Auflagen** nach § 5 Abs. 1 Nr. 3 GaststG zum Schutz der Nachbarn und der Allgemeinheit vor schädlichen Umwelteinwirkungen bzw. vor erheblichen Nachteilen, Gefahren oder Belästigungen.

2. Eine Ordnungswidrigkeit i.S.d. § 28 GaststG kann ein Verstoß gegen die Anordnungen aber nur darstellen, wenn diese **wirksam** sind. Da der „Auflagenbescheid" als öffentlich-rechtliche Maßnahme einer Verwaltungsbehörde gegenüber einem einzelnen Bürger mehrere Gebote anordnet, handelt es sich um einen **VA** i.S.d. § 35 S. 1 VwVfG. Die Wirksamkeit des Auflagenbescheides bestimmt sich daher nach den Regeln über die Wirksamkeit und Unwirksamkeit eines VA.

3. Das bedeutet, dass der Auflagenbescheid nicht schon bei bloßer Rechtswidrigkeit, sondern **nur im Falle der Nichtigkeit unwirksam** ist (§ 43 Abs. 3 VwVfG). Da das GaststG zur Nichtigkeit keine Spezialregelung enthält, ist die allgemeine Vorschrift des § 44 VwVfG anwendbar.

   Spezialgesetzliche Nichtigkeitsgründe finden sich z.B. in § 13 BBG und § 11 BeamtStG.

Grundschema: Prüfungsfolge Nichtigkeit
■ **zwingende Nichtigkeit** gemäß § 44 Abs. 2 VwVfG (Positivkatalog)
■ **Ausschlussgründe** gemäß § 44 Abs. 3 VwVfG (Negativkatalog)
■ **Generalklausel** des § 44 Abs. 1 VwVfG (Evidenzregel)

a) Die in § 44 Abs. 2 VwVfG genannten Fehler sind **absolute Nichtigkeitsgründe**. Liegt einer dieser Gründe vor, so ist der VA stets unwirksam. **669**

Beispiel: G ist eine Erlaubnis für den Betrieb einer sog. Peep-Show erteilt worden. Diese verstößt gegen die „guten Sitten" und ist deshalb rechtswidrig (§ 33 a Abs. 2 Nr. 2 GewO) und zugleich nichtig (§ 44 Abs. 2 Nr. 6 VwVfG). Da die Erlaubnis wirkungslos ist, braucht sie von der Behörde nicht gesondert zurückgenommen zu werden. Vielmehr kann die Behörde die Fortsetzung des Betriebes unmittelbar nach § 15 Abs. 2 GewO untersagen, weil die Peep-Show ohne die nach § 33 a GewO erforderliche (wirksame) Erlaubnis betrieben wird.[1006]

b) Die in § 44 Abs. 3 VwVfG aufgeführten Fehler begründen dagegen **allein** nicht die Nichtigkeit eines VA. **670**

Beispiel: Der VA wird von einer örtlich unzuständigen Behörde erlassen. Nur im Fall des § 3 Abs. 1 Nr. 1 VwVfG (Zuständigkeit kraft belegener Sache, z.B. bei einer Baugenehmigung) ist der VA wegen des Zuständigkeitsfehlers nichtig (§ 44 Abs. 2 Nr. 3 VwVfG). Im Übrigen reicht ein Fehler in der örtlichen Zuständigkeit allein nicht aus, die Nichtigkeit zu begründen (§ 44 Abs. 3 Nr. 1 VwVfG). Kommen jedoch zusätzliche Gesichtspunkte hinzu (vgl. „nicht schon deshalb"), kann Nichtigkeit nach § 44 Abs. 1 VwVfG vorliegen.

c) Bei allen anderen Fehlern, die nicht in § 44 Abs. 2 oder Abs. 3 VwVfG ausdrücklich erwähnt sind, gilt die **Generalklausel** des § 44 Abs. 1 VwVfG. Der VA ist nichtig, soweit er an einem **besonders schwerwiegenden Fehler** leidet und dies bei verständiger Würdigung aller in Betracht kommenden Umstände **offensichtlich** ist. **671**

So § 44 Abs. 1 VwVfG des Bundes und der meisten Länder, während einige Landes-VwVfGe noch darauf abstellen, dass der Fehler „offenkundig" ist (so in Bay, BW und Saar). Inhaltliche Unterschiede sind damit nicht verbunden.[1007]

II. Nichtigkeit der **Anordnung zu 1.** (Verhinderung von Lärm) **672**

1. Von den in **§ 44 Abs. 2 VwVfG** geregelten Fällen kommt hier die Nichtigkeit wegen tatsächlicher Unmöglichkeit (Nr. 4) in Betracht.

Beispiele: Herbeiführung eines technisch unmöglichen Erfolgs; Bau einer durch Planfeststellung vorgeschriebenen Talbrücke, wenn sich im betroffenen Bereich gar kein Tal befindet; Regelungen, die sich auf ein bestimmtes, nicht mehr vorhandenes Substrat beziehen, z.B. Abbruch eines bereits beseitigten Bauwerks.

Hier geht es nicht um die Verhinderung jedweden Lärms, sondern nur um die Verhinderung von Extremwerten (vgl. „übermäßig"). Dass niemand in der Lage wäre, solche Auswüchse zu verhindern, lässt sich nicht sagen. Die – wegen ihres Ausnahmecharakters eng auszulegende – Vorschrift des § 44 Abs. 2 Nr. 4 VwVfG greift somit nicht ein.

2. Einer der in **§ 44 Abs. 3 VwVfG** aufgeführten Fälle liegt ebenfalls nicht vor.

1006 Vgl. BVerwGE 64, 274, 278; BVerwG NJW 1996, 1423, 1424; Kempen NVwZ 2000, 1115, 1119.
1007 Stelkens/Bonk/Sachs VwVfG § 44 Rn. 122.

673 3. Somit kann sich die Nichtigkeit nur aufgrund der Grundregel des **§ 44 Abs. 1 VwVfG** ergeben. Die Voraussetzungen dieser Generalklausel sind:

- Vorliegen eines **Fehlers**, d.h. Rechtswidrigkeit des VA
- **besonders schwerwiegend**
- **Offensichtlichkeit** des Fehlers

674 a) Das in der **Anordnung zu 1.** ausgesprochene Gebot müsste fehlerhaft sein. Der VA leidet an einem **Fehler**, wenn er rechtswidrig ist. Die Begriffe „Fehler" (z.B. in §§ 44 Abs. 1, 47 VwVfG) und „Rechtswidrigkeit" (z.B. in § 48 VwVfG) werden synonym gebraucht.[1008]

aa) Bedenken bestehen hinsichtlich der **Bestimmtheit** (§ 37 Abs. 1 VwVfG), da dem G aufgegeben wird, „übermäßigen und vermeidbaren" Lärm zu verhindern. Jedoch lässt sich der herbeizuführende Erfolg nicht genauer angeben (z.B. in Dezibel), weil sich die Geräusche nur schwer messen lassen (so z.B. beim Sprechen oder Rufen von Menschen) und es im Übrigen auch nicht um die Lautstärke, sondern um die Vermeidbarkeit geht. Da das Mittel (Einwirken auf die Gäste) hinreichend konkret ist, wird man die Anordnung zu 1. noch als bestimmt genug ansehen können.

bb) Die Einhaltung des Gebotes könnte dem G jedoch **rechtlich unmöglich** sein. Den Lärm verhindern kann G letztlich nur durch ein an seine Gäste gerichtetes Verbot. Dies ist dem G aber rechtlich nicht möglich, da er außerhalb seines Lokals keinen (rechtlichen) Einfluss auf andere Personen hat, auch wenn sie seine Gäste waren.[1009] Die Anordnung zu 1. ist daher wegen rechtlicher Unmöglichkeit **rechtswidrig**.

675 b) Anders als die tatsächliche Unmöglichkeit (vgl. § 44 Abs. 2 Nr. 4 VwVfG) führt die rechtliche Unmöglichkeit nicht automatisch zur Nichtigkeit, sondern nach § 44 Abs. 1 VwVfG nur, wenn ein **besonders schwerwiegender Fehler** vorliegt. Das ist dann der Fall, wenn der VA gegen tragende Verfassungsprinzipien verstößt oder den der Rechtsordnung immanenten Wertvorstellungen so sehr widerspricht, dass es unerträglich wäre, wenn der VA die mit ihm bezweckten Rechtswirkungen hätte.[1010]

Beispiele: Besonders schwerwiegend ist das Fehlen der Verbandskompetenz (statt des Landes erteilt die Gemeinde eine Genehmigung zum Betrieb einer Spielbank), die absolute Unzuständigkeit,[1011] der Verstoß gegen Formvorschriften sowie die fehlende inhaltliche Bestimmtheit des VA.[1012] Eine arglistige Täuschung führt dagegen i.d.R. nicht zur Nichtigkeit (arg e § 48 Abs. 2 S. 3 Nr. 1 VwVfG).[1013] Auch ein Verstoß gegen EU-Recht begründet allein nicht automatisch die Nichtigkeit.[1014] Ebenso ist ein VA, der auf einem nachträglich für nichtig erklärten Gesetz beruht, nicht automatisch nichtig, sondern grds. nur rechtswidrig.[1015]

1008 Stelkens/Bonk/Sachs VwVfG § 44 Rn. 12.

1009 Vgl. auch VG Düsseldorf, Urt. v. 08.03.2012 – 6 K 254/11, RÜ 2013, 47, 49.

1010 BVerwG, Urt. v. 09.09.2014 – BVerwG 1 C 10.14, NVwZ 2014, 1679, 1680; OVG Bln-Bbg, Beschl. v. 20.01.2016 – OVG 10 S 29.15; VGH BW, Urt. v. 03.12.2013 – 1 S 49/13, RÜ 2014, 256, 259; OVG Lüneburg, Urt. v. 13.09.2012 – 7 LB 84/11, NVwZ-RR 2013, 129, 130; Kopp/Ramsauer VwVfG § 44 Rn. 8; Will/Rathgeber JuS 2012, 1057, 1060; Peuker DVBl. 2015, 1233, 1235.

1011 Beaucamp JA 2007, 704, 706: Aufstellung eines Verkehrszeichens durch das Finanzamt.

1012 Vgl. OVG NRW NVwZ 1986, 580, 581; Kopp/Ramsauer VwVfG § 44 Rn. 26.

1013 BVerwG NVwZ 2014, 1679, 1680; Waldhoff JuS 2015, 668, 669.

1014 BVerwG NVwZ 2000, 1039; Will/Rathgeber JuS 2012, 1057, 1061.

Im vorliegenden Fall besteht die Gefahr, dass G bei dem Versuch, das Gebot zu erfüllen, Auseinandersetzungen mit den Gästen provoziert. Bedenkt man weiter, dass G für die Störungen nur sehr entfernt verantwortlich ist und dass er bei Wirksamkeit der Auflage in die Gefahr kommt, durch Zwangsgeld oder Bußgeld zu einem ungeeigneten Verhalten gezwungen zu werden, so lässt sich hier ein **besonders schwerwiegender Fehler** bejahen.

c) Schließlich muss der Fehler **offensichtlich** sein. Offensichtlich muss nicht nur der Fehler als solcher sein, sondern das Vorliegen des schwerwiegenden Mangels. Die Offensichtlichkeit bezieht sich daher nicht nur auf die **tatsächlichen Umstände**, die zu dem Fehler führen, sondern auch auf die **rechtliche Würdigung** der Schwere des Fehlers.[1016] Offensichtlichkeit in diesem Sinne liegt vor, wenn der schwerwiegende Fehler für einen mit den Gesamtumständen vertrauten, verständigen Beobachter **ohne Weiteres ersichtlich** ist, d.h. sich geradezu aufdrängt (dem VA muss der Fehler „auf der Stirn" geschrieben stehen).[1017] Zu bejahen ist dies z.B., wenn die schwere Fehlerhaftigkeit sich **ohne juristische und sonstige Fachkenntnisse** feststellen lässt. Dagegen fehlt es i.d.R. an der Offensichtlichkeit, wenn zur Feststellung der Rechtswidrigkeit des VA genauere Prüfungen erforderlich sind.[1018] **676**

Im vorliegenden Fall ist ohne Weiteres ersichtlich, dass ein Gastwirt nicht verpflichtet werden kann, dafür Sorge zu tragen, dass Menschen auf öffentlicher Straße keinen Lärm machen. Von ihm kann nicht verlangt werden, was zu erreichen selbst der Polizei mit ihren Mitteln kaum möglich ist. Der Fehler ist somit auch offensichtlich. Folglich ist die **Anordnung zu 1.** gemäß § 44 Abs. 1 VwVfG **nichtig**. Mangels wirksamer Auflage hat G insoweit den Tatbestand des § 28 Abs. 1 Nr. 2 GaststG nicht verwirklicht.

Weitere Beispiele für Nichtigkeit nach § 44 Abs. 1 VwVfG: Nichtig ist ein VA, der nur den Anschein einer eigenen Regelung enthält, in Wirklichkeit aber nichts aussagt (Erteilung eines Bauvorbescheides „für den Fall, dass sich das Bauvorhaben einfügt, § 34 Abs. 1 BauGB");[1019] Nichtigkeit des VA bei widersprüchlicher Regelung;[1020] evidente Zuständigkeitsfehler (Aufstellen eines Verkehrsschildes durch die Forstverwaltung)[1021] oder fehlendes Bezugsobjekt (ein bereits abgerissenes Gebäude wird unter Denkmalschutz gestellt).[1022]

III. Nichtigkeit der **Anordnung zu 2.** (Verhinderung von Parkverstößen)

1. Man könnte auch insoweit wiederum an eine Nichtigkeit gemäß § 44 Abs. 2 Nr. 4 VwVfG wegen objektiver Unmöglichkeit denken. Dieser spezielle Nichtigkeitsgrund kann jedoch sachgerecht nur geprüft werden, wenn das vom Adressaten verlangte Verhalten **hinreichend bestimmt** ist (§ 37 Abs. 1 VwVfG). Durch den Begriff „Vorsorge treffen" wird nicht deutlich, ob G wirklich den Erfolg herbeifüh- **677**

1015 Stelkens/Bonk/Sachs VwVfG § 44 Rn. 105; Peuker DVBl. 2015, 1233, 1235.

1016 OVG Lüneburg, Urt. v. 13.09.2012 – 7 LB 84/11, NVwZ-RR 2013, 129, 130; Stelkens/Bonk/Sachs VwVfG § 44 Rn. 123.

1017 OVG Bln-Bbg, Beschl. v. 20.01.2016 – OVG 10 S 29.15; OVG NRW, Beschl. v. 16.02.2012 – 1 A 2219/10; Will/Rathgeber JuS 2012, 1057, 1060.

1018 BVerwG NJW 1985, 2658; Kopp/Ramsauer VwVfG § 44 Rn. 12 u. 13.

1019 OVG NRW NWVBl. 1990, 15.

1020 OVG NRW NVwZ 1989, 379.

1021 BayObLG NVwZ 1984, 399; vgl. auch VGH BW, Urt. v. 16.12.2009 – 1 S 3263/08, RÜ 2010, 258, 261: Nichtigkeit eines Halteverbotsschilds bei Aufstellen durch Umzugsunternehmer ohne Anordnung der Straßenverkehrsbehörde.

1022 Kopp/Ramsauer VwVfG § 44 Rn. 27.

ren soll, dass auf der Verkehrsfläche vor dem Lokal keine Fahrzeuge abgestellt werden. Vor allem kommen hier ganz verschiedene Mittel in Betracht: Anbringen von Hinweisschildern, Schaffung eines eigenen Parkplatzes, Aufstellen von Hindernissen, Einwirken auf die verbotswidrig parkenden Verkehrsteilnehmer, Herbeirufen der Polizei u.a. Diese Mittel sind bezüglich Aufwand, Zulässigkeit und Erfolgsaussichten so verschieden, dass die Behörde nicht offen lassen darf, was sie von G erwartet.[1023]

678 2. Wegen dieser Unbestimmtheit könnte die Anordnung zu 2. nach § 44 Abs. 1 VwVfG **nichtig** sein.

a) Mangels Bestimmtheit ist dieser Teil des Bescheides wegen Verstoßes gegen § 37 Abs. 1 VwVfG **fehlerhaft**.

b) Der Fehler müsste **besonders schwerwiegend** sein. Das Erfordernis hinreichender Bestimmtheit ergibt sich bereits aus dem Rechtsstaatsprinzip (Art. 20 Abs. 3 GG). Ist der VA mangels Bestimmtheit unverständlich, so gerät der Betroffene in die Gefahr, sich anzustrengen und gleichwohl die Regelung des VA zu verfehlen. Deshalb steht die Anordnung zu 2. im Widerspruch zu wesentlichen Wertvorstellungen des Rechtsstaatsprinzips, sodass ein besonders schwerwiegender Fehler vorliegt.

c) Da dies auch **offensichtlich** ist, ist auch die Anordnung zu 2. nach § 44 Abs. 1 VwVfG nichtig und damit **unwirksam**. Der schwerwiegende Fehler eines VA, der in seiner Unbestimmtheit liegt, ist immer offensichtlich, weil bei der Frage, was denn durch den VA geregelt sein soll, das Ergebnis lauten muss, dass dies mangels Bestimmtheit nicht feststellbar ist.[1024]

Auch insoweit liegt daher keine Ordnungswidrigkeit nach § 28 Abs. 1 Nr. 2 GaststG vor.

IV. Nichtigkeit der **Anordnung zu 3.** (Mikrofondurchsage)

679 1. Als Nichtigkeitsgrund kommt nur **§ 44 Abs. 1 VwVfG** in Betracht. Zwar ist das von der Auflage gebotene Mittel möglicherweise ungeeignet. Daraus würde sich aber nur die Rechtswidrigkeit ergeben, keine besonders schwerwiegende Fehlerhaftigkeit. Auch wäre diese nicht offensichtlich. Somit ist die Anordnung zu 3. für sich gesehen **nicht nichtig,** sondern wirksam.

680 2. Dass die Anordnung zu 3. möglicherweise **rechtswidrig** ist, ist für die sich daraus ergebenden Rechtsfolgen grundsätzlich unerheblich. Folgen der Rechtswidrigkeit sind **Anfechtbarkeit** und **Aufhebung** im Rechtsbehelfsverfahren oder Rücknahme durch die Ausgangsbehörde. Das hier anhängige Bußgeldverfahren ist kein Rechtsbehelfsverfahren gegen die Auflage. Auch geht es nicht um deren Rücknahme, da diese nur durch das Gewerbeamt der Stadt ausgesprochen werden könnte (§ 48 VwVfG). Für die am Bußgeldverfahren (bzw. am Strafverfahren) beteiligten Behörden und Gerichte ist eine schlichte Rechtswidrigkeit des VA grundsätzlich ohne Bedeutung. Sie haben von dem Tatbestand auszugehen, dass eine wirksame Auflage i.S.d. §§ 5, 28 GaststG vorliegt.

1023 Vgl. auch Beaucamp JA 2007, 704, 706.

1024 Vgl. OVG NRW NVwZ 1986, 580, 581; Kopp/Ramsauer VwVfG § 44 Rn. 26.

Diese **Tatbestandswirkung** bedeutet, dass jede hoheitlich entscheidende Stelle (Behörde oder Gericht) von dem Tatbestand auszugehen hat, dass eine andere Behörde eine Regelung durch VA getroffen oder nicht getroffen hat, und dadurch gebunden wird. Dabei kommt es grundsätzlich allein auf die **Wirksamkeit** des VA an, nicht auf die Rechtmäßigkeit; auch der rechtswidrige, aber nicht nichtige VA entfaltet Tatbestandswirkung.[1025] **681**

Beispiele: Das Abschleppen eines Pkw wegen Verstoßes gegen ein Halteverbot ist rechtmäßig, auch wenn die Aufstellung des Verkehrszeichens gegen § 45 StVO verstößt.[1026] Auch eine rechtswidrige Baugenehmigung legalisiert die genehmigte bauliche Anlage.[1027]

a) Deswegen geht die Rspr. grundsätzlich davon aus, dass für den Strafrichter nur die Vollziehbarkeit des VA maßgebend ist. Die Frage der Rechtmäßigkeit müsse er nur bei **Nichtigkeit** prüfen. Solange der VA nicht durch die Behörde oder das VG aufgehoben wird, muss auch der rechtswidrige VA beachtet werden.[1028] **682**

So hängt z.B. die Pflicht, sich von einer aufgelösten Versammlung zu entfernen (§§ 18 Abs. 1, 13 Abs. 2 VersG) nicht von der Rechtmäßigkeit der Auflösungsverfügung ab. Widersetzen sich Versammlungsteilnehmer der polizeilichen Anordnung, ist der Einsatz von Zwangsmitteln grundsätzlich zulässig (§ 80 Abs. 2 S. 1 Nr. 2 VwGO).[1029]

b) Nach Auffassung des BVerfG kann es jedoch aus Gründen des **Grundrechtsschutzes** erforderlich sein, die Rechtmäßigkeit einer Sanktion (Sekundärebene) von der Rechtmäßigkeit des GrundVA (Primärebene) abhängig zu machen. **683**

Beispiele: Steht ein Kostenbescheid und die zugrunde liegende Polizeimaßnahme in unmittelbarem Zusammenhang mit der Auflösung einer durch Art. 8 GG geschützten Versammlung, ist der Kostenbescheid nur rechtmäßig, wenn die Auflösung der Versammlung ihrerseits rechtmäßig gewesen ist.[1030] Ebenso setzt die Ordnungswidrigkeit nach § 29 Abs. 1 Nr. 2 VersG wegen der Bedeutung des Art. 8 GG nicht nur die Wirksamkeit, sondern die Rechtmäßigkeit der zugrunde liegenden Versammlungsauflösung voraus. Eine Ordnungswidrigkeit nach § 111 OWiG liegt wegen Art. 2 Abs. 1 GG nur vor, wenn die Aufforderung zur Angabe der Personalien rechtmäßig war.[1031] Ein europarechtswidriger GrundVA rechtfertigt wegen des Anwendungsvorrangs des Unionsrechts keine strafrechtliche Sanktion, auch wenn der VA bestandskräftig ist.[1032]

Nach Auffassung der Rspr. gilt dies allerdings nicht generell, sondern nur bei **nachhaltiger Grundrechtsbetroffenheit**. Nur dann sei davon auszugehen, dass die Strafbarkeit an die Rechtmäßigkeit des zugrunde liegenden VA anknüpfe. Im Übrigen reicht auch auf der **Sekundärebene** das Vorliegen eines wirksamen, wenn auch rechtswidrigen VA aus.

Deshalb hängt z.B. auch die Rechtmäßigkeit einer Vollstreckungsmaßnahme nach h.M. nur von der Wirksamkeit, nicht aber von der Rechtmäßigkeit der Grundverfügung ab.[1033]

1025 BayVGH, Beschl. v. 26.01.2017 – 6 ZB 16.1519.

1026 OLG Hamm, Beschl. v. 27.05.2014 – 5 RBs 13/14, RÜ 2015, 192, 193; OLG Düsseldorf NWVBl. 1999, 316; OVG Hamburg NordÖR 2002, 469; allgemein zur Verbindlichkeit von rechtswidrig aufgestellten Verkehrszeichen BayVGH NJOZ 2010, 2145, 2147.

1027 VGH BW, Urt. v. 29.09.2015 – 3 S 741/15, RÜ2, 2015, 215, 216.

1028 BGHSt 23, 86; BGH NStZ 1990, 123; ebenso BayVGH, Beschl. v. 26.01.2017 – 6 ZB 16.1519.

1029 BVerfG NJW 1993, 581, 582; BVerfG, Beschl. v. 29.07.2010 – 1 BvR 1634/04, RÜ 2010, 667, 669; NVwZ 2010, 1482.

1030 BVerfG, Beschl. v. 29.07.2010 – 1 BvR 1634/04, RÜ 2010, 667, 669; NVwZ 2010, 1482; vgl. dazu Sachs JuS 2011, 187 f.; Durner JA 2011, 157 f.; Muckel JA 2011, 239 f.

1031 BVerfG DVBl. 1995, 791, 793; vgl. auch BVerfG, Beschl. v. 26.06.2014 – 1 BvR 2135/09, RÜ 2014, 649, 653.

1032 EuGH EuZW 1999, 405.

684 3. Die Nichtigkeit der Anordnung zu 3. könnte sich jedoch mit Rücksicht auf die Nichtigkeit der Anordnungen zu 1. und 2. aus § 44 Abs. 4 VwVfG ergeben. Danach hat die **Teilnichtigkeit** eines VA dessen Gesamtnichtigkeit zur Folge, wenn der nichtige Teil so wesentlich ist, dass der VA ohne diesen nicht erlassen worden wäre. Anders als bei § 139 BGB ist **Normalfall** also die Aufrechterhaltung des Rest-VA, die **Gesamtnichtigkeit** lediglich der **Ausnahmefall.**[1034] Ob der nichtige Teil wesentlich war, bestimmt sich nicht nach dem subjektiven Willen der Behörde, sondern entscheidend ist, wie eine gesetzestreue Behörde (objektiv) hätte handeln müssen.[1035]

685 a) Voraussetzung ist, dass ein **Teil eines einheitlichen VA** nichtig ist. Hier spricht mehr dafür, jeden „Teil" des Bescheides als eigenständige Regelung und damit als VA im Rechtssinne anzusehen. Dann sind nicht Teile eines VA nichtig, sondern es sind zwei VAe nichtig und ein dritter ist wirksam. § 44 Abs. 4 VwVfG greift dann nicht ein.

686 b) Wegen der äußeren Einheit und des inneren Zusammenhangs könnte man zumindest die Anordnungen zu 2. und 3. als Teile eines **einheitlichen VA** ansehen. Die Anordnung zu 2. ist jedoch kein so wesentlicher Teil, dass ohne ihn die Anordnung zu 3. nicht erlassen worden wäre. Vielmehr hat die Verpflichtung zur Durchsage gerade dann Bedeutung, wenn G nicht zum Einschreiten gegen das verbotswidrige Abstellen der Fahrzeuge verpflichtet ist. Aus § 44 Abs. 4 VwVfG ergibt sich damit ebenfalls keine Nichtigkeit.

Die **Anordnung zu 3.** ist damit **wirksam** (wenn auch möglicherweise rechtswidrig). Das Amtsgericht wird insoweit wegen Verstoßes gegen die Anordnung zu 3. nach §§ 5 Abs. 1, 28 Abs. 1 Nr. 2 GaststG ein Bußgeld verhängen.

Nichtigkeit

§ 44 Abs. 2 VwVfG	§ 44 Abs. 3 VwVfG	§ 44 Abs. 1 VwVfG
Positivkatalog: enthält **zwingende** Nichtigkeitsgründe -> VA ist stets **unwirksam**	**Negativkatalog:** Gründe, die allein nicht zur Nichtigkeit führen -> VA ist zwar rw, aber **wirksam**	**Evidenzregel:** VA nur **nichtig,** wenn Fehler ■ besonders schwerwiegend ■ und offensichtlich -> im Übrigen VA rechtswidrig, aber **i.d.R. wirksam**

1033 Streitig, so BVerfG NVwZ 1999, 290, 292; OVG NRW, Beschl. v. 19.12.2012 – 12 B 1339/12; OVG Lüneburg, Beschl. v. 02.02.2015 – 4 LA 245/13, RÜ 2015, 457, 459; VGH BW NVwZ-RR 2016, 557, 558; Muckel JA 2011, 239, 240; ausführlich AS-Skript Verwaltungsrecht AT 2 (2017), Rn. 220 ff.

1034 Kopp/Ramsauer VwVfG § 44 Rn. 60.

1035 Kopp/Ramsauer VwVfG § 44 Rn. 61; Will/Rathgeber JuS 2012, 1057, 1061.

C. Rechtsschutz gegen nichtige Verwaltungsakte

Ist der VA nach § 44 Abs. 2 oder § 44 Abs. 1 VwVfG nichtig, so ist er **unwirksam** (§ 43 Abs. 3 VwVfG), d.h. er entfaltet keine Rechtsfolgen und muss nicht beachtet werden. Gleichwohl erweckt er durch seine tatsächliche Existenz den Anschein der Verbindlichkeit. **687**

I. Nichtigkeitsfeststellung durch die Behörde

Deshalb kann die Behörde nach § 44 Abs. 5 VwVfG jederzeit von Amts wegen die Nichtigkeit des VA feststellen; auf Antrag ist die Nichtigkeit festzustellen, wenn der Antragsteller hieran ein berechtigtes Interesse hat. Die Feststellung erfolgt durch (feststellenden) VA, der notfalls mit der **Verpflichtungsklage** (§ 42 Abs. 1 Fall 2 VwGO) durchsetzt werden kann.[1036] **688**

Außer der Feststellung der Nichtigkeit des VA nach § 44 Abs. 5 VwVfG hat die Behörde auch die Möglichkeit der Rücknahme des VA nach § 48 VwVfG. Vor allem in Zweifelsfällen ist dies vielfach die einfachere Möglichkeit.[1037]

II. Nichtigkeitsfeststellung durch das Gericht

Unabhängig von § 44 Abs. 5 VwVfG kann die Feststellung der Nichtigkeit auch mit der sog. **Nichtigkeitsfeststellungsklage** nach § 43 Abs. 1 Alt. 2 VwGO begehrt werden. **689**

Nach h.M. stehen die Nichtigkeitsfeststellung durch die Behörde nach § 44 Abs. 5 VwVfG und die Nichtigkeitsfeststellungsklage nach § 43 Abs. 1 Alt. 2 VwGO gleichberechtigt nebeneinander, insbes. wird das berechtigte Interesse nach § 44 Abs. 5 Hs. 2 VwGO nicht durch die Möglichkeit einer Nichtigkeitsfeststellungsklage nach § 43 Abs. 1 VwGO ausgeschlossen oder umgekehrt.[1038]

III. Anfechtungsklage gegen den nichtigen VA

Eine Anfechtungsklage (§ 42 Abs. 1 Fall 1 VwGO) gegen einen nichtigen VA scheidet an sich begrifflich aus, da ein nichtiger VA mangels Rechtswirkung nicht aufgehoben werden kann. Aus § 43 Abs. 2 S. 2 VwGO ergibt sich jedoch, dass ein nichtiger VA gleichwohl Gegenstand einer **Anfechtungsklage** (und damit auch eines Widerspruchs nach § 68 Abs. 1 S. 1 VwGO) sein kann, da insoweit ausdrücklich eine Ausnahme von der Subsidiarität der Feststellungsklage gemacht wird. Dies ist nur verständlich, wenn auch bei einem nichtigen VA eine Anfechtung möglich ist. Der Kläger hat also auch insoweit ein **Wahlrecht** zwischen beiden Klagearten, vor allem auch deshalb, weil für ihn häufig gar nicht feststellbar sein wird, ob der VA „nur" rechtswidrig und damit aufhebbar oder sogar nichtig ist.[1039] **690**

Vom nichtigen VA sind die sog. **Nichtakte** zu unterscheiden (z.B. nicht wirksam bekannt gegebene Verwaltungsakte). Rechtsschutz gegen Nichtakte kann nicht durch Nichtigkeitsfeststellungsklage, sondern nur über die allgemeine Feststellungsklage nach § 43 Abs. 1 Alt. 1 VwGO erlangt werden.[1040]

1036 OVG NRW NVwZ-RR 1991, 331, 332; Kopp/Ramsauer VwVfG § 44 Rn. 69; a.A. Kopp/Schenke VwGO § 43 Rn. 20.

1037 BVerwG, Urt. v. 17.11.2016 – BVerwG 6 C 36.15, RÜ 2017, 185, 186; Kopp/Ramsauer VwVfG § 44 Rn. 70.

1038 Kopp/Ramsauer VwVfG § 44 Rn. 69; Schenke JuS 2016, 97, 99.

1039 Kopp/Ramsauer VwVfG § 44 Rn. 69; Ehlers Jura 2007, 179, 184; Schenke JuS 2016, 97, 100; vgl. allgemein AS-Skript VwGO (2017), Rn. 330.

1040 BayVGH, Beschl. v. 25.08.2016 – 20 CS 16.1469; Ehlers Jura 2007, 179, 184; a.A. Kopp/Ramsauer VwVfG § 44 Rn. 69.

D. Umdeutung eines fehlerhaften VA

I. Voraussetzungen der Umdeutung

691 Nach § 47 VwVfG kann ein **fehlerhafter VA** in einen anderen (rechtmäßigen) VA umgedeutet werden, mit der Folge, dass dann (nur) die Rechtsfolgen dieses anderen VA gelten. Im Unterschied zu § 140 BGB ist für § 47 VwVfG **keine Nichtigkeit** erforderlich. § 47 VwVfG ist sowohl bei rechtswidrigen als auch bei nichtigen VAen anwendbar.[1041]

Beispiel: Die rechtswidrige Entziehung einer ausländischen Fahrerlaubnis kann in eine auf § 29 Abs. 3 S. 2 FeV gestützte Feststellung der Ungültigkeit umgedeutet werden.[1042]

692 Nach § 47 Abs. 1 VwVfG muss der VA, in den umgedeutet werden soll („der andere VA"), auf das **gleiche Ziel gerichtet** sein und er muss formell und materiell rechtmäßig erlassen werden können **(Rechtmäßigkeit des neuen VA)**. Eine Umdeutung ist nach § 47 Abs. 2 VwVfG **ausgeschlossen**, wenn der neue VA der erkennbaren Absicht der erlassenden Behörde widerspräche, seine Rechtsfolgen für den Betroffenen ungünstiger wären als die des ursprünglichen VA (Schlechterstellungsverbot) oder die Rücknahme des VA ausgeschlossen ist. Eine **gebundene Entscheidung** kann überdies **nicht in eine Ermessensentscheidung** umgedeutet werden (§ 47 Abs. 3 VwVfG). Denn ein Ermessensakt kann nur dann rechtmäßig sein, wenn die Behörde bei Erlass des VA ihr Ermessen überhaupt ausgeübt hat.

II. Befugnis zur Umdeutung

693 Die Befugnis zur Umdeutung steht nach h.M. **nicht nur der Behörde** zu, sondern auch dem **Verwaltungsgericht**, wenn es zu dem Ergebnis gelangt, dass der angefochtene VA rechtswidrig ist. Im Fall der Umdeutung werde **kein neuer VA** erlassen, sondern nur der vorhandene VA mit seinem **neuen Inhalt** festgestellt.[1043] Nach der Gegenansicht kann die Umdeutung nach § 47 Abs. 1 VwVfG nur im Wege einer Ermessensentscheidung vorgenommen werden, die der Behörde vorbehalten sei (vgl. „kann").[1044] Dagegen spricht jedoch, dass es sich bei der Umdeutung nicht um einen der Verwaltung vorbehaltenen Entscheidungsakt, sondern um einen reinen **Erkenntnisakt** handelt. Ob die Voraussetzungen der Umdeutung vorliegen, ist durch (einfache) Subsumtion unter § 47 VwVfG festzustellen. Das Wort „kann" in § 47 VwVfG bringt lediglich zum Ausdruck, dass die Behörde nicht zur Umdeutung verpflichtet ist, sondern den fehlerhaften VA stattdessen aufheben und einen neuen VA erlassen kann.[1045]

Beispiel: Kommt das Gericht zu dem Ergebnis, dass der angefochtene VA zwar rechtswidrig ist, ist es aber der Auffassung, dass der rechtswidrige VA in einen anderen rechtmäßigen VA umgedeutet werden kann, bleibt die Anfechtungsklage unbegründet.

1041 Kopp/Ramsauer VwVfG § 47 Rn. 12; Leopold Jura 2006, 895, 896; a.A. Knack/Meyer VwVfG § 47 Rn. 8: keine Umdeutung bei Nichtigkeit.

1042 BVerwG, Beschl. v. 22.10.2012 – BVerwG 3 B 29.12 zu § 28 FeV a.F.

1043 BVerwG LKV 2017, 221, 223; NVwZ 2007, 210, 214; Leopold Jura 2006, 895, 897; Kopp/Ramsauer VwVfG § 47 Rn. 8 ff.; Maurer/Waldhoff § 10 Rn. 96.

1044 Baumeister in: Obermayer/Funke-Kaiser VwVfG § 47 Rn. 31; Schulz in: Mann/Sennekamp/Uechtritz VwVfG § 47 Rn. 83; Gerhardt in: Schoch/Schneider/Bier VwGO § 113 Rn. 22; Schenke DVBl. 1987, 641, 650.

1045 BVerwG LKV 2017, 221, 223.

Stichwortverzeichnis

Die Zahlen verweisen auf die Randnummern.

Alpmann Schmidt
Bundesweite juristische Repetitorien
zum 1. und 2. Examen
Die Wahl des richtigen Repetitoriums ist Vertrauenssache,
denn wie gut Ihre Examensvorbereitung wirklich war,
wissen Sie erst nach dem Examen.
Vergleichen Sie! Probehören ist jederzeit möglich.
Wir sind sicher auch in Ihrer Stadt!
Informationen und Anmeldung unter www.alpmann-schmidt.de